新版
調理
実習と基礎理論

千田真規子・松本 睦子・土屋 京子 共著

建帛社
KENPAKUSHA

執筆分担

千田真規子：第2章　pp.127〜130
　　　　　　第3章　pp.141〜216

松本 睦子：第1章　pp.19〜28
　　　　　　第4章　pp.217〜293

土屋 京子：第1章　pp.1〜19
　　　　　　第2章　pp.29〜127, pp.130〜139

は し が き

　本書は昭和63年に初版を発行し,「調理学実習」のテキストとして使用してきましたが,食事計画の単元の栄養所要量などの数値が新しくなり,改訂が必要となりました。同時に,本書を授業で使用する先生方も代わり,内容を見直すことになりました。

　最近は食品の生産,流通,加工,保存の技術の発達,外食産業の発展,電化製品の普及により,食生活が変貌しています。レトルト食品や調理済み食品の普及が著しく,購入してきたものだけで食事を済ませることも可能になりました。しかし,食品の偽装や農薬などに汚染された食品が問題になって,高価でも安全な食品を購入し,手作りの食事を作り,美味しい味を追求する人々も多くなりました。また,女性の就業率が高くなるとともに,料理に興味を持つ男性も増加し,厨房に立つようになりました。合理的・効果的な調理に習熟する必要性が一層切実になりますが,調理に熟達するためには,まずその基礎的理論を理解して,それに従って実践することが大切です。

　調理の本質は,単に食品を調整することだけではなく,献立,食材の購入,調整,配膳などの全般にわたって,栄養面,衛生面,経済性なども考慮して食生活を完成することにあります。

　本書は,永年の調理実習で精査されたレシピの中から,基本的な料理を選び,さらに少し手の込んだ料理に発展させて,日本・西洋・中国料理と様式別に分けて,それぞれの特色を把握しながら,基本的な調理技術を体得できるように配慮しています。そして,何よりも味が美味しいということが一番です。卒業生から「今でも愛用しています。」というメッセージを聞くたびに,執筆して良かったと思います。

2010年3月

執筆者一同

初版はしがき

　最近はレトルト食品や半製品の普及が著しいが，調理の本質は単に食品を調製するだけではなく，主体的立場で，献立，調製，配膳などの全般にわたって食生活を完成することにある。食品を調理することは人類の歴史と共に古くから行われており，私達も日常の生活習慣として実行している。しかしそれは，衛生，栄養，食味の諸条件充足を求めるだけではなく，人の心を和ませ，豊かな生活感を造り出すものであることが望まれる。

　さらに，食品素材の豊富化，調理方法の複雑化，味覚の多様化など食文化の発展に対応するため，合理的，効果的な調理に習熟する必要が一層切実になっているが，調理に熟達するためには，まずその基礎的理論を理解して，それに従って実践することが肝要である。

　本書はこのような立場から，大学における調理実習の教科書としての要請に応じるばかりでなく，広く社会各方面の人々の調理技術の向上にも役立ち得ることを目的として，日本料理，西洋料理，中国料理の全般にわたって，それぞれの特色を把握しながら，基本的な調理技術を体得できるように配慮した。

　終わりに，これまでご指導とご助言をいただいた村上ハルヨ先生，細井愛子先生をはじめ，諸先生方に感謝致します。

　なお，本書の出版にあたり，格別のご配慮，ご尽力をいただいた建帛社筑紫義男社長他，社員諸氏に厚く謝意を表します。

　1988年3月

　　　　　　　　　　　　　　　　　　　　　　　　　　　　　執筆者一同

目　　次

第1章　調理の基本
- I．調理とは……………………………………1
- II．調理と味……………………………………1
  - 1．食物の味…………………………………1
  - 2．調　味……………………………………2
    - （1）調味の方法…………………………2
    - （2）味覚の現象…………………………2
    - （3）調味料の種類と使用量……………3
- III．調理法の特徴………………………………7
  - 1．準備操作…………………………………7
    - （1）計　る………………………………7
    - （2）洗　う………………………………9
    - （3）浸　す………………………………9
    - （4）切　る………………………………12
    - （5）おろす，する，つぶす……………14
    - （6）混ぜる，こねる，泡だてる………16
    - （7）しぼる，こす………………………17
    - （8）のす，成形する……………………17
    - （9）冷やす………………………………18
    - （10）凍結する，解凍する………………18
  - 2．加熱調理…………………………………19
    - （1）IH（電磁調理器）…………………20
    - （2）電子レンジ加熱……………………22
  - 3．なま物調理………………………………22
- IV．食事計画……………………………………23
  - 1．食事の意義………………………………23
  - 2．栄養の充足………………………………24
    - （1）食事バランスガイドの特徴………24
    - （2）食事バランスガイドの各料理区分における摂取の目安………………………24
    - （3）食事バランスガイドのイラストについての説明……………………………25
  - 3．望ましい食生活…………………………26
  - 4．調理の能率………………………………26

第2章　日本料理
- I．日本料理の特徴……………………………29
- II．日本料理の様式，献立構成………………29
  - 1．本膳料理…………………………………29
  - 2．懐石料理…………………………………30
  - 3．会席料理…………………………………31
- III．行事食………………………………………33
- IV．調理の基礎…………………………………35
  - 1．野菜の切り方……………………………35
  - 2．魚の下ごしらえ…………………………38
  - 3．煮だしし汁………………………………44
- V．調理手法と調理例…………………………46
  - 1．汁　物……………………………………46
    - （1）汁物の特徴…………………………46
    - （2）汁の調味，わん種，吸口……………46
    - （3）汁物の種類…………………………46
    - （4）調理例………………………………47
      - (1)若竹汁……………………………47
      - (2)結び魚と独活の吸物／(3)吉野鶏と三つ葉のすまし汁……………………………48
      - (4)吸物（蛤葛打ち，桜花，三つ葉）／(5)沢煮椀／(6)かきたま汁……………………49
      - (7)雑煮（すまし仕立て）…………50
      - (8)鯛のうしお汁／(9)なめこと豆腐の三州味噌汁……………………………51
      - (10)松茸のどびん蒸し／(11)鯉こく……52
  - 2．ゆで物……………………………………53
    - （1）ゆで物の特徴………………………53
    - （2）ゆで方の要領………………………53
  - 3．煮　物……………………………………56
    - （1）煮物の特徴…………………………56
    - （2）煮物の要領…………………………56
    - （3）煮物の種類…………………………58
    - （4）調理例………………………………59
      - (1)南瓜の含め煮，茶せん茄子の揚げ煮，隠元の青煮の盛り合わせ…………………59
      - (2)凍り豆腐の含め煮，蕗の青煮，椎茸の照り煮の盛り合わせ……………………60
      - (3)いり鶏／(4)ふろふき大根………61
      - (5)蕗の信田煮／(6)南瓜の印籠煮……62
      - (7)魚の煮つけ………………………63
      - (8)昆布巻き／(9)煮　豆……………64
      - (10)黒豆の蜜煮／(11)金柑の甘煮………65
      - (12)里芋の含め煮／(13)海老のうま煮……66
      - (14)手綱蒟蒻，ささ牛蒡，梅人参の煮しめの盛り合わせ……………………………67
  - 4．鍋　物……………………………………67
    - （1）鍋物の特徴…………………………67
    - （2）鍋物に用いられる材料……………67
    - （3）鍋物の種類…………………………68
    - （4）鍋の材質……………………………68
    - （5）調理例………………………………68
      - (1)ちり鍋……………………………68
      - (2)寄せ鍋……………………………69
      - (3)おでん……………………………70
      - (4)湯豆腐……………………………71
  - 5．蒸し物……………………………………71
    - （1）蒸し物の特徴………………………71
    - （2）蒸し方の要領………………………71
    - （3）調理例………………………………72
      - (1)茶わん蒸し………………………72
      - (2)空也蒸し／(3)切り竹卵…………73
      - (4)二色卵／(5)魚のけんちん蒸し……74
      - (6)鮑の塩蒸し………………………75
  - 6．ご飯物……………………………………75
    - （1）炊　飯………………………………75
    - （2）炊き込みご飯………………………77
    - （3）す　し………………………………79
    - （4）どんぶり物…………………………79
    - （5）か　ゆ………………………………80
    - （6）もち米の調理………………………80
    - （7）調理例………………………………81
      - (1)白　飯／(2)豌豆飯／(3)筍　飯……81

(4)栗　飯／(5)牡蠣飯／(6)五目ずし……………82
　　　(7)巻きずし（細巻きずし，太巻きずし，伊達
　　　　巻きずし）……………………………………84
　　　(8)手綱ずし……………………………………85
　　　(9)そぼろ飯（二色どんぶり）／(10)親子どんぶり
　　　　…………………………………………………86
　　　(11)赤飯（強飯）／(12)炊きおこわ…………………87
　7．焼き物………………………………………………87
　　（1）焼き物の特徴……………………………………87
　　（2）焼き物の種類……………………………………88
　　（3）焼き方……………………………………………92
　　（4）前盛り……………………………………………92
　　（5）調理例……………………………………………93
　　　(1)鯛の姿焼き…………………………………93
　　　(2)鮎の塩焼き／(3)鰆の木の芽焼き……………94
　　　(4)魚の西京味噌漬け／(5)若鶏鍋照り焼き／
　　　　(6)厚焼き卵……………………………………95
　　　(7)伊達巻き卵／(8)鶏味噌松風焼き……………96
　　　(9)焙烙焼き……………………………………97
　　　(10)栄螺のつぼ焼き／(11)牛肉の八幡巻き………98
　　　(12)穴子の八幡巻き／(13)松笠烏賊雲丹焼き……99
　8．煎り物………………………………………………99
　　（1）煎り物の特徴……………………………………99
　　（2）調理例……………………………………………100
　　　(1)田作り………………………………………100
　9．炒め物………………………………………………100
　　（1）炒め物の特徴……………………………………100
　　（2）炒め方の要領……………………………………100
　　（3）炒め物の種類……………………………………101
　10．揚げ物……………………………………………101
　　（1）揚げ物の特徴……………………………………101
　　（2）揚げ物の種類……………………………………102
　　（3）揚げ物の材料……………………………………102
　　（4）揚げ方の要領……………………………………103
　　（5）調理例……………………………………………105
　　　(1)てんぷら……………………………………105
　　　(2)かき揚げ／(3)鰈のから揚げ…………………107
　　　(4)魚の三色揚げ／(5)鯵の南蛮漬け……………108
　　　(6)鶏肉の竜田揚げ／(7)揚げ出し豆腐…………109
　11．なま物……………………………………………109
　　（1）なま物調理の特徴………………………………109
　　（2）刺　身……………………………………………110
　　（3）調理例……………………………………………114
　　　(1)刺身盛り合わせ（鯛の平づくり，鮪の角切
　　　　り，烏賊の鳴門づくり）／(2)鯛の松皮
　　　　（皮霜）づくり………………………………114
　　　(3)ふっこの洗い………………………………115
　　　(4)鰹の焼き霜づくり／(5)鮃の昆布じめ………116
　　　(6)鮑の水貝／(7)鮪の山かけ…………………117
　12．あえ物，浸し物，酢の物…………………………117
　　（1）あえ物……………………………………………117
　　（2）浸し物……………………………………………119
　　（3）酢の物……………………………………………119
　　（4）調理例……………………………………………121
　　　(1)春菊の胡麻あえ／(2)柿の白あえ……………121
　　　(3)蕨の白酢あえ／(4)筍の木の芽あえ…………122
　　　(5)青柳のぬた…………………………………123
　　　(6)菠薐草の浸し／(7)数の子／(8)若布と胡瓜
　　　　の酢の物………………………………………124
　　　(9)なます／(10)鯵と胡瓜のきぬた巻き…………125

　　　(11)赤貝と独活の二杯酢／(12)菊花蕪……………126
　　　(13)結び牛蒡／(14)花蓮根………………………127
　13．寄せ物……………………………………………127
　　（1）凝固材料…………………………………………127
　　（2）調理例……………………………………………130
　　　(1)滝川豆腐／(2)胡麻豆腐……………………130
　14．菓　子……………………………………………130
　　（1）餡のつくり方……………………………………130
　　　(1)生こし餡……………………………………130
　　　(2)練り餡（こし練り餡）／(3)粒練り餡………131
　　（2）調理例……………………………………………132
　　　(1)水羊羹／(2)あわ雪重ね羹…………………132
　　　(3)矢羽根羹／(4)葛　桜／(5)利久饅頭…………133
　　　(6)桜　餅／(7)柏　餅…………………………134
　　　(8)草　餅………………………………………135
　　　(9)五色おはぎ／(10)落花生の衣かけ……………136
　　　(11)栗きんとん（練り物）………………………137
　Ⅵ．日本料理の食卓作法…………………………………137
　　（1）座席の決め方……………………………………137
　　（2）膳のすすめ方……………………………………137
　　（3）食卓作法…………………………………………139

第3章　西洋料理

　Ⅰ．西洋料理の特徴………………………………………141
　Ⅱ．西洋料理の基礎………………………………………142
　　1．西洋料理の材料…………………………………142
　　　（1）調味料，香辛料…………………………………142
　　　（2）特殊材料…………………………………………144
　　　（3）酒…………………………………………………145
　　2．調理器具と食器…………………………………146
　　　（1）調理器具…………………………………………146
　　　（2）食　器……………………………………………147
　　3．切り方……………………………………………147
　Ⅲ．調理理論と実習………………………………………148
　　1．ソース……………………………………………148
　　　（1）ソースの材料……………………………………148
　　　（2）ソースの種類……………………………………150
　　　　1）温かいソース…………………………………150
　　　　(1)白ソース……………………………………150
　　　　(2)ブルテーソース……………………………151
　　　　(3)トマトソース／(4)褐色ソース……………152
　　　　2）冷たいソース…………………………………153
　　　　(1)マヨネーズソース…………………………153
　　　　(2)ヴィネグレットソース……………………154
　　　　(3)ショーフロワーソース……………………155
　　　　3）その他のソース………………………………155
　　　　(1)オランデーズソース………………………155
　　　　(2)ベアルネーズソース／(3)ポームソース……156
　　2．オードゥーヴル（前菜）………………………156
　　　（1）調理例……………………………………………157
　　　　(1)海老のカクテル／(2)魚のマリネ／(3)卵
　　　　　の詰物…………………………………………157
　　　　(4)キャビアのカナッペ／(5)ハムのカナッペ／
　　　　　(6)油漬け鰯のカナッペ／(7)チーズ入り
　　　　　揚げ麺／(8)ラレシ……………………………158
　　　　(9)セロリーのサラダ／(10)野菜の酢漬け／
　　　　　(11)船形胡瓜……………………………………159
　　3．スープ……………………………………………159
　　　（1）分　類……………………………………………160

（2）素汁のとり方……………………… 161
　　　(1)肉の素汁／(2)魚の素汁 ……………… 161
　　（3）浮　身 …………………………… 162
　　（4）調理例 …………………………… 162
　　　　1）澄んだスープ ……………………… 162
　　　(1)コンソメ …………………………… 162
　　　(2)タピオカ入りコンソメ／(3)ロワイヤル入
　　　　りコンソメ／(4)色とりどりの野菜入りスープ
　　　　………………………………………… 163
　　　　2）濁ったスープ ……………………… 163
　　　(1)玉蜀黍のクリームスープ …………… 163
　　　(2)トマトのクリームスープ／(3)ビシソワー
　　　　ズスープ ……………………………… 164
　　　(4)グリンピースのスープ／(5)せん切り野菜
　　　　のスープ ……………………………… 165
　　　(6)イタリア風のスープ／(7)蛤のチャウダー … 166
　　　(8)オニオングラタンスープ／(9)ボルシチ … 167
　　　(10)ブイヤベース ……………………… 168
4．卵料理 ……………………………… 168
　　（1）卵の基礎料理 ……………………… 168
　　（2）調理例 …………………………… 169
　　　(1)固ゆで卵の詰物 …………………… 169
　　　(2)オムレツ／(3)スペイン風オムレツ … 170
5．魚料理 ……………………………… 170
　　（1）魚料理の分類 ……………………… 170
　　（2）調理例 …………………………… 171
　　　(1)舌鮃のムニエール／(2)鯖の蒸しゆで，ラ
　　　　ヴィゴットソース ……………………… 171
　　　(3)甘鯛の紙包み焼き／(4)鮃の衣揚げ … 172
　　　(5)鱈の英国風／(6)帆立貝のパリー風／(7)車
　　　　海老のクリーム煮 …………………… 173
　　　(8)鮭の冷製チューリップ飾り ………… 174
6．肉料理 ……………………………… 174
　　（1）肉料理の分類 ……………………… 175
　　（2）牛肉の部位の特徴と調理法 ……… 175
　　（3）豚肉の部位の特徴と調理法 ……… 176
　　（4）調理例 …………………………… 177
　　　(1)ビーフステーキ，レモンバター添え／
　　　　(2)ハンバーグステーキ ………………… 177
　　　(3)ビーフシチュー／(4)子牛の串焼き … 178
　　　(5)子牛の衣焼き／(6)豚肉の衣焼き，コルド
　　　　ンブルー風／(7)豚肉の鍋焼き ………… 179
　　　(8)ミートローフ／(9)英国風豚肉パイ … 180
　　　(10)ドライカレー／(11)鶏のクロケット … 181
　　　(12)ひな鶏のクリーム煮／(13)鶏の赤ぶどう酒煮 … 182
　　　(14)チキンカレーライス ………………… 183
7．蒸し焼き料理 ……………………… 183
　　（1）調理例 …………………………… 184
　　　(1)若鶏の蒸し焼き／(2)ひな鶏とひき肉の重
　　　　ね焼き ………………………………… 184
8．野菜料理 …………………………… 186
　　（1）野菜の調理法 ……………………… 186
　　（2）調理例 …………………………… 186
　　　(1)粉ふき芋 …………………………… 186
　　　(2)こしじゃが芋／(3)じゃが芋のクリーム煮
　　　　／(4)じゃが芋の油揚げ／(5)人参のつや煮 … 187
　　　(6)芽キャベツのバターあえ／(7)莢豌豆のソ
　　　　テー／(8)花野菜のポーランド風 ……… 188
　　　(9)ロールキャベツ／(10)ニース風ラタトゥイユ
　　　　………………………………………… 189

　　　(11)薩摩芋と林檎の重ね煮 ……………… 190
9．サラダ ……………………………… 190
　　（1）サラダの種類 ……………………… 190
　　（2）調理上の注意点 …………………… 190
　　（3）調理例 …………………………… 191
　　　(1)緑色のサラダ／(2)鯵のサラダ ……… 191
　　　(3)ハンガリア風フルーツサラダ／(4)白菜の
　　　　サラダ／(5)組み合わせサラダ ………… 192
　　　(6)トマトカップ／(7)マセドンサラダ … 193
10．米料理，麺料理，パン …………… 194
　　（1）米料理 …………………………… 194
　　（2）麺料理 …………………………… 194
　　（3）パ　ン …………………………… 194
　　（4）調理例 …………………………… 194
　　　(1)マカロニグラタン …………………… 194
　　　(2)スパゲッティミートソース／(3)スパゲッ
　　　　ティバジリコ ………………………… 195
　　　(4)ピローライス／(5)オムライス／(6)バター
　　　　ロール ………………………………… 196
　　　(7)ハムのサンドウィッチ／(8)蟹のサンドウ
　　　　ィッチ／(9)卵のサンドウィッチ ……… 197
　　　(10)胡瓜のサンドウィッチ／(11)ピ　ザ … 198
11．菓　子 …………………………… 199
　　（1）菓子の種類 ………………………… 200
　　（2）菓子用ソース ……………………… 200
　　（3）調理例 …………………………… 201
　　　　1）温　菓 …………………………… 201
　　　(1)サブレ／(2)ドーナツ／(3)ホットケーキ … 201
　　　(4)カップケーキ／(5)ロールケーキ …… 202
　　　(6)苺のショートケーキ ………………… 203
　　　(7)シュークリーム／(8)プラムケーキ … 204
　　　(9)チョコレートケーキ／(10)チーズケーキ … 205
　　　(11)アップルパイ(12)焼き林檎 …………… 206
　　　(13)苺のクレープ ……………………… 207
　　　　2）冷　菓 …………………………… 207
　　　(1)カラメルプディング ………………… 207
　　　(2)ワインゼリー／(3)バニラのババロワ／(4)
　　　　ブラマンジェ・フランス風 …………… 208
　　　(5)苺のモスコー風／(6)バニラアイスクリーム
　　　　………………………………………… 209
　　　(7)レモンシャーベット／(8)マシマロ／(9)ト
　　　　リュフ；一口チョコレート …………… 210
12．飲み物 …………………………… 211
　　（1）調理例 …………………………… 211
　　　(1)クラレットパンチ／(2)レモンカッシュ … 211
　　　(3)レモンティー／(4)アイスティー／(5)コーヒ
　　　　ー ……………………………………… 212
　　　(6)ココア ……………………………… 213
13．献　立 …………………………… 213
　　（1）正餐の献立 ………………………… 213
　　（2）日常食の献立 ……………………… 213
14．テーブルマナー ………………… 214
　　（1）テーブルセッティング …………… 214
　　（2）正餐の場合のテーブルマナー …… 215

第4章　中国料理

Ⅰ．中国料理の特徴 …………………… 217
Ⅱ．中国料理の系統 …………………… 218
　　1．北方系 ……………………………… 218

- 2．南方系……………………………218
- 3．江浙系……………………………219
- 4．四川系……………………………219
- Ⅲ．中国料理の基礎………………………220
  - 1．調理法の基本分類………………220
  - 2．切り方……………………………220
  - 3．中国料理の材料名………………221
  - 4．中国料理の特殊材料とその扱い方…223
  - 5．中国料理の調味料，香辛料，油脂…224
    - （1）調味料………………………224
    - （2）香辛料………………………225
    - （3）油脂類………………………226
  - 6．中国料理名について……………226
  - 7．中国料理に使われる調理器具および食器の名称……………………227
    - （1）中国料理に使われる調理器具…227
    - （2）中国料理に使われる食器……228
  - 8．中国の茶，酒……………………228
    - （1）茶……………………………228
    - （2）酒……………………………229
- Ⅳ．調理理論と実習………………………230
  - 1．炒　菜……………………………230
    - （1）調理の要点…………………230
    - （2）炒菜の種類…………………231
    - （3）調理例………………………232
      - (1)青椒炒牛肉糸………………232
      - (2)榨菜炒肉糸／(3)蒜苗炒鮮魷…233
      - (4)炒芙蓉蟹／(5)腰果鶏丁……234
      - (6)乾焼明蝦／(7)家常豆腐……235
      - (8)回鍋肉片／(9)乾煸茄子……236
      - (10)八宝菜………………………237
      - (11)家郷炒米粉／(12)葱爆牛肉／(13)蠔油青梗菜…238
  - 2．炸　菜……………………………239
    - （1）炸菜の種類…………………239
    - （2）調理例………………………239
      - (1)清炸蝦丸……………………239
      - (2)乾炸鶏片／(3)高麗蝦仁／(4)炸蝦多士…240
      - (5)五香春捲／(6)炸腐皮捲……241
      - (7)油淋鶏／(8)干炸子鶏………242
      - (9)炸蠔燻肉捲…………………243
  - 3．溜　菜……………………………243
    - （1）溜菜の種類…………………243
    - （2）調理例………………………244
      - (1)古滷肉………………………244
      - (2)糖醋鯉魚／(3)松鼠黄魚……245
      - (4)醋溜肉丸／(5)鶏片鍋粑……246
      - (6)蠔油玉樹鮑…………………247
      - (7)玻璃白菜／(8)鶏蓉花菜……248
      - (9)糖醋茄餅／(10)家常肉捲……249
      - (11)檜鮑片………………………250
  - 4．煨　菜……………………………250
    - （1）煨菜の種類…………………250
    - （2）調理例………………………251
      - (1)鶏茸魚翅／(2)蕃茄牛腩……251
      - (3)東坡肉／(4)麻婆豆腐………252
      - (5)扒三白／(6)砂窩獅子頭……253
      - (7)蠔油豆腐／(8)魚香蘑鮑魚…254
      - (9)醤焼茄子／(10)滷　鮑………255
      - (11)火鍋子／(12)涮羊肉…………256
  - 5．蒸　菜……………………………257
- （1）蒸菜の要点…………………257
- （2）蒸菜の種類…………………257
- （3）調理例………………………258
  - (1)清燉白菜／(2)清蒸鯛魚／(3)仏手白菜…258
  - (4)糯米鶏塊／(5)糯米肉丸……259
  - (6)鹹魚蒸蛋／(7)豆豉扣肉……260
  - (8)如意魚捲……………………261
- 6．冷　菜……………………………261
  - （1）冷菜に含まれる主な調理法…261
  - （2）調理例………………………262
    - (1)冷拌三糸／(2)拌海蜇／(3)麻辣五糸…262
    - (4)辣汁黄瓜／(5)辣汁巻菜／(6)豆芽拌芹菜…263
    - (7)醃蓬蒿／(8)棒々鶏…………264
    - (9)怪味鶏塊／(10)芥末扇貝／(11)松花皮蛋…265
    - (12)辣黄瓜／(13)白切油鶏／(14)蒜泥白肉…266
    - (15)辣白菜／(16)蝦泥冬菇……267
    - (17)氷凍蝦仁……………………268
- 7．湯　菜……………………………268
  - （1）原湯（もとのスープ）の種類と主な材料…268
  - （2）湯菜の種類…………………269
  - （3）調理例………………………270
    - (1)清湯魚丸／(2)榨菜豆腐肉片湯…270
    - (3)香菇鮑魚湯／(4)瑤柱豆腐羹／(5)西湖魚羹…271
    - (6)蜀米鶏粥／(7)清燉牛肉湯／(8)清湯魚翅…272
    - (9)酸辣湯………………………273
- 8．烤　菜……………………………273
  - （1）調理例………………………274
    - (1)叉焼肉／(2)掛炉烤鴨………274
    - (3)五香燻魚……………………275
- 9．点　心……………………………275
  - （1）点心の分類…………………275
  - （2）調理例………………………276
    - 1）点心1（鹹点心）………276
      - (1)蝦仁焼売……………………276
      - (2)鍋貼餃子……………………277
      - (3)鶏肉包………………………278
      - (4)炸醤麺／(5)棒々鶏麺………279
      - (6)担々麺／(7)肉糸炒麺………280
      - (8)什錦炒飯……………………282
      - (9)魚生粥………………………283
    - 2）点心2（甜点心）………283
      - (1)杏仁豆腐……………………283
      - (2)抜糸地瓜……………………284
      - (3)月餅／(4)糯米麻球…………286
      - (5)開口笑／(6)鶏蛋糕／(7)杏仁酥…287
      - (8)八宝飯………………………288
- Ⅴ．献立のたて方…………………………288
  - 1．冷葷について……………………288
  - 2．大件，大菜について……………289
  - 3．点心について……………………289
  - 4．献立例……………………………290
  - 5．満漢席について…………………290
- Ⅵ．食卓準備および食卓作法……………291
  - 1．食卓準備…………………………291
  - 2．食卓作法…………………………292

参考文献……………………………………294
さくいん……………………………………295

第1章 調理の基本

I. 調理とは

　「食」は人間の日常生活における生存の基本条件のひとつである。調理とは食によってただ生命を維持するだけでなく，人間生活を豊かにするように，食品の素材を調整処理して食用に供することである。

　調は「ととのえる」ことで調整を，理は「おさめる」ことで処理を意味する。すなわち，調理の目的は人間の食を調(ととの)えることであるが，そのためには各種の材料を処理しなければならない。調理はこの2つの面から成り立っているのである。

　調理の目的は具体的には，次のことがあげられる。
　① 食品の栄養効率や消化率を高めること
　② 衛生的に安全性を保つこと
　③ 味良く，食べやすく，美しくして嗜好性を高めること

そのためには，食品の不可食分の除去，形態の調整，加熱，味つけなどはもとより，食器の選択，盛りつけ，供卓時の温度や供卓順序，食事環境の整備などの諸操作に留意しなければならない。

　別に，料理という用語がある。料は「はかる」の意で，食品の分量や大きさ，加熱その他の処理時間などをはかり，調理の目的を具体的かつ正確に実現するという技術面に重きを置いた表現であると同時に，その結果できたものをも意味する。

II. 調理と味

1. 食物の味

　味覚は，水や唾液に溶けた呈味物質（味をもつ物質）が舌面の乳頭という小さな突起の中にある味蕾の味細胞を刺激することによって起こる。

　味覚によって感じる味は複雑であるが，いくつかの基本的な味に分類することができる。古くから唱えられた4原味説では，甘味・酸味・苦味・鹹味（塩から味）の4つを基本とし，他のすべての味はこれらの混合であるとしている。最近では4原味に「うま味」を加えて，5味とすることが多い。

　このほか，味覚によらない味として，痛覚の一種である辛味，舌の粘膜の収れんによる渋味などがある。

　食物の味は主に上記の味覚によるのであるが，食物の色，香り，舌ざわり，温度，かんだときの音などによっても影響される。すなわち，味は味覚・視覚・嗅覚・触覚・聴覚などによって総合的

に構成されるのである。さらにおいしさの判断には，食べる人の健康状態，心理状態，食欲*と嗜好などの要因も加えられる。調理をする際にはこのように，さまざまな味の条件があることに配慮する必要がある。

2．調　　味

　食品が天然に持っている味を生かしながら，よりおいしく食べられるようにするために，調味料を用いて味つけすることを「調味」といい，薄味にして食品自身の味を生かすようにする。しかしまずい味や，悪いにおいを持っている食品に対しては，調味料を多く用い，濃厚に調味する場合もある。

　調味料には食塩，しょうゆ，みそ，砂糖，食酢，うま味調味料などがあるが，香辛料も味をひきたてる効果を持ち，間接的には調味に関係がある。調味料には，加える量や時期の適否があって，料理のできばえを左右する。

（1）調味の方法

　調味の仕方には，食品の内部まで味を浸透させる，混合する，外部にふりかけて味を付与する，などがある。食品への味の浸透は，拡散によるのであるが，分子量の大きなものほど拡散しにくい。煮物の場合の調味料の入れ方の順序は，昔から「さ（砂糖），し（塩），す（酢），せ（しょうゆ），そ（みそ）の順にせよ」といわれている。これは，砂糖よりも分子量が小さく浸透の速い塩はあとで入れ，酢，しょうゆ，みそのように揮発しやすい芳香成分を含むものはなるべくあとで加えるのがよいことを表している。最初に一部を残しておいて，あとから加える場合もある。

（2）味覚の現象

　食物を飲食する場合，それぞれの味覚が影響することが多い。

　2つ以上の味が混合されると，単独の味よりも強まったり，弱まったりする。これを**味の相互作用**といい，特に塩から味の相互作用は効果的に働く（表1−1）。

　甘味にわずかの塩味（砂糖の1％以内）を加えると，甘味が増したように感じられる。この甘味と塩味のように2種類の呈味物質の刺激を同時に与えた場合，一方の味刺激が他方を強める現象を**対比効果**といい，その例としてしるこがある。

　また，グルタミン酸にイノシン酸，コハク酸などのうま味成分が含まれるところに食塩を少量加えるとうま味が強くなるのも対比効果のひとつで，調理例としてすまし汁がある。だし汁はそのままでは格別うまいとも思われないが，これに塩を加えるとうま味が引き立ってくるのである。

　2種類の呈味物質の刺激を同時に与えることにより呈味性が強まる現象を**相乗効果**という。例えば，L-グルタミン酸ナトリウムと5′-イノシン酸ナトリウムまたは5′-グアニル酸ナトリウムを混合して味わうと，単独の味の強さの和以上の味の強さを感ずる。

　相乗効果とは逆に2種類の呈味物質の刺激を同時に与えた場合，一方の味刺激が他方を抑制し弱める現象を**相殺効果**（抑制効果）という。例えば，塩から味がうま味料の添加で弱められたように感じたり，調味酢の場合に食酢に添加する食塩，砂糖，うま味料などが抑制的に働き，味をやわら

＊河村洋二郎編：食欲の科学，医歯薬出版（1972）

表1-1 味の相互作用の例

効果	呈味物質	味の変化	調理例
対比	砂糖と食塩 グルタミン酸ナトリウムと食塩	甘味が強くなる うま味が強くなる	しるこ すまし汁
相乗	L-グルタミン酸ナトリウムと 5'-イノシン酸ナトリウム	うま味が強くなる	煮だし汁
相殺	酸味液と砂糖 苦味液と砂糖	酸味が弱くなる 苦味が弱くなる	ジュース コーヒー

かくするのもこの効果による。

(3) 調味料の種類と使用量
1) 食塩

食塩（塩化ナトリウム）NaClの味が代表的な塩から味とされており，食塩は調理に最も多く使用され，また生理的にも欠くことのできないものである。現代では塩分のとり過ぎが問題となっているので，食塩の使用量は極力減らす方向にある。塩化カリウム（KCl）が食品添加物に指定され，食塩の一部をKClで代替した塩が売り出されたり，しょうゆの一部にKClを使用したものもある。しかし，KClは苦味とえぐ味を伴うので，一部をKClで代替することは可能であるが，大部分をKClで味つけすると好まれない*。

食品の種類や調理法によって塩味を加減するが，一般に汁物では0.7％前後，副食としては食事に供される状態でおよそその重量の1～1.5％前後が使用される。

各種の食物中に含まれる食塩濃度を表1-2に示す。
食塩には，味つけ以外に次のような効用がある。

表1-2 食物中の食塩濃度

食物	食塩濃度(％)
味付け飯	0.5～0.8
汁物	0.5～1.0
蒸し物	0.7～0.8
炒め物	0.8～1.0
あえ衣	0.8～1.5
煮物	0.8～1.5
焼き物	1.0～2.0
加工食品	食塩濃度(％)
食パン	1.3
有塩バター	1.9
魚加工品	1.5～4
ハム類	1.5～3
漬け物	2～7
つくだ煮	4～6
塩辛	3～7

畑江敬子，香西みどり編：調理学，東京化学同人（2003）

- **たんぱく質の凝固**：しめさば，卵豆腐のゲル化促進など。
- **たんぱく質の粘性増強**：魚のすり身，小麦粉で麺をつくるときなどに食塩を加えるとたんぱく質が溶解して粘性を増す。
- **豆腐のすだちや硬化防止**：ゆで水に食塩を加えて加熱する。
- **ぬめりの除去**：さといも，貝類，たこなどの粘質物は複合たんぱく質で，食塩で凝固するので，塩もみすると除去しやすくなる。
- **脱水**：きゅうりもみ，魚の塩じめなど，食塩の浸透作用を利用して脱水させる。
- **防腐効果**：微生物の繁殖抑制，食品の保存，漬物，塩からなど。
- **酸化酵素による褐変の防止**：りんごなどを食塩水につける。
- **寒剤**：食塩に氷を加えると食塩が溶けるのに水分を多量に必要とするため氷が解ける。そのとき，まわりから融解熱を奪い，冷却を容易にする。

＊竹内信子・近藤栄昭：調理科学，**16**(3)，177（1983）

表1-3 各溶液中で加熱（99℃±1℃）した場合の野菜の緑色度変化

種類＼加熱時間	1分	3分	5分	10分	15分
0.3%NaHCO₃ (pH8.6)	100	100	100	100	100
2%NaCl (pH7.6)	100	91	87	83	83
1%NaCl (pH7.6)	100	83	71	67	63
水 (pH7.6)	100	83	71	67	63
5%しょうゆ (pH5.0)	91	63	50	33	—
10%みそ (pH5.0)	91	50	33	—	—

山崎清子：家政誌, **4**, 280 (1954)

・**緑色野菜の緑色を保持**：食塩が多量に（ゆで水の2％以上）存在すると緑色は鮮やかに保たれる（表1-3参照）。

2）しょうゆ，みそ

　しょうゆは風味のすぐれた調味料で，次のような種類がある（表1-4）。

　みそは原料，味，色などにより，表1-5のように分類される。

　しょうゆ，みそは食塩と同じく塩味を目的として用いられるが，塩味以外に各種のアミノ酸を多量に含んでいるので，うま味があり，特有の香気は料理の味を引き立てる役割をしている。しかし，しょうゆ，みそは加熱しすぎると芳香を失うので注意しなければならない。また，しょうゆ，みそは緩衝作用が強く，煮だし汁などで薄めてもpHは変動しないが，加熱すると弱くなる。みそはコロイド状のため吸着作用があり，魚や肉のにおいを消すのに役だっている。そのほか，しょうゆ，みそは色にも特色がある。

表1-4 しょうゆの種類

種類	食塩(%)	特徴
こい口しょうゆ	14.5	色が濃く，よい香りと味を持っており，最も用途が広く，何にでも使用できる
うす口しょうゆ	16.0	色が薄く，料理材料の色を生かしたいときに用いる。煮物，吸物，あえ物などに用いる
たまりしょうゆ	13.0	色が濃く，特有の香気と，濃厚な味，粘度を持ち，こい口しょうゆと混ぜて刺身しょうゆや焼き物などに用いる みりんとともに加えると照りが出るので，煮込み物，照り焼き，つくだ煮などの色上げに使われる
さいしこみしょうゆ（甘露しょうゆ）	12.4	色，味ともに濃厚で，刺身，すし用のしょうゆとして用いられる
しろしょうゆ	14.2	うす口しょうゆの一種で，色はうす口よりもさらに薄く，黄金色で味は淡白，独特の香りがある。主に煮物，うどん汁，吸物，鍋物の汁に用いられる
減塩しょうゆ	約9*	天然醸造しょうゆの中から特殊な方法で塩分だけを減らしたもので，つけじょうゆによく，また高血圧や腎臓病の人などで減塩食を必要とする人に適している

（注）＊印以外は五訂増補日本食品標準成分表による．

表 1-5　みその分類および主な銘柄，産地

原料による分類	味・色による区分		塩分（％）	主な銘柄もしくは産地
米みそ	甘	白	5～7	白みそ，西京みそ，府中みそ，讃岐みそ
		赤	5～7	江戸甘みそ
	甘口	淡色	7～11	相白みそ（静岡），中甘みそ
		赤	10～12	中みそ（瀬戸内海沿岸），御膳みそ（徳島）
	辛	淡色	11～13	信州みそ，白辛みそ
				仙台みそ，佐渡みそ，越後みそ，津軽みそ
		赤	12～13	秋田みそ，加賀みそ
麦みそ		淡色系	9～11	九州，中国，四国
		赤　系	11～12	九州，埼玉，栃木
豆みそ	辛	赤	10～12	八丁みそ，名古屋みそ，三州みそ

渕上倫子編著：調理学，朝倉書店（2007）

しょうゆ，みその食塩換算は含まれる食塩（NaCl）量によって決まるが，食塩中のNaCl／しょうゆ中のNaCl，食塩中のNaCl／みそ中のNaClの式から換算できる。

しかし，料理に用いられる食塩は精製塩が多く，精製塩はNaClを99％以上含むので，実際には次のように概算している。一般に用いられるしょうゆは，ほとんどがこい口しょうゆであるが，食塩含有量は15％前後が多い。食塩と同等の塩味をつけるには，しょうゆは約6.7倍の量を用いればよいことになる。しょうゆは小さじ1杯5mlで約6gであるから，食塩1g用いた場合とほぼ同じ塩味をつけるにはしょうゆ小さじ1杯強入れればよい。

みそは種類によって食塩濃度の差がしょうゆより大きいが，10％の食塩を含むみそでは食塩1gの代わりにみそ10g用いれば同等の塩味がつくことになる。

しょうゆやみそはpHが低いので（表1-3参照），緑色野菜をしょうゆやみそ汁で煮ると色が損なわれる。

3）食　　酢

酸味を与える調味料で，醸造酢と合成酢とがある（表1-6）。醸造酢は緩衝能力が強いので薄めても酸度が低下しにくい。酢酸は4～5％含まれる。酸味の好みの幅が広く，使用する食酢の濃度は7～10％前後である。しかし，酢は単独で調味料として用いられることは少なく，食塩，しょうゆ，砂糖，油などと併用されることが多い。煮たてると酸味がある程度揮発するので，加熱調理では，なるべく最後に加えるのがよい。食酢のほか生酢（レモン，だいだい，ゆず，すだち，かぼすなど）も使用される。

調味料として使用される以外に，次のような作用がある。

- **たんぱく質の変性**：塩でしめた魚肉を食酢に浸すとさらに変性が進み，白く凝固するとともに歯ごたえのあるテクスチャーに変わり，なま臭みを消す働きもある。
- **天然色素の変化**：青菜などに含まれるクロロフィルは食酢に合うとフェオフィチンができ，黄褐色になり色が悪くなる。
- **酵素的褐変の防止**：新しょうが，レッドキャベツ，ずいきのアントシアン系色素は酸性で赤系統の色になる。ごぼうやれんこんを酢水につけると酸化酵素による変色を防止できる。
- **殺菌効果**：食酢はかなりの殺菌効果があるので，なまたはなまに近い状態のものを材料とした

表 1 - 6　市販の酸味料

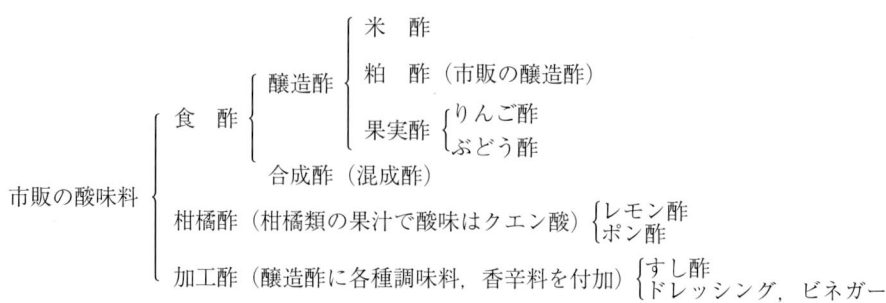

調理でも比較的安全にすることができる。
- その他：塩味をやわらげる。食物にさわやかさを与え，味覚を刺激して食欲を増進させる。

4）砂　　糖

甘味料の代表は砂糖である。砂糖の成分はショ糖であるが，甘味食物には単独で，またはあめやはちみつ，みりんのような他の甘味料とともに使用され，使用範囲は広い。

一般に煮物や酢の物では5％前後用いられる。砂糖は甘味をつけ，酸味や苦味など他の味をやわらげる。砂糖は浸透圧を高くするので，特に煮豆の場合などには一度に多量に加えないようにする。

各種の食物中に含まれるスクロース（ショ糖）濃度を表1-7に示す。

砂糖には甘味以外に，次のような性質がある。

表 1 - 7　食物中のスクロース濃度

食　物	スクロース濃度(％)
煮　物	0〜10
飲み物	0〜10
アイスクリーム	10〜20
ゼリー・プディング	10〜20
煮豆・あん類	30〜50
ジャム	40〜60
キャラメル	70〜80
氷砂糖	100

畑江敬子，香西みどり編：調理学，東京化学同人（2003）

- 水 溶 性：高温になるほど溶けやすく，低温では溶けるのに時間がかかる。
- 防 腐 性：親水性が大きく食品中の水分を脱水させるので，細菌の繁殖を抑制する（砂糖漬け）。
- 老化防止：糊化したでんぷんに加えると老化を抑制する（ぎゅうひなど）。
- 安 定 性：起泡卵白に砂糖を加えると泡が消えにくくなる。
- 焦げ色，香り：砂糖を160〜180℃まで加熱すると，カラメル反応を起こし，美しい焦げ色と芳香を生じる。
- ゼリー形成：ペクチンに酸と砂糖を加えて加熱するとゼリー状になる（ジャム）。
- 結 晶 性：砂糖の飽和溶液を冷やすと結晶ができる（フォンダン，氷砂糖）。
- 粘り，つやを出す：菓子，煮物などに，粘り，つやを出す。
- その他：パンの発酵を助長する。寒天，ゼラチンなどのゲルをかたくし，寒天の離漿をおさえる。

5）み　り　ん

みりんには糖分（主としてグルコース）が31.5％も含まれているので，甘味料としては砂糖の3倍用いる。アルコール分を約13.5％含むので，調味料として用いる場合は，煮切ってアルコール分をあらかじめ揮散させることがある。みりんは甘味のほかに加熱によりアミノ酸と糖類がアミノカ

ルボニル反応を起こし，料理に好ましい焦げ色と特有の加熱香気を与える。また，アルコール分には調理素材への浸透性，たんぱく質への影響，悪臭揮散などの働きがある。

6）香辛料

香辛料は植物の種子，果実，葉，茎，つぼみなどを材料としたもので，芳香や刺激性の香味を持ち，料理に風味を与え，食欲を増進させる。それぞれ適当な時期に用いるが，量が多すぎないようにする。日本料理では，わさび，辛子，さんしょう（木の芽，花さんしょう，実さんしょう），しょうが，唐辛子，ゆずなどが用途に応じて用いられる。

7）うま味料

- **うま味調味料**：昆布，かつお節，しいたけの煮だし汁などのうま味の成分を，工業的に高純度につくったものである。

  グルタミン酸ナトリウムは，小麦や昆布などに含まれるうま味成分であり，グルタミン酸の酸基の1つをナトリウム塩にしたものである。グルタミン酸ナトリウムはpH 6～8付近で安定であるが，それ以外では呈味力が弱くなる。閾値は0.03％で，少量で効果をあらわす。うま味料として，グルタミン酸ナトリウムのほか，イノシン酸ナトリウム，グアニル酸ナトリウムなどがある。

- **複合調味料**：うま味物質は，単独であるよりも，複合したほうが相乗効果（2種類の呈味物質の刺激を同時に与えることにより，それぞれの単独の味の和より強い味を呈する現象をいう）によりうま味増進の効果があるので，市販調味料の多くは複合調味料として調製されている。例えば，イノシン酸ナトリウムとグアニル酸ナトリウムは両者ともグルタミン酸ナトリウムと混合すると強い相乗効果を示し，市販品のほとんどがイノシン酸，グアニル酸を混合したものである。

  うま味調味料を加える時期は，味つけの重点をどこに置くかによって決める。材料の中まで味を浸透させたい場合は最初から入れてよく浸透させるが，汁に重点を置く場合は，でき上がりぎわに加えるとよい。複合調味料は下ごしらえの段階で用いる。

- **天然風味調味料**：近年，複雑な呈味成分を再現する技術の進歩により，天然風味調味料として，だしやスープの素が市販されるようになり，味と香りのよい天然のだしやスープの味に近い風味が人工的に容易に得られるようになった。

Ⅲ．調理法の特徴

1．準備操作

（1）計 る

調理をむだなく行い，味，栄養ともにすぐれた料理をつくるためには，材料や調味料の適正な分量，最も効果的な調理時間や温度などを守ることが大切である。それらはかつては多年の苦心と経験だけで体得され，「こつ」とか「秘伝」などといわれていた。現在では計測器の開発により，各種のデータが科学的に分析され，数値で表現されるようになったので，それを守れば再現性がよく，比較的容易によい料理ができる。したがって，正確な計器を備え，常にこれらを使用することが調理の基本的条件のひとつである。

a．**重 量**：秤は一般に上皿自動秤，キッチンスケールを用いるが，少量のものを計るときは

表1-8 計量器具による食品の容量と重量の関係

(単位:g)

食品＼計量器具(容積)	小スプーン(5ml)	大スプーン(15ml)	カップ(200ml)	食品＼計量器具(容積)	小スプーン(5ml)	大スプーン(15ml)	カップ(200ml)
水・酢・酒・食塩	5	15	200	マヨネーズソース	5	14	190
みそ・しょうゆ・みりん	6	18	230	ごま	3	10	120
砂糖 上白糖	3	9	120	生クリーム	5	15	200
砂糖 グラニュー糖	4	12	160	牛乳	5	15	215
油・バター・ラード	4	13	180	はちみつ・水あめ	7	22	290
ショートニング	4	12	160	カレー粉・こしょう	2	7	—
小麦粉 薄力粉	3	8	100	辛子粉・わさび粉・ココア・せん茶	2	6	80
小麦粉 強力粉	3	9	110				
パン粉（乾燥）	1.5	5	60	インスタントコーヒー・番茶	1.3	4	50
パン粉（生）	1	3	40				
上新粉	3	7	120	まっ茶・紅茶	1.5	5	60
でんぷん	3	9	110	うま味調味料	3	10	—
ベーキングパウダー・重曹	3	10	135	米	—	—	160
				飯	—	—	120
ゼラチン	3	8	140	あずき	—	—	150
おろしチーズ	2	6.5	90	むきえんどう・枝豆・大豆	—	—	130
脱脂粉乳	2.5	8	100	さらし餡	—	—	120
トマトケチャップ	6	18	230	おろし大根・ひき肉・魚すり身・貝類むき身	—	—	200
トマトピューレ	5	16	210				
ウスターソース	5	16	220	花かつお	—	—	10

上皿天秤を使うこともあり，計量する材料の精度要求に応じて秤を使い分ける必要がある。計量器具は常に正しく使用できるよう整備しておく。

b．容　　量：容量を計るためには，計量カップ，計量スプーン，シリンダーなどがある。一般には，計量カップ，スプーンを使用する場合が多く，これらは液体以外の粉・粒状食品の目安量を計るときにも便利である（表1-8）。しかし，計り方の条件を一定にしなければ誤差を生じる。

粉状のものは，かたまりのない状態で山盛りにして，へらで平らにすりきって計る。1/2，1/4にするときは平らにすりきってから，へらで余分の量を取り除く。液状のものは，表面張力の関係があるので，計器の縁いっぱいに満たし，動かしてもこぼれない程度とする。みそ，バターなどは，すき間がないように入れ，平らにして計る。

c．体　　積：食品の外形はさまざまなので，体積を計る簡便法として，水にぬれてよい食品は水，水にぬれては困る食品はアワやナタネの体積に換算して求める。一定の容器にいっぱいの水の量を計っておき，食品をその容器に入れ，水を注ぐと食品の体積分だけ水があふれるので，それを計ればよい。

d．温　　度：棒状の水銀温度計は比較的高温度に対して正確であり，測定温度範囲が広く，調

理用には200〜300℃のものを用いるとよい。アルコール温度計は沸点や氷点が低い関係で，70℃以下氷点下までが正確に計れ，低温の調理温度や冷蔵庫内温度を計るのに用いる。測定範囲が−20〜−50℃の冷蔵庫専用のものもある。

バイメタル温度計はバイメタル利用の平盤型で，主に揚げ物用や天火用などがある。焼き物の温度測定はむずかしいので，天火などは温度指示計を備えたものや自動調節のできるものを選定するほうがよいが，指示温度と実際の温度と一致しない場合もあるから注意を要する。

熱電対温度計は熱電対を利用した温度計であり，正確な測定が比較的容易である。遠隔測定，記録も可能で，実験用に用いられる。

寄せ物や蒸し物などの調理では温度計を用いるほうが調理しやすいことが多い。

e．時　　間：調理用には普通の時計のほか，秒針つき時計，タイマー，タイムスイッチなどがある。実験などで特に正確さを必要とするときは，ストップウォッチを使用する。

以上の計量器のほかに，台所用具の中から日常よく使用する茶碗，コップ，ボール，玉杓子，鍋などの重量や容量，包丁，箸などの長さを確かめておいて，代用計器として利用すると便利である。

（2）洗　　う

「洗浄」は食品に付着している有害物，汚れ，不味成分など好ましくない物質を除去し，食品を衛生上安全で嗜好上望ましい状態にすることを目的としている。洗う操作中に水溶性の成分（たんぱく質，無機質，ビタミンなど）が水中に流れ出し，味や香りが悪くなったり，栄養素の損失が起こらないように，一般に食品は切る前に洗い，切ってからは洗わない。まないた，ふきんなどは細菌が繁殖しやすいので，洗浄ののちに熱湯消毒や日光消毒をする必要がある。

洗浄の方法には流し洗い（流水で洗う，ほとんどの食品に用いる），こすり洗い（たわし，スポンジなどでこすり洗う，根菜類・果実類），かくはん洗い（かき回しながら洗い流す，米・豆類など），ふり洗い（ざるに入れてふりながら洗う，貝・小魚など），そのほか，もみ洗いなどがある。

魚類は丸のまま流水で洗い，うろこ，えら，内臓などを除いた後，血液などをていねいに冷水でよく洗い，水をきる。切り身にしてからは洗わない。

干ししいたけのようにうま味成分の溶出しやすいものは，手早く洗うようにする。

葉菜類は葉の裏などは水だけでは表面張力のため，くぼんだところまで十分に洗えない。中性洗剤の溶液に浸すと表面張力が弱まり汚れを引き離すことができるし，農薬除去にも効果があるといわれているが，中性洗剤使用による害も問題になっているので，むしろふり洗いをしたり，流水で十分に洗い流すほうが安全である。

果物は農薬が付着していることがあるのでよく洗う。

（3）浸　　す

「浸す」とは，食品を水または溶液中につけることをいい，水分の付与，うま味成分の浸出，あく抜き（不味成分その他不要な成分の除去），酵素作用の阻止，塩抜き，調味液の浸透，物理性の向上のためなどの目的で行う。浸すことにより，水溶性ビタミンなど栄養素の損失も同時に進行するので必要以上に長時間浸すことは避ける。乾物をもどしたときの重量の変化を知っていると便利である（表1−9）。

a．もどす，浸す：しいたけ，凍り豆腐，豆，米などの水分は，普通20％以下であるから，吸水

表1-9　食品のもどし方とその重量変化

食品名	もどし方	重量の変化(倍)	食品名	もどし方	重量の変化(倍)
大豆	4〜5倍の水に5〜8時間浸す	2〜2.5	切り干しだいこん	水に約10分浸す	5
凍り豆腐*	約10倍量の50〜60℃の湯に10分浸す	5〜6	寒天	洗って30分〜1時間水に浸す	9〜10
はるさめ	微温湯に20分位浸す	3	ゼラチン	粉は4倍の水に5〜10分浸す 板は水に20〜30分浸す	4〜10
麩	水に5〜6分つける。板麩はぬれぶきんに包み，湿らせる	7	干しかずのこ	米のとぎ汁に1昼夜つける その後毎日水を取り換えながら1週間浸す	2.5
かんぴょう	塩もみして洗ってゆでる	8〜10	米	水に40〜120分（夏は短く，冬は長く）浸す	1.25
干ししいたけ	10倍の水または微温湯に浸す	5〜6			
干しわかめ	水に10〜30分浸す	8〜10	干し貝柱	熱湯に1晩浸す（p.224参照）	2
きくらげ	水に数時間浸す	9〜10			
ひじき	水に約40分浸す	6〜8	きんこ(干しなまこ)	もどすのに3〜5日かかる（p.223参照）	2.5〜3

* 膨軟加工に膨軟剤（重曹）を用いたものの場合．

させて水分を付与してから加熱する。これを水に「もどす」とか「浸す」という。乾物はもどすことによって膨潤し，熱が伝導しやすくなる。調味をする際には，もどし重量を基準にする。もどす水温は食品の種類に応じて常温から熱湯までの範囲があるので，適切な方法を用いる。浸した水にうま味がある場合には調理に利用する。

　あずきは吸水に時間を要するので，夏などは水温が高くなり腐敗しやすいので，浸水しないで加熱し，加熱中に吸水させる。

　米はでんぷんの糊化のために吸水させ，寒天，ゼラチンは吸水によって加熱溶解を容易にさせる。

- b．うま味成分の浸出：昆布，しいたけなど水溶性のうま味成分を浸出させる場合には水に浸漬する。
- c．不味成分その他不要な成分の除去（あく抜き）：あくは食品に苦味，渋味，えぐ味などを与える物質の総称で，調理中に変色して著しく美観を損なう成分もあり，嗅覚に不快感を与えるものもあるので取り除く必要がある。しかし，あくは食品の風味に特徴を与えてもいるので，あくを抜くことによって食品の持ち味を失う場合もある（表1-10）。

　あく抜きには，次のような方法がある。

- ・水に浸して溶出させる。食塩水や酢水を用いる場合もある。切り口が空気に触れると褐変しやすい食品に適する（酵素作用の阻止）。
- ・米のとぎ汁，ぬか水，あく（灰汁），重曹水，でんぷん溶液などにつけて溶出または吸着により取り除く。
- ・ゆでて組織を軟化し，溶出させる。

　野菜のあく抜きの方法の例を表1-11に示す。

表1-10 あくの種類

味	苦味[1]（野菜，ふきのとう）：各種アルカロイド，K，CaおよびMgなど無機塩	
	えぐ味（たけのこ，さといも）：ホモゲンチジン酸およびその配糖体，ジヒドロキシベンズアルデヒド，シュウ酸およびその塩類	
	渋味[2]（柿，にしん）：タンニン酸，干し魚の脂肪酸化物	
色	褐変（ごぼう，やまいも，カリフラワー，りんご）：酵素	
	褐変（凍り豆腐，かんぴょう，魚肉缶詰，干し魚）：糖とアミノ酸，脂肪とアミノ酸	
香り	なま臭み（獣鳥肉類の肝臓，血液など）	
	（魚臭）：トリメチルアミンなど	
その他	スープストックのあく：血液，熱凝固たんぱく質，脂肪など	

（注）1）茶，コーヒー，チョコレートなどの苦味は賞味される
　　　2）赤ブドウ酒などの渋味は熟成中不溶性となる

表1-11 野菜のあく抜き方法の例

野菜	目的	方法
うど	酸化抑制，溶出	切ってから水にさらす。3％酢水につけるといっそう効果的
れんこん	酸化抑制，溶出	切ってから水にさらす。3％の酢水でゆでる
ごぼう	酸化抑制，溶出，吸着	切ってから水にさらす。酢水につけるといっそう効果的。米のとぎ汁でゆでる
たけのこ	溶出，吸着	上部を斜めに切って外部の皮を取り，残っている皮だけに切り込みを入れ，約10％のぬかを入れた水か，米のとぎ汁でゆでてそのまま冷ます（ホモゲンチジン酸，シュウ酸がでんぷんコロイドに吸着される）
くり	酸化抑制，溶出	切ってから水にさらす。1％みょうばん水に浸す
さつまいも	酸化抑制，溶出	切ってから水にさらす。1％みょうばん水に浸す（ヤラピンを含む樹脂配糖体は酸化により黒変する）
しゅんぎく，ほうれんそう	溶出	食塩1％を加えた熱湯で短時間ゆでて，水にさらす。なるべく多量の湯を用いる。（シュウ酸，シュウ酸化合物をゆで水へ溶出させる）
わらび，ぜんまい	溶出，吸着	灰汁（灰10％の上澄み液）または0.1～0.2％重曹水でゆで，水洗いして，水に浸す

　d．**塩 抜 き**：魚，くらげなどの塩漬けから余分の塩を抜くことである。
　　迎え塩といって，1～1.5％の食塩水に浸漬しておく。水に接した表面だけが先に抜け，表面が水っぽくなるのを防ぎ，内部の塩もゆっくりと引き出す。
　e．**血 抜 き**：レバーなどの血抜きは適当な大きさに切ってから，冷水または牛乳に短時間浸漬する。
　f．**酵素作用の抑制**：りんご，うど，じゃがいも，ごぼうなどのように，皮をむいたり切ったりすると空気にふれた面に酸化酵素が作用して，褐変現象を起こすものがある（表1-12）。これを防ぐために，切ったら直ちに水につけて空気との接触を避け，酵素を溶出させる。
　　薄い塩水（1％）や酢水（3～5％）を用いると酵素を不活性にし，真水よりもさらに変色を防ぐことができる。
　g．**調味液への浸漬**：魚・鳥・獣肉の下味つけ，煮豆の味つけなどで，加熱前または中間で調味

表1-12 酵素作用とその阻止法

食 品	酵素名	作　　　用	変色防止法
じゃがいも やまいも	チロシナーゼ	チロシン ⟶ メラニン生成（褐色）	水に浸漬
りんご，びわ，バナナ，さつまいも，ごぼう，れんこん など	ポリフェノールオキシダーゼ	ポリフェノール⟶キノン類⟶酸化褐色物質 （クロロゲン酸）（タンニン）	1％食塩水に浸漬 1％酢水に浸漬

川上一行・川端晶子：応用自在な調理の基礎，29，家政教育社（1984）

液に浸す。煮豆はいきなり高濃度の調味液に浸すとかたくしまるので，2～3回に分けて濃度を上げていくようにする。

- h. **物理性向上のため**：生野菜をそのまま，または切ったあとで水に浸し，組織をパリッとさせると歯ざわりが改善される。きゅうりのせん切りやレタスなどがその例で，いずれも浸透圧作用による。

　食品をその細胞液の浸透圧より高い濃度の液に浸漬すると，細胞液の水分が外に出て，細胞の体位は減少する。野菜を切って水に浸漬すると細胞内に水が浸透して細胞がふくれ，組織全体にはりが出て歯ざわりがよくなる。栄養的には水溶性成分が溶出するので，浸漬時間の配慮が必要である。食塩水に浸漬すると細胞液の水分が浸透圧の作用で吸い出され，やわらかくなる。

- i. **砂出し**：はまぐり，あさりなど殻つきの貝は，内部に砂を含んでいることが多いので，海水濃度の食塩水（約3％）につけて1晩冷暗所において砂出しする。
- j. **冷　　却**：ゆで卵，麺類，青菜などのゆでた食品を急冷する場合に行う。卵は急冷によって殻をむきやすくし，過熱によって卵黄の周囲にできる硫化第一鉄による色の変化をおさえる。麺類は，ゆでたとき溶け出して表面に付着したでんぷんを洗い流してなめらかにし，青菜は急冷すると緑色を鮮やかにするとともに，不味成分が残っている場合には溶出させることもできる。いずれも長く浸漬しない。

（4）切　　　る

　食品の性質や調理法に従って，目的にあった切り方をする。

　食品を切る目的は，① 不可食分を除き，適当な大きさにして食べやすくする，② 食品の表面積を大きくして熱の伝導や，調味料の浸透をよくする，③ あく成分を除きやすくする，④ 食品の外観を美しく整える，などである。

　これは料理のできばえにも影響する重要条件で，その技術の習得にはかなりの修練が必要である。

- a. **切り方の種類**：調理の方法，盛りつけにより，切り方は異なり，種類も多いが，いずれも材料の持ち味を生かして切る。切り方は表2-5（p.35）を参照する。
- b. **包　　丁**：包丁は切る，むく，けずるなど調理をするために最も大切な道具で，材料や調理法など用途に応じて，いろいろな種類がある（表1-13）。基本的な和式，洋式，中国式のほかに，調理材料の大小による使い分け，刺身，うなぎ裂きなど用途による使い分けなど特殊用

表 1 − 13　包丁の種類と用途

分類	種類	形	刃型	寸法（刃渡り）	用途
和包丁	菜切り包丁		両刃	12〜16.5cm	野菜をきざむのに適する。うどん、そば切りにもよい
	薄刃包丁		片刃	15〜17cm	だいこん、にんじん、いもなど太く、かたいものを切るのに適する
	出刃包丁		片刃	10.5〜15cm	大きな魚、鶏の骨や皮を切るのによい
	刺身（柳刃・柳葉）		片刃	21〜27cm	刺身（特に、引づくり）に適する
	刺身（たこ引き）		片刃・両刃		刺身（特に平づくり）、すじ切り、皮ひき、桂むきなどに適する
洋包丁	洋包丁（牛刀）		両刃・片刃	18〜21cm	肉、魚、野菜、そのほか、用途が広い
	ペティナイフ		両刃・片刃	10.5〜12cm	小細工に用いられる
中華包丁	菜刀（ツァイタオ）		両刃	22cm内外	薄刃の包丁で薄切り用に用いる

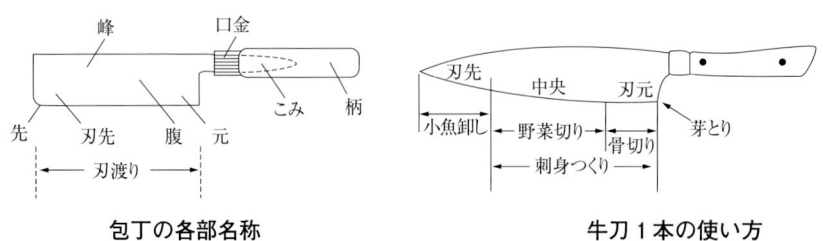

図1-1 包丁の各部名称と牛刀の使い分け

途に従い，形や材質にそれぞれ特色を持つものがつくられている。しかし，家庭では包丁の数はなるべく最小限にとどめて，いつも手入れを怠らない心がけが必要である。包丁の中では，牛刀は野菜の調理や刺身にも用いられ，その使用範囲が広く便利である。包丁の各部名称と牛刀の使い分けを図1-1に示した。

包丁の材質は，炭素鋼がとぎがきいてよいが，手入れが悪いとさびが出やすい。ステンレス鋼のものは，さびる心配はないが，切れ味が悪くなりやすい。

c．包丁の取り扱い方

- 切れ味を保つために，汚れを洗い落として，乾いたふきんで水気をよくふき取ってからしまう。柄もよく水気をふき取って乾かすようにする。
- 包丁は使用により切れ味が低下するので，ときどきとがなければならない。とぎ方は右手で包丁の柄をしっかり握り，刃を砥石に密着させてすり合わせる。両刃の包丁は裏表同じにとげばよい。片刃の包丁は刃の面が砥石に一定の角度で密着してぐらつかないように特に注意するとともに，刃の裏側の面は，めくれを直す程度に数回とげばよい。

　　　砥石は荒砥と仕上げ砥の2個を備え，荒砥で砥ぎ面を整えてから仕上げ砥でといで鋭くするのであるが，中砥（青砥，沼田砥などの粘板岩または石英粗面岩）1個でも間に合う。ステンレス鋼には，金鋼砂人造砥石（ダイヤモンド属の粉末を主体として他の材料とともに固めた砥石）の粒子の細かいものを用いるほうがとぎやすい。人造砥石は使用前に数分間水に浸して十分に水を吸わせておかないと，表面の水分が不足して，よくとげない。

(5) おろす，する，つぶす

食品に外力を加えて組織を砕き，粉末状，パルプ状，ペースト状などにする操作である。通常，乾燥食品の場合は「粉砕」，水分を含む場合は「磨砕」という。

現在では，米粉，小麦粉，きな粉などすべて工業製品が出まわっているので，調理の場で粉砕を行うことはまれであるが，粉砕や磨砕の程度は調理の目的によって定められるべきで，それは食品をおよそ次のような性状にすることを目的としている。

- 食品材料の均一化により，味や成分の混和を容易にする。
- 外観，舌ざわり，香りなどを改善し，嗜好性を向上させる。
- 成分相互の接触をすすめ，酵素作用その他の変化を増進させる。
- 粘弾性を改善し，消化をよくするなどしてかたい食品を食用可能にする。この操作では食品は空気との接触が多く，酸化を受けやすいので，ビタミンの損失や酵素作用の影響が大きいことに注意を要する。

a. おろす

表1-14 おろし方

調理名	方法
果汁	おろし金，ミキサー，ジューサー等の器具を用いてつくる。ポリフェノール化合物を含む果実は磨砕により褐変を起こす場合が多い。ビタミンCも酸化が促進される。りんごでは0.5〜1％の食塩添加によりかなり抑制できる。みかんのビタミンCは磨砕しても安定性が大きいので食塩を加える必要はない
だいこんおろし	磨砕したものをそのまま食用とするものでは，粒子の大きさが食味に影響するから，おろす器具の性能も検討しなければならない。だいこんおろしには粗い目のおろし金を用いる。細胞までつぶすと汁液が分離し味も口ざわりも悪くなる。また，時間がたつと水分が分離して食味が低下し，酸化によるビタミンCの損失もあるので，使用直前におろすのがよい
もみじおろし	だいこんとにんじんを混ぜたおろしは，にんじんの中のアスコルビナーゼ（ビタミンC酸化酵素）によりビタミンCの損失はさらに数倍も増大する[1]。これを防ぐためには，にんじんにレモン汁や酢を加え，pH5.5〜6.0にすると酸化酵素は不活性となる。また，にんじんの短時間加熱を行うのもよい
おろしわさび	わさび汁液に含まれる精油中のシニグリンが加水分解酵素ミロシナーゼによってアリル辛子油をつくり，初めて辛味を生じる。したがって磨砕により辛味を増すので，なるべく目の細かいおろし金ですりおろし，細胞を壊して酵素作用を増進させる。時間をかけてすりおろしたほうが酵素作用がすすみ，辛味生成を助長する。また，磨砕後包丁でたたくと辛味が強まり香りが出る。香りの発散を防ぐような形にまとめてしばらく置くほうが良い

（注）1）稲垣長典・福場博保・榎本利子：栄養と食糧，6，222（1954）

b. する

表1-15 すり方

調理名	方法
あえ物（あえ衣）	包丁，すり鉢，すりこぎ，まないた，ミキサーが用いられる ピーナッツやくるみなどかたいものや，ほうれんそうのようにせん維のあるものは細かく切ってからする。あえ物などには可能な限り細かくつぶすと，なめらかな口ざわりになっておいしい。しかし，形，風味の両方を求めるときは，半ずり，切りごまなどの手法がとられる
かまぼこ，しんじょ，すり流し汁	包丁，すり鉢，すりこぎ，まないた，ミキサーが用いられる 家庭では白身の魚，えびなどの身を包丁でこそげ取り，まないたの上で板ずりし，塩少々を加えてすり鉢ですると魚のすり身ができる 魚肉はすりつぶして形を変え，独特の味をつくり出せる。魚肉に約2〜3％[2]の食塩と30％程度の水を加えてよくすりつぶすと，筋原せん維たんぱく質が抽出され，水和した状態で絡み合い，粘稠なペースト状（すり身）になる．これを加熱するとかまぼこやしんじょができ，すり身を汁でのばすとすり流し汁になる[2]

（注）2）岡田稔：魚の調理，22，朝倉書店（1973）

c．つぶす

表1-16　つ ぶ し 方

調 理 名	方　　　　法
マッシュポテト	じゃがいもはゆでた後裏ごし器を用いて，つぶす（裏ごしする）。じゃがいもの細胞は保護しながら，組織だけを破壊するように，すなわち細胞単位に組織を分離するような磨砕方法をとる。そのために成熟した「だんしゃく」のような粉質のいもを選んで，ゆでこぼしたら熱いうちに直ちに裏ごして，細胞膜の破れを防ぐ 新じゃがいもは細胞膜が破れやすく，でんぷんが露出して，粘りを生ずるので適さない

（6）混ぜる，こねる，泡だてる

材料や調味料の均質化，乳化，泡だち，粘弾性を増強させるなどの目的がある。

a．混 ぜ る：2種以上の材料を均一に相互分散させる操作をいう。小麦粉とベーキングパウダーのように固体と固体，水ようかんの餡と寒天液のように固体と液体で混合後の状態が懸濁液，マヨネーズのように液体と液体で混合後の状態が乳濁液，調味酢の酢としょうゆのように液体と液体を混ぜ合わせて均質化させる，などがある。水ようかんのように比重の異なる2種のものを混合する場合は，分離防止や均質化を図るのに，混ぜ合わせるときの温度や混合の技術，材料の割合などが関与する。

　マヨネーズは卵黄中のレシチンを乳化剤として，酢と油を乳化させたもので，水中油滴型（O/W）のエマルションである。卵黄に酢を加えた後にサラダ油を加えて急速にかくはんする。かくはん速度や温度が成果に影響を与える。

　てんぷらの衣は小麦粉と卵水，ケーキバッターは小麦粉，卵，砂糖，牛乳などを混合して軽くかくはんする。いずれもグルテンの粘りを出さないように注意する。小麦粉を扱う場合，操作のどの段階で砂糖や脂肪を加えるかによって，グルテン形成にかなりの違いが生ずる*。

　あえ物，酢の物，サラダ類は，あえ衣または調味酢と下ごしらえした材料を混ぜ合わせたものである。混ぜ合わせた後長く放置すると，調味料の浸透圧による放水が多くなり，味が悪くなる。

b．こ ね る：粘度の高い材料を対象とした場合，材料を混ぜ合わせた後にさらに力を加える操作をいう。力のかけ方，こねる度合が味や口ざわりの良否に影響する。

　麺やパン生地（ドウ）では，小麦粉に水を加えるとたんぱく質（グリアジン，グルテニン）が水和により網目状のグルテンを形成するので，この変化を進めるためには十分にこねることが必要である。

　上新粉だんごは上新粉に水を加え，蒸して糊化させた後，さらによくこねると味や口ざわりがよくなる。

　ハンバーグステーキは，ひき肉に卵と食パン，たまねぎのみじん切りの炒めたものや調味料を混ぜた後，さらによく手でこねると肉の結着性が出る。

c．泡だてる：材料中に空気を抱き込ませるため，強くかき混ぜる操作である。

＊松元文子・比留間トシ：家政誌，**12**，455（1961）

メレンゲは卵白を泡だてた後，砂糖を加えてさらによく泡だてる。泡だてた卵白は，たんぱく質の表面変性によって硬化し，その中に空気が保持される。その場合，容積はなるべく大きく，ひとつひとつの気泡は細かく均一であるほどよい。温度が高く，かくはんが強いほど泡だちがよくなるが，気泡の安定度は低温のほうが高い。砂糖は卵白の粘性を増し，卵白膜の伸展性を良くして，気泡を安定化させる。
　スポンジケーキは小麦粉の生地（バッター）中の泡に包み込まれた空気と水蒸気の熱膨張によって生地を膨張させたものである。
　ホイップクリームは，生クリームのO/Wエマルションで，生クリームはかくはんによってよく泡だち，半固体状の起泡クリームとなる。
　バタークリームの調製ではクリーミング性が問題となる。クリーミング性とは油脂を砂糖やシロップその他の原料とともにかくはんするときに空気を抱き込む性質をいうが，油脂の品温により変わるので適温でクリーミングする必要がある*。

（7）しぼる，こす
　食品の固形部分と液体部分とを分離する操作である。常圧でこし分けるものを「濾過」といい，加圧する場合は手でしぼるのも含めて「圧搾」という。調理操作としては必要部分と不必要部分とを分離する操作ともいえる。また，食品を細かく均一にし，口ざわりをよくする効果もある。
- a．しぼる：田楽に用いる豆腐の過剰水分（しめ豆腐），レモン汁の搾汁，ゆでた葉菜類の不要水分除去などはすべて力の加え方の調節が大切である。
- b．こ　す：プディングなどでは混合材料を裏ごしや網を通す。卵のカラザや卵黄膜などの分離，だし汁からの昆布，かつお節の分離などにもこす操作を行う。このような操作により，材料の混合状態を均一化し，製品の口ざわりを向上させることができる。こし器，裏ごし，すいのう，ふるい，ざる，ふきんなど材料によって最も適したものを用いる。

（8）のす，成形する
　食品材料について形を整えたり，特定の形を与えたりして成形する操作である。
- a．の　す：のす（伸展）はこねる操作と併用されることが多い。ぎょうざ，しゅうまいの皮などではのし板と麺棒を用い，力を加えてのばし，薄くすることによって，包みやすくする。また，麺類やパイ皮では組織の均質化も目的とされる。
- b．成形する：手だけで成形するものには「包む」（ぎょうざ，しゅうまい，まんじゅう），「結ぶ」（結びきす，結び昆布），「にぎる」（にぎりずし，おにぎり），「丸める」（だんご，あん），「巻く」（昆布巻き，ロールキャベツ）などがある。
　成形器具を用いるものには，「型に入れる」（焼き菓子，ようかん，ゼリー），「押し枠を用いる」（押しずし），「巻きすを用いる」（巻きずし，だて巻き卵），そのほか，幕の内型，菓子型，のし板，麺棒，へら，ふきん，はさみ，包丁，手など調理の目的に最も適したものを選んで用いる。

＊越智・日比・工藤・土屋：家政誌，**32**，399（1981）

(9) 冷やす

食品の温度を下げる操作をいう。その目的は，① 食物の味，香り，色など嗜好性の向上，② 性状や成分変化の抑制，③ 寄せ物を固めるなど物理性の改善と調節，④ 食品の保存性の向上，などである。

それらの例としては，次のことがあげられる。

- ビール，サラダ，果物などを冷やす。
- 緑色野菜をゆでたとき色をよく保つため，水に浸して急冷する（成分の溶出を防ぐためすぐ引き上げる）。
- てんぷらの衣を冷水で溶き，グルテン形成を阻止する。
- ゼリーの凝固（氷水がよい）。
- バターをかたくする。

冷やす方法は，周囲の物体の熱伝導がよく，食品との温度差が大きいほど効果がある。一般に室温で放置するよりも，水中に置くほうが冷却されやすい。これは水のほうが空気より熱伝導率が高く，また室温より水温のほうが低いからである。一般には冷蔵庫を利用する場合が多いが，冷蔵車内の温度は5～10℃程度である。

(10) 凍結する，解凍する

a．凍結する：冷凍食品の保管，生鮮食品や調理食品のホームフリージングなどに利用される。調理段階での凍結は冷凍庫に入れておくという方法に限られる。

水を含む食品を冷却すると，最大氷結晶生成帯の－1～－5℃の間で氷結晶を生成し，大部分の水が氷に変化していく。その間，氷結潜熱が放出されるため，温度は低下せず－1～－5℃を持続し，ほとんどの水分が氷になったところで温度が低下する。この－1～－5℃を数十分で通過する場合が**急速凍結**，それ以上の場合が**緩慢凍結**である。

急速凍結は終始－4℃以下で凍らせるため，最大氷結晶生成帯を急速に通過するので短時間で微細氷結晶ができ，食品の品質変化が少ない。

緩慢凍結では食品の組織内に大きな氷の結晶ができ，組織の破壊が起こる。そして，これは解凍段階で組織から流出する液汁（ドリップ）量を多くし，生鮮冷凍食品では食味，保存性，栄養価値にまで影響する。

冷凍保存中には微生物による変質は受けなくても，保存期間の経過とともに化学的な変化や物理的な変化が起きる。このような変化が起こらないようにするためには，水分の蒸発（昇華）や空気との接触を防ぐような方法をとる。冷凍食品が必ず包装されているのはこのためであるが，保存温度は低ければ低いほどよい。

冷凍食品の定義は，日本冷凍食品協会の自主基準によれば「前処理を施し，急速凍結を行って，凍結状態（－18℃以下）で保持した包装食品をいう」とされている。この急速凍結とは最大氷結晶生成帯を30分以内で通過させる方法であるが，一般に製造から消費までの全流通過程を－18℃以下に保てば，約3か月間は品質が保持されると考えられている。冷凍食品を購入するときには，適正に管理されているものを選ぶことが大切である。

b．解凍する：凍結した食品の氷を融解してもどすことを「解凍」という。解凍の仕方はその食品の食味に影響をおよぼすので，適切な解凍を行うことが望まれる（表1-17）。

表1-17　冷凍食品の解凍方法の例

食　品	方　　法
なま物（魚介類，肉など）	包装したまま冷蔵庫で，ゆっくり（約6～7時間）解凍する。芯が少し凍っている状態（半解凍）で調理することが多い
調理食品（ハンバーグ，フライ，しゅうまいなど）	凍ったまま加熱する。野菜類は半ゆでの状態で冷凍されているので，加熱時間に注意する。揚げ物では冷凍食品を入れると油の温度が下がるので，揚げ油を多くするか，少量ずつ揚げる
果　物	凍ったままシャーベット，ジュース，ゼリー，ケーキなどに用いることが多い

　よい解凍法とは，できるだけ冷凍前のよい状態にもどすような方法をいう。それには品質のよいものを選び，その品種に対して適切な解凍方法を選ぶ必要がある。
　解凍方法には，次のような方法がある。

　　空気解凍 ｛静止空気解凍……冷蔵庫内に置く。室内に放置する。
　　　　　　　エアーブラスト解凍……風をあてる。

　　水　解　凍 ｛静止水中解凍……袋に密封した状態で汲み水につける。
　　　　　　　　流水解凍……袋に密封した状態で流水につける。

　　誘電加熱解凍……電子レンジによる。短時間で解凍できるが，解凍時間の設定がむずかしい。

　　加熱解凍……煮る，ゆでる，蒸す，揚げる，焼くなどの方法で直接加熱する。調理済み冷凍食品にはこの方法によるべきものが多い。

c．**ホームフリージング**：家庭用冷凍庫を使って凍結する場合は，緩慢凍結になることが多いので市販の冷凍食品より変化が大きい。これを最小限にとどめるための注意をあげると，次のようである。

　(1) 食品の選定
　　・凍結により組織に変化が起こり，もとの状態にもどらない食品は冷凍を避ける。例えば，きゅうり，なす，もやし，豆腐，生卵，こんにゃく，寒天ゼリーなど。
　　・野菜はブランチング（熱湯でさっとゆでる）をしてから凍結させる。
　　・濃厚な味で水分の少ないもの，例えばあんこ，煮豆は良い品質のものをつくりやすい。
　　・でんぷん性食品は多く用いられるが，米飯，うどんなどは解凍時にでんぷんの糊化温度以上に加熱するほうがよいものが多い。パン，ケーキは室温解凍でよい。
　(2) 必要量だけを解凍しやすいように小分けにして，薄く平らに成形をして冷凍する。
　(3) 加熱したものは室温に冷ましてから凍結する。
　(4) 冷凍魚はなるべく凍ったままの包丁がやっと入るくらいのところで下処理，または小分けしてすぐ凍結させる。
　(5) 凍結保存中に起こる乾燥や酸化による劣化を防ぐために，低温耐性のあるフィルムやアルミ箔できっちりと包装する。

2．加熱調理

　食品は加熱することによって，生食とは違った感触が加わり，嗜好の範囲をひろげる。また，衛生面でも安全にし，栄養効果を高めることもできる。

表1-18 加熱調理操作の分類

加熱調理					調理
	媒体	方法	加熱温度	操作	
湿式加熱	水	水または調味液の中で加熱する	100℃	ゆでる 煮る だしをとる	ゆで物, 鍋物, 煮物, 煮込み, 汁物
	蒸気	水蒸気の中で加熱する	100℃ 食品により 85～90℃	蒸す	蒸し物 蒸し煮
乾式加熱	放射熱 鉄板 鍋 }など	食品を網, オーブンなどを用いて放射熱で加熱する。また, 鉄板やフライパンのような金属板の上で加熱する	150～ 200℃	焼く 煎る 炒める	焼き物 蒸し焼き 煎り物 炒め物
	油脂	適温の油の中で加熱する	150～ 200℃	揚げる	揚げ物
誘電加熱	マイクロ波 （電子レンジ）	2,450MHz/secのマイクロ波を用い, 食品内の水を発熱体とする	100℃以上	煮る 蒸す 焼く 再加熱	
電磁誘導加熱	磁力線	プレートの下に平面に巻いてあるコイルに電気を流すと磁力線が発生し, この磁力線が鍋底を通るときに渦電流がおき, 鍋の抵抗により, 鍋そのものが発熱する	100～ 200℃	ゆでる 煮る 蒸す 揚げる 焼く 炒める	ゆで物 鍋物 煮物 蒸し物 揚げ物 焼き物 炒め物

(注) 川端晶子・寺元芳子：調理学, 199, 地球社 (1982) より加筆.

加熱によって可溶性成分の溶出, たんぱく質の変性, でんぷんの糊化, 脂肪の溶解, 酵素の不活性化, フレーバーの生成などの化学的変化と, かたさ, 口ざわりなどのテクスチャーの変化および消化率などの生理的な影響も考えられる。

これらの変化は加熱の条件によって微妙に異なり, 味への影響も大きいので, 調理の目的によってその扱い方を適切にしなければならない。

(1) IH（電磁調理器）

従来の加熱調理器は, ガス, 電気などが持つエネルギーを熱エネルギーに変えて, その熱源から熱をガスは対流伝熱で, 電気は放射伝熱により鍋底下面に与え, 鍋底内面が伝導により熱くなり, 鍋の内部の食品を加熱するという仕組みである。これに対しIH（Induction Heating＝電磁誘導加熱）調理器は, 導線に電流を流すと, 磁力線が発生し, この磁力線の近くに金属を置くと, 金属に渦電流が流れる（図1-2参照）が, 金属には電気抵抗があるためジュール熱が発生する。この現象（誘導加熱）を利用したのがIH調理器である。つまり, 鍋そのものが発熱するのである。

誘導加熱では，電力＝電流の2乗×抵抗となる。すなわち，電気抵抗がある程度大きい金属でないと加熱効果が得にくい。このため，電気抵抗が大きい鉄やステンレスの一部はIHに適するが，電気抵抗が小さいアルミニウムや銅は発熱しにくい。

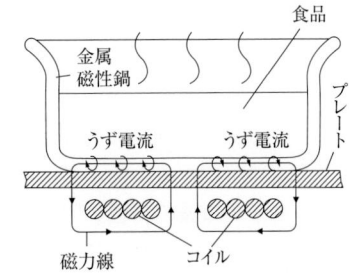

図1－2　電磁調理器の加熱原理

　IH調理器を従来の加熱器具と比較すると，加熱の原理より次のような特性がある。
① 加熱コイルから発振された磁力線を鍋底が受けて熱に変えるという仕組み上，鍋底の径がコイル径に対し小さくなると，それだけ吸収する磁力線の量も減少し，結果として消費電力が小さくなる。つまり，鍋底の径の大小に応じて供給エネルギーが自動コントロールされるわけで，鍋の大小にかかわらず高い効率を維持することができる。
② 鍋底に脚のついているものや底部が浮いているものを使用すると，コイルから鍋までの磁気抵抗が増して能力が減少し，5～6mmを越えた段階で使用不能となる。
③ コイルがバンド状（環状）になっているため，鍋底の発熱による熱分布は，コイルの形に似たバンド状を呈し，バンドの中心部が最も高い温度となる*。

次に，加熱調理器具としての長所，短所についてみると，以下のようなことがあげられる。

長　所……① 鍋自体の発熱により中の食品を加熱するので，熱効率は80％と非常に高い（電気コンロは約52％，ガスコンロは約40％，燃費については，図1－3を参照）。
　　　　② 炎が出ないため，火災の心配がない。
　　　　③ 磁力線の変化が，鍋底の発熱量につながるので，火力調整に対する応答が鋭敏である。
　　　　④ 調理操作により加熱中に鍋を持ち上げた場合は，その間の電流はストップするので，ガスのように燃焼し続けるというむだがない。

短　所……① 鍋底は平らに限る。鍋底が凹凸になっていたり，中華鍋のように丸みをおびていると，磁力線を受ける面積がそれだけ小さくなる。
　　　　② 鍋は，鉄製，ステンレス製，鉄ホーロー製，鋳鉄製に限定される。しかし，最近はアルミ製調理器具の軽さ，使いやすさ，熱伝導性の良さをIHでも活かせるよう，底面に鉄やステンレスを，貼り底・合わせ板・鋳込み・溶射などによって加工した製品が作られている（アルミプロダクツ　2008.No127参考）。

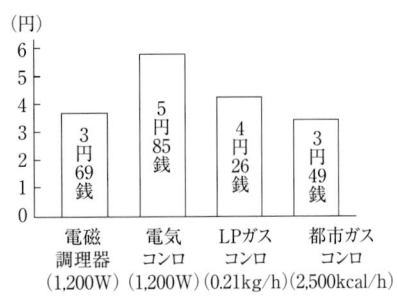

図1－3　加熱器具による燃費の比較
　　　　（20℃の水1ℓ→95℃）
　　　　（58年度電気工業会・ガス石油機器工業会調べ）

＊池本洋一・高橋敦子・浜　久人：家政誌，**37**，949（1986）

（2）電子レンジ加熱

電子レンジは，マイクロ波誘電加熱であり，加熱原理は，マグネトロン（マイクロ波発振装置）から発振される極超短波（周波数2,450MHz/sec）が食品にあたると，食品中に含まれている水分の分子が急激に振動して摩擦熱を発生する。この摩擦熱が食品の外部も内部もほとんど同時に発熱させ，調理ができるのである。つまり，食品自体が発熱体となるのである。

a．マイクロ波の特性：物質の種類によって加熱の程度が異なる。食品の場合は，マイクロ波を吸収し，食品中の分子の極性がマイクロ波に共振をして変化をし続けるので，この摩擦で生じた熱により加熱される。金属の場合は，電波は反射されてしまうので，加熱できない。陶磁器の場合は，分子共振が他に比較して小さいので，電波は通過してしまう。

b．調理上の特徴：① 食品の加熱時間が短い。② 食品の重量減少が大きい。③ 容器に入れたまま，または包装したまま加熱できる。④ 食品の色，味，形が損なわれない。⑤ 焦げ色がつかない。⑥ 再加熱および冷凍食品の解凍に便利。⑦ ビタミンCの損失が少ない。⑧ 波長が12.2cmであるので，食品の周囲が常温の場合，半径5～7cmの食品は，中心部は過熱，半径10～15cmのものは一様に発熱，半径が20cm以上のものは，中心部発熱せずという現象が起こる（表1-19参照）。

表1-19　電磁波の周波数と波長

機　種	周　波　数	波　長
ラジオ	535 ～ 1,605kHz	566 ～ 187m
VHF TV	90 ～ 220MHz	3.3 ～ 1.3m
UHF TV	470 ～ 770MHz	64 ～ 39cm
電子レンジ	2,450MHz	12.2cm

〈電子レンジ加熱の食品含水量による影響〉

加熱時食品の内部に水分が十分にある間は，内部温度は常温から急激に上昇し100℃に達し，100℃以上には上昇しない。しかし，食品の水分が30～40％以下になると再び急激に温度上昇をはじめ，ついに200℃以上にも達し焦げ始める。

水分が非常に少ない食品の温度上昇はほとんどないが，わずかでもあれば100℃を通過してそのまま急上昇する（図1-4参照）。

3．なま物調理

新鮮な魚，野菜，果実などを，なまのまま，そのものの持ち味を生かした調理法である。したがって，食品の組織やせん維がある程度やわらかく，不味成分がないことが必要である。

日本では四季折々の食品が産出され，鮮度の高いものを入手しやすい関係もあって，このような調理方法が発達してきた。

代表的な料理は刺身，酢の物，刺身のけんやつま，サラダなどである。

なま物調理は食品のもつ栄養成分の損失が少なく，燃料の節約，調理時間や手数が加熱料理よりも軽減されるなどの長所があるが，なま物であるから，鮮度の維持，汚染，寄生虫など衛生上の注意が必要で，洗浄の徹底が要求される。

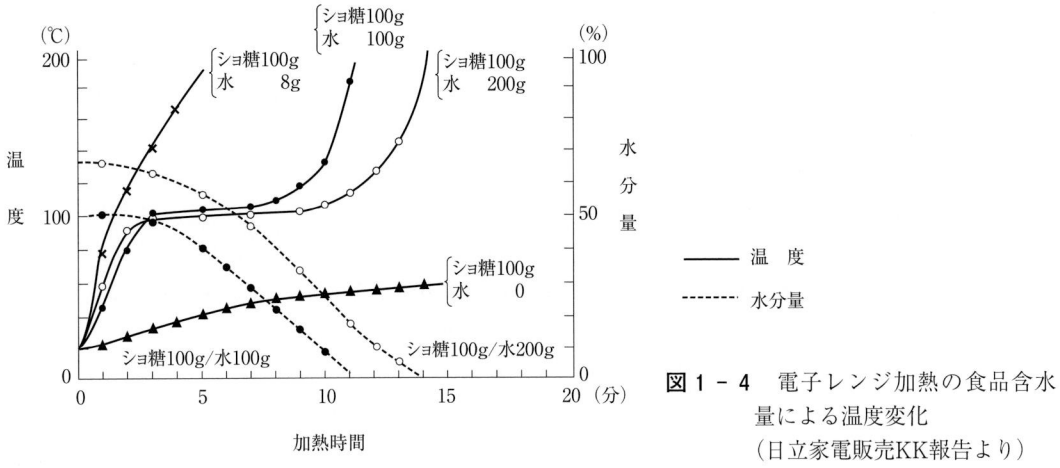

図1-4 電子レンジ加熱の食品含水量による温度変化
（日立家電販売KK報告より）

調味料と合わせる場合は，供卓直前に行うようにする。長時間放置すると調味料の浸透圧によって水分を放出し，生野菜などは独特の風味，感触を失うおそれがあるので注意する。

Ⅳ. 食事計画

1. 食事の意義

日本は戦後の困窮な食生活の時代から1960年以降の高度経済成長時代を経て，食生活は多様化し豊かになり，日本人の平均寿命は世界最長にさえなった。しかし，国民一人ひとりが充実した食生活で，心身ともに健康であるとは必ずしもいえない。経済的ゆとりができて，豊かに物資が流通する社会で，自分の嗜好に合った食品だけを摂取するような栄養の偏り，あるいは栄養の過剰摂取が原因で，肥満，高血圧，糖尿病などで悩む人が多くなった。また，若い世代での故意な減食や欠食による貧血や体力不足がめだち，豊かな食生活の反面，栄養摂取の不足やアンバランスによる障害がみられる。

そこで，栄養を過不足なく充実させ，健康で豊かな食生活を営むために，毎日の食事の計画をたて，実質的に豊かな食卓にすることの重要性が生じてくる。しかも，家庭の食事のもつ意義は，ただ空腹を満たすとか栄養補給だけのものではない。家庭での規則正しい食事および家族がそろって囲む食卓は，子どもの精神形成にも寄与するところが大きい。子どもにとっては，台所で母親と協同作業をしたり，手づくりの料理を味わうことは，より良い人格形成にも役だつことである。このように，食事は体の発育，健康増進のみならず，豊かな心の形成にもかかわる大きな意義を持つものである。

最近は，食品加工技術や食品産業の発達により，家庭向きの調理加工品が多く出回り，女性の社会進出と相まって家庭の食卓がいわゆる「中食」の形をとることが多く見受けられ，日本の伝統的食材を生かした料理が家庭で調理されなくなってきている。そこで近頃は，日本の伝統料理を見直すべくスローフードの精神で食生活を再考する気運が高まってきている。

このような社会変化の中で，食育基本法（平成17年6月17日公布）が制定された。これには，

「子どもたちが健全な心と身体を培い，未来や国際社会に向かって羽ばたくことができるようにするとともに，すべての国民が心身の健康を確保し生涯にわたって生き生きと暮らすことができるようにすることが大切である。子どもたちが豊かな人間性をはぐくみ生きる力を身に付けていくためには，何よりも「食」が重要である」とうたわれている。

2．栄養の充足

正常な発育と健康の維持のためには，毎日一定量の栄養素を摂ることが望ましい。その摂取量を性別，年齢別で示されたものが日本人の食事摂取基準であり，5年ごとに改定されている。特定給食施設などにおいてはこの食事摂取基準を利用して食事を提供している。

ここでは，家庭の食事を中心に栄養の充足を考えることにする。家庭の食事は，毎日の栄養補給であり，家族の絆ともなり，団らんのひと時でもある。そこで，家族の嗜好も考え，栄養バランスのとれた食事内容とするために，1日分の食事として簡単に料理の組み合わせができるように考えだされたのが，「食事バランスガイド」である。

食事バランスガイドとは，平成12（2000）年に策定された「食生活指針」を具体的な行動に結びつけるものとして，厚生労働省と農林水産省が策定したもので，食べるときの状態や食卓で目にする状態，すなわち料理で「何を」「どれだけ」食べたらよいかという「食事」の基本を身につけるバイブルとして，望ましい食事の摂り方やおおよその量をわかりやすく示している（図1-5）。

（1）食事バランスガイドの特徴

① 主菜より副菜の摂取をすすめ，主食，副菜，主菜の順に掲載している。
② わかりやすさ，使いやすさに重点をおき，料理ベースで表示し，摂取の目安量○つ（SV）と示している。
③ 対象者（特性別）のエネルギー摂取量を考慮し，30～60歳代の男性の肥満者，単身者，子育てを担う世代に焦点を絞った活用を定めている（表1-20）。
④ 消費者のみでなく，食品産業等の食環境への働きかけもし，外食などにおける活用法にも言及している。

（2）食事バランスガイドの各料理区分における摂取の目安

主食：ご飯，パン，麺など〈5～7つ（SV）〉

表1-20　対象特性別，料理区分における摂取の目安　　単位：○つ（SV）

対象者	エネルギー kcal	主食	副菜	主菜	牛乳・乳製品	果物
6～9歳の子ども 身体活動量の低い （高齢者を含む）女性	1,600 ～ 1,800	4～5	5～6	3～4	2	2
ほとんどの女性 身体活動量の低い （高齢者を含む）男性	2,000 ～ 2,200 ～ 2,400	5～7	5～6	3～5	2	2
12歳以上の ほとんどの男性	2,600 ～ 2,800	7～8	6～7	4～6	2～3	2～3

食事バランスガイド

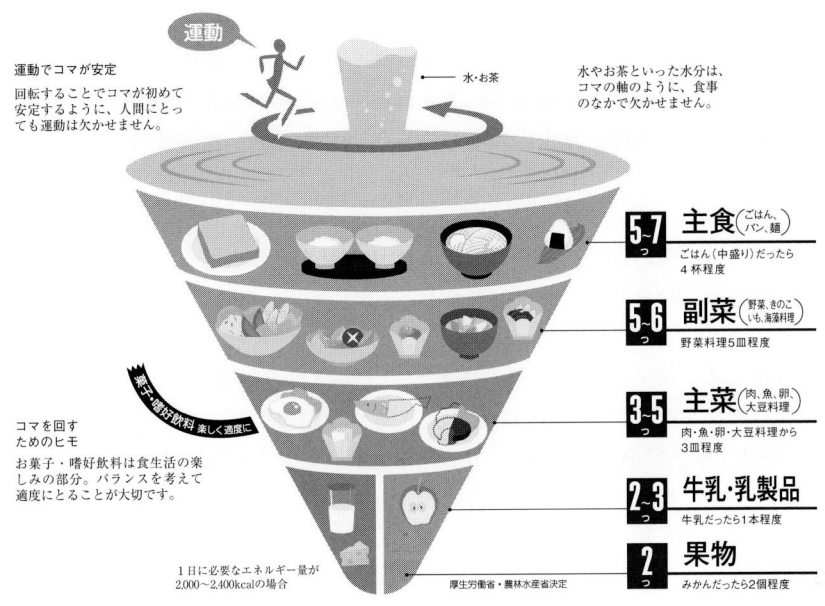

図1−5　食事バランスガイド

　　　毎食，主食は欠かせない。主菜，副菜との組み合わせで，適宜，ご飯，パン，麺を組み合わせる。3食でとれない場合は，間食時に不足分を補う。
副菜：野菜，いも，豆，海藻など〈5〜6つ（SV）〉
　　　日常の食生活の中では，どうしても主菜に偏り，副菜が不足しがちである。したがって，主菜の倍程度〈毎食1〜2つ（SV）〉を目安に，意識的に十分な摂取を心がける。
主菜：肉，魚，卵，大豆食品など〈3〜5つ（SV）〉
　　　多くならないように注意する。特に油料理を多く摂りすぎると，脂質およびエネルギーが過剰になりやすい。
牛乳・乳製品：〈2つ（SV）〉
　　　毎日コップ1杯の牛乳を目安に摂取する。
果物：〈2つ（SV）〉
　　　毎日，適量を欠かさず摂るように心がける。

(3) 食事バランスガイドのイラストについての説明
① 十分な摂取が望まれる主食，副菜，主菜の順に並べ，牛乳・乳製品と果物については，同程度と考え，並列に表している。
② 形状は，日本で古くから親しまれている「コマ」をイメージして描き，食事のバランスが悪くなると倒れてしまうということを表している。
③ コマが回転することは，運動することを連想させるということで，回転（運動）することによって初めて安定するということも，併せて表す。

④　水分をコマの軸とし，食事の中で欠かせない存在であることを強調している。
⑤　基本形のコマの図の中には，主食，副菜，主菜，牛乳・乳製品，果物の各料理区分における1日に摂る量の目安の数値〈〇つ（SV）〉と対応させて，ほぼ同じ数の料理・食品を示している。したがって，日常的に自分が摂っている食事の内容とコマの中の料理を比較して見ることにより，何が不足し，何を摂り過ぎているかといったことがおおよそわかるようになっている。
⑥　コマを回すためのヒモは，食生活に楽しみを与えるお菓子，嗜好飲料を適度にと表している。

3．望ましい食生活

　経済成長期以後，日本人の食生活が欧米化，飽食型へ傾きながらも，なお，世界一の長寿国の記録をつくっているのは「和食」のおかげと思われる。
　「和食」の「和」には，なごやかにする，やわらぐ，温和である，ほどほど・ほどよい，混ぜ合わせてバランスをとる，加えた数の総和，やまと・日本などの意味がある。「和食」には単に栄養のバランスがよく摂れるだけでなく，心の豊かさにもつながる要素をもっているといえる。
　「和食」の中心は「米」である。つまり，主食はごはんであり，和食の献立構成の中心となる。ごはんの味はシンプルだから，魚料理にも肉料理にもよく合い，また，野菜料理や豆腐，納豆などの植物性たんぱく食品とも合う柔軟性がある。
　和食の基本型は「一汁三菜」である。これは，主食のごはんにみそ汁がつき，3種のおかずが添えられているという形である。ごはんと香の物（漬物）は必ずつくものでありあえて数えない。「三菜」は主菜が一品，副菜が二品の計三品のおかずがあるということである。主菜は一般的に煮魚や焼き魚，刺身などの動物性たんぱく質のもの。副菜はさといも，だいこん，にんじん，海藻（昆布）などの煮物，もう一品の副菜は納豆，豆腐，青菜のおしたし，煮豆などである。料理の材料には季節のものを中心とし，必要以上に調味料は加えないのが和食のきまりである。この和食システムが，健康や長寿に役だってきたのであり，今や，世界が注目している。
　しかし，日本の伝統食が忘れがちになり，欧米化，飽食により健康上弊害も生じている。そこで，一人ひとりが心豊かな健康な人生を過ごせるよう食生活への関心を高め，望ましい食生活の実践へと導くため，昭和60年（1985）の「健康づくりのための食生活指針」の改訂版として，平成12年（2000）3月に厚生省（現厚生労働省），農林水産省，文部省（文部科学省）の3省による新しい「食生活指針」が策定された。平成28年（2016）6月に一部改正されている（表1－21）。
　この指針を通して，食生活上の注意点や改善点，また，健康な生活習慣の重要性について関心を持つことの理解を深め，生きている間の自分の健康状態を把握して，自己責任において健康増進に努めたいものである。
　毎日の正しい，日本人としての望ましい食生活が心豊かな健康な人生を約束してくれると思われる。

4．調理の能率

　日常の調理では，作業に要する時間や労力は，なるべく少ないことが望ましい。しかし，あまり簡便にしすぎて味気のない食卓にしたのでは家庭の食事の意味がなくなってしまう。食事づくりを能率的にするには，作業計画をたて，作業手順を合理的にし，時間にむだがないようにすることが大切である。

表 1 − 21　新しい［食生活指針］

食事を楽しみましょう。
- 毎日の食事で，健康寿命をのばしましょう。
- おいしい食事を，味わいながらゆっくりよく噛んで食べましょう。
- 家族の団らんや人との交流を大切に，また，食事づくりに参加しましょう。

1日の食事のリズムから，健やかな生活リズムを。
- 朝食で，いきいきした1日を始めましょう。
- 夜食や間食はとりすぎないようにしましょう。
- 飲酒はほどほどにしましょう。

適度な運動とバランスのよい食事で，適正体重の維持を。
- 普段から体重を量り，食事量に気をつけましょう。
- 普段から意識して身体を動かすようにしましょう。
- 無理な減量はやめましょう。
- 特に若年女性のやせ，高齢者の低栄養にも気をつけましょう。

主食，主菜，副菜を基本に，食事のバランスを。
- 多様な食品を組み合わせましょう。
- 調理方法が偏らないようにしましょう。
- 手作りと外食や加工食品・調理食品を上手に組み合わせましょう。

ごはんなどの穀類をしっかりと。
- 穀類を毎食とって，糖質からのエネルギー摂取を適正に保ちましょう。
- 日本の気候・風土に適している米などの穀類を利用しましょう。

野菜・果物，牛乳・乳製品，豆類，魚なども組み合わせて。
- たっぷり野菜と毎日の果物で，ビタミン，ミネラル，食物繊維をとりましょう。
- 牛乳・乳製品，緑黄色野菜，豆類，小魚などで，カルシウムを十分にとりましょう。

食塩は控えめに，脂肪は質と量を考えて。
- 食塩の多い食品や料理を控えめにしましょう。食塩摂取量の目標値は，男性で1日8g未満，女性で7g未満とされています。
- 動物，植物，魚由来の脂肪をバランスよくとりましょう。
- 栄養成分表示を見て，食品や外食を選ぶ習慣を身につけましょう。

日本の食文化や地域の産物を活かし，郷土の味の継承を。
- 「和食」をはじめとした日本の食文化を大切にして，日々の食生活に活かしましょう。
- 地域の産物や旬の素材を使うとともに，行事食を取り入れながら，自然の恵みや四季の変化を楽しみましょう。
- 食材に関する知識や調理技術を身につけましょう。
- 地域や家庭で受け継がれてきた料理や作法を伝えていきましょう。

食料資源を大切に，無駄や廃棄の少ない食生活を。
- まだ食べられるのに廃棄されている食品ロスを減らしましょう。
- 調理や保存を上手にして，食べ残しのない適量を心がけましょう。
- 賞味期限や消費期限を考えて利用しましょう。

「食」に関する理解を深め，食生活を見直してみましょう。
- 子供のころから，食生活を大切にしましょう。
- 家庭や学校，地域で，食品の安全性を含めた「食」に関する知識や理解を深め，望ましい習慣を身につけましょう。
- 家族や仲間と，食生活を考えたり，話し合ったりしてみましょう。
- 自分たちの健康目標をつくり，よりよい食生活を目指しましょう。

（文部省・厚生省・農林水産省策定，平成28年6月一部改正）

作業手順としては，まず時間を要するもの，例えば，米の吸水，乾物のもどしなどを先に行う。加熱準備として湯を沸かしたり，天火の予熱を入れる。この間に洗ったり切ったり，下処理をし，次に炊飯，煮物，焼き物を手がけ，副菜としての小料理，汁物の準備をし，最後には，熱い料理，小料理，汁物などの仕上げをし，だいたいが同時に仕上がるようにする。

　調理の能率をあげるには，余裕があるときに数回分つくり，冷凍保存したり，調理時間短縮のために圧力鍋を用いたり，電子レンジを利用するなど工夫するとよい。また，高学年の子どもにも簡単な作業は手伝わせ，つくる喜びを味わわせるのも食事教育となり，食事を大切に思う心も培われ，親子の交流の場にもなる。

第2章 日本料理

I. 日本料理の特徴

　日本料理は，わが国の気候，風土，生活習慣などの古い伝統に根ざし，外国文化の流入や生活様式の変化による影響をたくみに取り入れながら，今日の状態にまで発達してきた。

　国土が東北より西南に長く，周囲を海に囲まれ，しかも気候の移り変わりがはっきりしているので，豊富な海産物，四季折々の農産物や果実に恵まれている。また，温暖な気候は稲の栽培に適し，食生活は米を主食とし，副食には魚介類，野菜類が多く，さらに明治開国以後は，畜産食品が加わるとともに外国の食文化の影響を受け，その内容がいっそう豊かになった。

　したがって，日本料理は四季の季節感を重んじ，生鮮魚介類の生食，例えば刺身，酢の物，すしなどや，野菜類の煮物などのように，なるべくその食品の風味，色，形などを生かした調理法が多い。

　調味料としてはみそ，しょうゆなどのような発酵食品があり，また煮だし汁には，かつお節や昆布などが用いられ，これらが日本料理をいっそう特徴あるものにしている。季節の変化や，素材の風味，外観を生かす趣旨から，味つけは一般に淡白である。

　食器は塗物と陶磁器が主であるが，ガラス器もあり，それぞれの料理にあった器を選択し，また食品の形，色彩，切り方にも配慮が必要とされる。近年食品の生産，加工，保存，流通の技術的発達により，使用材料がいっそう豊富になりつつある半面で，食品公害による制約，操業海域制限の問題などによる変化も起こりつつある。また，欧米では健康的な食事を重要視する風潮が強まるにつれて，魚，肉，野菜，油脂，豆製品などの材料配合の調和や調理法の良い日本料理が再認識されつつある。私たちは，日本料理の特徴を理解し，日常の家庭料理の中にその長所を生かして伝統を受け継いでいきたいものである。

　日本料理を調理法によって分類すると汁物，ゆで物，煮物，鍋物，蒸し物，ご飯物，焼き物，煎り物，炒め物，揚げ物，なま物，あえ物，浸し物，酢の物，寄せ物，などとなる。

II. 日本料理の様式，献立構成

1. 本膳料理

　本膳料理は最近はあまり用いられなくなったが，日本料理の供応形式の原点と考えられている。室町時代につくられ，さらに江戸時代に内容が充実し，形式が整えられ，正式な供応食の形式が完成したもので，日本料理を理解するうえで大切なものである。

　本膳料理は汁と菜(さい)の数により献立の上下の程度が示されている。香の物を菜のひとつとして扱う

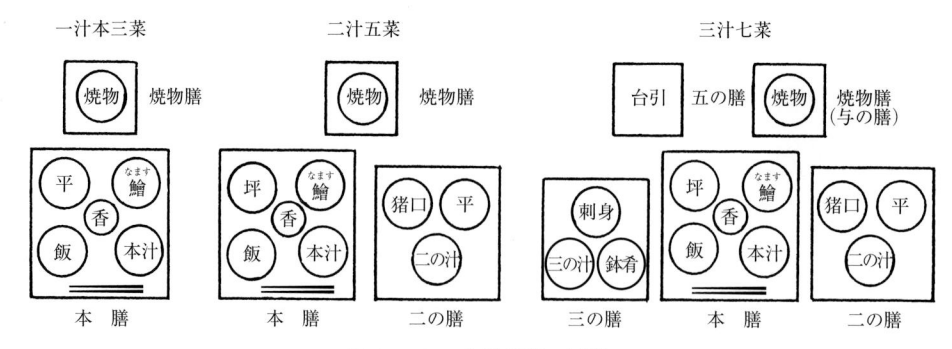

図2-1 本膳料理の配膳

ときには一汁共三菜といい，別に扱うときには一汁本三菜といって焼き物が加わる。

一汁本三菜（汁・鱠・平・焼き物），二汁五菜（汁・鱠・坪・二の汁・平・猪口・焼き物），三汁七菜などと呼ばれ，料理の数が増すと膳の数も増える（図2-1）。膳の数の呼び方には本膳，二の膳，三の膳，与の膳などがある。汁を添えない三の膳は脇膳と呼ぶ。焼き物だけを置く膳を焼き物膳とし，二汁七菜以上の場合は与の膳が焼き物膳になる。膳は塗物の足つき角膳を用い，食器も鱠，猪口以外は塗物である。箸は正月には柳の丸箸，慶事には檜の丸箸，仏事には柳の先細とする。本膳の献立では，はじめから全部の料理を出し，飯・汁・菜をすすめ，次に酒を供する。

本膳料理の内容は，次のようである（表2-1）。

表2-1 本膳料理の献立

構　　成	内　　容
1．汁（本汁）	みそ汁で，汁の実は魚，肉のつみれなどに野菜ときのこ類を入れる
2．鱠	なまの魚・貝類に酢味を加えたもの，現在の刺身にあたる料理
3．坪	主として汁の少ない煮物，あんかけ料理
4．二の汁	すまし汁で，実はふつうの吸物と同じようなもの
5．平	海・山のものの煮物3品または5品を，味，色，形が調和するように取り合わせる。煮染平，汁の多いものを汁とともに盛るつゆ平などがある
6．猪口	主に浸し物やあえ物を用いる
7．三の汁	みそ汁であるが，一の汁とみそを変えてつくる。実は野菜一品とする
8．焼き物	魚の姿焼き類を用いる
9．香の物	種類の違ったものを2〜3種取り合わせて盛ることが多い
10．台引	引物菓子，かつお節などで土産物とする

2．懐石料理

茶席で茶をもてなす前に供する軽い食事を懐石料理といい，室町時代に茶道が盛んになったのに伴って発達してきたものである。懐石とは禅僧が修業の折に寒さと空腹しのぎに，懐に温めた石を入れたという故事に由来する言葉である。茶の心は禅に通じるともいわれ，その主旨を茶事に取り入れる意味から，茶席料理の呼び名となった。その特色は，比較的簡素なもので，季節の食品を生かし，食べやすくし，食べ終わった後に骨などが残らないように調理法を工夫する。また，手狭な

部屋で供応でき，労力も節約するよう工夫されている。
　膳は脚のない折敷を用い，これに最初飯椀，汁椀，向付の3器だけを置く（図2-2）。それ以外は食事の途中で出すが，椀盛りと箸洗いは汁があるので，めいめいの器に盛って出し，それ以外のものは1つの器に盛って出す。客はそれらを膳の上のあいた器や椀の蓋などへ各自で取り分ける。食事が終われば膳の上には最初の飯椀と汁椀と向付の3器だけが残る形となる。食事中に酒もすすめる。
　懐石料理の内容は，次のようなものである（表2-2）。

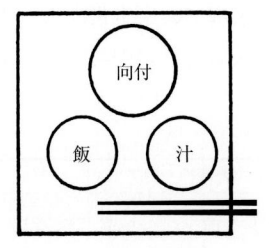

図2-2 懐石料理のはじめの配膳

表2-2　懐石料理の献立

構　　成	内　　　　容
1．汁	みそ汁またはみそ吸物である。一般に実には季節の野菜を少量用い，水辛子を添えることが多い
2．向　　付	魚・貝類の酢の物，甘酢またはかげん酢など
3．飯	ごく少量盛る
4．椀　盛　り	煮物椀ともいう。動物性食品，季節の野菜，乾物など3品ぐらいを取り合わせた汁の多い煮物
5．焼　き　物	魚肉などの切り身を用いた焼き物，揚げ物，蒸し物などを1つの器に盛り，青竹箸を添えて供し，正客から取りまわす
6．強　　肴	特に主人の心入れのもので，魚・貝類，鳥肉類，野菜類，どれでもよい　1つの器に盛り，正客から取りまわす
7．箸　洗　い	一口吸物とも湯吸物ともいう。次に出される八寸を味わうために味覚を新しくするのが目的であるから，だし汁も薄くし，塩味くらいで淡白に調味したすまし汁で小さい器に入れる。実は季節感を出す程度に少量用いる
8．八　　寸	八寸（23cm）四方の折敷に山海の珍味を2〜3種，客数に亭主の分を1人前多く盛る。酒の肴で客は箸洗いの器の蓋に受ける
9．香の物	たくあんを必ず用い，ほかに季節の漬物を添える。1つの器に盛り，取りまわす
10．湯　桶	飯を炊いた後のかまの底のお焦げに湯を注ぎ，塩味をして湯桶に入れて取りまわし，飯椀で食べる。食器をきれいに後始末する意味を持つ
11．菓　　子	
12．茶	

3．会席料理

　会席料理は客膳料理として現在最も普通に用いられている。江戸時代に始まった酒宴向きの供膳形式で，その根源は茶懐石で，これに本膳その他の様式を取り入れながら現在のような形式になった。
　献立は料理の品数によって，三品献立，五品献立などと呼ばれ，飯と香の物は品数に入らない。会席膳は，塗物の角膳が多く用いられ，食器は汁物には塗物，そのほかは陶磁器が多い。
　会席料理では，はじめに盃と前菜または盃と向付，吸物などを供し，食べ終わった器から下げ，順次，献立構成に従って供していく。酒宴が終わったら，飯と止椀と香の物を供する。酒を飲まないときは，はじめから飯が出される。

家庭での来客供応は，この形式で下記の料理を適当に取捨して献立をつくるとよい。
会席料理の内容は次のようである（表2－3）。

表2－3　会席料理の献立（酒席向き）

構　　成	内　　　容
1．前　　菜	お通し，つき出しとも呼ばれ，料理の初めに，主として酒の肴（さかな）として出される 海・山の材料のなかから季節感があって珍しく，食欲を促すようなものを，色どり，形，味つけなどを工夫して1〜3種くらい少量ずつ取り合わせる
2．向　　付 （向こうづけ）	新鮮な魚・貝類を，刺身や酢の物にして用いる。つけ合わせのつまも主材料との調和を考えて選ぶ
3．吸　　物 （吸い物）	すまし汁が多く，椀種には魚・貝・鳥肉などに野菜をあしらい，季節感をあらわすため，木の芽，ゆずなどの吸口を添える。食器は塗物椀を用いる
4．口　取　り または 口　代　り	海・山・野のもの3〜7種くらいを取り合わせて選び，全体としての調和を考えながら，1品ごとに調理法と味つけを変えて調味し，1つの器に美しく盛り合わせる。器は料理によって違うが，普通は平皿が多い。口取りは，従来みやげものとして持ち帰る習慣があったので，汁気の少ない濃厚な味に調理したものが多かった。しかし現在では，その場で食べるように簡単にし，分量も少なくした口代りが多く，口取りといっても実際は口代りを意味するようになった。八寸とも呼ばれる
5．鉢　　肴 （はちざかな）	魚・貝類や肉類の焼き物が多く，揚げ物や蒸し物，煮物も用いられるが，調味のよい野菜をつけ合わせる。豆腐やその加工品などを用いることもあり，その中から1品または2〜3品を盛り合わせて野菜類をつけ合わせにする。器は料理の内容によって違うが，鉢，皿のほか蓋つきの器なども用いられる
6．煮　　物	野菜だけを数種，または野菜を主にして肉や魚などを煮合わせたものなどがある。材料の切り方，色どり，盛りつけの工夫により，日本料理としての特徴をあらわす。汁気の少ない煮物は平皿に，汁の多いものは深い鉢に盛る
7．茶　　碗 （茶わん）	淡白な材料で，汁を多くした煮物，蒸し物である
8．小　　丼 （小どんぶり）	小鉢ともいう。酢の物，浸し物，あえ物などから，他の料理との調和を考えて選ぶ。小さくて深い食器を用いる
9．中　　皿	魚・貝類，肉類の焼き物，蒸し物などに野菜を盛り合わせる
10．止　　椀 （とめわん）	酒と料理の供応のあと，飯とともに出される汁で，みそ汁が多い
11．飯	酒を飲まないときは初めから飯が出される。白飯のほか種々の変わり飯で季節感を盛ることもできる
12．香　の　物	2〜3種を取り合わせて盛る。季節の野菜の古漬けや浅漬けを用いる

表2－4に，会席料理の献立構成を示した。また，会席料理の春の献立も例にあげた。

表2-4　会席料理の献立構成

四品献立	向付, 吸物, 口代り, 煮物
五品献立	向付, 吸物, 口取り, 鉢肴, 煮物
七品献立	前菜, 向付, 吸物, 鉢肴, 煮物, 小丼, 止椀
九品献立	前菜, 向付, 吸物, 口取り, 鉢肴, 煮物, 茶碗, 中皿, 止椀

＜会席料理献立例（春）＞

前　菜	わらび白酢和え（p.122）
向　付	たい松皮づくり, 赤貝かのこづくり, 花丸, わさび, 土佐じょうゆ（p.114）
吸　物	はまぐり葛打ち, 桜花, みつば（p.49）
口取り	あなご八幡巻き, 手綱ずし, たけのこ木の芽あえ（p.122）
鉢　肴	さわら木の芽焼き（p.94）
煮　物	凍り豆腐含め煮, ふき青煮（p.60）
小　丼	菜の花浸し切りごま
飯	白飯
止　椀	豆腐・なめこみそ汁（p.51）
香の物	たくあん, 小かぶぬか漬け

Ⅲ. 行 事 食

　日本の家庭の伝統的年中行事としては，祝祭日，地域の祭礼などをはじめ，入学，卒業，誕生，結婚，長寿の祝い，祖先の祭礼などがある。これらの行事には，それぞれの行事の意義を表す料理がつくられ，家族だけで食卓を囲むこともあれば，客を招いて供応することもある。

　行事食はなるべく古来からの形式を守って祖先の生活をしのび，生活文化の遺産を伝えるのがよいが，他方では年齢，性別や好みを考えて栄養や経済のうえから現代の生活にふさわしいものを加えるのもよい。

　行事食は一般に家庭では家族全員で楽しく行うという意味で，最近は日本料理，西洋料理，中国料理およびこれらの折衷料理などが幅広く取り入れられている。

1）正月料理

　伝統的な正月料理には，新たな年を祝う感じがこめられるようにする。その代表的な献立は祝膳で，屠蘇，祝い肴，雑煮が主体となる。

　正月は初春のめでたさを祝い，五穀豊穣や子孫繁栄を祈り，古来から縁起にちなんだ料理のしきたりを重んじる。かずのこには子宝，ごまめには田作りや豊作などの祈りがこめられている。また，黒豆は健康でまめに暮らすことを意味する。昆布は喜ぶに通じるとして用いられる。

- 屠　蘇：正月用の祝酒で不老長寿の酒といわれ，屠蘇散をみりんまたは清酒につけておき，これを銚子に入れて杯とともに膳に飾る。
- 祝い肴：田作り（p.100），かずのこ（p.124），黒豆（p.64, 65）
- 雑　煮（p.50）：もちに具をあしらった汁物のことで，汁の仕立て方，もちの形，具の種類など，各地方により種々異なっている。

祝い膳のほかに重詰料理をつくり，正月三が日は主婦の手を煩わさないようにすることが従来からの習慣であり，腐りやすいものは避け，できるだけ保存のきくものを用いて，客に供するのに便利なように重箱詰めにしておく。

重詰めの順序に決まりはないが，1例をあげる。

一の重（口取り）	紅白かまぼこ，切竹卵，梅花かん，伊達巻き，くりきんとん，えびうま煮，松笠いか
二の重（焼き物）	末広鶏，みそ松風焼き，魚の西京みそ漬け，牛肉八幡巻き，たい姿焼き，酢どりしょうが，きんかん甘煮
三の重（煮　物）	梅にんじん，亀甲しいたけ照り煮，さといも含め煮，昆布巻き，さやえんどう青煮，手綱こんにゃく，ささごぼう
与の重（酢の物）	ひらめ昆布しめ，なます，菊かぶら，矢羽根れんこん

2）1月7日（七草）

古来悪鳥を追い払う行事で，縁起として春の七草（せり・なずな・ごぎょう・はこべら・ほとけのざ・すずな・すずしろ）を加えた七草がゆ（p.80）を食べ，年間の厄を払い，健康を祈る。

3）1月11日（鏡開き）

正月には供えた鏡もちを下げ，これをくずして汁粉に入れる。

4）3月3日（桃の節句，ひな祭り）

女子の節句で，厄を払い，成長を祈って祭る行事である。お雛さま，桃の花を飾り，白酒，ひしもち，ひなあられ，ちらしずし（p.82），はまぐりの吸物（p.49），さざえのつぼ焼き（p.98）など，かわいらしく色どりよくつくられる。

5）3月21日ごろ（春分の日），9月23日ごろ（秋分の日）

春分，秋分の日はともに昼夜の長さが等しく，この日を境としてその長短が変わり始めるので，自然や生物の生育の変化に心を留める祝日とされるが，仏教では彼岸の中日として祖先供養の日とされる。祝日としては，家族の健康繁栄の祝意をこめた料理をつくり，また仏事としては精進料理を調製し，特に草もち（p.135），彼岸だんご，おはぎ（p.136）を仏前に供える。

6）5月5日（子どもの日）

昔は端午の節句として，男児の成長を祝った日である。こいのぼりを立て，武者人形を飾り，しょうぶ，ちまき，かしわもち（p.134）を供えた習慣は今でも残っている。子どもの日は家族そろって子どもの健康と幸福を祝う楽しい日であるが，応用，変化の幅が広い折衷料理による献立が適している。

7）8月15日（陰暦―月見）

この日の満月を中秋の名月（芋名月）と称し，すすきを添えた月見だんごなどを供える。

8）9月の第3月曜日（敬老の日）

敬老の心を表し，長寿を祝う日であり，国民の祝日に定められている。食べやすい，消化のよい献立を考える。

9）誕生祝い

誕生祝いは健康で誕生日を迎えたことを祝い，さらに将来の幸福を願う行事であるから，祝われる人の年齢や好みに合わせた献立を考える。

10) 精進料理

精進料理は魚・肉食を禁じ，なま臭いもの（動物性食品）を使わない料理で，仏事，法要などのときに用いられる。献立例を次に示した。

<本膳精進料理献立例>

本　膳	本　汁	れんこん寄せ，しめじたけ，つみ菜，白みそ汁，水辛子
	鱠	寄せやまいも，きゅうり，だいこん，きぬ酢
	坪	ごま豆腐，わさびしょうゆ
	ご　飯	
	香の物	
二の膳	二の汁	つと豆腐，まつたけ，みつば，すまし汁，ゆず
	平	煮物，飛龍頭，高野豆腐，茶せんなす，栗，いんげん
	猪　口	乾ぜんまい煮，辛子みそ
脇　膳	皿	精進揚げ，だいこんおろし，割りしょうゆ
台　引	菓　子	おはぎ

Ⅳ．調理の基礎

1．野菜の切り方

表 2 − 5　野菜の切り方

切り方	説明
輪切り	だいこん，さつまいも，にんじんなど丸いものを，そのまま適当な厚み（0.5〜2cmくらい）に切る
拍子木切り	だいこん，にんじん，じゃがいもなどを長さ5〜6cm，7〜8mm角の棒状に切る
小口切り	ねぎ，きゅうりなどを端からせん維に直角に薄く切る
さいの目切り あられ切り	豆腐，じゃがいも，にんじんなど，拍子木切りを立方に切る。1.0〜1.5cm角はさいの目切り，0.5cm角はあられ切り
半月切り	だいこん，にんじんなどを，縦に2つに切り，さらに端から適当な厚みに切る
斜め切り	ねぎ，ごぼう，にんじんなどを斜めに切る

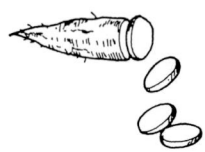

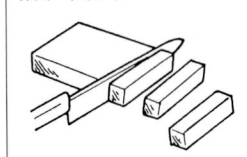

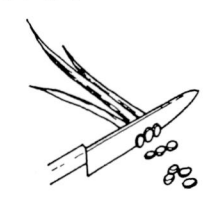

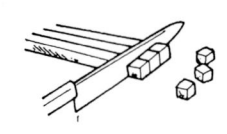

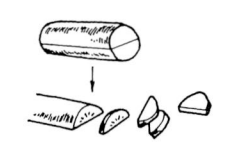

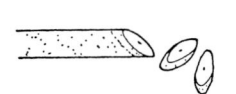

切り方	説明	切り方	説明
いちょう切り	だいこん，にんじんなどを，縦4つ割りにして，さらに，端から適当な厚みに切る	せん切り	・だいこん，にんじんなどを5～6cm長さに切ったものを縦に薄切りにして重ね，さちに細く切る ・薄い輪切り，または斜め切りを重ねて縦に細く切る
地紙（ぢがみ）切り	だいこん，にんじんなどを，いちょう形に切った先端を丸く切り落とし，扇の形に切る	千六本	だいこん，にんじんなどをせん切りより少し太く，マッチの軸くらいに切る
針切り	しょうがをできるだけ薄く切り，そろえて針のように細く切る	くし形切り	ゆず，レモン，かぶ，トマトなど球形のものを縦2つに切り，中心部より放射状に切り分ける
短冊（たんざく）切り	うど，だいこん，にんじんなどを長さ4～5cm，幅1cmに切り，さらに薄く切る	みじん切り	にんじん，たまねぎ，しょうがなどのせん切りを小口から細かくきざむ。その後，包丁の先をまないたに固定させ，手元を上下させてさらに細かくきざむ
色紙（しきし）切り	だいこん，にんじんなどを正方形（2.5cm角）に薄く切る	桂むき	だいこん，うど，きゅうりなどを5～6cmに切り，巻き紙をとくように薄くむく
ささがき	ごぼう，うどなどを，包丁の刃先を使って，鉛筆を削るように，まわしながら細く切る	白髪（しらが）切り（せん切り）	だいこん，きゅうりなど桂むきにしたものを巻き，端から細く切る

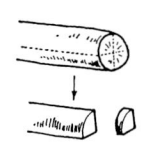

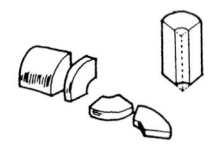

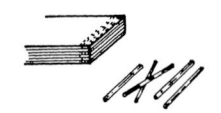

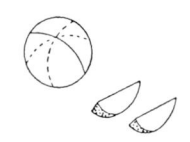

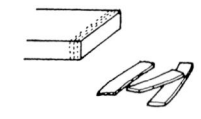

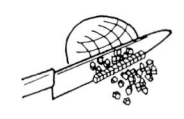

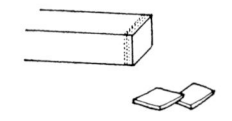

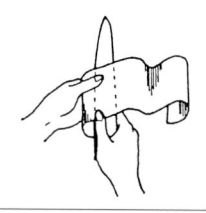

乱切り 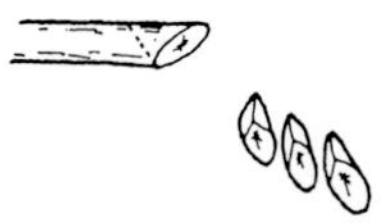	にんじん，ごぼうなどをまないたに横に置き材料を手前にまわしながら斜めに切り，ほぼ同じ大きさの不定形とする	花形切り 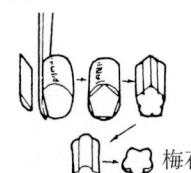	にんじん，だいこんなどを5～6cm長さに切り，五角柱を作り花形にむき，適宜の厚さに切る
そぎ切り 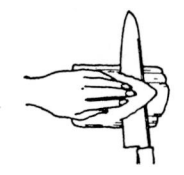	白菜，しいたけなど包丁のみねを外側にたおし，材料に軽く手を置き手前にそぐ	ねじり梅 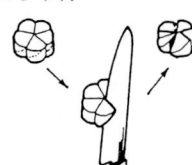	にんじん，だいこんなどの7～8mm厚さの梅形を図のように片面に切り目を入れ，形を整える
よりうど 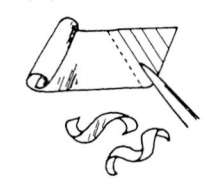	うどは桂むきにしてひろげ，斜めに7～8mm幅に切る。水に放つとよじれる	花れんこん，雪輪れんこん 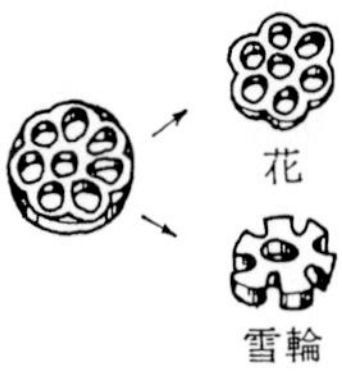	れんこんの穴の間に切り目を入れて，まるみをつける
松葉切り  / 折れ松葉 	ゆずの皮を薄くそいで図のように，松葉，折れ松葉の形にする	矢羽根れんこん 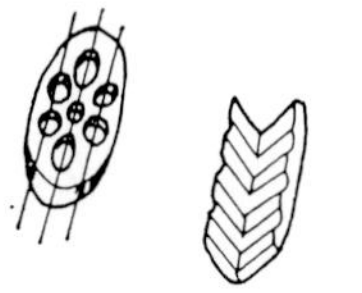	れんこんの皮をむき，斜め切りにし，穴を中心にして縦に切り，左右をひろげて切り口をみせ，下側を少し切る
面取り 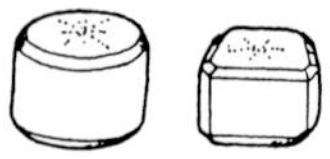	だいこん，にんじん，かぼちゃなどの，煮くずれを防ぎ，形よく煮るために切り口の角を切り取る	切りちがい 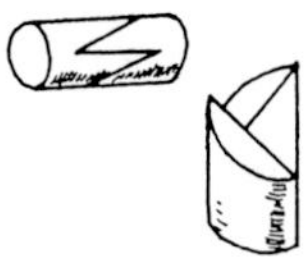	きゅうりを5cm長さに切り，中央に切り目を入れ，両面から，この切り目まで斜めに切る
末広切り 	きゅうり，にんじん，たけのこなどを，拍子木に切って，一方の端を残して，縦に切り目を入れ広げる	茶せんなす 	なすに，縦に深めの切り込みを入れ，調理してから，ねじるようにして押さえる

菊花切り 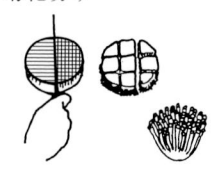	かぶ，だいこんを2.5cm厚さに輪切りし，皮をむき，底を残して縦横に切り込み，裏から小さく切る。小かぶは上下を切り，皮をむいて用いる	杵しょうが，筆しょうが 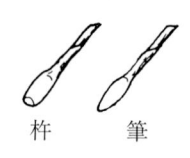	はじかみしょうがの先を，筆または，杵の形に整える 杵　筆
蛇腹切り  a. 表・裏 b. 箸	a.きゅうりは斜めに（45°の角度），薄く中心くらいまで切り目を入れ，反対側からも同様にする b.片側から薄く切り目を入れる方法もある	いかり防風 	防風の茎の先を針で十文字にさき，水に放つ

切り方には一般に用いられる方法として，輪切り，小口切り，いちょう切り，たんざく切り，せん切り，さいの目切り，あられ切り，みじん切り，乱切り，ささがきなどがある（表2-5）。特殊な目的の切り方としては，かくし包丁（p.39，61），飾り切り〔花形切り，ねじり梅（p.37），その他（p.37）〕がある。

かくし包丁は，表面から見えないように食品に包丁で切り目を入れる操作をいう。煮えやすく，調味料がしみこみやすく，また食べやすくする効果がある。ふろふきだいこん，芽キャベツなどに用いられる。

2．魚の下ごしらえ

下ごしらえは，不用部分を取り去って洗い，目的の料理にふさわしくおろしたり，切るなど，調理加工の最初に行う作業である。図2-3に，魚の部位と名称を示した。

1）うろこ（鱗）またはぜいごを取り，水でよく洗う

　a．うろこを取る（たい，きすなど）：たい，きすなどのうろこのある魚は左手で頭を持ち，出刃包丁の刃を立てるようにして尾から頭のほうへ向かってうろこをこそげ取る（図2-4①）。
　　30cm以上もある大きな魚は包丁だけではうろこが取りにくいから「うろこ引き」を用いると取りやすいが（図2-4②），最後は包丁でこまかく取るようにする。うろこは乾くと取りにくいので，購入した魚は乾かさないように注意する。もし魚が乾いてうろこがはがれにくく

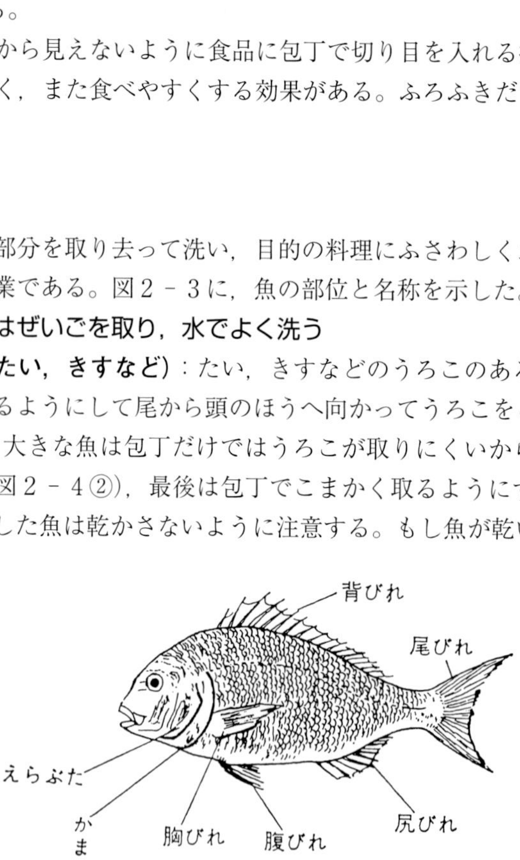

図2-3　魚の部位と名称

① 包丁でたいのうろこを取る 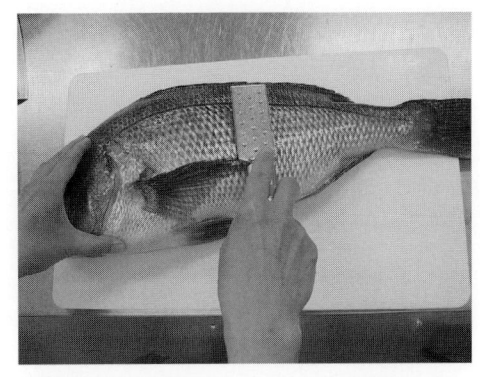　　　　　② うろこ引きでたいのうろこを取る

③ きすのうろこを取る 　　　　　　　　④ あじのぜいごを取る

図2－4　うろこおよびぜいごの取り方

なったら，しばらく水につけてから取るとよい。
- b．うろこを取る（ひらめ，かれい，きすなど）：ひらめ，かれい，きすなどのうろこは非常に小さいので，包丁でそぐようにして取る（図2－4③）。
- c．あじはぜいごを取る：左手で頭をおさえ，刃先をぜいごと皮の間に入れ，尾のほうから皮目を傷つけないように軽くすき取る（図2－4④）。

2）えらと内臓を取り，水でよく洗う

えらは頭を切り落とさない場合はそのままとし，頭をつけて調理するときは取り除く。内臓を出す方法は，腹を切って出す場合と，切らないで出す場合がある。
- a．頭をつけたままえらと内臓を取る：たいは頭を右，腹を上にしてえらぶたから包丁の先を入れ，えらのつけ根を切り離し（図2－5①），腹側を肛門まで切り開き，えらと内臓を除く。あじは，頭を左にしておきえらぶたから包丁の先を入れ（図2－5②），同様に行う。
- b．筒切りにして用いるときは，頭を取った切り口から内臓を取り出す。
- c．開き身にして用いるときは，開いてから取る。
- d．尾頭つきで焼き物などにする場合には腹を切らずにえらと内臓を取る：まず，えらは前記のようにして，つけ根を切り離し（図2－5①），包丁をひねってえらを取る。内臓は，盛りつけたとき下になる面の胸びれの少し後ろに小さな切り目（かくし包丁）を入れ，そこから出す。

Ⅳ．調理の基礎　39

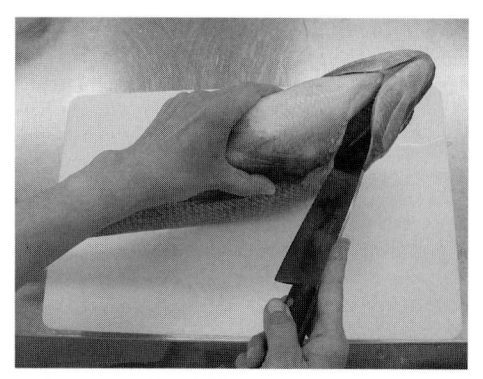

① たいのえらを取る 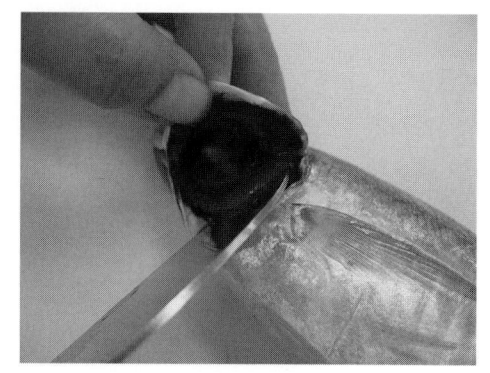　　　　　　　　② あじのえらを取る

図2-5　えらの取り方

　e．つぼ抜き：焼き物などで腹を切らずに内臓を出す方法で，えらと内臓をえらぶたの間から引き出す。まず，尻びれのそばの肛門のところの腸の端を包丁の先で切り離しておき，えらのつけ根を取り，続いている内臓を箸を使って引き出す。
　内臓を除いたらよく水洗いし，水気を除く。きれいなかたくしぼったぬれぶきんで腹の中，外側もよくふく。魚は姿のままで用いたり，頭を落として二枚おろし，三枚おろし，または切り身など，料理の目的によって切り方を決めるが，おろした魚は再び水洗いしない。

3）頭を落とす

　魚の頭の落とし方を図2-6に示した。

a．素頭落とし
切り身，開き身にする場合

b．たすき落とし
三枚おろしにして，刺身用のつくり身にする場合

c．かま下落とし
頭を利用する。または三枚おろしにして，刺身用のつくり身にする場合

図2-6　魚の頭の落とし方

　頭を左，腹を向こうに置き，かまの部分を頭につけて裏身のかまの下から斜めに包丁を入れ，返して腹を手前に置いて表身も同様に切る（図2-7①，②）。

① 表身に返してから，同様にかまの下から斜めに包丁を入れる

② 骨と骨の間の関節に包丁を先に入れて切る

図2-7　頭の落とし方（かま下落としの場合）

4）魚のおろし方

魚のおろし方とその方法について表2-6に示した。

表2-6　魚のおろし方の種類とその方法

種　　類	方　　法
二枚おろし	中骨つきの身（下身）と，中骨のつかない身（上身）の2枚に離す方法（図2-8①～②）
三枚おろし	上身，中骨（または中落ともいう），下身と3枚におろす方法（図2-8①～④）。三枚おろしの身は，中骨のあたりに，細い骨が身の中に残っているから，骨抜きなどで抜き取ってから料理する
五枚おろし	中骨と上身4枚に離す方法（図2-10）
背　開　き	背びれの上側へ頭側から包丁を入れて中骨の上に沿って切り開き内臓を出し，次に中骨，腹骨を除くこともある。頭は取らないで開く（干物をつくるときに多く用いられる）。頭を取って開き腹骨を取る（きすのてんぷら）方法もある
腹　開　き	腹のほうから包丁を入れ，内臓を出し，中骨の上に沿って尾びれまで切って開く。中骨を取る

a．**三枚おろし（たい）**：うろこを取り，えらと内臓を出し，水洗いして頭を落とす（図2-4①，図2-5①，図2-7①，②）。

尾を左，腹を手前に置いて腹側から包丁を入れ，中骨まで切り込む（図2-8①）。

腹骨のつけ根を切り離し，そのまま背側に向かって切り，二枚におろす（図2-8②）。

二枚におろしてから尾を左，背を手前にして，背に沿って中骨まで包丁を入れる（図2-8③）。

中骨のつけ根を切り離し，身を持ち上げ，腹側に向かって切り，三枚におろす（図2-8④）。腹骨を取る。

b．**大名おろし（あじ，きす，さよりなどの小魚の三枚おろし）**：頭を切り落とし，腹に包丁を入れて内臓を出し，水洗いする（図2-9①～④）。

頭のほうから包丁を入れ，そのまま中骨の上をすべらせるようにしておろす（図2-9⑤，⑥）。

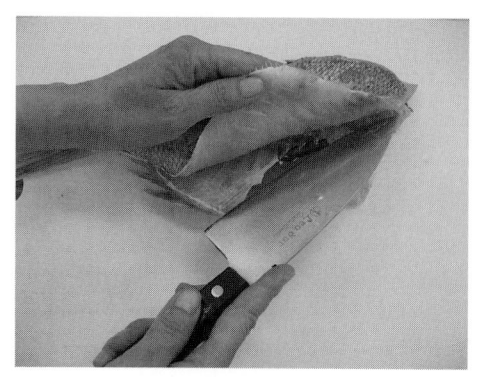

① 上身を中骨に沿って離す　　　　② 二枚おろし

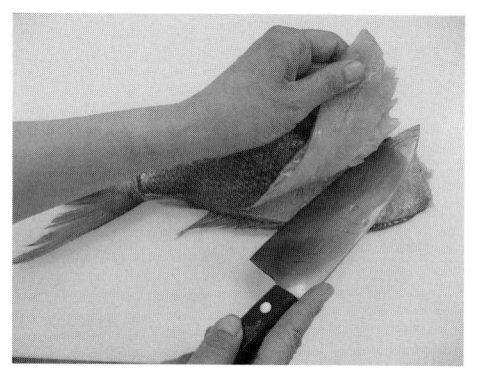

③ 下身を中骨に沿って切る　　　　④ 三枚おろし

図2-8　魚のおろし方（たいの場合）

裏側は中骨を下にしておき，同じ要領でおろす（図2-9⑦，⑧）。包丁をねかせて腹骨をそぎ取る。

5) 節どり，さくどりする
- **節どり**：三枚におろした身は背身と腹身に切り分ける（図2-10）。小骨を除く。
- **さくどり**：まぐろのような大きな魚を，刺身づくりに適するような大きさの長方形に切る。

6) 皮を引く，皮をむく

魚を生食する場合は三枚におろし，皮を除いて（皮を引く，皮をむく）から刺身類や酢の物などにする（図2-11）。

- **皮を引く**：包丁を用いて皮を除く方法で，外ひきと内ひきがある。

　外引き……皮を下，尾を左にしてまないたの上に置く。尾のほうの皮と身の間に包丁を入れて切り，その皮を左手で持ち，包丁の刃を外側（右側）に向けてねかせ，皮を引きながら切り離す。たい，ひらめ，すずきなどに用いられる一般的な方法（図2-11①）。

　内引き……皮を下，尾を右にしてまないたの上に置く。尾のほうの皮と身の間に包丁を入れて切り，皮の端を左手でおさえ，右手の包丁は左手の下を通って刃をほとんど平らに

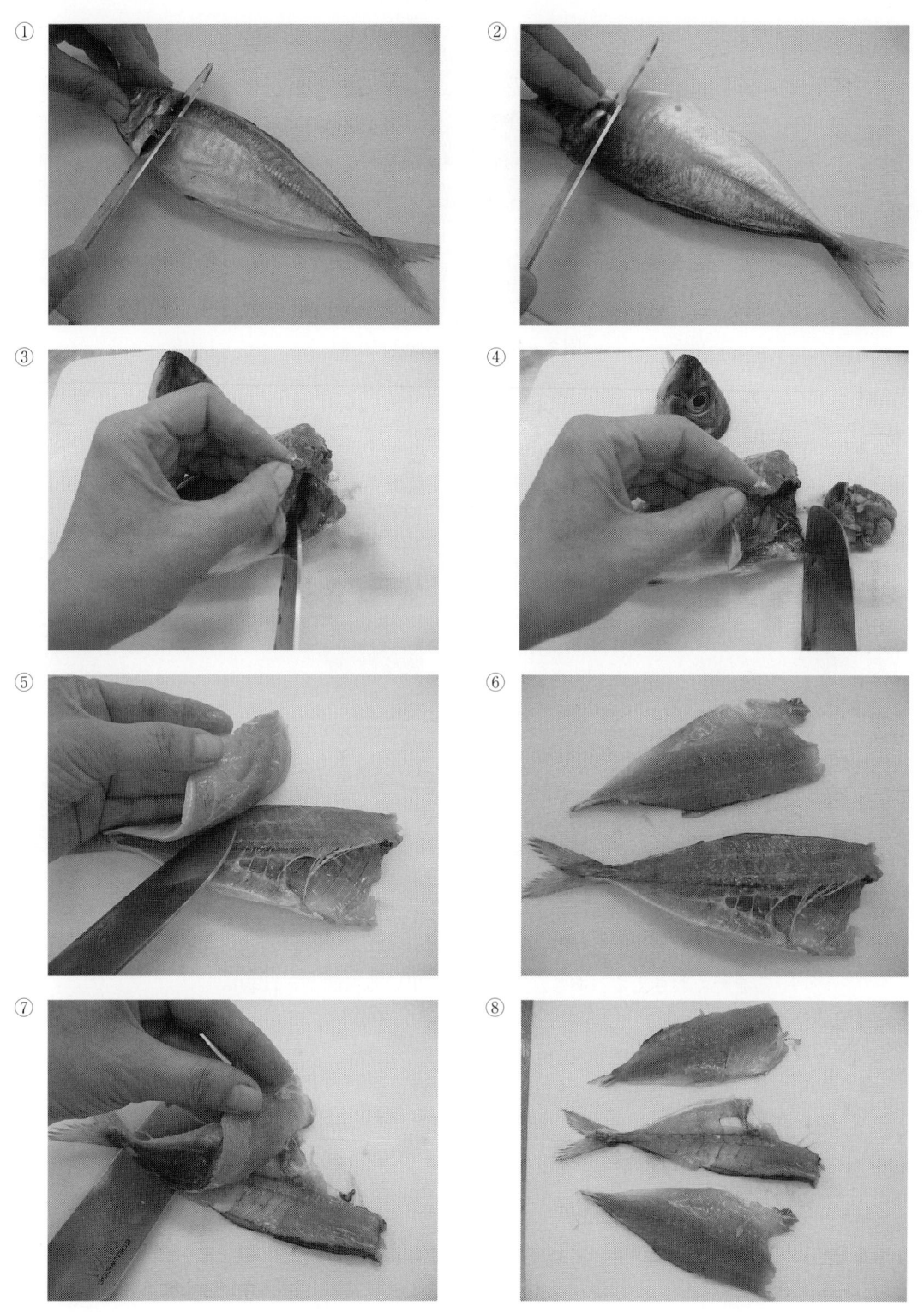

図2-9 大名おろし（あじの場合）

Ⅳ. 調理の基礎

図2-10　かつおの節どり
上から背身（裏，表），腹身（表，裏）

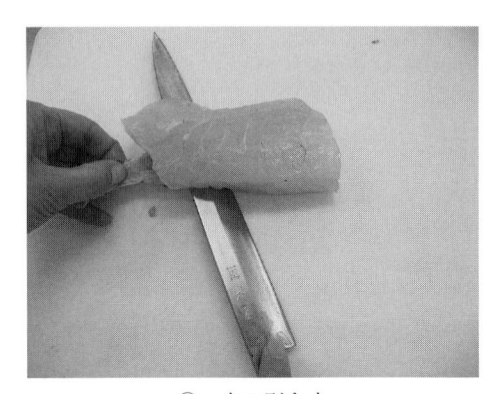

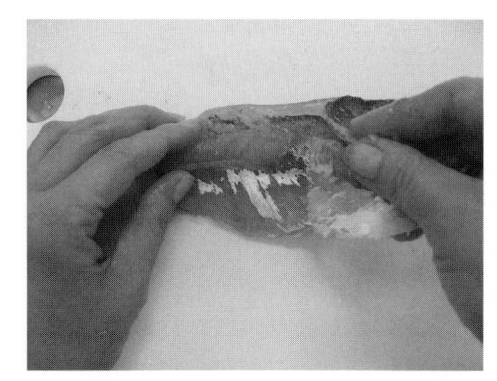

①　皮の引き方　　　　　　　　　②　皮のむき方
図2-11　魚の皮の引き方とむき方

して皮を引きながら切り離す。皮の弱い小さい魚は内ひきのほうが皮をひきやすい。
- **皮をむく（はがす）**：手で皮を取る方法
　　　　三枚におろした魚は塩や酢でしめてから薄皮を取る。皮を上にし，尾を右にしてまないたに置き，包丁を使わずに頭の側から手で皮をむく。左手は皮のむけたところを軽くおさえる。あじ，さばなどに用いる（図2-11②）。

7）身の切り方
魚の身の切り方には，次のようなものがある。
①　刺身のように切る。
②　魚の内臓を取り，頭を落とし，約2.5cm厚に頭側から順に切り離す（筒切り）。
③　切り身として用いるように切る。

3．煮だし汁
a．**かつお節煮だし汁**：味と香りに富んだだし汁で，材料のかつお節は薄く削り用いる。削りたてのものから優れた味わいのだしが取れる。削ったまま放置すると味・香気ともに落ちるので，使用するたびに削るのがよい。

44　第2章　日本料理

かつお節の煮だし汁の取り方について，沸騰水に入れたもの，水から入れて沸騰させたもの，30分水浸後沸騰させたものの3条件を比較すると*，アミノ態窒素の溶出量においてはほとんど差がなかったが，香りは沸騰水に入れたものが最も良かった。かつお節の使用量については，それぞれ水の2％，4％，8％を加えて実験したところ，8％使用では濃厚すぎ渋味も出るので，2〜4％で十分であるとされている。

b．**昆布煮だし汁**：ま昆布，利尻昆布がだし汁用として最上とされる。水洗いによる呈味成分の流出を避け，ふきんで汚れを取る程度にする。加熱しすぎると炭水化物（アルギン酸）による粘りや昆布臭が出てくる。

c．**かつお節・昆布の混合だし汁**：かつお節のイノシン酸と昆布のグルタミン酸のうま味の相乗効果を利用した煮だし汁である。

表2-7　煮だし汁の材料と取り方

種類		材料・分量（％）	うま味成分	取り方	用途
かつお節	一番だし	かつお節 2〜4	イノシン酸＋各種アミノ酸	必要量の約10％増しの水を沸騰させ，削りかつお節を入れ，鍋の蓋を取ったまま，1分加熱後，火を止める。かつお節が沈んだら上澄みを取る。長く煮るとしぶ味などが出たり，香りも失いやすい	すまし汁 みそ汁 茶わん蒸し 上等の煮物
	二番だし	かつお節一番だしのだしがら 4〜8	同上	一番だしを取ったかつお節に半量の水を加え，蓋をしないで3分沸騰を続けて火を止める。かつお節が沈んだら上澄みを取る	みそ汁 煮物
昆布だし		昆布 2〜5	L-グルタミン酸マンニット	かたくしぼったふきんで昆布の表面の砂だけ除き，切り目を入れる 1．必要量の約10％増しの水に昆布を入れ30〜60分，冬は2〜3時間水につけた後，昆布を取り出す（水出し法） 2．必要量の約10％増しの水に昆布を入れ，30〜60分つけておき，そのまま火にかける。沸騰直前に昆布を取り出す（加熱法）。長時間加熱すると昆布臭が出たり，粘質物が溶け出す	うしお汁 精進料理 すし飯
混合だし		かつお節 2〜4 昆布 1〜2	イノシン酸＋アミノ酸 L-グルタミン酸	必要量の約20％増しの水に昆布をつけておいてから熱し，沸騰直前に昆布を取り出す。続いて沸騰したらかつお節を入れ，一番だしの要領で取る	すまし汁
煮干しだし		煮干し 3〜4	イノシン酸＋アミノ酸	煮干しの頭と腹わたを除き，こまかく裂いた煮干しを必要量の約10％増しの水に入れて30分水浸後，火にかける。蓋をしないで沸騰後2〜3分弱火で煮て火を止める	煮物 みそ汁

＊吉松藤子：家政誌，**5**，359（1954），**8**，25（1957）

V. 調理手法と調理例

1. 汁　　物

（1）汁物の特徴

　汁物は煮だし汁を主体とした調理で，うま味をもった煮だし汁と，実（わん種），あしらい，吸口から成り立っている。汁はかつお節や昆布などのうま味成分を煮だし，それを塩，しょうゆ，みそなどで調味したもので，汁のうま味成分が食欲を起こさせ，次の料理の引き立て役になる。汁の実は彩りや季節感などを考えて2～3種類を選び，少量用いる。あしらいは主たる実の補助としてつけ加えられ，吸口は汁の風味を引き立てるもので，ゆずや木の芽などが用いられる。

　汁物は特に供卓温度に注意する。汁は特別の場合を除き熱い温度ですすめる。一般に濃度の高い汁は冷めにくいので，冬向きの汁に適している。

（2）汁の調味，わん種，吸口

　a．煮だし汁：取り方はp.44参照。汁物の種類に応じた煮だし汁を使用する。1人分はでき上がり150mℓ，汁の調味はふつう0.7％前後の塩味にする。調味料としては汁の種類に応じて塩のみ，塩としょうゆ，みそのみを用いる。

　b．わ ん 種：主になる材料としては，魚介類，鳥肉，卵，豆腐，ゆば，麩などがあり，あしらいの材料としては，緑黄色野菜類，淡色野菜類，いも類，きのこ類，海藻などが用いられる。材料の種類はなるべく動植物を取り混ぜ，色，形や香りの調和を考えて選ぶ。

　c．吸　　口：特殊の風味をもつ素材を少量加えることによって，汁の風味を引き立て，季節感を添えるものを吸口という。ときにはあしらいの青味（みつば，うど，みょうがなど）で代用する場合もある。

　　　吸口の材料としては，次のようなものがあげられる。
　　　　　春……囲いゆず，しょうが，さんしょうの若芽（木の芽），花ゆず（晩春の白いゆずの花）
　　　　　　　　など
　　　　　夏……花落ちゆず（小さいゆず），香橙，みょうがたけ，新しょうが，青じそなど
　　　　　秋……ゆず，花みょうが，しょうが，さんしょうの実（実ざんしょう）など
　　　　　冬……ゆず，しょうが，山葵（周年だが，この時期，辛味が増す）など
　そのほか四季を問わず，水辛子，七味唐辛子，粉さんしょうなども用いられる。

（3）汁物の種類

　主な汁物の種類を表2－8にあげた。

表 2 - 8　汁物の種類

	種類	特徴	調理例
澄んだ汁	吸物	汁の実を別に調味して椀に盛り，塩としょうゆで調味した澄んだ煮だし汁を注いだもの。煮だし汁は特に上質のものを用いる	結び魚吸物 はまぐり葛打ち吸物
	すまし汁	調理法は吸物とほとんど同じであるが，一般的なものである。わん種の量は吸物より多い	若竹汁 船場汁
	うしお汁	鯛，蛤などを水から入れて煮だし，塩だけで調味したもの	鯛うしお汁 蛤うしお汁
濃度をつけた汁	薄葛汁	すまし汁に汁の約1％のでんぷんを水溶きして入れ，濃度をつけたもの	かきたま汁
濁った汁	みそ汁	みそで調味したもの	赤だし さつま汁
	粕汁	酒粕をすり流した汁に，ぶりまたはさけなどとともに野菜を入れたもの，みそを加えることもある	三平汁
	すり流し汁	魚の身をすりつぶしてみそを加え，煮だし汁でのばしたもの	かつおすり流し汁 白身魚すり流し汁 かきすり流し汁
	とろろ汁	やまいもやつくねいもをすり，すまし汁ですりのばしたもの	とろろ汁
	呉汁	大豆を水につけて，すりつぶし，だし汁でのばし，みそで調味したもの	呉汁
	鯉こく	筒切りにした鯉を酒を加えた水で煮て，みそで調味し，長く煮込んだもの	鯉こく
その他	けんちん汁	豆腐をくずして油炒めし，野菜を加えたすまし仕立ての汁	けんちん汁

(4) 調理例
(1) 若竹汁
材　料（5人分）

たけのこ……………………75 g 煮だし汁……………………100m*l* うす口しょうゆ……………小1 干しわかめ…………………5 g 混合煮だし汁………………750m*l* 　水………………………900m*l* 　昆布……………………15 g（汁の2％） 　かつお節………………15 g（　〃　）	塩……………………………4 g ⎫ 汁の0.6% しょうゆ……………………3 m*l* ⎭ の塩分 木の芽………………………5枚

V．調理手法と調理例　47

① ゆでたけのこは薄切りにし，下煮して味をつける。
② わかめは洗って水でもどし，すじを取り，3cm長さに切る。
③ 鍋に煮だし汁を入れ，火にかけ，塩，わかめを加えて煮たたせ，おろす直前にしょうゆを入れ，味をととのえる。
④ 椀にたけのこをのせ，わかめが入った汁を注ぎ，木の芽を1枚ずつ吸口にする。

(2) 結び魚と独活(うど)の吸物

材　料（5人分）

き　す……………5尾（1尾約40g） 塩………………………魚の1％ う　ど……………………10cmぐらい 生しいたけ………………小5枚	昆布煮だし汁………………750ml 水………………………900ml 昆　布……………15g（汁の2％） 塩…………………4g ┐汁の約0.6％の塩分 しょうゆ……………3ml ┘ 木の芽……………………5枚

① きすはうろこ，頭，内臓を除き，尾のつけ根を離さずに三枚におろし，中骨を尾のところで切り，小骨や薄身を除いて結び，薄塩をする。
② ①を20分くらい置いた後に，塩少々を入れた熱湯で，1分間ゆでる。
③ 生しいたけは柄を取り，表に十文字の包丁目を入れ，別に煮だし汁に塩，しょうゆ各少々を入れたところで薄味に煮ておく。うどは皮をむき，よりうど（p.37）にして水にさらす。
④ 煮だし汁を温め，塩としょうゆで調味する。椀に結びきす，しいたけ，うどを盛って，汁を注ぎ，吸口に木の芽を添える。

(3) 吉野鶏と三つ葉のすまし汁

材　料（5人分）

鶏ささ身肉…………………80g 塩………………0.4g（鶏肉の0.5％） でんぷん……………4g（〃　5％） みつば………………………15g えのきだけ…………………25g	煮だし汁（混合）……………750ml 塩…………………3g ┐汁の0.6％の塩分 しょうゆ…………1.5g ┘ ゆ　ず………………………少々

① 鶏ささ身肉はすじをとり薄くそぎ切りにして塩をふっておく。両面にでんぷんを薄くまぶし，乾いたまないたの上に置き，すりこぎ（または包丁の背）で軽くたたいて平らにして，熱湯でさっとゆでる。
② えのきだけは根元を切り，1人分ずつに分けてさっと塩ゆでする。
③ みつばは熱湯を通して結び，ゆずは皮を薄くそぐ。
④ 煮だし汁を鍋に入れて火にかけ，調味する。
⑤ 椀に吉野鶏，えのきだけ，結びみつばを盛って汁を注ぎ，吸口にゆずを入れる。

(4) 吸物（蛤 葛打ち，桜花，三つ葉）
材　　　料（5人分）

はまぐりむき身（大）	5個	煮だし汁（昆布）	750mℓ
吉野葛（または片栗粉）	少々	塩，しょうゆ	少々
桜花塩漬け	5個	木の芽	5枚
みつば	15g		

① はまぐりは酒と塩少々をふりかけ，葛でんぷんをまぶしてゆでる（葛打ち）。
② 塩漬けの桜花（ひとふさ）は熱湯につけて塩を抜く。生の花ならゆでて水につけ，あくを抜く。
③ みつばは熱湯を通して結ぶ。
④ 煮だし汁は調味し，わん種を椀に盛った上から注ぎ入れ，吸口に木の芽を浮かせる。

(5) 沢　煮　椀
材　　　料（5人分）

豚背脂	40g	ほうれんそう（またはみつば）	30g
塩	小1	混合煮だし汁	750mℓ
生しいたけ	40g	塩	4.5g
にんじん	20g	しょうゆ	5mℓ
うど	30g	こしょう	少々
ねぎ	30g		

（塩・しょうゆで汁の0.6%の塩分）

① 豚の背脂は，塩をふり2〜3時間置くか塩をもみつけ，熱湯にさっと通してざるに上げる。さめたら細いせん切りにする。
② うどは3〜4cmのせん切りにして水に放しておく。生しいたけ，にんじん，ねぎは同じくせん切りにする。ほうれんそうは青くゆでて3〜4cmに切っておく。
③ 煮だし汁を沸騰させ，豚背脂，にんじん，しいたけ，うど，ねぎを入れ，あくを取りながら静かに短時間加熱し，調味する。汁は濁らないように弱火で煮る。
④ 最後にほうれんそうを散らし，火を止める。吸口にこしょうをふる。

(6) かきたま汁
材　　　料（5人分）

卵	2個	でんぷん	7.5g（汁の1%）
煮だし汁	750mℓ	みつば	15g
塩	4g	のり	1/4枚
しょうゆ	3mℓ		

（塩・しょうゆで汁の0.6%の塩分）

① 卵を割りほぐす。みつばはそろえて切る。
② 煮だし汁を煮たて，塩，しょうゆを加えて味をととのえる。煮だし汁を混ぜながら水溶きでんぷんを入れて薄いとろみをつける。
③ ②を煮たて，箸でかきまわしながら，卵を穴じゃくしを通して流し入れる。
④ 卵が煮上がったらみつばを散らしてすぐに火を止め，椀に盛る。色紙に切ったのりを添える。
　　（注）　卵のほかの材料は，ねぎのせん切りとしょうが汁なども用いられる。

<でんぷんと調理>

でんぷんは，汁の実を均等な位置に保ち，液体に形を与え，調味料を材料にからめ，なめらかな舌ざわりを与えるなどの調理上の効用がある。

一般の調理には，じゃがいもでんぷん（市販片栗粉）を用いる。和菓子，ごま豆腐などには葛でんぷん，ブラマンジェなどの洋菓子類にはコーンスターチが適している。

でんぷんの種類やかくはんの程度によって使用量が異なる。吉野が葛の産地として有名であったため，でんぷんを用いた調理を吉野煮，吉野○○などと呼ぶ。

葛汁は汁にでんぷんで粘度をつけることにより，口あたりを良くし，また冷めにくくする。かきたま汁では，汁の比重を大きくして卵が均等に分布するのを助ける。あんかけは，味が食品に浸みこみにくい場合に，でんぷんの水溶きを加えて煮て，煮汁を食品にからめたり，粘度のついた煮汁をかけたりするものである。これらにはいずれも粘度が高く，透明度も高いじゃがいもでんぷん（市販片栗粉）を用いる。

表2-9　でんぷんを用いた調理とでんぷんの使用量

調理	薄葛汁 かきたま汁	吉野煮	葛あん（野菜，豆腐の煮物にかける）葛湯	中国料理の溜菜	葛練り	ブラマンジェ	葛桜
仕上がり重量に対するでんぷん使用量（％）	0.8～1.5	4～6	3～6	3～4	6～7	8～10	15～20

(7) 雑　煮（すまし仕立て）

材　料（5人分）

丸小もち……………………5個	煮だし汁……………………5 cup
鶏　肉……………………50 g	塩……………………小1弱
しいたけ（小）……………………5枚	うす口しょうゆ……………………小1.5
ほうれんそう（またはこまつ菜）………50 g	ゆ　ず……………………少々
かまぼこ……………………5切れ	

① 鶏はそぎ切りにし，熱湯にさっと通し，ざるにあげて水気をきる。
② 青菜をゆでる。かまぼこは薄切り，しいたけは軸を取り，薄味で煮ておく。
③ だし汁が煮たったところに鶏肉としいたけを入れ，調味料を入れる。
④ もちは焼き網で焼き，湯に通す。
⑤ 椀に青菜の小片を置き，その上にもちを盛り，鶏，しいたけ，かまぼこ，青菜を置いてから，汁を注ぎ，鏡ゆずを配して供する。
　　　（注）だいこんは亀甲形に切り，にんじんは梅形，やつがしらまたはさといもは鶴の形に切って用いてもよい。みそ雑煮もある。

(8) 鯛のうしお汁

材　　料（5人分）

た　い（頭や骨つきの身）………約200g	う　ど（長さ4cm）………2本
塩………………6g（たいの3%）	木の芽………………5枚
水………………1,000ml	
昆　布………20g（水の2%）	
塩………………6g（汁の0.6%）	

① たいの頭はうろこを除き，中央から包丁を入れて縦に2つ割りにし（図2-12），おのおのを4つに切る。
② たいの頭や切り身に塩をふり，ざるにのせて30分置いた後，大鍋に十分の熱湯を用意してさっとくぐらせ，すぐ水にとり，静かに洗う。
③ うどは皮を厚めにむき，薄い短冊切りにして，水につける。
④ 昆布は乾いたふきんで両面をふき，切り目を2～3本入れ，分量の水に入れ，②のたいに塩少々を加えて中火にかける。沸騰したら火を弱め，あくをすくい取って，昆布を取り，蓋をしないで弱火で約20分煮る。残りの塩を入れて調味する。
⑤ 椀にたいとうどを盛り，④の汁は布（または脱脂綿）でこし，温めて椀に注いで，木の芽を吸口にする。

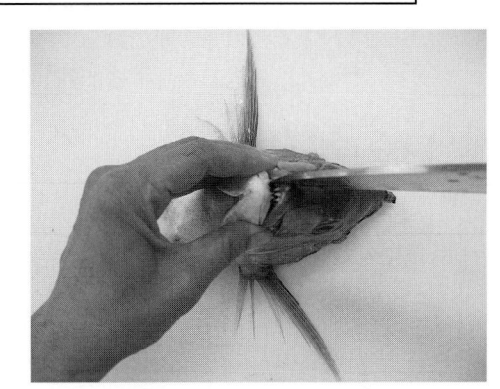

図2-12　鯛のうしお汁　頭を割る

（注）うしお汁はだしを用いず，新鮮な魚介類の持ち味を引き出して，実とともに盛るもので，たいのほか，すずき，黒だいやはまぐりも用いられる。

(9) なめこと豆腐の三州味噌汁

材　　料（5人分）

| 豆　腐………………1/2丁 |
| なめこ………………75g |
| かつお節煮だし汁………750ml |
| 水………………850ml |
| かつお節………15g（汁の2%） |
| 三州みそ………60g（汁の約8%） |
| 水辛子………………少々 |

① 煮だし汁の一部で三州みそを溶いておく。
② 豆腐は，さいの目切りにし，なめこは，一度湯を通してざるにあけ，水気をきっておく。
③ 汁の煮たった中に豆腐となめこを入れ，①を加え一煮立ちしたら火をとめる。
④ 椀に盛り，吸口に水辛子を1～2滴落とす。

（注）1）三州みそは「八丁みそ」ともいわれる。かたいものは切って，削ったかつお節と水とともに鍋に入れ，煮たったら火からおろし，こして用いる。また，目の細かいざるの中に，きざんだみそとかつお節を入れ，煮ている湯の中につけて2～3回振り動かす方法もある。

2）みそ汁の場合，かつお節煮だし汁は蒸発と材料の吸水による減量を考慮して，仕上がりの10～20%増しの水を用いる。

3）みそ汁には酸やアルカリの添加によってpHが変動しない性質（緩衝作用）がある。汁の実を変えても，みそ汁の味はあまり変わらないことになる。みその緩衝作用は熟成期間が長いほど増加し，またすり鉢でよくするほど向上する。みその品質表現に「三年みそ」などという用語があり，また粒みそでもこしみそでもよくするほど味がよくなるといわれるのはこれと関係がある。

4）みそ汁は短時間加熱して，一度沸き上がった直後に供するのがよく，長時間加熱したり，煮返したりすると香気が失われ，汁の実も加熱過度になって味が落ちる。

(10) 松茸のどびん蒸し

材　料（5人分）

まつたけ……………………… 小1本	煮だし汁……………………… 400ml
鶏ささみ肉………………………… 1本	（器の大きさにより異なる）
芝えび…………………………… 1人2尾	酒……………………… 12ml（汁の3%）
みつば……………………………… 15g	塩……………………… 2.8g（汁の0.7%）
	しょうゆ……………… 2ml（〃 0.5%）
	ゆ　ず………………………………… 1個

① まつたけの，石づきを削り，塩水で洗う。小さいものは傘のほうからいくつかに割り，大きいものは傘のほうから3cmくらいの長さに切り，縦割りにする。
② 鶏肉をそぎ切りにする。芝えびの殻をむき，背わたを取り，ごく少量の塩と酒をかけておく。
③ 煮だし汁に味をつけて一度煮たてておく。どびんに材料と煮だし汁を入れ，蓋をして火にかけ，煮たったら3cm長さに切ったみつばを入れて火を止める。
④ 受け皿にのせ，蓋の上にくし形（p.36）に切ったゆずをのせて供す。
　（注）1）ゆずのほか，すだちも用いる。
　　　　2）材料には本文のほか，白身の魚，ぎんなんなどが用いられる。

(11) 鯉こく

材　料（5人分）

こ　い……………………… 400g（小1尾）	
煮だし汁……………… 1,200ml ｝ 400mlくらいは煮つまる	
（昆布）	
酒……………………… 100～200ml	
み　そ……………………… 60g（汁の8%）	
ごぼう……………………………… 50g	
ね　ぎ…………………………… 10cm	
粉さんしょう……………………… 少々	

① こいはうろこを取らずに用いる。胆嚢を破らないように取り除き，2.5～3cm厚さの筒切りにする。
② だし汁に酒を合わせてこいを入れて火にかけ，沸騰したら火を弱め，あくを取りながら約2時間煮る。
③ みそを②の汁で溶いて加え，弱火で20～30分煮込む。最後にささがきごぼう（p.36）を水気をきって加え，さっと煮る。
④ ねぎは小口切りにし，さらしておく。

⑤ 椀に盛り，汁を注ぎ，ねぎを添え，吸口に粉さんしょうをふりかける。

2．ゆで物

（1）ゆで物の特微

多量の熱湯で食品を加熱し，調味はしない。調味の目的でなく塩，酢などを加えてゆでる場合もある。ゆでてそのまま食べるものもあるが，多くの場合さらに調理する。

加熱の目的は，組織の軟化，あく抜き，でんぷんの糊化，たんぱく質の凝固，酵素不活性化，脱水，吸水，色を良くする，殺菌などである。

（2）ゆで方の要領

ゆで水の量，材料を入れるときの水温，ゆで時間，蓋の使用の有無，加熱後の処理など個々の食品によって方法が異なる。

a．緑色野菜：ほうれんそう，こまつ菜などの緑色野菜の色は，葉緑体に含まれているクロロフィルの色である。緑色の野菜が調理操作中に変色することはよく経験することであるが，これはクロロフィルが酸や長時間加熱などに対して不安定なためである。クロロフィルは酸性の液に長くつけたり，この中で加熱したり，中性液でも長く加熱すると分子中のMg（マグネシウム）が2原子のH（水素）で置換されて黄褐色のフェオフィチンとなる。また，酵素によっても分解退色する。緑色野菜は多量の沸騰水中に入れてゆでると，酸化酵素が不活性になり，有機酸の濃度も低くなり，pHも下がらないので色よくゆでることができる。

生の野菜中のクロロフィルは有機酸（ギ酸，酢酸，シュウ酸など）と接触していないが，加熱されると組織が破壊されて酸が遊離する。したがって，ゆで水が少ないと酸の影響を受け，色が悪くなりやすい。

クロロフィルはアルカリ側で加熱されると，加水分解して鮮緑色のクロロフィリンとなる。緑色野菜を炭酸水素ナトリウム（重曹）を加えた水（0.3％液，pH 8.6くらい）でゆでると色鮮やかになるのはこのためである。アルカリ側では水溶性ビタミンが破壊されるばかりでなく，野菜のせん維が軟化するので，青菜をゆでるときなどには不適当である。しかし，わらび，よもぎなどのようにあくの強い山菜には適し，草もちに用いるよもぎのように磨砕する場合にも重曹水を用いるとよい。

食塩の添加はクロロフィルの溶出を抑え，食塩が多量に（ゆで水の2％以上）存在すると緑色は鮮やかに保たれる（p.4 表1-3）。えだまめやさやいんげんなどは湯中に添加するより，直接食塩をよくすりつけておいてからゆでるほうが色の保存に有効である。しかし，塩の量が少ないとき（1％未満）は外観的に識別できるほどの変化はない。ゆで水に少量の食塩を入れると，緑色もいくらかよくなるが，むしろビタミンCなどの水溶性成分の溶出を抑えるという点で効果があると考えられる。ただし，無機質の溶出は促進される。

青菜を色鮮やかにゆでるには，新鮮なものを使用する。購入したら使用するまで冷蔵しておき，ゆで水を酸性にしないこと，加熱時間をできるだけ短くすることが大切である。そのため洗浄後水気をよくきり，湯量は多く（材料の約5倍くらい）用意し，少量の塩（水の1％）を入れ，沸騰してから材料を入れ，蓋をしないでゆでる。蓋をしないのは，野菜から出た有機酸

が水蒸気とともに蒸発し，蓋にあたって水滴になり，ゆで水の中へもどってそのpHを下げるのを避けるためである*。

ゆで時間は種類や量によって異なるが，強火で手早くゆでる。ゆで上がったら速やかに冷水にとり，温度を急速に下げる。水に長く浸しておくと水溶性成分が溶出するので，温度が下がり次第できるだけ早く取り出すが，あくの多い野菜はしばらくつけておくとあくを抜くことにもなる。

b．あくの多い野菜：あくは多くの場合，ゆでることによって抜くことができる。

あくには，えぐ味（たけのこ），苦味（ゆり根），渋味（茶），から味（だいこん）などがあって，野菜にはこれらの特殊な成分を含むものがある。少量のあくは，その食品の好ましい味となるが，強い場合はあく抜きをして除かなければならない。しかし，あくを抜きすぎると特

表2-10 あくの多い野菜のゆで方

食品名	ゆで方
わらび，ぜんまい，よもぎなど	あくが強くせん維のかたい野菜類は，水に5～10%の木灰を混ぜて1晩おいた上澄み液を用いてゆでる（p.122参照），あるいは炭酸水素ナトリウム（重曹）を0.3%（pH8.6）くらいゆで水に加える。これらはアルカリ性成分が組織を軟化させ，あくなど不味成分を溶出しやすくするためである。アルカリ液は同時に色も鮮やかにする
たけのこ	えぐ味成分であるホモゲンチジン酸やシュウ酸は，掘りたてのたけのこには少ないので，そのまま調理できるが，時間の経過とともにえぐ味がでてかたくなるので，ゆでて用いる。たけのこは皮つきのまま，十分にかぶるだけの水に米ぬかを10～30%加えて40～50分間ゆでる。そのまま放置して冷ましてから皮をむき，洗って用いる。皮の中には還元性の亜硫酸塩が含まれ，これがたけのこをやわらかくするといわれる。米ぬか中にはフィチンが含まれ，これがたけのこのあく成分と結合してその溶出を促進する。また，ぬかのでんぷん粒子がたけのこの表面を覆い，空気および水中の酸素との接触を防ぐので，酸化を防止し白くゆで上がり，さらにぬか中の酵素（アミラーゼ，セルラーゼ）がたけのこをやわらかくする
だいこん	だいこんは米のとぎ汁，または米ぬかを入れてゆでると苦味がいくぶん取れる。これはでんぷんのコロイド粒子が苦味，から味の成分に吸着し，苦味を少なくするためではないかといわれている。
カリフラワー	カリフラワーは酢またはレモンの輪切り，小麦粉を加えた汁でゆでると白くゆでることができる。酢やレモンを加えるとカリフラワーのフラボン系の色素は白くなる。小麦粉を加えてゆでるのはたけのこのぬかのでんぷんと同じ理由による
ごぼう	ごぼうの褐変はオルトカテキン，クロロゲン酸（ポリフェノール）を含むのでポリフェノラーゼによって切り口が褐変する。この酵素は水，食塩水によく溶け，酸によって酵素作用を抑えられる。また，ゆでるとその作用を失う。ごぼうは切ったら，水にさらすか2%酢水につけて褐変を防ぐ。たけのこと同様，米ぬかを用いてゆでることも有効である
れんこん	れんこんは酢を4～10%加えた水につけて変色を防ぎ，水が濁らなくなるまで水洗いする。れんこんに含まれているポリフェノールはFe（鉄）と結合して，青紫色のタンニン鉄をつくる。この反応は酸液中では起こりにくいので，れんこんを酢水で煮ると白く仕上がる。また，酢を加えて短時間煮ると歯切れがよくなるが，これはムチン質が変化するためといわれる

*中林敏郎・木村進・加藤博通：食品の変色とその化学，122，光琳（1972）

性が失われるので注意する。

ポリフェノール（タンニン）は，野菜，果物に広く分布し，特になす，ごぼう，りんごなどに多く含まれるが，調理過程で酸化酵素（ポリフェノラーゼ）による褐変現象により，あくを生じる。あくの原因となる成分には水溶性のものが多く，あく抜きのため，まず水につけることが多い。水につけることによりポリフェノールと酵素を水中に溶出させ，かつ酸素との接触を少なくして褐変を防止する。この場合，食塩水を用いると，食塩が酵素を失活させるためいっそう効果的である。アスコルビン酸（ビタミンC）も褐変防止に有効である。切ったりんごにレモン汁をかけるとアスコルビン酸の作用のほかに，酸による酵素作用の抑制も加わる。また，加熱すれば酵素は失活して褐変は起こらない。

c．**でんぷんの糊化**：いも類，麺類などはでんぷんを糊化するためにゆでる。

表2-11 いも類，麺類のゆで方

食品名	ゆで方
じゃがいも	粉ふきいもやマッシュポテトは皮をむき，大切りにして水にさらし，水から入れて沸騰してから20分ぐらいゆでる。小さく切った場合は熱湯に入れ，大きさによりゆで時間を決める
さといも	ぬめりが出てゆで汁が粘り，ふきこぼれやすく調味もしにくい。最初にゆで水の1％くらいの食塩を入れてゆでるか，煮る前に塩もみしてから熱湯に入れてさっとゆでて洗い，調味した煮汁で煮る方法もある。さといものぬめりは糖とたんぱく質の結合したもので，食塩水で煮ると糖たんぱく質がある程度凝固し，ぬめりはなくなる[1]。いもの粘質物の溶出を抑える方法として，ゆでこぼしのほかに，短時間揚げる，炒める，などの予備加熱も効果がある
麺類	麺の6～7倍量の水を沸騰させた中に入れてゆでる。再沸騰したらさし水をし，ゆで上がったら冷水で洗い冷やす。ゆで時間は麺の太さ，種類により差があるが，指でさわってみて中心部にまだ少し芯がある程度とする。ゆでたらすぐに食べないと麺がのびる。マカロニ，スパゲッティは水にとらないで，ゆで上がったらすぐに調理する。そのまま放置する場合にはサラダ油をふりかけておく
さつまいも，くり	皮をむき水にさらしてあくを抜く。煮くずれしやすいので0.5％の焼きみょうばん水でゆでる。アルミニウムイオンがペクチンと結合して不溶性となり，組織がしまって煮くずれを起こしにくくなる

（注） 1）河村・海老原・寺崎・松元：家政誌，**18**，147（1967）

d．**たんぱく質**：たんぱく質は加熱により変性して凝固するものが多い。
  ・**魚・貝・肉類**：主として調理の下処理としてなま臭みをとるために，またたんぱく質の溶出を防ぐために表面を固化する目的で，熱湯でゆでる。魚ではあらかじめ塩をふって10～20分間置いてからゆでると，なま臭み（トリメチルアミンなど）が除かれる。
  ・**ゆで卵**：たんぱく質が加熱により変性して凝固する性質を利用してつくられる。卵黄と卵白の凝固温度に差があるので，卵を65～70℃の湯に20～25分間入れておくと，卵白は半熟，卵黄はやわらかく固まった半熟卵になり，いわゆる温泉卵ができる。卵白は60℃付近で凝固し始め，62～65℃で流動性を失い，70℃でやわらかく凝固する。かたく凝固させるためには80℃以上の加熱が必要である。卵黄は65℃から凝固し始め，70～75℃で完全に凝固する。
e．**ブランチング**：野菜を冷凍する場合に，前処理として軽く煮熟することをいう。一般に80～100℃の熱湯または蒸気で行う。野菜の酵素は-20℃のような低温でも活性を保持し，貯

蔵中の製品の品質を低下させる。ブランチングはこの活性を低下させるために行う。冷凍野菜の調理では以上のことを考慮に入れてから加熱時間を決める。

3. 煮　　物

（1）煮物の特徴
　食品を煮汁の中で加熱しながら（普通100℃）調味する調理法で，次のような特徴があげられる。
 a．熱伝達の面からいえば，熱は主として水の対流によって伝えられるのであって，煮汁の熱が食品の表面から内部に伝達される。食品の一部が煮汁の上に出ている場合には，鍋に蓋をすれば蒸気で蒸される形となる。食品が鍋に触れている部分には熱が鍋から直接伝導されるので，その部分の加熱温度はやや高くなる。しかし，煮汁の温度は一般に安定しているので，揚げ物，焼き物などに比べて温度管理は簡単といえる。
 b．食品によっては強火で短時間で煮るものと，やや弱火でゆっくり時間をかけて煮るものとがある。加熱中に水分が蒸発して煮汁が濃縮されると熱対流が悪くなり，鍋底が焦げたり，煮くずれるおそれがあるので，最初から煮汁の量を調節し，また沸騰を持続する程度に火を弱めるなど，火加減をしなければならない。
 c．加熱中に食品に味をつけることができる。煮物の一部が煮汁の表面から上に出ているような場合には煮汁の味を均等に浸透させるため，たびたび上から煮汁をかけたり，天地返しをする必要がある。落とし蓋を用いれば食品を煮汁中に押し入れ，また蓋を伝わって煮汁が行きわたるから，かくはんによって食品を傷つけることなく均等な調味ができる。
 d．煮物では食品成分が煮汁に溶出するので，煮汁を少なくして汁ごと利用すれば，栄養的損失をある程度抑えることができる。
 e．食品により加熱の前後の重量変化が異なるので，味つけや分量に注意する。
 f．熱源を選ぶ必要はほとんどない。

（2）煮物の要領
　食品の煮える速さは，食品の主な成分や組織などに関係が深い。煮汁は食品の種類，切り方，煮方によって適量を用いる。
　煮物では火加減が大切である。火力が強いことは蒸発量を多くすることで，一般に沸騰までは強い火力，沸騰以後は沸騰を保つ程度の火力にする。煮汁を煮つめる場合は蓋を取って煮る。
　煮物の種類によって用いられる調味料もいろいろであるが，調味料を入れる順序を考慮する（p.2参照）。野菜類の調味は，一般的に食品を湯煮してやわらかくしてから行うが，魚類は調味料を加えた煮汁を煮たてた中に入れ，表面のたんぱく質凝固によってうま味成分を煮汁に浸出させないようにする（p.63参照）。肉類も調味料を煮たてた中に入れ，短時間で仕上げる。長時間加熱するとかたくなる。シチューや東坡肉などのように，深鍋を用い，煮汁の中で長時間煮るとコラーゲンがゼラチン化してやわらかくなるものもある。

　　　　＜八　方　汁＞
　　　煮だし汁，しょうゆ，みりんを合わせた汁で，鍋物，煮物，つけ汁など種々に利用するので八方という。最初から調味料で煮る場合に利用されることが多い。例えば，煮魚，寄せ鍋

などは煮だし汁と調味料の合わせ汁の煮たった中へ材料を入れて煮る。

表2-12 食品の種類と煮汁の量および調味料の割合

(煮汁の量，調味料は材料の重量に対する％)

食品	食品の水分(％)	煮だし汁または水の量	調味料			
			塩	しょうゆ	砂糖	その他
魚　　類	70〜80	20		8〜15	0〜3	酒　5
葉　菜　類	92〜97	0〜10	1	3〜5	0〜3	
い　も　類	70〜80	30〜50	a. 0 b. 1.5〜2 c. 1	8〜10 0 3〜5	0〜5	
根　菜　類	79〜96	30〜50	a. 1.5〜2 b. 0 c. 1.5〜2	0 8〜10	5〜10 5〜10	酢　10
肉　類 ｛柔硬	65〜74	0〜20 30〜50	1.5	8〜15	0〜5	酒　5
豆類（乾物）	13〜16	あらかじめ浸漬後200[1]	0.8〜1	4〜5	30〜45	

(注) 1) 浸漬前の原料豆では水の量は300％

表2-13 八方汁の種類と調味料の割合

八方汁の種類	塩	しょうゆ	みりん	煮だし汁または水
濃い八方汁（濃い味つけ）	—	1	1	3
普通八方汁（普通の味つけ）	—	1	1	6〜8
淡八方汁　（うすい味つけ）	—	1	1	15
塩八方汁	1〜2	—	1	100

(注)　みりんの代わりに砂糖を用いる場合もある。酒少々加えることもある。
　　　塩としょうゆの使いわけは材料による。

（3）煮物の種類

表 2 - 14　煮物の種類

種類	特徴	適応食品または調理名
煮しめ	材料が煮えたときには煮汁はほとんどなくなっている煮方。形をくずさないようにやわらかく味をしみこませて煮たもの	野菜類（だいこん，にんじん，さといも，こんにゃく，れんこん）など，煮だし汁30～50%
煮つけ	煮しめより短時間で煮上げるので煮汁は少なくする	魚・肉類，野菜類など，煮だし汁10～15%
うま煮	上質の食品を用い，煮つけよりやや甘味をきかせたもの。食品の取り合わせ，色，形などの調和もよくする	野菜，鶏肉，魚，貝，しいたけなど
照り煮	砂糖やしょうゆの煮汁を煮たて，その中にすでに加熱した食品を加えてさっと煮上げる	野菜，魚，しいたけなど
含め煮	食品が浸る程度の煮汁の中で加熱し，ある程度やわらかくなったら火からおろし，余熱と調味料の拡散を利用して味を浸透させる。煮くずれしやすいもの，長く煮ると色の悪くなるものなどに応用する	いも，くり，豆類，凍り豆腐など，煮だし汁70～80%
煮込み	比較的大切りにした材料を，煮汁を多くして弱火でゆっくり煮込む	おでん，ロールキャベツ，肉の煮込み，かぼちゃの印籠煮など
みそ煮	みそを主な調味料として煮たもの	さば，いわしなど，煮だし汁30%
甘煮	砂糖を主な調味料として煮たもの	豆，きんかんなど
酢煮	酢を主な調味料として煮たもので塩，砂糖を加えて白く煮上げる	れんこん，うど，ごぼうなど，煮だし汁30%
佃（つくだ）煮	濃厚な調味をして，水分を少なくするように煮つめたもの。常備食，保存食に適する	小魚，貝，牛肉，昆布，のりなど
甘露（かんろ）煮	甘味の強い佃煮である	ふな，はぜ，あゆなど
炒め煮	材料を先に油で炒めてから，煮汁を少なくして短時間で煮たもの	いり鶏，いりこんにゃくなど
煎（い）り煮	調味して加熱しながらかき混ぜて煮る	でんぶ，おから，煎り卵など
揚げ煮	油で揚げた後，煮汁で煮込む	豆腐，魚，なすなど
煮浸し	素焼きしたものを煮汁でゆっくり煮て汁を十分に含ませる。ゆでたものを煮汁の中でさっと煮て汁ごと用いるときにも煮浸しという	川魚，葉菜類など
白煮	白い食品の色を生かすため，色のついた調味料を使わず，白く仕上げる	ゆりね，れんこん，うど，いかなど
青煮	緑色を美しく仕上げるために，一度煮たったら汁と食品を別々に冷まし，冷めたら再び煮汁につけて味を含ませる	ふき，さやえんどう，さやいんげんなど
葛煮（吉野煮）	長時間煮るとかたくなったり口ざわりが悪くなる食品や，短時間煮たのでは味がしみにくい食品を煮る場合，材料にでんぷんをまぶして煮汁で煮る。または，煮汁にでんぷんで粘度をつけて食品にからませる	あわび，えび，鶏肉，はも，いかなど

（4）調理例
(1) 南瓜の含め煮，茶せん茄子の揚げ煮，隠元の青煮の盛り合わせ

材　料（5人分）

```
┌ かぼちゃ……………………250 g      ┌ さやいんげん………………………50 g
│ 煮だし汁……200 ml（かぼちゃの80％）│ 煮だし汁………50 ml（いんげんと同量）
│ 砂　糖………18 g（　〃　　 7％）  │ 砂　糖………3 g（いんげんの 5％）
│ 塩……………3 g（　〃　　 1.2％）  └ 塩……………1 g（　〃　　 2％）
└ しょうゆ……1.5 ml（　〃　 0.5％）
┌ 小なす………………150 g（1個30 g）
│ 煮だし汁……120 ml（なすの80％）
│ 砂　糖………8 g（　〃　　 5％）
│ しょうゆ……15 ml（　〃　　10％）
└ 油………………………………適量
```

① かぼちゃを食べやすい大きさに切り，面取りして形を整える。かぼちゃを鍋にならべ，煮だし汁を入れて火にかけ半煮えのときに砂糖を加え，竹串が通るようになったら塩を加えて煮含める。煮上がるころにしょうゆを加えて火を止める。

② なすはへたの先を切り，皮に浅く茶せん形（p.37）に切り込みを入れ，水につけてあくを抜き，水をふき取る。低温度（160℃くらい）の油で約2分しんなりするまで揚げ（または炒める），熱湯をかけて油抜きをし，調味料を入れた煮だし汁を煮たてた中になすを入れて煮る。

③ さやいんげんはすじを取り，煮たてた1％食塩水中で3～4分ゆでて，冷ます。

④ 煮だし汁に調味料を入れて煮たて，③のさやいんげんを入れ，2分くらい煮てから取り出して，さやいんげんと煮汁を別々に冷ます。冷めてから，さやいんげんを汁にもどして味を含ませる。盛りつけるときに4 cmくらいに切る。

⑤ 器にかぼちゃ，なす，いんげんを盛り合わせる。

　（注）焼きみょうばんを用いる方法
　　　なすは形を整えてから，塩と焼きみょうばんの合わせたものを表面に指ですりつけ，そのまま20～30分放置後，熱湯で5～6分ゆでる。なすが浮き出るので皿をかぶせてゆで，水にとってさらす。調味料を入れた煮だし汁を煮たてた中になすを入れて落とし蓋をして手早く煮る。時間をかけると紫色が退色する。

＜野菜の色素＞

・なすのアントシアン色素は熱に対して不安定で，100℃以下の加熱によって変色するが，それ以上の高温では変色しにくい。それでなすは100℃以下の煮物の場合には退色または褐色しやすいが，油炒め，揚げ物などの場合には変色しにくい。また，アントシアン色素は水溶性でpHによって色が変わり，中性で紫色，酸性で赤系統，アルカリ性で青系統になる。このように不安定な色素であるが，アルミニウムや鉄などの金属イオンと結合すると安定した色素となる。なすの漬物や煮物に焼きみょうばんを加えるとアルミニウムイオンの存在によってナスニンが安定して色がよくなるのである。

　他の食品のアントシアン色素についてもその特性を利用した例がある。梅干しの色はしその葉の色素シソニンの梅酢による変化を利用したものであるが，紫キャベツやずいきなども酢に漬けると赤色が鮮やかになる。

　　　　また，黒豆を煮るときに鉄鍋を用いたり，古釘を入れたりすると，豆の皮のクリサンテミンが鉄と結合して黒色が安定する。さらに，調味料として用いる食塩や砂糖は一般に退色を抑制する。
- かぼちゃ，にんじんなどに含まれる赤～黄色のカロテノイド色素は，黄色や橙色の野菜や果物に多く含まれているが，緑色の野菜にも含まれている。カロテノイドは脂溶性の色素で，熱に強く，酸，アルカリに安定であるので，調理上の問題は少ない。これらの食品は油炒めなど油とともに調理すると栄養上有効であるといわれている。

(2) 凍り豆腐の含め煮，蕗(ふき)の青煮，椎茸(しいたけ)の照り煮の盛り合わせ

材　料（5人分）

凍り豆腐‥‥‥‥‥‥‥‥‥ 60g（3個）	干ししいたけ‥‥‥‥‥‥‥‥‥ 10g
煮だし汁‥‥‥‥‥‥‥‥‥ 300mℓ	（もどして約50g）
砂　糖‥‥‥‥‥‥‥ 40g（汁の13%）	しいたけのつけ汁‥‥‥‥‥‥ 100mℓ
塩‥‥‥‥‥‥‥ 3.5g ｝汁の1.5%の	しょうゆ‥‥‥‥‥‥‥‥‥‥ 5mℓ
しょうゆ‥‥‥‥ 5mℓ 　塩分	（もどしたしいたけの10%）
ふ　き‥‥‥‥‥‥‥‥‥‥‥ 80g	砂　糖‥‥‥‥‥‥‥‥‥‥ 5～10g
煮だし汁‥‥‥‥ 80mℓ（ふきと同量）	（もどしたしいたけの10～20%）
塩‥‥‥‥‥‥‥ 1.5g ｝ふきの1.5倍量	みりん‥‥‥‥‥‥‥‥‥‥‥ 3mℓ
しょうゆ‥‥‥‥ 1.5mℓ 　の1.5%の塩分	
砂　糖‥‥‥‥‥‥‥‥‥‥‥ 3.5g	
（ふきの1.5倍量の3%）	

① 凍り豆腐は50～60℃の湯に10分浸し，もどったら軽くしぼり，調味料を入れた煮だし汁に入れて弱火で20～30分煮て，味を含ませてから好みの形に切る。
② ふきは鍋に入る長さに切り，塩をふり，板ずりして，かぶる程度の熱湯に入れてやわらかくなるまで3～4分くらいゆで，冷水で冷まし，皮をむく（ふきは塩でもむ代わりに1%塩水を煮たたせた中でゆでてもよい）。
　煮だし汁に調味料を入れて煮たて，ふきを入れ，約2分くらい煮てから取り出して，ふきと煮汁を冷ます。冷めたらふきを汁にもどして味を含ませる。盛りつけるときにそろえて4cmくらいに切る。
③ 干ししいたけは洗って約10倍のぬるま湯か水に浸し，やわらかくなったらしいたけの柄を除き，浸し汁をこして煮汁にする。しいたけはしばらく煮てから調味料を加え，汁がなくなるまで煮る。
④ 器に凍り豆腐，ふき，しいたけを盛り合わせる。
　　（注）凍り豆腐の製造工程における膨軟加工には，アンモニアを用いていたが，現在は重曹を用いているので，もどしやすくなった。

(3) い　り　鶏
　　材　　料（5人分）

鶏　肉・・・・・・・・・・・・・・・・・170 g	ぎんなん・・・・・・・・・・・・・・・・15個
酒・・・・・・・・・・・・・・・・・・・・・・5 m*l*	（またはえんどう豆・・・・・・・・正味30 g）
しょうゆ・・・・・・・・・・・・・・・・9 m*l*	サラダ油・・・・・・・・・・・・20m*l*（材料の3％）
ゆでたけのこ・・・・・・・・・・・・・・100 g	煮だし汁・・・・・・・・・・・・・・・・・・200m*l*
ごぼう・・・・・・・・・・・・・・・・・・80 g	しょうゆ・・・・・・・・・・・・・・・30m*l*　材料の1.3
にんじん・・・・・・・・・・・・・・・・・80 g	塩・・・・・・・・・・・・・・・・・・2.5 g　　％の塩分
れんこん・・・・・・・・・・・・・・・・100 g	砂　糖・・・・・・・・・・・・・15 g（材料の2％）
こんにゃく・・・・・・・・・・・・・・・100 g	みりん・・・・・・・・・・・・・・・55m*l*（〃　8％）
干ししいたけ・・・・・・・・・・8 g（3枚）	酒・・・・・・・・・・・・・・・・・45m*l*（〃　6％）
	でんぷん・・・・・・・・・・・・・・・・・・・・・少々

① 　ぎんなんは殻を割り，塩ゆでして皮をむく。
　　鶏肉をそぎ切りにし，酒，しょうゆをかけて下味をつける。
　　にんじんは乱切り（または花形 p.37）に切り，さっとゆでる。
　　ごぼうは洗って皮をこそげて乱切りにし，ぬかを入れてゆでる。
　　たけのこは乱切りにする。
　　れんこんは同じような大きさに切り，酢水につけておく。
　　干ししいたけは水（またはぬるま湯）でもどして柄を取り，1枚を2〜3つくらいに切る。
　　こんにゃくは荒くちぎり，湯を通す。
② 　鍋に油10m*l*を熱し，たけのこ，にんじん，こんにゃく，ごぼう，れんこんを炒めてボールに取り出す。その鍋にまた油を10m*l*入れて鶏肉を強火でさっと炒め，酒，みりん，砂糖，塩，しょうゆを入れ，火が通ったらすぐ鶏を取り出す。煮だし汁，野菜，干ししいたけを入れ，煮たったら火を弱めて落とし蓋，鍋蓋をして，ときどき鍋の中を混ぜながら煮る。
③ 　汁がなくなる直前に鶏肉を入れ，でんぷんの水溶きを流し入れて混ぜ，おろしぎわにぎんなんを加え，すぐ火を止める。

(4) ふろふき大根
　　材　　料（5人分）

だいこん・・・・・・・・750 g（150 gを5個）	ごまみそ
昆　布・・・・・・・・・・・・・・・・・・12 g	黒ごま・・・・・・・・・・・・・・・・・・30 g
水（または煮だし汁）・・・・・・・・750m*l*	赤みそ・・・・・・・・・・・・・・・・・・60 g
ゆ　ず・・・・・・・・・・・・・・・・・1/4個	砂　糖・・・・・・・・・・・・・・・・・・30 g
	煮だし汁・・・・・・・・・・・・・・・・45m*l*
	みりん・・・・・・・・・・・・・・・・・10m*l*

① 　だいこんは2〜3cmの輪切りにし，皮をむき，面取りし，かくし包丁を入れ，下ゆでする（図2-13）。
② 　鍋に昆布を敷き，だいこんを入れ，かぶる程度の水（または煮だし汁）を加えてやわらかくなるまで30分以上弱火で煮る。
③ 　ごまを煎った後，油が出るまでよくすり，みそ，砂糖，煮だし汁を加えて鍋に入れ，火にかけ

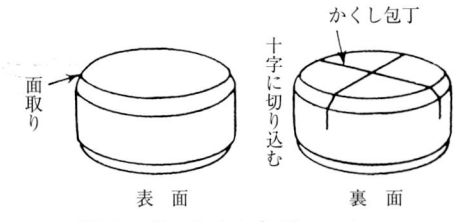

図2-13 ふろふきだいこんの面取りとかくし包丁

て途中でみりんを加え，弱火で練り上げる。
④ 器にだいこんを盛ってごまみそをかけ，松葉ゆず（p.37）を天盛りにする。
　（注）だいこんは米または小麦粉を少し入れた水か，米のとぎ汁で煮ると，苦味がいくぶん取れる。

(5) 蕗の信田煮

材　料（5人分）

ふ　き	300 g	煮だし汁	200 ml（材料の50%）
油揚げ	100 g（5枚）	砂　糖	20 g（〃　5%）
かんぴょう	15 g	塩	3.5 g（〃　0.8%）
木の芽	5枚	しょうゆ	15 ml（〃　4%）

① ふきは鍋に入る程度の長さに切り，塩をふり，板ずり後，熱湯に入れて，やわらかくなるまで約3～4分ゆで，冷水で冷まして皮をむく。
② 油揚げは長いほうの1辺を残して3辺を切って開いてから熱湯を通す。
③ かんぴょうは水に10分くらいつけてから塩もみして洗う。
④ 油揚げをひろげ，①のふきをならべて巻き，4か所をかんぴょうで結ぶ。煮だし汁に調味料を加えて中火で15分煮て火を止め，しばらく味を含ませるほうがよい。輪切りにして，切り口を上にして器に盛り，木の芽を上に添える。

(6) 南瓜の印籠煮

材　料（5人分）

かぼちゃ（日本かぼちゃ）	1個（400～500 g）	煮だし汁	800 ml
塩	1 g	C 砂　糖	50 g
にんじん	30 g	塩	5 g
鶏ひき肉	70 g	しょうゆ	15 ml
A 酒	5 ml	かけ汁（葛あん）	
砂　糖	5 g	かぼちゃの煮汁	約200 ml
塩	1 g	でんぷん	約8 g（汁の4%）
しょうゆ	少々	しょうが汁	3 ml
でんぷん	3 g		
卵	20 g		
パン粉	5 g		
B 砂　糖	5 g		
塩	1 g		
しょうゆ	少々		

① かぼちゃのへたを，まわりに包丁の先を縦に差し込むようにして切り取り，スプーンで種とわたをすくい出して，中をきれいにする。外側は塩ずりし，ざるに入れて約15分間蒸す。
② にんじんを小さく切り，ゆでてすり鉢でする。鶏ひき肉の2/3くらいにAの調味料を入れて混ぜながら煮て，すり鉢ですって皿に取り出す。そのすり鉢に残りのひき肉を入れてすりながら，同量の水で溶いたでんぷん，卵，パン粉を加えて混ぜた後，煮たひき肉とBの調味料を加えてさらにすり混ぜる。
③ 蒸したかぼちゃは水気を取り，②を詰めてガーゼに包んで結ぶ。
④ 鍋に煮だし汁とCの調味料の1/2を入れて煮込み，途中でかぼちゃを返して残りの調味料を加え，全体で約30分間煮込んでからかぼちゃを取り出す。人数に応じて切り分け，器に盛る。
⑤ 煮汁の残りを火にかけてかき混ぜながら，でんぷんの水溶きを入れて煮る。最後にしょうがのしぼり汁を加えてかぼちゃにかける。
　　　（注）別に調理した季節の野菜を盛り合わせるとなおよい。

(7) 魚の煮つけ
　　材　　料（5人分）

白身の魚（切り身）	砂　糖……………………12g（魚の3〜5％）
…………… 400g（1切れ80gくらい）	しょうが…………………………………… 少々
しょうゆ…………… 40ml（魚の10％）	
酒……………………… 40ml（〃　10％）	
水……………………… 40ml（〃　10％）	
（酒を用いないときは水20％）	

① 平鍋に水，調味料，しょうがの薄切りを入れて，火にかけて煮たてる。
② 魚の皮つきのほうを上にして重ならないようにならべて鍋に入れ，落とし蓋をして煮る。煮たったら，沸騰を続ける程度の火加減にして裏返さずに，途中煮汁をときどきかけながら10分くらい煮る。
　　　（注）煮魚には，たい，黒だい，あいなめ，めばる，いなだ，ひらめ，かれい，はも，はぜ，ほうぼう，むつ，たらなどが用いられる。

＜魚介類の性質と調理＞

　　魚は日本人の食生活では重要なたんぱく源で，その特性を利用して，刺身（p.110），酢の物（塩でしめる，酢じめp.118）などの生食のほかに，うしお汁，煮魚，焼き魚などの加熱調理や，すり身にしてかまぼこにするなど調理法も多様である。
　　魚肉の筋肉組織は，筋せん維の集まりで，たんぱく質，脂質を多く含んでいる。筋せん維はせん維状たんぱく質のミオシン（全たんぱく質の60〜70％），球状たんぱく質のミオゲン（15〜20％）で構成され，筋せん維は獣鳥肉より短く，結合組織（コラーゲン）が少ないので，加熱すると凝固するが煮くずれもしやすい。
　　たんぱく質の主要部分を占めるミオシンは水に溶けないが，2〜6％食塩水に溶け，加熱により凝固収縮する（すり身，p.15参照）。
　　ミオゲンは水および薄い食塩水に溶けるが，加熱により凝固する。
　　そのほか，皮や骨に多く含まれるコラーゲンは水や食塩水には溶けないが，加熱により凝

固，収縮し，長く煮ると分解してゼラチン化し，冷やすと固まる。魚の煮汁が冷えると煮こごりができる。

　魚介類は加熱によってたんぱく質が凝固，収縮，硬化する。ミオシンは45～50℃で凝固をはじめ，次にミオゲンは62℃で凝固する。一般に煮魚は煮汁を煮たてたところに魚を入れ，表面のたんぱく質を凝固させてから煮て，煮汁への成分の流出を避ける。

　うしお汁は逆に魚や貝のうま味を汁に溶出させるために，水から入れて煮る方法が用いられている。

(8) 昆布巻き

材料（5人分）

昆　布‥‥‥‥‥‥‥‥‥‥‥60～80 g	水‥‥‥‥‥‥‥‥‥‥‥‥‥‥800ml
焼きちくわ‥‥‥‥‥‥‥‥‥‥1/2本	酒‥‥‥‥‥‥‥‥‥‥‥‥‥‥60ml
（または，焼きわかさぎ，干しにしんなど）	砂　糖‥‥‥‥‥‥‥‥‥‥‥‥60 g
かんぴょう‥‥‥‥‥‥‥‥‥約10 g	しょうゆ‥‥‥‥‥‥‥‥‥‥‥50ml
	みりん‥‥‥‥‥‥‥‥‥‥‥‥30ml

① 昆布はかたくしぼったふきんで表面の砂をふき取り，水にさっとつけてすぐ取り出し，長さ6 cmに切る。つけ水は煮汁に使う。
② かんぴょうは塩もみして洗い，縦に2つに切る。
③ 昆布は25枚用意し，ちくわ（または下ごしらえした干しにしん）を芯にして巻き，かんぴょうでまん中を2巻きして結ぶ。
④ 鍋に昆布巻きをならべ，昆布をつけた水，酒を入れ，落とし蓋をし，中火以下で煮る。途中で煮汁が少なくなれば，水をたし，竹串が通るようになったら砂糖としょうゆの半量を入れ，15分間煮る。残りのしょうゆを入れて，さらに15分煮てみりんを加え，煮汁が少なくなるまで煮る。

(9) 煮　豆

材料（5人分）

黒まめ‥‥‥‥‥‥‥‥‥‥‥150 g
水‥‥‥‥‥‥‥‥‥‥‥‥‥800ml
砂　糖‥‥‥‥‥‥120 g（豆の80%）
しょうゆ‥‥‥‥‥‥15ml（〃 10%）

① 豆は8～10時間くらい水に浸し，その水でやわらかくなるまで水を追加しながらゆっくりゆでる。
　煮汁は煮ている間，豆と同じ高さまであるようにする。
② 砂糖は数回に分けて加え，煮たてないように弱火で煮含める。最後に，しょうゆを加えて火を止める。

⑽　黒豆の蜜煮

材　　料（5人分）

黒まめ	150 g
水	450ml
重曹	0.5 g
くぎ	少々
砂糖	225 g
水	200ml

① 豆は8～10時間くらい，重曹，よく洗ったくぎを入れた水に浸しておき，そのままやわらかくなるまで水を追加しながら弱火でゆっくりゆでる。豆は取り出して，別の鍋に湯を用意して，豆を入れて弱火でゆでることを数回くり返す。
② 蜜をつくり，ゆでた豆を入れ，落とし蓋をして弱火で煮て沸騰直前に火を止め，冷えたらもう一度温め，そのまま冷やすことを3～4回くり返す。
（注）1）これは栄養的，経済的には望ましい煮方ではないが，しわがよらないように煮る方法である。
　　2）豆が蜜から出ないようにセロファン紙などの落とし蓋をするとよい。
　　3）大豆を早くやわらかく煮る方法には次の方法がある。
　　　・圧力鍋を用いる*。
　　　・1％食塩水に浸しておき，水を替えて煮る。
　　　・豆の重量の0.3％重曹に浸しておき，そのまま煮る。
　　　　大豆たんぱく質のグリシニンは，水には溶けないが食塩やアルカリに溶ける性質があるからである。

⑾　金柑の甘煮

材　　料（5人分）

きんかん	20個
水	250ml
水あめ	15 g
砂糖	100 g
塩	1 g
みりん	15 g

① きんかんを洗い，茶せん形に切れ目を入れ，さっと塩ゆでして1晩水にさらす。
② きんかんを軽く押しつぶすようにして，切れ目から中の種を半分ほど取り去る。形が悪くなるのを防ぐため，種は少し残しておく。水を加えて火にかけ，沸騰しかけたときにざるにあげ，1晩水にさらす。
③ さらしたきんかんは水を替えて火にかけ，沸騰しかけたときにざるにあげ，ざるごと蒸し器に入れ，約10分間蒸す。
④ 鍋に水250mlと使用する砂糖の1/2量と水あめを入れて蜜をつくり，蒸したきんかんを入れて落とし蓋をして弱火で約10分間煮て冷ましておく。汁だけを別鍋に入れて残りの砂糖とみりん，塩を加えて煮つめ，きんかんに加え，弱火で温める程度に煮て冷ます。再び温めて冷まし，この操作をくり返して蜜を濃くして仕上げる。

＊渋川祥子：家政学雑誌，30（1979）

⑿ 里芋の含め煮

材　料（5人分）

さといも（小）……………350g	煮だし汁……………………250ml
塩……………………………適量	砂　糖………………………10g
	うす口しょうゆ……………15ml
	塩……………………………少々
	みりん………………………10g

① さといもは皮をむき、たっぷりの塩をまぶす。
② 鍋にさといもを入れ、かぶるくらいの湯を加え、煮たつまでは強火、あとは中火で2～3分間ゆでて手早く水洗いする。
③ 鍋にさといもを入れ、煮だし汁、砂糖、しょうゆの半量、塩、みりんを加えて、落とし蓋をして、5分間静かに煮る。竹串が通るようになったら、残りのしょうゆを加え、弱火でゆっくり煮て味を含ませる。
　　（注）正月料理に用いる場合は六角に角をつけて切るか、鶴の子の形に飾り切りする（図2-14）。

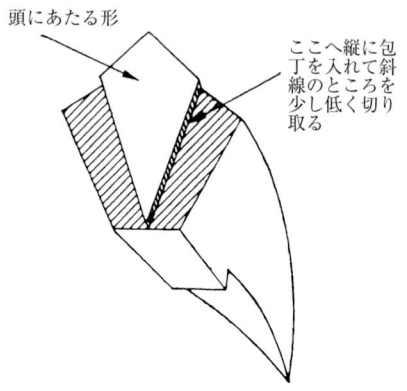

図2-14　鶴の子の形の飾り切り

⒀ 海老のうま煮

材　料（5人分）

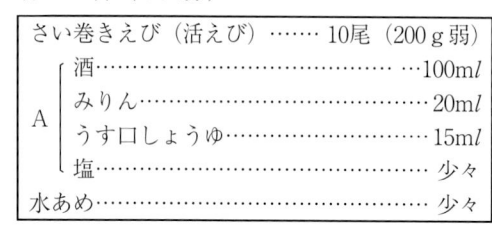

さい巻きえび（活えび）……10尾（200g弱）	
A { 酒……………………………100ml	
みりん………………………20ml	
うす口しょうゆ……………15ml	
塩……………………………少々	
水あめ………………………………少々	

① えびの腰を曲げて、節の間に竹串を入れ、背わたを抜き取る。
② えびを曲げ、鍋にならべ、熱湯をかけて表面のあくを取り、水気をきる。
③ 別鍋にAの調味料を入れて温め、②を加えてさっと煮て、すぐえびを取り出す。煮汁に水あめを加え、少し煮つめる。
④ ③にえびをもどし、煮汁をからめて別の器に煮汁とともに移してよく冷ます。

⑭ 手綱蒟蒻,ささ牛蒡,梅人参の煮しめの盛り合わせ
材　料（5人分）

黒こんにゃく……………… 1丁（250 g）	にんじん……………… 200 g
ごぼう……………………… 120 g	煮だし汁……………… 100ml ⎫
赤唐辛子…………………… 少々	みりん………………… 10ml ⎬ 八方汁
煮だし汁…………………… 300ml	うす口しょうゆ……… 4 ml ⎪
砂　糖……………………… 15〜20 g	塩……………………… 1.5 g ⎭
しょうゆ…………………… 30ml	水あめ………………… 少々
サラダ油…………………… 少々	

① こんにゃくは6mm幅に切り,手綱こんにゃくにし,鍋に湯を1.5cupとともに入れて火にかけ,沸騰したらザルにあけて水気をきる。その鍋にサラダ油を入れて炒め,小口切りした赤唐辛子を加える。
② ごぼうは洗って5mmの斜め切りにし,水につけておき,ゆでる。
③ こんにゃくの上にごぼうを置き,だし汁,砂糖を入れて1分煮てしょうゆを加え,中火で10分くらい煮て汁を煮つめ,仕上げる。
④ にんじんは6mm厚さのねじり梅（p.37）に飾り切りし,さっとゆでてから八方汁を入れて煮る。仕上げに水あめを入れて照りをつける。
⑤ 器に,こんにゃく,ごぼう,にんじんを盛り合わせる。

4．鍋　　物

（1）鍋物の特徴

a．鍋物は調理操作上からは煮物に入るが,食卓上で煮ながら食べる形式の温かい料理である。
b．材料は動植物性の食品を合わせて用いるので,栄養的にも優れた料理といえる。
c．材料の数が少なく,調理の手数も少なく手間が省ける。
d．材料の準備さえすれば,煮ながら各自の好みの味つけで食べることができ,来客のときに主婦もいっしょに楽しめる料理である。

（2）鍋物に用いられる材料

　鍋物には牛肉,豚肉,鶏肉,魚,貝,豆腐,練り製品などたんぱく質の多いものを主材料として,1人分80〜120 gくらい準備する。また,野菜類はねぎ,せり,白菜,しゅんぎく,みつば,こまつ菜,しいたけ,たけのこ,にんじんなどを魚肉類の2〜3倍,全材料合わせて400 gくらい準備する。かたいもの,あくのある野菜はあらかじめゆでたり,あく抜きをするなどそれぞれ下処理をし,全体の調和をこわさないように取り合わせて準備する。薬味は濃厚な味を軽くし,淡白な材料では味を引き立て,また臭みを消すのに役だつ。

（3）鍋物の種類

表 2-15　鍋物の種類

名　　称	調　理　法
湯　豆　腐 ち　り　鍋 水　炊　き	煮だし汁に味をつけないで煮て，しょうゆやだいだい（またはゆず酢）を合わせた二杯酢やポン酢しょうゆなどをつけて，薬味を添えて食べる（ちり鍋は白身の生魚が主材料で，水炊きは鶏を水で煮たもの）
寄　せ　鍋	はじめから煮だし汁に汁ものよりやや濃いめの塩味と甘味も少々加えて煮る。魚介類，野菜が主材料である
す　き　焼　き	鳥獣の肉を鉄鍋で焼き，野菜とともに煮る
土　手　鍋	牡蠣の土手鍋が代表的で，みそで味つけする。練りみそを鍋の内側に土手のように塗りつけ，だしを入れて煮たて，牡蠣，豆腐，ねぎなどを入れ，みそをくずし，煮ながら食べる
お　で　ん	煮物より薄味の汁の中で煮込んでおいて供する

（4）鍋の材質

　鍋は熱容量が大きく，一度温めたら温度が下がりにくいものがよいとされ，土鍋，ほうろう鍋などが使われる。これらの材質は熱の伝導が悪く，温まりにくいが一度熱すると弱火でも温度を保つので，長時間煮込むものに向いている。厚手の鍋がよく，形は一般に浅くて口の広い鍋が材料の出し入れがたやすくて使いやすい。

（5）調　理　例

(1) ち　り　鍋

材　　料（5人分）

たら（またはたい）の切り身……300 g	ポン酢しょうゆ
豆　腐………………………………1丁	だいだい……………………………6 ml
白　菜……………………………400 g	しょうゆ……………………………60 ml
しゅんぎく………………………100 g	もみじおろし
長ねぎ……………………………200 g	だいこん…………………………150 g
生しいたけ…………………………5個	赤唐辛子……………………………1本
だし昆布（10cm角）………………1枚	あさつき（またはねぎ）……………少々

① 　たらは食べやすく切る。
　　豆腐は2～3cmの角切りにする。
　　しゅんぎくと白菜はゆで，巻きすの上に白菜を広げ，しゅんぎくを芯にして巻き，水気をしぼって3cmに切る。
　　長ねぎは斜め切りにする。
　　生しいたけは柄を取り，大きいものは2つに切る。
② 　だいだいを横2つ切りにして，汁をしぼり，しょうゆを加えてポン酢をつくる。
③ 　あさつきは細かく小口切りにする（あるいは，ねぎを小口切りにしてさらしねぎにする）。
　　だいこんは中心に箸で穴をあけ，種を取った赤唐辛子をさし込んですりおろし，もみじおろしをつくり，ざっと水をきる。
④ 　食卓にコンロを用意し，鍋に表面をふいただし昆布と水を入れて，煮たち始めたら昆布を取り

出す。たら，豆腐，野菜を適宜に入れ，煮えたものから，ポン酢しょうゆと好みの薬味をつけて食べる。

(2) 寄せ鍋

材　料（5人分）

たい……………………………200〜250 g	にんじん……………………………80 g
えび……………………………………5尾	ゆば……………………………………5個
鶏手羽肉……………………………150 g	生　麩………………………………60 g
はまぐり………………………………5個	ね　ぎ…………………………………1本
焼き豆腐……………………………1/2丁	合わせ調味料
｛白　菜……………………………300 g	｛煮だし汁……………………500mℓ　7
しゅんぎく…………………………80 g	しょうゆ……………………40mℓ｝：
生しいたけ……………………………5枚	塩……………………………6 g　　1
ゆでたけのこ…………………………60 g	みりん………………………70mℓ　1

① たいは10切れに切る。
② えびは花えびにし，塩と酒をふり，さっとゆでる。
③ 鶏肉はぶつ切りにし，塩少々をふる。
④ はまぐりは塩水で洗う。
　　焼き豆腐は3 cm角で厚さ1 cmくらいに切る。
⑤ 白菜としゅんぎくはそれぞれゆでて，しゅんぎくを芯にして白菜で巻き，長さ3 cmに切る。
⑥ しいたけは軸を取り，ごみを落としてさっと洗う。
　　たけのこは半分に切り，薄切りにして，湯を通しておく。
⑦ にんじんは花形に切って，さっとゆでる。
⑧ ゆば，生麩を切る。
　　ねぎは斜めに切る。
⑨ ①〜⑧の材料を全部大皿に盛る。
⑩ 大きな浅い鍋に合わせ調味料を入れ，煮たってきたら，はまぐりを入れる。
　　はまぐりの口が開き出したら，鶏肉，たい，えびなどを先に入れ，煮えたら各自の器に取る。そのあと野菜や他の材料とともに適宜入れながら煮る。途中，汁が煮つまるので，調味料をたしながら煮る。
　　（注）1 ）材料は手近なものを応用して用いる。うま味の出る材料から煮ていくとよい。
　　　　 2 ）好みにより薬味としてもみじおろし（だいこん150 g，赤唐辛子1本），あさつき4本，すだち3個などを用いてもよい。

(3) お で ん
材　　料（5人分）

だいこん……………………400 g	煮だし汁
焼きちくわ…………………2 本	水………………1,200〜1,400 ml
こんにゃく…………………250 g	鶏　骨…………………1/2 羽
┌油揚げ……………………3 枚	昆　布…………………10 g
│しらたき…………………1 個	かつお節………………12 g
│鶏　肉……………………60 g	砂　糖……………………8 g
│にんじん…………………30 g	しょうゆ…………………60 ml
│干ししいたけ……………6 g	みりん……………………30 ml
│ぎんなん…………………5 個	塩…………………………5 g
└かんぴょう………………12 g	練り辛子…………………少々

① 昆布をさっと洗い，縦に切り，結んで水につけておく。鶏骨を洗って，昆布といっしょに煮て，あくをすくい取り，昆布を取り出す。かつお節を加え，すぐにこし，調味料を加えて煮汁をつくる。

② 焼きちくわは1本を2〜4切れに切る。

③ だいこんは輪切りにして皮をむき，4〜5つ割りにする。

④ こんにゃくは三角形に切り，熱湯を通す。

⑤ 油揚げは横2つに切って，袋をひろげてから熱湯を通す。しらたきは熱湯を通して，しょうゆ5 mlをかけておき，冷めてから荒く切る。

⑥ 鶏肉は小さく切り，しょうゆ少々を混ぜる。にんじんはせん切りにし，さっとゆでる。しいたけはもどして5つに切る。ぎんなんは殻を割り，ゆでて薄皮をむく。かんぴょうは塩もみして洗う。

⑦ 油揚げの袋の中に鶏肉，しいたけ，しらたき，にんじん，ぎんなんを入れて，かんぴょうで結ぶ。

⑧ 鍋に材料をならべ，煮汁は材料がかぶるくらいに入れ，ひと煮たちしたらやや弱火にする。汁がたりなくなったら補うようにして40分〜2時間くらい煮込み，器に盛り，練り辛子を添えて供する。

　　（注）1）だいこんにはしばしば苦味の強いものがあるので，米のとぎ汁または米か小麦粉を少量加えた水で約30分間ゆでて，苦味を緩和してから，ほかの材料とともに煮る方法もある。
　　　　　2）おでんは2時間以上煮込めばいっそう美味となる。

⑷ 湯豆腐
　　材　料（5人分）

豆　腐	3丁	つけしょうゆ
昆　布	20cm	煮だし汁………大2
薬　味		しょうゆ………大2
の　り	1/4枚	みりん…………大1/2
しょうが	10g	
ね　ぎ	20g	
かつお節	10g	

① 浅い鍋の底に昆布を敷き，水を豆腐の厚みよりやや深くなるように張り，煮たてる。大切りの豆腐を入れ，すだたぬように弱火で煮る。
② つけしょうゆは合わせてひと煮たちしたものを用い，薬味は各々を別個に添える。
　　（注）　豆腐は高温で長く加熱すると脱水してすだちが起こり，かたくなる。豆腐をゆでる場合，「す」がたたず，やわらかさを保つ方法は，ゆで水を激しく沸騰させない，加熱時間をできるだけ短くする，0.5～1％の食塩または1％のでんぷん溶液中で加熱する*，などである。

5．蒸　し　物

（1）蒸し物の特徴

蒸気の中で食品を加熱する方法である。
a．水を蒸気に変えてその蒸気により食品を加熱する方法である。水蒸気は冷たいものに触れると凝縮して水にもどるが，そのときに水は食品にその潜熱（539cal/g）を与えることにより加熱する。
b．蒸し器の中に蒸気が充満したとき常圧では100℃になるので，食品は100℃までの温度に加熱される。また，蓋をずらしたり，火加減によって100℃以下に保つことができる（卵液の加熱は85～90℃で行う，p.72参照）。
c．食品の形がくずれにくく，また水中に入れないので，水溶性成分や風味の損失が少ない。
d．加熱中に調味しにくいので，調味してから蒸すか，蒸してからあんをかけたりすることが多い。
e．卵液などの流動性の食品でも容器に入れて加熱したり，型に入れて成形することができる。

（2）蒸し方の要領

加熱は，組織の軟化，たんぱく質の凝固，でんぷんの糊化のほか，蒸しまんじゅうのような膨化，卵豆腐のような成形，うなぎのような脂肪の除去などのために行われる。
　蒸し湯の量は一般に蒸し板の高さの八分目以下とする。食品は蒸し器の中の水が沸騰して，蒸気が出始めたら入れる。蒸気が出る前に食品を入れると水っぽくなる。長時間蒸す場合にはときどき湯を補充する。

＊堀口知子：家政誌，**17**，207（1966）

蒸し物の加熱の仕方は，次のように大きく分けられる。
- 100℃の温度を保ちながら加熱する（蒸しパン，まんじゅう（p.133参照），だんご，もち，冷や飯，いも類，魚介類，肉類など）。
- 100℃の温度を保ちながら，ふり水または霧を吹く（こわ飯（p.87参照），かたくなった冷や飯など）。
- 85～90℃を保つために弱火にしたり，蓋をずらして温度を調節しながら蒸す（茶わん蒸し，卵豆腐，カスタードプディング（p.207参照）など）。

(3) 調理例
(1) 茶わん蒸し
材　料（5人分）

```
卵液
 ┌ 卵 ………………………… 2個（100g）
 │ 煮だし汁 ……… 400ml（卵の重量の4倍）  ┐
 │ 塩 …………………………… 3g            │ 卵と煮だし汁の
 └ しょうゆ ………………… 2.5ml          ┘ 0.7%の塩分
 ┌ 鶏ささ身 ………………………… 80g
 └ しょうゆ ………………………… 5ml

芝えび ……………………………… 10尾
塩，酒 …………………………… 各少量
生しいたけ（小） ………………… 5枚
ぎんなん ………………………… 10個
かまぼこ（赤） ………………… 50g
みつば …………………………… 20g
ゆず ……………………………… 少々
```

① 鶏ささ身は筋を取り，一口大のそぎ切りにして下味をつける。
② えびは背わたを取り，殻をむいて，下味をつける。
③ しいたけは軸を取り，そぎ切りにする。ぎんなんは鬼殻をむき，塩水でゆでて薄皮をむく。かまぼこは薄切りにし，みつばは長さ3cmに切る。
④ 卵を割りほぐし，調味した煮だし汁を加え，泡だたないように混ぜて裏ごす。
⑤ 茶わんにゆず以外の材料を入れて，④の卵液を加えて泡を取る。
⑥ 蒸気のあがった蒸し器に入れ，ふきんをかぶせて85～90℃を保つように蒸し器の蓋をずらして蒸気を抜きながら，15～20分間蒸す。中央に竹ぐしを刺し，澄んだ汁が出たらよい。そぎゆずを添える。
　　（注）蓋をずらさないと，蒸気が充満してすがたちやすい。火加減は最初2分は強火，その後火を弱めて蒸す。

表2-16　卵の希釈割合

卵：煮だし汁または牛乳	卵液濃度（％）	調理名
1：0.1	90	オムレツ，卵焼き
1：1～2	50～33	卵豆腐
1：2～3	33～25	カスタードプディング
1：3～4	25～20	茶わん蒸し

卵液を希釈した場合，1%程度の食塩やカルシウムを含む牛乳を加えると無機塩（Na^+やCa^{2+}）の働きで加熱変性が促進され，ゲルのかたさを増す。だし汁も微量の塩類が含まれるのでかたさを増す。砂糖は，熱変性に阻害的に働き，濃度が高くなるにつれて，ゲルはやわらかくなめらかになる。

茶わん蒸しやカスタードプディングは，加熱温度が高すぎると"すだち"を起こし，口あたり，外観ともに好ましくない。これを防ぐためには，それぞれの調理に合った加熱温度で適当な時間加熱するとよい。

(2) 空也蒸し
材　　料（5人分）

卵液			
卵……………………2個（100g）			
煮だし汁…………300ml（卵の重量の3倍）			
塩……………………2g　｝卵と煮だし汁の			
うす口しょうゆ……4ml　　0.7％の塩分			
絹ごし豆腐………………………………1丁			
鶏ささ身…………………………………50g			
しょうゆ，酒……………………………各少々			
みつば……………………………………15g			

| 芝えび……………………………5尾 |
| 塩，酒……………………………各少々 |
| 銀あん |
| 　煮だし汁………………………200ml |
| 　塩……………………1g　｝汁の1％ |
| 　うす口しょうゆ……5ml　の塩分 |
| 　うま味調味料……………………少々 |
| 　でんぷん……………4g（汁の2％） |
| しょうが…………………………10g |

① 鶏ささ身は筋を取り，そぎ切りにして下味をつける。
② えびは背わたを取り，花えびにつくり，下味をつけて熱湯に入れてゆでる。
③ みつばはゆで，そろえて3cm長さに切る。
④ 豆腐の水気を軽くしぼり，4cm角に切る。
⑤ 卵を割りほぐし，調味した煮だし汁を加えて混ぜ，裏ごす。
⑥ 茶わん蒸し用の器に鶏肉を入れ，豆腐を中央に置き，⑤の卵液を豆腐すれすれぐらいまで入れる。すができないように茶わん蒸しの要領で蒸す。
⑦ 煮だし汁と調味料を合わせて煮たて，煮だし汁で溶いたでんぷんを入れ，薄葛あん（銀あん）をつくる。
⑧ ゆでたえびとみつばを蒸した⑥の上にのせ，熱い⑦の葛あんを注ぎ，おろししょうがを吸口に添え，蓋をして供する。器もともに加熱されているうえに，濃度のある葛あんがかけてあるので，冷めにくい。

(3) 切り竹卵
材　　料（5人分）

卵……………………………………4個		
砂糖………………………30g	B	砂糖………………………15g
A　塩…………………………0.7g		塩…………………………0.3g
でんぷん…………………少々		でんぷん…………………少々
		青寄せ……………………少々

① 卵を固ゆでにして，卵白と卵黄に分ける。温かいうちに卵白を裏ごしする。
② 卵白はふきんで軽くしぼり，Aの調味料を加えてよく混ぜ合わせる。
③ 卵黄はゴムべらでつぶし，Bの調味料と青寄せを混ぜ，裏ごしする。
④ ぬれぶきんをかたくしぼって広げ，③をその上に12cm×15cm角に平らにのばす。
⑤ 卵白を細長い棒状に形づくり，④の中央に置き，ふきんの両端を持って巻すの上にのせて巻

く。ふきんの両端をきっちりねじって止め，巻きすの上から輪ゴムで止める。中火の蒸し器で約15分蒸す。よく冷ましてから巻きすを取り，切り分ける。

＜青寄せのつくり方＞

　　ゆでたほうれんそうの葉先だけを40ｇ，小さくきざんですり鉢に入れ，塩小さじ1/2杯を加えてすり，どろどろになったら水2〜3cupを加えて，目のあらい裏ごし器でこす。こして出た青い水を鍋に入れ，中火にかけて沸騰寸前に浮いてきた緑色のものを，ふきんを敷いた平ざるにすくい上げ，水少々をかけて急冷し，水気を軽くしぼる。

(4) 二 色 卵

材　　料

卵	3個
砂　糖	30ｇ
塩	少々

① 卵を固ゆでにし，卵白と卵黄とに分ける。温かいうちに別々に裏ごしする。
② 卵白をふきんで軽くしぼり，砂糖10ｇを混ぜ，卵黄に砂糖20ｇと塩少々を混ぜ，目的の形をつくり，15分くらい蒸す。

（参考）
　博多卵：ふきんの上に卵白を平らに入れ，卵黄，卵白の順に3段に重ねて長方形（20cm×5cm）に形を整え，ふきんで包んで蒸す。冷めたら切り分ける。
　梅花卵：ふきんの上に卵白を長方形（20cm×5cm）に形を整え，中央に卵黄を細長くおき，これを芯にして，のり巻きのように巻く。箸5本をそのまわりに等間隔になるように添え，両端をひもで少しきつくしばる。箸のあたった所がくぼんで梅の花びらができる。蒸して形を整える。卵白は食紅で赤く色をつけると紅梅ができる。

(5) 魚のけんちん蒸し

材　　料（5人分）

小だい	5尾（1尾120ｇくらい）	サラダ油	15mℓ
豆　腐	150ｇ	砂糖	7ｇ（材料の3％）
にんじん	20ｇ	塩	3ｇ　材料の1〜2
干ししいたけ	3ｇ	しょうゆ	10ｇ　％の塩分
たけのこ	20ｇ	魚の蒸し汁	適宜
ごぼう	20ｇ	でんぷん	蒸し汁の3％
グリンピース	30ｇ	しょうが汁	5mℓ

① 小だいのえら，うろこを取り去り，背開きして中骨とわたを取り除き，薄塩をしておく。
② 豆腐は荒くくずして熱湯に通し，ざるにあげてゆで汁をきり，ふきんで水気をしぼる。
③ にんじん，たけのこは2cm長さのせん切り，干ししいたけはもどしてせん切り，ごぼうはささがきにし，水にとってあくを抜く。グリンピースは1％の塩を入れた湯でゆでる。
④ サラダ油で野菜を炒め，豆腐を入れてさらに炒め，調味する。汁気がなくなるまで炒めてからグリンピースを加える。
⑤ 小だいの背の切れ目に④を等分して詰め，器にのせて8〜10分間蒸す。
⑥ 蒸し汁に水溶きでんぷんを入れ，火にかけて薄あんをつくり，その中にしょうが汁を落とす。

⑦ 蒸した魚の上に薄あんをかける。

(6) 鮑(あわび)の塩蒸し
材　料

あわび（殻つきで300〜400 g）……… 1個 きゅうり……………………………… 1本 う　ど………………………………… 100 g	二杯酢 ／酢…………………………………… 大4 ｜煮だし汁………………………………… 大2 ＼うす口しょうゆ……………………… 小4

① あわびは殻つきのまま，たわしでこすってきれいに洗う。身のほうは塩少々をふってたわしでこすり，表面のぬめりを取って水洗いする。
② あわびの口のところを三角に切り取り，水気を出し，再び塩と酒少々をふり，殻のまま皿にのせて30〜40分間くらい蒸す。
③ きゅうりは薄切りにし，立て塩（水1 cupに，塩小さじ1/2杯を入れる）につけてから水気をきる。うどはマッチ棒くらいに切って酢水にさらしてあくを抜く。きゅうり，うど，それぞれ二杯酢少々をまぶして水っぽさを取り，水気をよくきって，残りの二杯酢で混ぜて器に盛る。
④ あわびは蒸し上がったら殻から身を出し，わたを除き，引きづくり（p.111参照）に切り，元の姿にそろえて殻に入れて器に盛り，きゅうり，うどを添える。
　　（注）　黄味酢をつくり，別皿に添えてもよい。
　　　　　酒をかけて蒸すと，酒蒸しになる。

6．ご飯物

(1) 炊　飯

　おいしい飯とは，外観や香りがよく，うま味をもち，ほどよい粘りとかたさのあるものである。おいしい米飯を炊くには，水加減，火加減，時間の3つの条件が必要である。その要領は，洗米，水加減，浸漬，加熱の仕方，消火後の処理のいかんにかかるといえる。米に水を加えて加熱し，米のでんぷん（β-でんぷん）を糊化（α化）させると飯になる。でんぷんは糊化するとやわらかくなり，粘りが出て味もよくなるとともに消化もよくなる。
　炊飯は米を飯にする操作で水分15.5％の米に水を加えて加熱して水分65％内外に炊き上げる過程をいう。米の中心部のでんぷんをよく糊化させるために，米を水に浸して十分に吸水させてから加熱する。米の中のでんぷんは片栗粉のような単独のでんぷんと異なり，細胞中にあるので，完全に糊化するには98℃で20〜30分の加熱が必要である*。
　米にはうるち米ともち米とがあり，玄米を搗いて精白米にして用いる。精白するとビタミンB_1などを失うが，味がよく，消化しやすくなる。精白で失ったビタミンを補うために，ビタミンB_1，B_2を含ませた強化米を精白米200 gに対して1 gの割合で混ぜるとよい。

1）洗　米
　米に付着しているぬかやゴミを落とすために行う。3〜4回水を替えて手早く洗う。手早くしな

＊桜田一郎ほか：理化学研究所彙報, **14**, 361 (1935)

いとぬかのにおいが米に移る。

2）水加減

米の品種，搗精度，新古，炊飯量，炊飯器具，炊飯時間，飯の硬軟に対する好みなどにより決める。米はほどよい飯になると重量で2.2～2.4倍になる。加えられた水は炊飯の過程で10～15％が蒸発するので加水量は洗米中における付着または吸収量約10～15％のほかに，米の重量の1.5倍，容量で1.2倍を加えるのが標準である。すし飯，炒め飯はかたいほうがよいので水加減は少なめにする。胚芽精白米は炊飯時間が少し長くかかるので容量で1.3倍，新米は米自体の含水量が多いので1.1倍，古米は1.3倍ぐらいにする。

3）浸漬時間と吸水量（図2-15）

米の吸水速度は，通常の水温では平衡状態に達するまで約2時間かかるが，30分で平衡状態までの約70～80％を吸水するので，最低30分は浸漬しておく必要がある。常温で米が吸い得る水の分量は，だいたい米の重量の25％前後である。浸漬しないで普通に炊いた飯は，十分に吸水していないために内部のでんぷんが完全に糊化せず，芯のある飯になりやすい。吸水に要する時間は水温によって異なる。

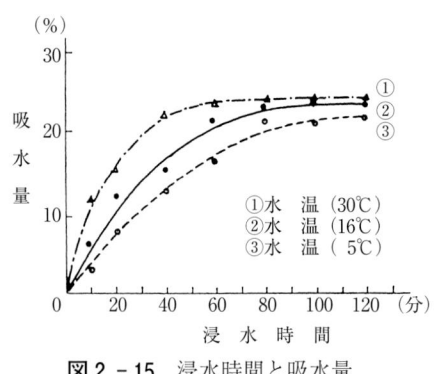

図2-15 浸水時間と吸水量
① 水温（30℃）
② 水温（16℃）
③ 水温（5℃）

4）加熱（図2-16）

a. 普通炊き：自動炊飯器によらない炊飯では，図2-16のような火力調節が必要である。

- **温度上昇期**：点火から沸騰までの間で，あらかじめ吸水した米はさらに水分を吸収して膨潤し，60～65℃に達したとき糊化が始まる。沸騰までの時間は，酵素作用，でんぷんの糊化，上下層の均質化などに影響し，この時間が短いと吸水が不足するので飯のでき上がりが悪くなる。そこで，少量炊飯では初め中火に，大量炊飯では湯炊きにするなどして，いずれの場合も沸騰までに10分前後はかかるようにする。

- **沸騰期**：沸騰は中火で約5分間持続させるが，沸騰の当初1～2分間は強火で煮たてると飯粒が立つといわれている。このとき，鍋内は激しい対流により，その後の熱伝導を均一にするので，火加減は強いほうがよい結果が得られる*。

    この時期に吸水，糊化がさらにすすみ，粘りを生じ，やがて米粒は動かなくなる。その後も残りの水分は沸騰を続け，米粒のすき間を上下する。

- **蒸し煮期**：弱火にして約15分間沸騰を持続させた後，消火する。この間まだ米に吸収されずに残っている水分は，米粒のすき間を蒸気の形で上下して米を蒸す働きをする。その間に糊

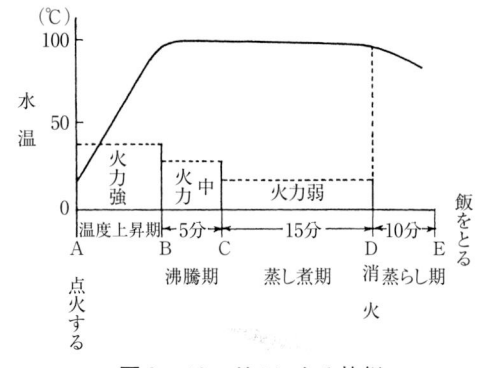

図2-16 ガスによる炊飯
奥田富子：調理科学講座1，125（1962）

＊貝沼やす子：家政誌，**28**，195（1977）

化はさらに進み，遊離した水分はほとんどなくなって，蒸気の通路には穴が残る。でんぷんを完全にα化するためには，沸騰期と合わせて98℃以上で20分以上加熱する必要があるが，蒸し煮期には火力を弱めないと焦げつくおそれがある。炊飯器具の保温性が高く，熱容量が大きい場合は，蒸し煮期の時間は若干短縮されるであろう。

- **蒸らし期**：消火後の約10分間で，米粒の表面になお付着している水分は，余熱すなわち器具と飯自体の熱容量によって米粒に吸収され，ふっくらと膨潤した飯ができる。蒸らしの目的は完全な吸水と，鍋肌から飯を離れやすくすることにある。蒸らしの時間が長すぎると，温度が下がるため水蒸気が凝結し，炊飯器の内壁に生じた水滴がもどり水となって，飯に付着吸収され，飯が水っぽくなる。

　蒸らし期が終わったら直ちに木杓子で飯を混ぜて，蒸気をとばして，乾いたふきんをかけるなどの処理をするとよい。

b．**湯炊き**：分量の水を沸騰させ，その中にざるにあげて水をきった米を入れて，木杓子でかき混ぜ，再び沸騰してからは普通の炊き方と同じに火力の調節をする。普通炊飯と比較して沸騰までの時間が短くなるので，大量の飯を炊く場合には都合がよい。大量の米を普通炊飯すると沸騰までの時間が長くなり，上・下の温度差が大きく，上のほうはよく煮えないで下のほうは過熱のために焦げたりする。

　ほかに，湯炊きの方法はもち米の炊飯，すし飯，混ぜご飯などにも用いられる。

c．**自動炊飯器**：自動炊飯器は，電気またはガスを熱源とし，加熱，消火が自動的に行われる。ジャーつきのものもあり，前記のようなおいしい飯が炊ける炊飯経過をとるものが多い。自動炊飯器の構造を図2-17に示した。

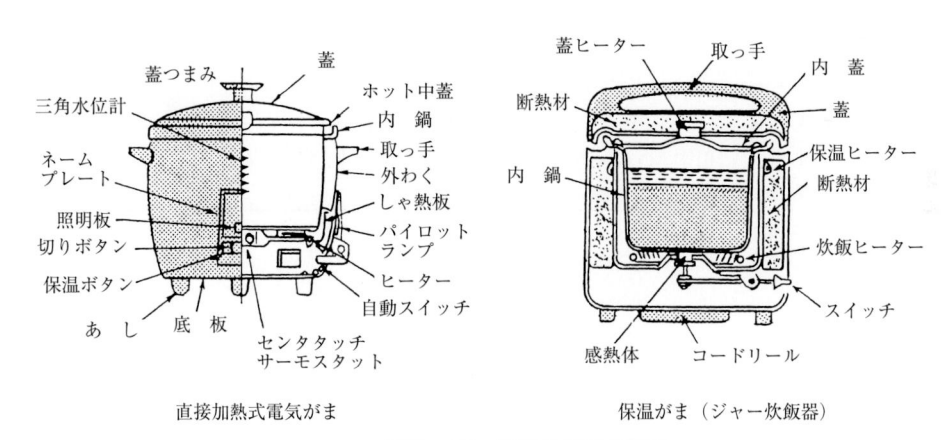

図2-17　自動炊飯器の構造
松本幸男：調理科学，15，94（1982）

（2）炊き込みご飯

魚介類，鶏肉，野菜や豆類，きのこ類などの材料（具）を加えて炊いた味つけご飯をいう。

1）種類と材料

炊き込みご飯には表2-17のような種類がある。

表2-17 炊き込み飯の種類と材料

種類	名称	加える材料 材料とその水分（%）	加える分量[1]	加える時期	調味料
塩味飯	えんどう飯	えんどうまめ 73.4	30～40	米の沸騰後，またはゆでて炊き上がりに	食塩（水の1%）調味していない材料を加える場合は，その分として材料の重量の0.7%の塩分を加える
	えだまめ飯	えだまめ 69.5		米の沸騰後，またはゆでて炊き上がりに	
	くり飯	くり 55.5		はじめから，またはゆでて煮含めたものを炊き上がりに	
	さつまいも飯	さつまいも 69.3	70～80	はじめから	
	菜飯	だいこん葉，かぶの葉，よめ菜 83.9～91.0	15	ゆでてきざんだものを炊き上がりに	
	あずき飯	あずきまたはささげ 15.5	10～15	硬めに煮たものをはじめから	
しょうゆ味飯	さくら飯	材料なし			しょうゆ（水の2.5%）食塩（水の0.5%）酒（水の5%）調味していない材料を加える場合は，その分として材料の重量の0.7%の塩分を加える
	たけのこ飯	ゆでたけのこ 93.2	40	はじめから，または下煮して炊き上がりに	
	まつたけ飯	まつたけ 88.3	30	沸騰後，または下煮して炊き上がりに	
	鶏飯	鶏肉 72.8	30	はじめから，沸騰後，または下煮して炊き上がりに	
	牡蠣飯	牡蠣 79.6	40～50	沸騰後	
油炒め塩味飯	バターライス	材料なし，またはたまねぎ	20	バター炒めし調味してから，色の悪くなるもの，硬くなるものは後から，他ははじめから	食塩（水の1%）バター（米の5%）こしょう（少々）
	ピラフ	たまねぎ，鶏肉，ハム，貝類，グリンピースなど	40		

（注）1）米の重量に対する割合（%）．

2）水加減

普通米飯の水量から，液体調味料のしょうゆや酒に相当する水の量は減らさなければならないし，牡蠣のように水分の多い貝類などを加える場合にはさらに水をひかえる。また油炒めした米は，表面が油でおおわれて吸水が悪くなるので，水加減は米の体積の1.1倍程度に減らす。

3）材料を加える時期

材料はそれぞれ性質が異なるので，生のまま，またはゆでて炊き込む方法と，下煮して炊き上がった飯に加えて混ぜる方法がある。米が煮えるまでの時間と材料が煮える時間とを比べ，材料の扱い方を考える。あくのあるものや色を生かしたいものはゆでておき，まつたけのように香りを保ちたいものは下煮しておき，炊き上がった飯に加える。

4）味つけ

塩味飯の塩の量は炊き飯の0.6～0.8%を標準とするが，米は約2.3倍の米飯になるので，これを

(%)

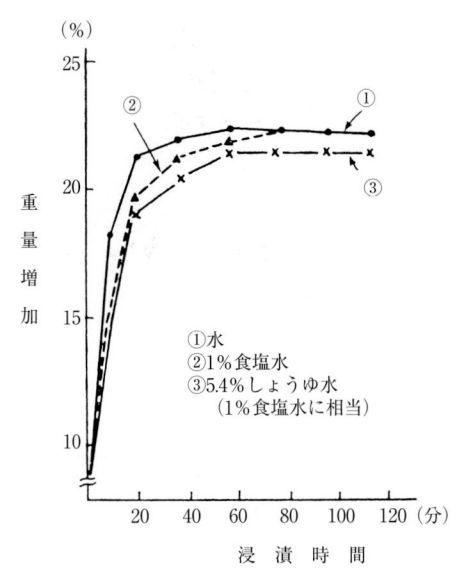

① 水
② 1％食塩水
③ 5.4％しょうゆ水
（1％食塩水に相当）

浸漬時間

図2-18 浸漬水別による米の重量増加

炊き水に対して換算すると1％前後になり，また米の重量に対して1.5％前後としてもよい。

具を用いないしょうゆ味飯を「さくら飯」ともいう。塩味飯の味つけの塩を全部しょうゆに代えると色が濃くなるので，1/2～1/3をしょうゆにする。

5）米の浸漬と加熱

炊き水に食塩やしょうゆを加えると米の吸水膨潤が遅れるので（図2-18），加熱直前に調味して，炊飯時間（沸騰継続時間）を5分程度延長する。また，炊き水にしょうゆを入れると焦げやすいので，火加減に注意する。

（3）す　　し

すしは，もとは魚肉を酢漬けにしたものの名称であったが，現在は酢味をつけた飯に魚，貝，卵，野菜や豆製品などを合わせたものをいう。合わせ方には混ぜる，巻く，包む，載せて形を整える，載せて押すなど種々の方法がある。また，料理してすぐ食べるすしと，塩，酢じめにした魚を合わせて，なれた味が出るまで置くすし，また蒸しずしなどがある。

すし飯は，炊きたての飯（p.82参照）に合わせ酢をかけて混ぜ合わせる。したがって，酢の分だけ炊く水の量をひかえ，かための飯に炊く。合わせ酢は米の重量に対して酢15％，塩1.5％，砂糖5％を混ぜてつくる。ただし，握りずしのように生魚を使うものは甘味をひかえ，押しずし，巻きずしなど野菜や卵を多く用いる場合には甘味を増やすことが多い。

（4）どんぶり物

どんぶりに主食と副食をいっしょに盛りつけた簡便なものである。どんぶり物には表2-18のような種類がある。

表2-18　どんぶり物の種類

名　称	材　　　　料	
親子どんぶり	鶏肉，ねぎ（またはみつば），卵	卵とじ
卵どんぶり	ねぎ（またはみつば），卵	
かつどんぶり	豚肉かつレツ，ねぎ，卵	
木の葉どんぶり	かまぼこ，みつば，卵	
うなぎどんぶり	うなぎ蒲焼き，たれ	
てんどん	てんぷら，かけ汁	
そぼろどんぶり	肉または魚のそぼろ，いり卵，青豆類	
山かけどんぶり	まぐろ刺身，山いも，かけ汁	
お茶漬け	たい茶漬け，のり茶漬けなどのように材料を白飯の上にのせ，熱いお茶（煎茶または番茶）をかけて供する	

どんぶり物の味つけは，白飯と副食物を1つのどんぶりに盛り合わせたものと考えて，卵とじなどはおよそ2％の塩味にすると白飯と合わせて塩味は約0.7％になる。どんぶり物を単独で食べるときには，塩味をやや薄く感じる場合があるので，一般には汁物や香の物などを添えて調節する。

(5) か ゆ

白米に飯よりも多い水量を加えてやわらかく煮たもので，離乳食や治療食に用いることが多い。関西には常食とする風習もある。

1) かゆ（米のみを用いるもの）

かゆには，表2-19のような種類がある。

表2-19　かゆの種類と材料の割合

種　類	米（g）	水（g）	でき上がり量（g）	でき上がり量に対する米の割合
全がゆ	200	1,200	1,000	20％がゆ
七分がゆ	150	1,200	1,000	15％がゆ
五分がゆ	100	1,200	1,000	10％がゆ
三分がゆ	70	1,200	1,000	7％がゆ

(注)　三分がゆから米粒を除いたものをおもゆという。

＜調　理　法＞
① 土鍋か厚手のやや深い鍋を用意する。
② 米はよく洗ってざるにあげ，水をきる。
③ 分量の水を加えて，30分以上置く。
④ 火にかけはじめは中火で炊き，沸騰したら火を弱めて，吹きこぼれないようにしながら約1時間，弱火で静かに煮る。途中で蓋を取ったり，かき混ぜたりすると粘りが出て風味が劣る。
⑤ 5分程度蒸らし，場合によっては塩を少々加えることがある。
⑥ おかゆは適温（60～70℃）で供するのがよい。温めなおすとまずくなる。

2) 変わりがゆ

米のほかに副材料を加えて煮るかゆである。いもがゆ，七草がゆ，あずきがゆなどがある。

七草がゆは家庭の行事食のひとつで，昔から正月七日に食べると万病を払うといい伝えられている。春の七草は，すずな（かぶ），すずしろ（だいこん），せり，なずな（ぺんぺん草），ごぎょう（母子草），はこべ，ほとけのざ（こおにたびらこ）であるが，現在はこまつ菜，かぶの葉などの青菜類が用いられることもある。

(6) もち米の調理

もち米のでんぷんはアミロペクチンのみから成っているので，うるち米より吸水，膨潤しやすく，また粘りが強い（うるち米はアミロースとアミロペクチンの割合が2：8になっている）。

ちょうどよいかたさの強飯（こわめし）は，水分47～56％で，米の1.6～1.9倍の重量である。したがって，加水量はうるち米より少ないのに浸水中の吸水量は約40％で多く，炊きにくいので一般に蒸す方法が

とられる。この場合，もち米は十分に吸水させ，蒸している途中ふり水で水を補う方法をとる。炊く場合には，うるち米を混ぜて加水量を多くすると炊きやすくなる。また，沸騰したときに飯を混ぜるか，湯炊きにすると米粒は急速に均質に膨潤してむらなく炊き上がる効果がある。

（7）調 理 例

(1) 白　飯

材　料（5人分）

| 米……………………… 480 g （約600ml） |
| 水……………………… 720ml （米の重量の1.5倍， 米の容量の1.2倍） |

① 米を洗ってざるにあげ，水をきる。
② 鍋に米と水を入れて，30分以上吸水させておく。
③ 火にかけ，普通に炊く（p.75参照）。
　　（注）　炊飯器は，厚手の鍋で，炊く米の体積の4倍くらいの大きさのものを用いるとよい。

(2) 豌豆飯（えんどうめし）

材　料（5人分）

| 米……………………… 480 g （約600ml） |
| 水……………………… 720ml （米の重量の1.5倍， 米の容量の1.2倍） |
| 塩…………………………………… 8.2 g （水の1%＋えんどうの0.7%） |
| むきえんどう豆……………………… 140 g （米の重量の約30%） |

① 米を洗ってざるにあげ，水をきる。
② 鍋に米と水を入れ，30分以上吸水させ，加熱直前に塩を加えてよく混ぜる。
③ 豆も洗って水をきっておく。
④ ②を火にかけ，沸騰したら③を加える。再び沸騰したら火を弱め，それ以後は普通に炊く。
⑤ 豆を混ぜ合わせながら盛りつける。

　　（注）　次のような別法もある。
　　　　豆は塩1.5 gをふって混ぜ，しばらくおいてから沸騰している塩水（塩3 g，水300mlくらい）に入れて色よくゆで，鍋のまま鍋底を冷やして豆を取り出す。米は豆のゆで汁と水を合わせて水加減し，分量の残りの塩を入れ，普通に炊く。豆はでき上がった塩味ご飯に加えて混ぜると，色も変わらずきれいにできる。

(3) 筍飯（たけのこめし）

材　料（5人分）

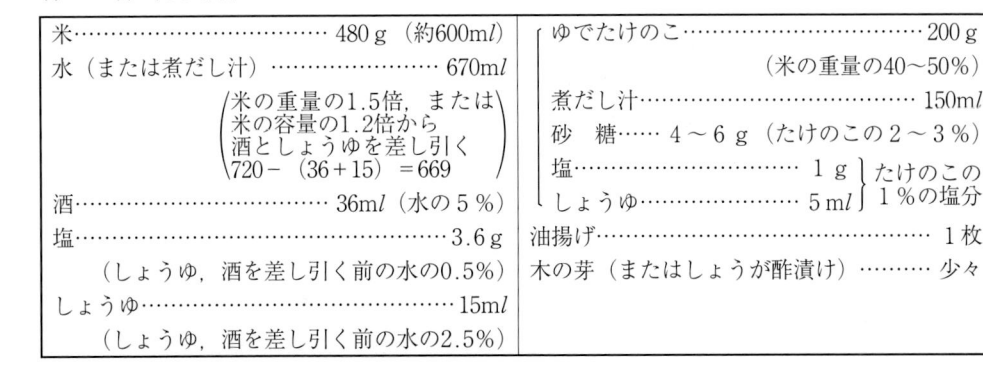

| 米……………………… 480 g （約600ml） |
| 水（または煮だし汁）……………… 670ml （米の重量の1.5倍，または米の容量の1.2倍から酒としょうゆを差し引く　720－（36＋15）＝669） |
| 酒……………………… 36ml （水の5%） |
| 塩……………………………………… 3.6 g （しょうゆ，酒を差し引く前の水の0.5%） |
| しょうゆ……………………………… 15ml （しょうゆ，酒を差し引く前の水の2.5%） |

| ゆでたけのこ………………… 200 g （米の重量の40〜50%） |
| 煮だし汁……………………… 150ml |
| 砂糖……… 4〜6 g （たけのこの2〜3%） |
| 塩…………………… 1 g ⎫ たけのこの |
| しょうゆ…………… 5 ml ⎭ 1%の塩分 |
| 油揚げ……………………………… 1枚 |
| 木の芽（またはしょうが酢漬け）……… 少々 |

①　米は洗い，ざるにあげて水をきる。
②　油揚げは湯通ししてから3cmのせん切りにする。
③　たけのこは2cm長さの細いせん切りにし，油揚げとともに，煮だし汁，調味料で煮る。
④　鍋に水（または煮だし汁），酒，しょうゆ，塩を入れて煮たったら，米を入れて，湯炊きの要領で煮て火を止める。普通炊飯よりやや時間を長くかけて炊く。蒸らすときに③を上に置き，15分間たったら混ぜ合わせて器に盛り，木の芽を添える。

(4)　栗飯
材　料（5人分）

米	480g（約600ml）
水	662ml
（米の重量の1.5倍から酒としょうゆを差し引く）	
酒	35ml
塩	4g
しょうゆ	23ml
くり	300g（正味150g）

①　米を洗って分量の水につけ，30分以上吸水させる。
②　くりの鬼皮と渋皮をむき，1個を4つくらいに切ってさっとゆでる。
③　①に加熱直前に調味料を加えてよく混ぜ，くりを加えて普通に炊く。

（注）1）くりは鬼皮をむき，渋皮をつけたまま焼きぐりにし，ふきんに包み，こすって渋皮をむく。これを切ってからさっとゆでこぼして用いてもよい。
　　　2）次のような別法もある。
　　　　くりの渋皮をむき，0.5％くらいの焼きみょうばん水をかぶるくらい加えて約5分間ゆで，水を捨ててくりを洗う。再びくりがかぶるくらいの水を加え，弱火でゆで，くりにようじを刺して通るくらいになったら，湯をきる。くりに適量のだし汁と砂糖5g，塩2g，しょうゆ2gを入れて，煮含め，炊き上がったさくら飯にくりを加える。

(5)　牡蠣飯
材　料（5人分）

米	480g（約600ml）	塩	4.5g（米の1.5％の塩分＋牡蠣の0.7％の塩分）
水	642ml	しょうゆ	23ml
（米の重量の1.45倍から酒としょうゆを差し引く）		牡蠣（小粒）	240g（米の40～50％）
酒	35ml（水の5％）	のり	1/4枚

①　米を洗って水をきり，鍋に米と水を入れ，30分以上つけておく。
②　牡蠣は塩水で洗い，ざるにあげて水気をきる。
③　調味料を加えて鍋を火にかけ，沸騰したところで牡蠣を加え，再び沸騰したら火を弱め，以後は普通に炊き上げてから混ぜる。
④　牡蠣飯をどんぶりに盛り，もみのり少量を上にのせて供する。

(6)　五目ずし
①　米を洗って分量の水につけ，昆布をふきんでふいて汚れを落とし，米とともに30分以上浸水さ

材　料（5人分）

米	480 g（約600ml）
昆　布	13 g
水	648ml
	（酢と合わせて米の重量の1.5倍）
合わせ酢	
酢	72ml（米の重量の15%）
塩	7.2 g（　〃　1.5%）
砂　糖	24 g（　〃　5%）
含め煮	
凍り豆腐	2個（もどして140 g）
煮だし汁	200ml（材料の1.5倍）
砂　糖	14 g（　〃　10%）
塩	2 g ｝材料の2%
しょうゆ	4 ml ｝の塩分
煮　物	
たけのこ	100 g
生しいたけ	40 g
煮だし汁	100ml（材料の2/3）
砂　糖	7 g（　〃　4%）
塩	1 g ｝材料の1.5%
しょうゆ	6 ml ｝の塩分
煮　物	
ごぼう	70 g
煮だし汁	50ml（材料の2/3）
砂　糖	3 g（　〃　4%）
しょうゆ	5 ml（　〃　1.5%）

酢　煮	
れんこん	100 g
煮だし汁	50ml（材料の1/2）
砂　糖	15 g（　〃　15%）
酢	20ml（　〃　2%）
塩	1.5 g（　〃　1.5%）
照り煮	
あなごの白焼き	100 g
煮だし汁	35ml（材料の1/3）
砂　糖	5 g（　〃　5%）
しょうゆ	10ml（　〃　10%）
甘　煮	
にんじん	40 g
煮だし汁	40ml（材料と同量）
砂　糖	6 g（　〃　15%）
塩	0.6 g（　〃　1.5%）
青　煮	
さやいんげん	100 g
煮だし汁	35ml（材料の1/3）
塩	2 g（　〃　2%）
砂　糖	5 g（　〃　5%）
のり	1/2枚
錦糸卵	
卵	1個
砂糖，酒，片栗粉	各小1/4
塩	0.4 g
サラダ油	少々
甘酢しょうが	15 g

せてから普通に炊く。沸騰してきたら昆布を取り出す。火を止めて5分くらい蒸らした後，飯台に中高に移し，すぐによくかき混ぜて溶かした合わせ酢をかける。これをあおぎながら木杓子で切るようにして混ぜて冷ます。ある程度冷めたらかたくしぼったふきんをかけておく。

② 凍り豆腐は50〜60℃の湯に10分浸し，もどったら軽くしぼり，小さくさいの目に切り，調味料を入れた煮だし汁に入れて，弱火で20〜30分煮て味を含ませる。

③ たけのこ，生しいたけはせん切りにし，煮だし汁と調味料を合わせてたけのこを先に煮て，生しいたけも煮る。

④ ごぼうは薄くささがき（p.36）にして水に入れてあくを抜き，煮だし汁と調味料を合わせて煮る。

⑤ れんこんは薄く切って水にさらす。酢を入れた湯で2分間ゆでて水洗いし，ぬめりを取る。調味料を煮たて，れんこんを入れて煮てから，皿に取って冷まし，細かくきざむ。

⑥ あなごの白焼きは湯に通し，煮だし汁と調味料を加えた汁がなくなるまで煮て小さく切る。

⑦ さやいんげんは青くゆでておく。煮だし汁に調味料を加え煮たてた中に入れ，ひと煮たちした

らさやいんげんを出して冷まし1cmに切る。汁が冷めたらさやいんげんを再び汁にもどして味を含ませる。
⑧　にんじんは3cmくらいのせん切りにし，さっとゆでてから調味料で煮る。
⑨　卵は割りほぐし，調味して薄焼き卵をつくり，細く切って錦糸卵にする。
⑩　のりは焼き，細く切る。
　　甘酢しょうがも細く切る。
⑪　すし飯を飯台に広げ，人肌ぐらいの温かさのときに②〜⑧の具を混ぜてから，さらにすしを冷ます。器に盛り，錦糸卵，のり，甘酢しょうがを散らす。

(7) 巻きずし（細巻きずし，太巻きずし，伊達巻きずし）
　　材　料

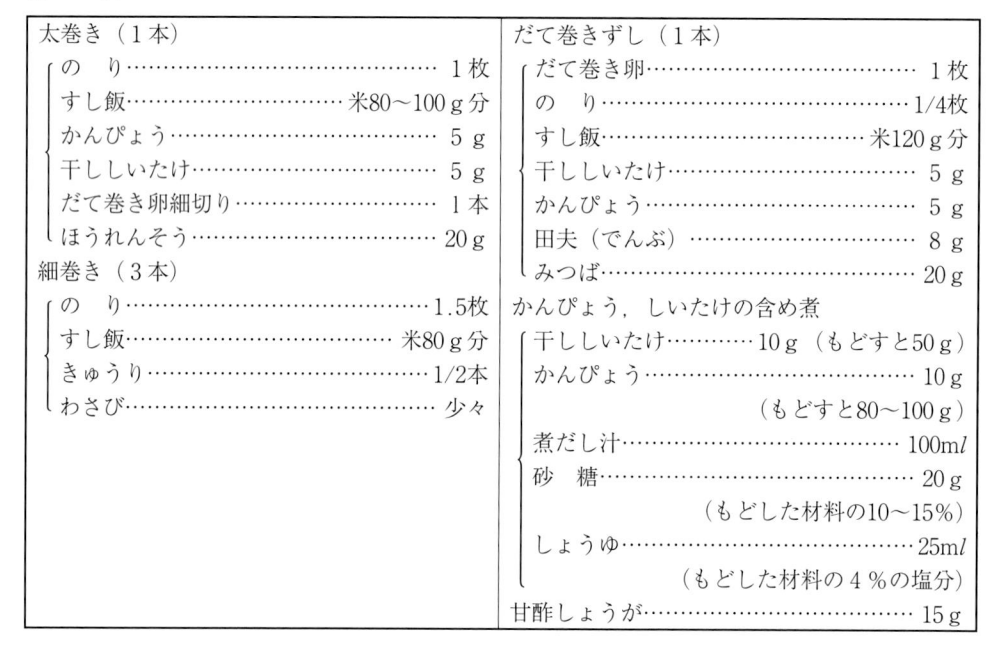

太巻き（1本）		だて巻きずし（1本）	
のり	1枚	だて巻き卵	1枚
すし飯	米80〜100g分	のり	1/4枚
かんぴょう	5g	すし飯	米120g分
干ししいたけ	5g	干ししいたけ	5g
だて巻き卵細切り	1本	かんぴょう	5g
ほうれんそう	20g	田夫（でんぶ）	8g
細巻き（3本）		みつば	20g
のり	1.5枚	かんぴょう，しいたけの含め煮	
すし飯	米80g分	干ししいたけ	10g（もどすと50g）
きゅうり	1/2本	かんぴょう	10g（もどすと80〜100g）
わさび	少々	煮だし汁	100ml
		砂糖	20g（もどした材料の10〜15%）
		しょうゆ	25ml（もどした材料の4%の塩分）
		甘酢しょうが	15g

①　すし飯をつくる（p.82参照）。
②　干ししいたけは手早く洗って水でもどし，柄を取る。
　　かんぴょうは塩もみをして洗い，水を加えて爪が立つくらいまでゆでる。
　　鍋にしいたけ，かんぴょう，しいたけのつけ汁と煮だし汁を入れて火にかけ，やわらかくなったら砂糖，しょうゆで調味して煮含める。かんぴょうを広げてさまし，しいたけはせん切りにする。
③　だて巻き卵をつくる（p.96参照）。
④　ほうれんそう，みつばは青くゆでて水にとり，そろえて水気をよくしぼる。
　　のりはあぶる。
⑤　太巻きずしは巻きすだれの表側を上にし，その上にのりの裏を上にして巻きすだれの手前いっぱいに置き，酢水（1：1）をつけた手で飯をまとめて右手に持ち，これをのりの上に手前1cm，向こう2〜3cm残すように，左手でのばしながらのせる。具のかんぴょう，干ししいたけ，

だて巻き卵，ほうれんそうを置いて巻きすだれで巻く。のりのつぎ目が下になるように軽く押し，包丁を酢水で湿らせて1本を8～10個に切る。
⑥　細巻きずしはまず細く切ったきゅうりを3本用意する。巻きすだれの上にのり1/2枚を置き，飯をのせ，わさびをつけたきゅうりを芯にして巻き，6～8個に切る。
⑦　だて巻きずしはまないたの上にかたくしぼったふきんを敷き，卵をのせ，飯をのせ，のりをまん中にのせ，また少し飯をのせて平らにする。具のかんぴょう，干ししいたけ，田夫，みつばを置いて卵とふきんで巻く。巻きすだれを上からかぶせて形を整え，適当に切る。
⑧　3種のすしを器に盛り合わせ，甘酢しょうが（しょうがを薄切りにして熱湯に5秒ぐらい浸し，水気をきって酢，砂糖，塩を合わせた甘酢につけたもの）を添える。

(8) 手綱ずし
材　料（5人分）

すし飯……………………米150g分		甘　酢	
いり卵		酢……………………………大2.5	
卵………………………………1個		砂　糖……………………………大1	
塩……………………………0.6g		塩………………………………小1/8	
砂　糖…………………………8g		煮だし汁…………………………大1	
えび（さい巻きえび）……………5尾		こはだ…………………………小2尾	
		塩，酢…………………………各少々	
		みつば…………………………80g	

①　すし飯をつくる（p.82参照）。
②　えびは背わたを取り，殻つきのまま竹串をまっすぐ刺し，塩少々入れた熱湯に入れて2分くらいゆで，水にとり，冷まして殻をむき，腹のほうから切り開いて甘酢をかける。
　　こはだは三枚おろしにして塩，酢でしめる。
③　みつばは色よくゆで約5cmに切り，塩少々をふる。
　　卵はやわらかいいり卵にする。
④　ふきん（または，ラップフィルム）に上の具を斜めの縞目に置き，棒状ににぎったすし飯をのせてしっかりしめ，切り分ける。

(9) そぼろ飯（二色どんぶり）

材　料（5人分）

さくら飯	さけそぼろ
⎰ 米･････････････480 g ｜ 水･････････････665 ml ｜ （米の重量の1.5倍から，酒としょうゆを差し引く） ｜ 酒･････････････35 ml ｜ 塩･････････････3 g ⎱ しょうゆ･･･････20 ml 卵そぼろ ⎰ 卵･････････････5個（250 g） ｜ 砂　糖･････････25 g（卵の10%） ｜ 塩･････････････3.8 g（〃 1.5%） ⎱ 酒･････････････5 ml	⎰ さけ缶･････････200 g ｜ 砂　糖･････････20 g（さけの10%） ｜ 塩･････････････2 g ⎱ さけの1.5% ⎱ しょうゆ･･･････5 g ⎰ の塩分 さやえんどう･････････25 g

① さくら飯を炊く。
② 卵とさけ（皮を除きすり鉢でする）をそれぞれ調味して，鍋が温まるまでは弱火，あとは湯煎にかけて，箸数本で絶えずかき混ぜながら，そぼろ状に煎り，器に盛ったさくら飯の上に2色にのせる。
③ さやえんどうは塩ゆでにし，斜めに長く細切りし，そぼろの上にあしらう。
　　（注）魚そぼろ：生たらか白身魚を用いてもよい。魚は粗めに切り，熱湯でゆでて，火が通ったらガーゼに包み，水の中でほぐしながらもみ，水気をよくしぼり取る。鍋に魚と水溶き食紅少々を入れて染め，湯煎で箸数本でかき混ぜながら煎り，仕上がりに砂糖と塩少々を加える。

(10) 親子どんぶり

材　料（5人分）

⎰ 米･･･････480 g（約600 ml） ⎱ 水･･･････720 ml 鶏肉（むね肉）･････150 g ねぎ（またはたまねぎ）･･150 g みつば･･･････････20 g	⎰ 煮だし汁･････400 ml　5 ⎫ ｜ しょうゆ･････80 ml　1 ⎬ 八方汁 ⎱ みりん･･･････80 ml　1 ⎭ 卵･･･････････････5個 の　り･･･････････1/4枚

① 米を洗い，ふつうに炊く。
② 鶏肉はそぎ切り，ねぎは斜め切り（たまねぎは薄切り），みつばは長さ約3 cmに切り，材料はそれぞれ5つに分ける。
③ 煮だし汁に調味料を合わせ，一煮たちさせておく。
④ 親子鍋（または小さいフライパン）に③の煮だし汁1人分を入れて火にかけ，鶏肉，ねぎを入れる。煮えたらみつばを入れ，卵を溶いて全体に流し入れ，半熟状態になるまで煮る。
⑤ 蓋つきどんぶりに飯を盛り，上に④を形よく移して，せん切りにしたのりをかけ，蓋をする。

⑾ 赤　飯（強飯〔こわめし〕）
　　材　　料（5人分）

| もち米……………………………480 g |
| ささげ…………70 g（米の重量の10〜20%） |
| ｛ 黒ごま……………………………10 g |
| 　 塩………………………………… 6 g |
| 　　　　（でき上がり赤飯の0.7%くらい） |

① ささげを洗い約6〜7倍の水を加え，沸騰してから15分くらいで煮汁を別の器に移す。次にささげにひたる程度の水を加えて再び火にかけ，皮が切れない程度にやわらかくなるまで煮て，ざるにあげる。
② もち米を洗い，ささげの冷めた煮汁に水をたした中に2〜3時間浸したのち，ざるにあげ，つけ水をとっておく。
③ 蒸気の上がっている蒸し器に，米とささげを入れ，まん中をくぼませて広げ，強火で蒸す。
④ 沸騰後15〜20分後に，ささげの煮汁を全体にいき渡るように，十分にかける（ふり水をする，p.81参照）。次回のふり水は同じように蒸気が出はじめてから約10分以上経過してから行う。ふり水の回数を多くすればやわらかくでき上がる。蒸し上がったら，木製の器などに移して軽く混ぜる。
⑤ ごまを煎って，塩を混ぜ，器に盛った赤飯にふりかける。

⑿ 炊きおこわ
　　材　　料（5人分）

| もち米………………… 320 g（約400ml） |
| うるち米……………… 130 g（約160ml） |
| あずき…………………………… 70 g |
| あずきの煮汁と水…………… 580ml |
| 　（もち米の重量×1.0＋うるち米の重量×1.5） |
| ｛ 黒ごま……………………………10 g |
| 　 塩………………………………… 6 g |

① あずきは洗って6〜7倍の水に入れ15分煮て，ざるにあげ，煮汁を冷ます。
② 米は洗って水をきり，煮汁に水をたして水加減をし，約2時間くらい浸したら，ざるにあげる。この水を沸騰させて米とあずきを入れ，手早く木杓子で米の上下が平均するようにかき混ぜる。再び沸騰したら火を弱めて，普通の飯よりやや時間を長くして炊く。
③ 盛りつけてからごま塩をふる。

7．焼　き　物

（1）焼き物の特微

　焼き物は，熱源からの放射熱を直接食品にあてて加熱する（直火焼き）とか，フライパンその他の金属板からの伝導熱，放射熱，対流熱によって食品を加熱する（間接焼き）調理である。
　• 加熱温度は加熱方法，食品の形状や水分含量などによって異なるが，150〜200℃あるいは250℃以上にも達する高温で，表面の水分が蒸発して適度の焦げの風味が加わる程度にする。加熱食品の内部は外部からの熱伝導により温度が上昇する。また，水分があるから高温になっても80〜90℃程度で，表面だけが焦げやすい。焼き物は熱源の温度が無制限に加わるので，特に火加減の調節が重要で注意を要する。
　• 食品は焼くことによって表面のたんぱく質が凝固して，うま味の流出が抑えられ，でんぷんは

糊化する。水中でないから，水溶性の成分の溶出も少ない。さらに適度の焦げは，食品に特有の風味を加える。
- 食品は焼くことにより水分が減少するため，重量は軽く，成分は濃縮されて保存性が高くなる。

（2） 焼き物の種類

直火焼きと間接焼きとに大別される（表2-20）。表2-21は，日本料理様式の直火焼きの種類を示したものである。

1）直火焼き

熱源は炭火，ガス，電気を用いて食品を直接焼くもので，主として放射熱を利用する。炭火が最適であるが，ガス火には放射熱に変える器具（石綿や鉄板つき焼き網）を用いる。ほかに放射熱の器具として電気ロースターがある。ロースターは上部に熱源がある。

火加減は一般に強火の遠火が最適である。炎のあがらない強火（200～250℃くらいで約10cm離れた位置）で，鉄弓または煉瓦のような台で熱源からの距離を調節する。直火焼きの代表的なものに焼き魚がある。

a．串焼き：串に刺して形をつくり，焼く。串は用途に応じた長さや太さのものを用いる。魚を焼くときは表身のほう（盛りつけて上になるほう）を先に四分通り焼き，焼き色がついたら裏返して十分に焼く。それは表を先に凝固させ，肉汁などの流出で表面がよごれるのを避けるためである。加熱の途中で何度も裏返さない。加熱中に串をまわしておくと，焼き上がってから串を抜きやすい。

表2-20 焼き物の種類

種類		用具	調理例
直火焼き	串焼き	金串，木串，石綿や鉄板つき焼き網，鉄弓	照り焼き，つけ焼き，塩焼き，姿焼きなど，ほとんどの焼き魚に用いる。かば焼き，田楽，焼き鳥など
	網焼き	焼き網，石綿や鉄板つき焼き網，鉄弓	焼き魚，焼きなす，焼きもちなど，さざえ壺焼き，焼きあわび，みりん干しなど
	つるし焼き	つるし器	烤鴨(カオヤー)など
	機械焼き	魚焼き器 トースター	焼き魚，焼きもちなど トーストなど
間接焼き	鉄板焼き	鉄板	ステーキ，きんつば，どら焼き，鉄板焼きなど
	鍋焼き	フライパン，卵焼き鍋	焼き肉，卵焼き，ムニエル，ソテーなど
	煎り焼き	焙烙(ほうろく)	煎り豆，煎りごま，煎り米，ごめなど
	石・砂焼き	石，砂	石焼き甘ぐり，石焼きいもなど
	包み焼き	アルミホイル，硫酸紙，和紙，フライパン，天火（オーブン）	包み焼き，パピヨット，ホイル焼きなど
	天火焼き	天火（オーブン）	鶏のみそ松風焼き，焙烙(ほうろく)焼き，貝焼き，ローストチキン，焼き豚，グラタン，パン，ケーキ，くりまんじゅうなどの焼き菓子，プリンなど

表 2-21　日本料理様式の直火焼きの種類

（材料の重量に対する％）

種類	調理法	調味料					
		塩	しょうゆ	砂糖	みりん	酒	みそ
素焼き	調味しないでそのまま焼く						
塩焼き	魚などに食塩をふって焼く	1〜2					
照り焼き	魚や鶏肉などを素焼きにして「たれ」をかけて乾かす程度に焼く。2〜3回くり返し，照りをだす		8〜10		8〜10		
			8〜10	2〜3		5〜10	
つけ焼き	調味料に材料を浸し，味をしみこませたあと焼く。魚，肉，きのこ類に利用する		8〜10		8〜10		
			8〜10	2〜3		8〜10	
かば焼き	材料を素焼きにしたり脂肪の多いものは，さらに蒸してから「たれ」をつけて焼く。うなぎ，さんまなど		10〜12	2〜3	8〜10	8〜10	
みそ焼き	材料を素焼きにしてから，みそ，砂糖を煮だし汁（5％）でのばしたものをつけて焼く			2〜6			10〜20

- 塩焼きに用いられる魚の例
  姿焼き……たい，きす，あじ，いさき，いわし，かます，あゆ，やまめ，えび，にじます，えぼだいなど
  切り身……すずき，さば，さわら，太刀魚，ふっこ，さけ，ますなど
- 照り焼きおよびつけ焼きに用いられる魚の例
  ぶり，まぐろ，かつお，いか，あなごなど
  そのほか，うなぎのかば焼きも照り焼きの一種である。
- その他のつけ焼き
  うに焼き，磯焼き，南部焼き，田楽焼き，若狭焼き，黄味焼き，ろう焼きなど

b．**網焼き**：材料が網に付着しやすいので，あらかじめ網をよく焼いておくか，油を塗ってから材料をのせる。

(1) **おどり串**……うねり串，のぼり串ともいう。

　a．たい，あじ，きす，あゆなどの姿焼きの場合に用いる刺し方である。おどり串は頭を上げて胸を大きくうねらせ，尾がぴんとはね上がるように刺す。たい，あじ，きすは盛りつけるときに裏側になるほうの目の下から串を刺し，表面まで突き出さないように注意しながら，中骨を縫うように魚をうねらせ，裏側の尾ひれの手前に串を突き出す。魚がまわらないように添え串を刺す（図 2-19(1) a）。

　b．あゆは図 2-19(1) b ①②のように金串は裏側に出る。また，金串は中骨を2度くぐってい

図 2 – 19　串の刺し方

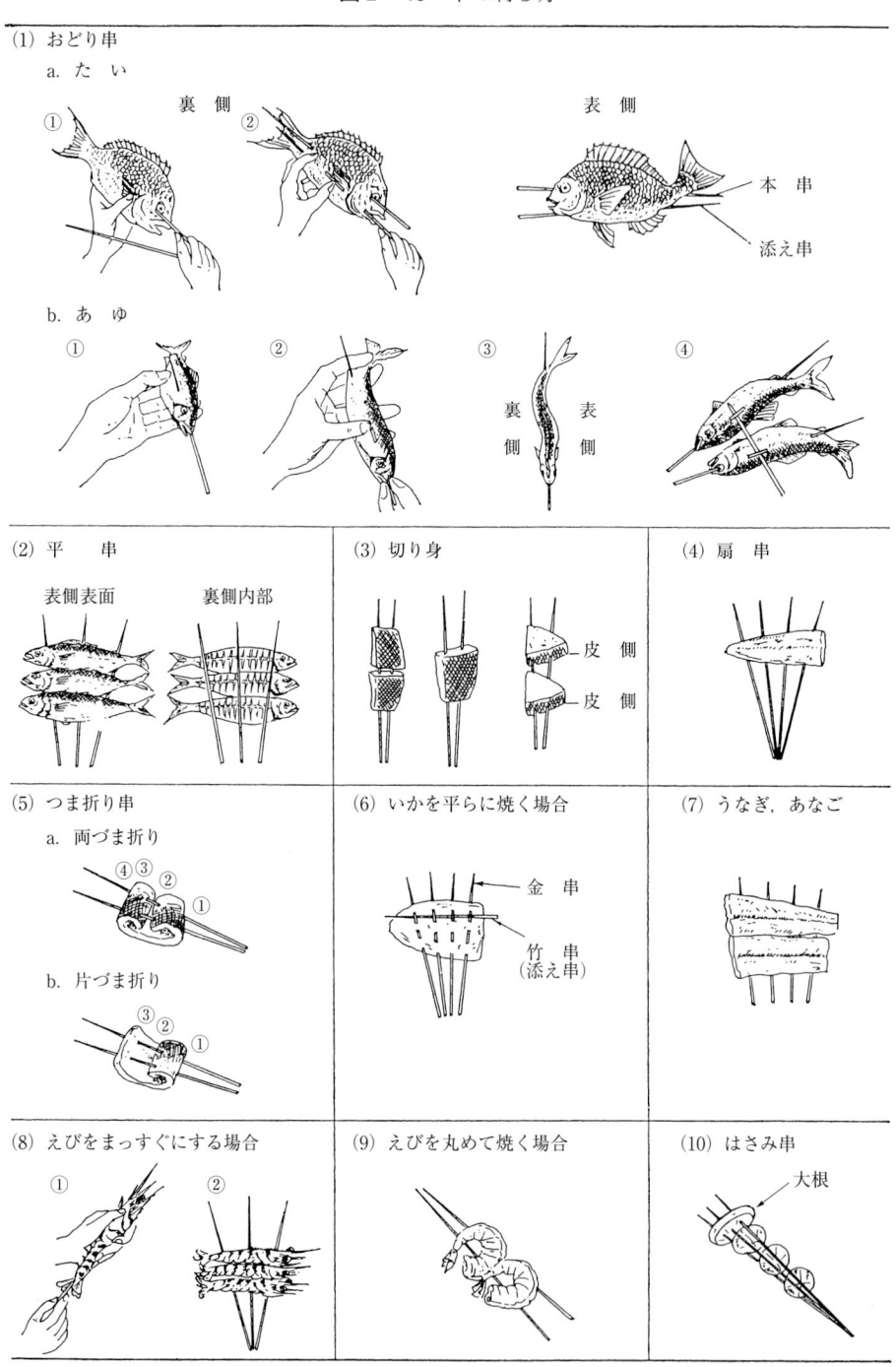

(1) おどり串
　a. たい
　　① 裏側　② 　表側　本串／添え串
　b. あゆ
　　①　②　③ 裏側／表側　④

(2) 平串
　表側表面　裏側内部

(3) 切り身
　皮側／皮側

(4) 扇串

(5) つま折り串
　a. 両づま折り　④③②①
　b. 片づま折り　③②①

(6) いかを平らに焼く場合
　金串／竹串（添え串）

(7) うなぎ，あなご

(8) えびをまっすぐにする場合
　①　②

(9) えびを丸めて焼く場合

(10) はさみ串
　大根

るために，図2－19(1) b ③のようにうねりが出る。2～3尾いっしょに焼く場合は，1尾ずつおどり串を刺してから裏側に横に串を通す（図2－19(1) b ④）。

(2) 平　　　串……小魚を姿のまま焼く場合は頭を右にし，腹を手前にして（魚の裏）金串を中央の中骨の上に刺して，頭のほうと尾のほうに同様に末広形に串を刺す（図2－19(2)）。

(3) 切　り　身……2切れいっしょに刺すときは，身の厚いほうを向き合わせにしてまないたの上にならべておき，金串2本を刺す（図2－19(3)）。

(4) 扇　　　串……二枚または三枚におろした魚や多くの魚を焼くときに用いられ，二本串，三本串，四本串と魚や調理法によって串の数を決める（図2－19(4)）。

(5) つま折り
　　a．両づま折り：三枚におろした魚の身が薄く，細長い魚の場合（ひらめ，かれい，きす，あじなど）に皮目を表にして，両端に折り曲げた形に串を打つ。串は皮目から入れて皮目に出すとしっかり止まる（図2－19(5) a ①～④）。
　　b．片づま折り：両づま折りでは肉が厚くて短い場合に，一方の端だけ折り曲げて串を打つ方法である（図2－19(5) b ①～③）。

(6) いかを平らに焼く場合……いかはすくい串で刺す。すくい串は串を打つ場所を決めてから，皮目（表側になる）を下にして，身の間を縫うように串を表側に出さないで刺し，持ちやすいように添え串として竹串を横に刺す（図2－19(6)）。

(7) うなぎ，あなご……短い竹串をぬらし，皮を下にして，串を身と皮の間に平行に刺す（図2－19(7)）。

(8) えびをまっすぐにする場合……殻つきのまま，まっすぐに焼く場合はのし串の方法で刺す。のし串は尾のほうから腹側に1本串を通す（図2－19(8)）。

(9) えびを丸めて焼く場合……図2－19(9)のように刺す。

(10) は さ み 串……材料に，串を打たないで金串にはさんで焼く刺し方である。金串の先はだいこんで止めて，手元はしばって焼く（図2－19(10)）。

2）間 接 焼 き

熱源は直火焼きと同じであるが，金属板や鍋，石，砂，焙烙(ほうろく)などに伝えられた高温の伝導熱，放射熱，放流熱で加熱する。

　　a．鉄板焼き，鍋焼き（フライパン焼き）：熱源の上にフライパンや鉄板などをのせ，その上に食品をのせ，金属板を伝わってくる伝導熱で焼く方法である。器具はあらかじめ熱しておく。材料が付着するのを防ぐために少量の油を塗る。金属板と接触する部分は温度が高くなるが，上部からは熱を受けないので，食品を返して加熱面を変えたり，場合によっては蓋をして中に蒸気を充満させ蒸し焼きにすることもある。熱伝導のよい材質で厚手の器具を用いると，金属内部の熱の移動が速いので，場所による温度差が少なくて焼きむらができにくい。
　　b．天火（オーブン）焼き：オーブン内の空気を熱して焼く方法で，熱は空気の対流と，オーブン庫内壁からの放射と，天板からの伝導によって食品に伝えられる。オーブンの中で熱せられた空気によって周囲から加熱されるので，平均して火が通る。ある程度体積の大きいものも加熱できるし，流動性のあるものなどは型に入れたまま加熱することもできる。材料に水分が多い場合や水分を加えて加熱する場合は，水蒸気による加熱も加わって蒸し焼きとなる。

<オーブン使用上の注意>
- 天板を除き予備加熱（予熱）する。予備加熱は各メーカーの指示通りに行う。
- 普通のオーブン（自然対流式）は一度に2段使って焼けないが，強制対流式（庫内にファンがついている）オーブンでは全段同時に使用可能である。
　下火を強くしたい焼き物では下段に入れ，グラタンのように焦げ目をつける場合は上段に入れる。ゆっくり加熱する場合，例えばケーキ類のように膨化させながら焼くものなどほとんどの焼き物には中段を用いる。
- カスタードプディングのように緩慢加熱をしたい場合には，天板に水を入れて焼く。
- あまり乾燥させたくない場合は，材料に霧吹きで水分を与えたり，水を入れた容器をオーブン内に置いたりする。
- オーブンの機種によって庫内温度や焼き時間を調整する。
- 温度分布のむらのないオーブンを選ぶことが大切である。
- 自動温度調節器のついたオーブンでは，火力の強さに適合する温度を心得ておくと便利である。
- オーブンのくせを知り，対策を工夫する。例えば，奥が強いときは前後を入れ替える，上面だけ早く焼けて焦げるときは紙をかぶせる，など。

c．**石焼き，石・砂焼き**：鍋の中に石や砂を入れて加熱し，材料を長い時間かけて焼くので，材料に含まれている酵素が十分に作用して甘味を増す。さつまいもなどに利用されている。

d．**包み焼き**：食品をアルミホイルやパラフィン紙，和紙などに包んで，金網，フライパンまたはオーブンを用い，密封状態で加熱する。一種の蒸し焼き状態である。包み焼きでは焦げ味は期待できない代わりに，液汁が残り，香りも保ちやすいので，まつたけ，みつばなど香りの高いものによく用いられる。

（3）焼き方

a．**比較的強火で焼くもの**：魚介類，鳥獣肉類，卵などたんぱく質食品は水分が多い（70～80％）ので，強火，高温で短時間加熱し，表面のたんぱく質を凝固して内部の液汁の流出を防ぐ。表面に適度の焦げ色がついた頃に火を弱める。内部に熱が通っていて適度の水分が保持されている状態がよい。

b．**比較的弱火で焼くもの**：いも類のようなでんぷん質性食品や，かきもち，のり，わかめなど，水分の少ない食品は弱火で焼く。焼きいもが蒸しいもに比べておいしいのは，加熱している間に，でんぷんが糊化し，水分が蒸発して成分が濃縮されるだけでなく，加熱が特に緩慢であるため，糖化酵素がよく作用して甘味を増すからである。かきもち，のり，わかめなどは，強火で焼くと水分が十分に蒸発しないうちに焦げるので，カリッとするようなよい食感が得られない。

（4）前盛り

　一般に，魚や肉の焼き物の前に添えるものを前盛りという。前盛りは焼き物に風情を添えて味を引き立て，さらに味の補いとして役だてるものである。魚や肉の濃厚な味のあと口中をさっぱりさせ，次の料理の味覚を妨げないように淡白な味つけをした蔬菜類などが用いられる。

前盛りとしては例えば，筆しょうが・きねしょうが・酢取りしょうが，菜類の辛子あえ・ごまあえ・浸し物，えだまめ・そらまめの塩ゆで，れんこん・かぶ・うどのあちゃら漬け，うどの木の芽あえ，たたきごぼう，生しいたけのつけ焼き，きんかんの照り煮，だいこんおろし，きゃらぶき，青唐辛子を焼くか揚げたものなどがある。

(5) 調理例

(1) 鯛の姿焼き

材　料（5人分）

たい······················ 5尾	酢取りしょうが
ふり塩················ 魚の重量の2%	新しょうが ············ 5本（50g）
化粧塩······················ 少量	酢 ····················· 70mℓ
	砂糖 ····················· 20g
	塩 ······················ 小1/4
	水 ····················· 30mℓ

① 魚はうろこを取り，内臓とえらを除き，洗って水気をふく（p.39図2-4①，②，p.40図2-5①参照）。

② 魚にふり塩をし，20～30分後に表面の水気をかたくしぼったぬれぶきんでふき，串を刺す（p.89参照）。

③ 全部のひれに塩をすり込んでひれを立て，表身（盛りつけるとき，頭が左になるほう）に化粧塩をしてすぐに焼く（p.89参照）。

④ 焼き上がって表面がやや冷めたら金串を抜いて皿に盛り，前盛りとして筆しょうが（p.38）を魚の手前に添える。

　　（注）1）酢取りしょうがのつくり方は，新しょうがの茎を6～7cmつけて切り，根の部分をきれいにして，熱湯にさっと通し，塩をふり，冷ましてから甘酢につける。甘酢は材料を合わせてひと煮たちさせ，冷まして用いる。うど，みょうがたけ，みょうがの子なども甘酢漬けに用いる。

　　　　　2）魚介類のたんぱく質のミオシン（せん維状たんぱく質で全たんぱく質の60～70％含まれる）とコラーゲンは魚介類を60℃以上に加熱すると収縮する。切り身の焼き魚では収縮し，脱水する。

(2) 鮎の塩焼き

材　料（5人分）

あ　ゆ………………………… 5尾 ふり塩………………… 魚の重量の2％ 化粧塩………………………… 少量	たで酢 　たでの葉………………………… 4g 　飯　粒………………………… 10粒くらい 　水………………………………… 30ml 　塩………………………………… 少々 　酢………………………………… 30ml たでの葉………………………………… 少々

① あゆは塩水で洗い，尾ひれの終わりのところを押さえて黒い汚物を除き，内臓は除かない。魚にふり塩をし20～30分後にふきんで水気をふき取り，おどり串（のぼり串）を打つ（p.90図2－19(1)b①～③）。
② 焼く直前に化粧塩をし，表身を焼き，ちょうどよい焼き目がついたら金串をまわし裏返して焼く。ひれを焦がさぬように工夫する。
③ 串を抜き，皿に盛り，たでの葉を添える。
④ たで酢は，たでの葉を摘み取り，すり鉢に入れ，塩を少々ふり，よくする。これに飯粒を加えてすり，水を入れてさらにする。
　　魚が焼けてから酢を加え，別皿に入れる。
　　（注）　たで酢は，飯粒を入れないでさらさらしたものを用いてもよい。たで酢の代わりに木の芽酢もよい。

(3) 鰆の木の芽焼き

材　料（5人分）

さわら……………… 400g（5切れ） しょうゆ……… 40ml（魚の重量の10％） みりん………… 40ml（　〃　　10％） （砂糖に代えるときはみりんの1/3を用いる）	粉さんしょう………………………… 少々 　新しょうが………………………… 5本 　甘　酢……………………………… 適量 木の芽………………………………… 少々

① しょうゆとみりん，粉さんしょうを合わせ，魚の切り身を20～30分つけておく。
② 魚に2本の金串を末広に刺す（p.90図2－19(3)参照）。
③ 魚を盛りつけるとき上になるほうから，炎があがらないよう強火をやや加減して焼き，焦げ目がついたら裏返し，中火でよく焼く。魚の両面につけ汁をかけ，乾く程度に焼くことを2～3回くり返し，照りを出す。串は途中でまわしておき，焼けたら抜く。
④ 魚を皿に盛り，木の芽をきざんでのせ，魚の手前に杵しょうが（p.38参照）を添える（杵しょうがの作り方は，p.93(注)1）参照）。

(4) 魚の西京味噌漬け

材　料（5人分）

みそ床		さわら	1尾正味400～450 g
西京白みそ	250 g	塩	小1
酒	大1	みりん	適量
みりん	大1.5	きゅうり	1/2本
砂糖	小2	三杯酢	適量

① さわらは三枚におろし12切れにし，塩をして約40分置く。
② ボールにみそ床の材料を入れ，なめらかになるまで混ぜ合わせる。
③ バットに②のみその半量を入れ，平らにしてガーゼを敷き，その上に水気をふき取った魚の皮を下にしてならべる。ガーゼをかぶせ，上に残りのみそをのせ，1晩くらいつける。
④ 魚に味がしみたら，金串2本に3切れを末広に刺し（p.90図2-19(3)参照），中火で両面焼き，焼き上がりにみりんを刷毛で塗る。
⑤ きゅうりは末広の形に切り（p.37参照），三杯酢につけておき，前盛りにする。
⑥ 魚を皿に盛り，手前にきゅうりを添える。

(5) 若鶏鍋照り焼き

材　料（5人分）

若鶏もも肉	500 g（2枚）	しょうゆ	50 ml（肉の10％）
サラダ油	6 g	酒	25 ml（肉の5％）
砂糖	20 g（肉の4％）	粉さんしょう	少々
	（または，砂糖10 g，みりん30 ml）	菊花かぶ甘酢漬け	5個

① 鶏肉の皮側を包丁の先かフォークで数ヶ所突き刺し，塩を少々ふりかけ，しばらく置き，湯通しして水気をきる。
② 砂糖としょうゆを合わせ，その半量に鶏肉を20分くらいつける。
③ フライパンを火にかけ，油を入れて熱し，皮側を先に強火で焼き，焼き目をつけて裏返す。中火以下で焼き，七分通り火が通ったら，残りの調味料と酒を加え，汁がなくなるまで煮る。
④ 熱いうちに適当な大きさに切るか，冷めてから薄切りにして皿に盛り，粉さんしょうをかけ，菊花かぶ甘酢漬け（p.126）を手前に盛る。

(6) 厚焼き卵

材　料（5人分）

卵	200 g（4個）	サラダ油	適宜
煮だし汁	60 ml（卵の30％）	おろしだいこん	適宜
塩	2 g（卵と煮だし汁の0.8％）		
しょうゆ	2.5 ml（〃　1％）		
砂糖	25 g（〃　10％）		

① 卵を割りほぐし，煮だし汁と調味料を加え，混ぜ合わせる。
② 卵焼き鍋を火にかけ，油を入れて全体にゆきわたらせ，余分な油を別器に移す。

③ 卵焼き鍋が適当な温度になったら，卵液の半分ぐらいを流し入れて下のほうがやや固まりかけたら，箸で軽く混ぜて全体をやわらかく焼く。これを手前に2つか3つ折りにして寄せ，あいたところに油を塗り，焼いた卵を向こう側に移す。手前のあいたところも油を塗り，残りの卵液の半分くらいを入れて，焼いた卵の下にも流し入れて焼く。二度目の卵液が半熟になったら向こう側から手前に巻く。残りの卵液も同様にして巻き，最後は鍋を左右に傾けて周囲も焼く。
④ そのまま切って皿に盛るか，巻きすに巻いて締め，やや冷めてから切る。おろしだいこんを添えて盛りつける。

(7) 伊達巻き卵

材　料（1本分）

卵	4個	砂糖	60 g
卵黄	1/2個	酒	20ml
白身魚のすり身	50 g	みりん	15ml
やまといも	10 g（すりおろしたもの）	塩	1.5 g
でんぷん	4 g	サラダ油	適宜

① 魚のすり身をすり鉢ですり，これに溶き卵を少しずつ加えながらすり，その途中でおろしたやまといもを加え，すり終わったら調味料を入れていく。
② 卵焼き鍋を熱し，油を入れて温めたのちこれを油ふきんでふき取り，①を入れ，170℃のオーブンで25分間焼く。
③ 焼き上がったものは熱いうちに，鬼すだれにのせて巻き，冷めてから適当な厚さに切る。
　　（注）1）20cm×12cmの卵焼き鍋を用いる場合の1本分の分量を示した。
　　　　 2）魚のすり身の代わりに，はんぺん60～100gをきざんですり鉢ですって用いてもよい。
　　　　 3）魚のすり身はひらめ，たい，芝えびなどを用いる。魚の身をこそげ取り，魚肉に3％前後の食塩を加えてすりつぶすと，ミオシン，アクチンが溶出し，それが会合して糸状で巨大分子のアクトミオシンを形成し，すり身ができる。これを一定の形に整えて加熱したものが，かまぼこである。

(8) 鶏味噌松風焼き

材　料（5人分）

鶏ひき肉	200 g	白ごま	10 g
A ｛砂糖	15 g	B ｛砂糖	15 g
酒	10ml	しょうゆ	10ml
しょうゆ	15ml	けしの実	少々
パン粉	10 g	みりん	少々
白みそ	45 g	サラダ油	適宜
卵（小）	1個	アルミホイル	適宜

① 鶏ひき肉200 gを約130 gと約70 gに分ける。鍋に130 gのひき肉とAの調味料を入れ，そぼろのように煮て，すり鉢ですりつぶし，別の器にとる。

② 残りのひき肉70gをそのすり鉢に入れてすり，さらに白みそ，卵，パン粉，白ごまを煎ってきざんだもの，Bの調味料を加えすり混ぜ，①を加え，さらにすり混ぜる。
③ アルミホイルを2枚重ねにし，周囲を折り曲げて浅い箱をつくり，内側に油を薄く塗って，②のひき肉を入れて平らにならす。
④ 天板にのせ，けしの実をふりかけてオーブンに入れて中火で焼く。火が通ったところでみりんを刷毛で塗り，照りをつけたのち取り出し，冷めてから好みの形に切る。

(注) 1) 鶏ひき肉は皮のない手羽肉の二度ひき肉を用いるのがよいが，普通のひき肉ならばすり鉢でよくすって用いる。
2) みそは白みその分量を示してあるので，普通のみそを用いる場合は塩味を考慮してしょうゆを減らし，砂糖を増す。
3) オーブンの代わりにロースターを用いることもできる。

(9) 焙烙焼き
材　料（5人分）

まつたけ	100g	ポン酢しょうゆ	
甘だい	200g（40gぐらい5切れ）	ゆず酢	45mℓ
えび	5尾	しょうゆ	45mℓ
くり	10個	煮だし汁	少々
ぎんなん	10粒	塩（荒塩）	適宜
卵	3個	昆布	適宜
さといも	5個	アルミホイル（焙烙鍋を用いない場合）	2枚

① まつたけをさっと洗い，傘に浅く包丁目を入れ，適当な大きさに割る。
　甘だいに薄塩をする。
　えびの背わたを取り，尾だけ残して殻をむき，酒と塩を少々ふりかける。
　くりの皮をむき，ゆでて薄味で煮る。
　ぎんなんは殻を取り塩ゆでして薄皮を除く。
　卵は半熟卵にして両端を切って2つに切る。
　皮つきのさといもをよく洗って蒸す。
② ポン酢しょうゆをつくる。
③ 焙烙鍋またはアルミホイルで皿の形をつくり，荒塩を入れて表面を平らにし，その上に昆布を敷き，下ごしらえした材料を形よく盛る。これに塩と酒をふりかけ，蓋をして火にかけ，蒸し焼きにする（またはオーブンに入れて焼く）。
④ 焼き上がったら焙烙鍋のまま敷き皿の上にのせて，ポン酢しょうゆを添えて食卓に出す。

⑽　栄螺のつぼ焼き

材　料（5人分）

さざえ……………………………… 5個	煮だし汁……………………………… 300ml
しいたけ…………………………… 2個	酒……………………………………… 15ml
みつば……………………………… 20g	塩……………………… 2.4g（汁の0.8%）
ぎんなん…………………………… 10個	しょうゆ…………………………… 1～2滴
ゆでたけのこ……………………… 70g	

① さざえの身を殻から取り出して，内臓を除き，薄く切る。細かく切った他の材料とともにもとの殻に入れ，調味した煮だし汁を入れる。

② ガスコンロの上に魚焼き網をのせ，その上にさざえを安定させておき，強火で焼く。汁が沸騰してきたらおろし，熱いところを供する。

　　　（注）　身の出し方

　　　　1）生きたさざえは，暗所にふせておくと，蓋をゆるめる。殻の少しくぼんだところを向側にして左手で持ち，ここへ貝割り，または先のとがった包丁をさし込んで蓋と身を切り離す。身は指を入れてまわしながら引き出す。

　　　　2）生きたさざえは，静かに取り扱わないと，蓋をかたく閉じて，身を取り出しにくくなる。そのときは，殻をよく洗い，ゆでたのち金串を身に突き刺して，まわしながら引き出す。

　　　　3）さざえは加熱しすぎると，身がかたくなるので注意する。

⑾　牛肉の八幡巻き

材　料

牛　肉……………………………… 150g 　　　（13cm×8cm薄切り3枚） しょうゆ………… 10g（肉の2%の塩分） みりん……………………………… 10g 酒…………………………………… 10ml ごぼう……………………………… 70g	A　煮だし汁………………………… 100ml 　　砂　糖………………………………… 大1 　　しょうゆ…………………………… 大1/2 　　うま味調味料………………………… 少々 サラダ油………………………………… 大1 青のり…………………………………… 少々 もめん糸………………………………… 1m

① ごぼうを15cm長さにそろえ，太さに応じて縦に4～6つに割り，下ゆでしてからAの調味料で煮含める。

② 牛肉をたたいて平らにし，しょうゆ，みりん，酒にしばらくつけ，下煮したごぼうを芯にして巻きつけ，糸でからげる。

③ フライパンでころがしながら焼きつけ，牛肉のつけ汁の残りを加えて調味料をからませる。焼けたら糸をとり，切り分けてから青のりをまぶす。

⑿　穴子の八幡巻き

材　　料

あなご………………小4尾（1尾50gぐらい）	粉さんしょう………………………少々
［しょうゆ……………………………大2	たまねぎ…………………………50g
みりん………………………………大2	あえ衣
ごぼう……………………………150g	［梅干し……………………………2個
［煮だし汁………………………200mℓ	砂　糖……………………梅干しと同量
砂　糖……………………………15g	しょうゆ…………………………小1
しょうゆ…………………………大1	酒………………………………大1/2

① あなごを背開きにして2尾を1本につなぎ，たれの中に浸しておく。
② ごぼうは煮含め，2つに分けてあなごを巻きつけ，横串に刺して素焼きにし，たれをかけて照り焼きにする。
③ 前盛りとしてたまねぎの梅肉あえをつくる。梅干しは裏ごしして砂糖，しょうゆを加えてすり鉢ですり，酒でかたさを加減する。
　　たまねぎは薄切りにして，さらしたまねぎをつくり，梅肉であえる。
④ 皿に盛りつけて粉さんしょうをふり，前盛りを添える。

⒀　松笠烏賊雲丹焼き

材　　料

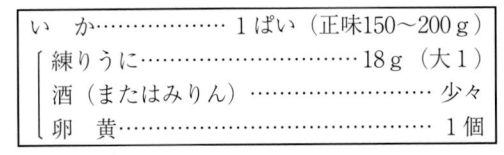

い　か……………1ぱい（正味150～200g）
［練りうに……………………18g（大1）
酒（またはみりん）………………少々
卵　黄……………………………1個

① いかの胴を開き，松笠に切り目を入れ，串刺しにして，素焼きにする（すくい串，p.91参照）。
② うにを酒，卵黄で練りのばし，いかの表面に塗り，あぶり乾かし，これをくり返して焼き上げる。適宜の大きさに切り，盛りつける。

8．煎　り　物

（1）煎り物の特徴

　煎り物は，鍋，焙烙，ほいろなどで食品をかき混ぜながら加熱し，水分を少なくしたり，焦げ色やこうばしい香りをつけたりする調理である。その結果，たんぱく質が変性し，でんぷんも変化する。豆類や穀類は煎ってもかたいので，きな粉や麦こがしのように粉にひいて用いられることが多い。
　魚，豆腐，卵のように水分の多いものは，水分を少なくするために身をほぐしたり，かき混ぜたりして細かくし，焦がさないように火加減をしながら煎る。

(2) 調理例
(1) 田作り
材料

ごまめ（小さ目のもの）……… 50 g	酒……………………………… 5 ml
砂　糖…………………… 30 g	サラダ油………………… 2〜3滴
しょうゆ………………… 45ml	白ごま……………………… 3 g
みりん…………………… 10ml	

① ごまめはごみを取り，フライパン（または焙烙）で焦がさないように，から煎りしておく。
② 鍋に砂糖，しょうゆ，みりんを入れ，全体がとろりとなるまで弱火で煮つめて，鍋底を冷まして再び火にかけ，酒と油を加える。
③ ごまめを②に入れ，木杓子でかき混ぜて調味料をからませ，火からおろしてバットに広げるようにあけ，煎った白ごまをふりかける。
　　（注）赤唐辛子1/2本を輪切りにして調味料に加えてもよい。

9. 炒め物

(1) 炒め物の特徴
　炒め物は揚げ物と異なり，少量の油脂を用いて加熱するが，揚げ物と同様に食品を高温，短時間で調理できる。炒めることにより，食品の水分が減少し，油脂味と焦げによる風味が加わる。また，焼き物と同様に乾熱により180℃前後の高温で短時間加熱するので，食品の色や栄養成分の損失が少ない。

(2) 炒め方の要領
- 炒め物は強く熱したフライパンや中華鍋に油を入れてなじませてから材料を入れるようにする。
- 材料は器具と油の双方から熱伝導を受けるが，強火のため材料を静置したままでは焦げやすい。むらなく加熱するために，混ぜたりゆすったりする操作をくり返す。
- 火力はほとんど強火である。火力が弱いと蒸し煮のようになり，水っぽくなるので，高温で短時間炒めることが大切である。
- 短時間強火加熱なので，鍋の材質や容量と一時に入れる材料の量との関係には注意が必要であ

表2-22　材料の量と発散水分，遊離油，放水量

材料	材料量 (g)	発散水分量 (%)	遊離油量 (ml)	放水量 (g)
もやし	100	18.8	0	0
	150	13.3	0	0
	200	12.6	0.4	2.7
キャベツ	100	15.5	0	0
	150	12.3	0	0
	200	11.5	0.4	1.8

太田静行：油化学, 5, 533 (1966)

る。鍋の材質は熱容量の大きなもので，中華鍋，フライパンのように大きくかくはんしやすい形のものを選ぶ。一度に多量の材料を入れると高温を保ちにくく放水量も多く（表2-22）なるので，鍋の容量の1/2以下がよい。
- 材料の切り方は，熱が通りやすく，均一に加熱されるように，形や大きさをそろえる。熱の通りにくい材料はあらかじめ下煮しておくか，または先に入れて炒める。
- 加熱は短時間強火が原則なので，鍋と油をあらかじめ強く熱しておいて材料を入れる。調味料も全部調合しておいて，一度に加えるようにする。
- 油脂の使用量は食品の種類や材料の切り方によって異なるが，一般に食品の重量の3～10％が適量範囲である。飯や麺類は油が少ないと鍋につきやすい。卵は油を多くして高温で短時間炒めるとやわらかくでき上がる。キャベツ（1mmのせん切り），もやしには3％，牛肉，魚（厚さ5mm）には5％，たまねぎ（みじん切り）には7％，飯には10％という報告がある*。

（3）炒め物の種類

日本料理では炒める調理は少ない。中国料理では炒め料理を炒菜（チャオツァイ），西洋料理ではソテー（油炒め）といい，ともに多く用いられている（p.175，186，230参照）。

10. 揚げ物

（1）揚げ物の特徴

揚げ物は高温の油の中で食品を加熱する（乾熱）調理法で，熱伝導は油の対流熱によるものである。
- 油は熱を伝えるだけでなく，食品に吸収されたり付着したりして，その栄養価を増し，食品に油の味のおいしさを加えて，揚げ物特有の風味を呈し，また快い歯ざわりを与える。
- 油の比熱は0.47で，水に比べて同一熱量で温度を約2倍に上昇させることができ，短時間で容易に高温が得られる。しかし，熱容量が小さいため，油や材料の分量の多少，火加減などによって油の温度変化が著しい。また，温度上昇に制限がなく，一定温度を保つためには絶えず温度管理に注意しなければならない。
- 水を媒体とする加熱では100℃が限界であるが，油では100℃以上の高温を利用できる。調理での利用範囲は120～200℃で，特に160～190℃の利用頻度が高い。調理に適する油の温度は食品によって異なるが，その温度調節は焼く操作の場合よりも容易である。
- 揚げ物のおいしさは「カラリと軽く揚がった」という言葉で表現される。揚げ物では加熱中に材料から水分が失われ，代わりに油が吸収される（吸油量は材料の8～10％程度である）。揚げるということは水と油の交代の場をつくることであるともいえる**。
- 高温加熱のため，他の加熱法に比べて加熱時間が短く，ビタミンの破壊や他の成分の流出が少ない。酵素の作用程度も弱いので，野菜などは色が保持される。
- 揚げ物中の油の温度降下を防ぐため，油への食品投入量が制限されるので，調理の総時間は長くなる。

＊松尾：油化学，**12**，261（1963）
＊＊島田淳子・松元文子：家政誌，**17**，67（1966）

・加熱中に味つけができないから，揚げる前に下味をつけておくか，揚げた後にてんつゆや調味料を添える。

（2）揚げ物の種類

揚げ物の種類とその特徴を表2-23に示した。

表2-23　揚げ物の種類

種　　類		方　法　と　特　徴
素揚げ	素　揚　げ	何もつけないで食品をそのまま揚げる方法で，くわい，パセリ，いもなどに用いられる。食品の水分は蒸発しやすく，カラリと揚がる。色は鮮やかとなり，テクスチャーも好ましくなる。水分が多くやわらかい食品では形くずれがおきやすい。吸油量は3～5％
	から揚げ (p.107参照)	食品の表面にでんぷん，または小麦粉を薄くまぶして揚げる。粉が食品の保護膜となり，成分の溶出が少ない。鶏肉，豚肉，魚など下味をつけて粉をまぶし揚げることが多い。吸油量は6～8％
衣揚げ	てんぷら (p.105参照)	小麦粉を卵水で溶いた衣をつけて揚げる方法である。生の衣は水分65～70％を含むので，高温の油での揚げ加熱により衣は水と油の交代が激しく行われる。しかし，食品の水分蒸発は少なく，風味と形が保たれる。吸油量は7～13％
	フライ 変わり揚げ (p.108参照)	フライは食品に小麦粉，溶き卵，パン粉をつけて揚げる。パン粉の水分は15％くらいで少ないので，てんぷらに比べて焦げやすいから長時間揚げられない。熱の通りやすい材料が適する。火の通りにくいものはあらかじめ下煮して用いる（例：コロッケ）。吸油量は17～20％ パン粉の代わりにはるさめ，道明寺粉，そうめん，クラッカー，のり（磯辺揚げ），ごま（南部揚げ）などを用いたものを変わり揚げという。やや低温で色よく揚げる。吸油量は25％
	フリッター 高麗（カオリー） (p.175, 239参照)	洋風のフリッターや中国風の高麗は，卵白を泡だて小麦粉またはでんぷんを加えて混ぜた衣をつけて揚げる。吸油量は7～20％

（3）揚げ物の材料

特に材料の種類は選ばないが，鮮度の高いことが必要である。一般に熱の通りやすいものが適し，特に衣揚げでは熱の通りやすいように切り方に注意し，熱の通りの悪いものはゆでてから用いる。

表2-24　揚げ物の材料

魚　介　類	きす，さより，ひらめ，あじ，白魚，あなご，えび，わかさぎ，貝柱，かき，いかなど
野菜，乾物類	みつば，しゅんぎく，さやえんどう，さやいんげん，ねぎ，しその葉，菊の葉，のり，生しいたけ，ごぼう，にんじん，かぼちゃ，れんこん，さつまいも，くわい，じゃがいも，しょうが，まつたけ，豆腐，ししとう，なすなど
獣鳥肉，卵類	鶏肉，豚肉，牛肉，卵など

（4）揚げ方の要領
1）揚げ温度と時間

　揚げ物の適温は材料や揚げ方によって異なるが，表2－25に示すように160～190℃くらいで揚げる場合が多い。

表2－25　揚げ物の適温と時間

調理の種類	温度（℃）	時間	調理の種類	温度（℃）	時間
てんぷら（魚介類）	180～190	1～2分	コロッケ	190～200	1分
さつまいも／じゃがいも／れんこん　厚さ0.7cm	160～180	3分	ドーナツ	160	3分
			クルートン	180～190	30秒
			フリッター	160～170	1～2分
かき揚げ　魚介類	180～190	1～2分	ポテトチップ　130～150／180二度揚げ	130～150／180二度揚げ	3～4分／30秒
かき揚げ　野菜					
フライ	180	2～3分	こいの丸揚げ	140～150／180二度揚げ	5～10分／30秒
かつレツ	180	3～4分			

中浜信子：調理の科学，135，三共出版（1976）

　揚げ物の温度管理は，温度計を用いれば油の温度を確実に知ることができてよいが，衣を少量入れたときの衣の状態でも判断できる（図2－20）。

　適温になった油でも，材料を入れると材料の温度が低いことと，材料の水分の蒸発で気化熱が奪われるため，油の温度は下がる。材料が少ない場合は，火を強めればもとの温度を回復しやすいが，材料が多い場合には回復が遅れ，適温以下で加熱することが多くなる（図2－21）。常に火力を適温に調節しながら，一度に入れる材料は，油の面の1/2～1/3くらいとし，特に水分の多いものでは，さらに量を少なくする。

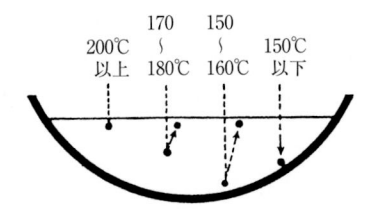

温度	衣の状態
150℃以下	衣種は沈み，なかなか浮上しない。
150～160℃	衣種は一度底に沈み，ゆっくり浮上する。
170～180℃	衣種は途中まで沈み，脱水のため軽くなり浮上する。
200℃以上	衣種を落とすと同時に脱水し，そのまま油面に浮く。

図2－20　てんぷらの衣による揚げ温度の見方

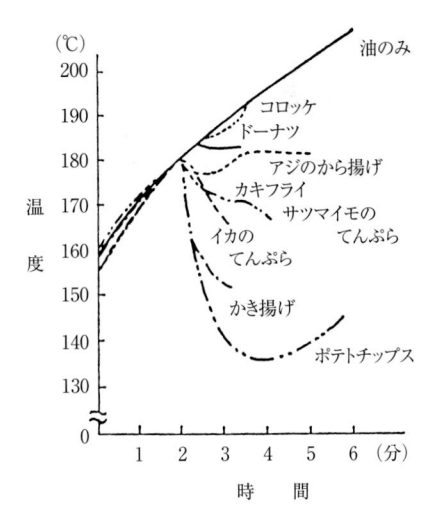

図2－21　各種の揚げ物による揚げ油の温度変化

大鹿淳子：家政誌，9，224（1958）

できあがった揚げ物を油の面から取り出す直前に，油の温度を180℃くらいに上げたほうが油ぎれがよい。また二度揚げといって，最初低い温度で熱がよく通るまで揚げて一度取り出しておき，改めて短時間高温の油で揚げなおす方法もある。

なお，揚げ物は時間の経過とともに風味が低下するので，食べる直前に揚げるように留意することも大切である。

2）揚げ物用具

油の比熱は0.47で熱容量が小さいから熱しやすく冷めやすい。そのため揚げ鍋は熱容量の大きい厚手のものがよい。油は高温で空気にふれると酸化重合が著しいので，鍋の形は開口面が広くないほうがよいが，油の量は多いほうが温度管理がしやすいので，やや深めのものを選ぶとよい。

鍋の材質の中では銅は特に油の色を悪くし，油の寿命を短くする。鉄は好ましくないが，ステンレスはほとんど悪影響がない。鍋と油の接触時間をなるべく短くする。油ぎりは揚げ鍋の上で行わず，揚げ物用バットを用いる。そのほか，揚げ箸，油かすを取るための網杓子，油こし器などを用意する。

3）揚げ油の変化

揚げ油は空気との接触面の大きい容器の中で高温で加熱されるので，熱酸化を主とするさまざまな反応が進行し，泡だち，着色，発煙点の低下，安定性の低下，粘度の上昇などの諸変化が生じ，風味も悪くなる。このような現象を油の劣化（俗に油が疲れた）という（図2-22）。

油の劣化度は，実用的には揚げ鍋の中に材料を入れたときの泡だち状態で推定できる。劣化した油では材料の水と油の交代が阻害され，余分の油が揚げ物の表面に付着して食味上悪影響を与えるから，油は新しいものを使用する。

劣化を防ぐには，次のようなことに注意する。

- 必要以上の加熱を避ける。
- 鍋の材質，形，使い方を考慮する。
- 植物性食品より動物性食品のほうが劣化速度が速いので注意を要する。
- 揚げている間に手まめに揚げかすを除き，使用済みの油は必ずこし，表面積の小さい容器に入れて蓋をし，冷暗所に保存する。
- 日光にあてない。

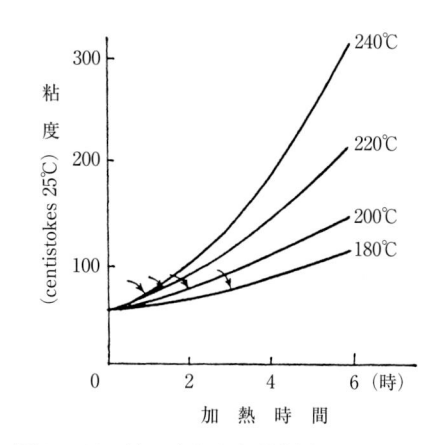

図2-22　油の疲れと加熱温度
太田静行：食用油脂，学建書院（1974）

(5) 調理例
(1) てんぷら
材　料（5人分）

大正えび……………………5尾	衣	
きす…………………………5尾	卵……………1個（50g）	小麦粉の
すみいか…………………小1ぱい	水……………150m*l*	1.5〜1.7倍
なす………………………小5個	小麦粉……………125g（材料の15%）	
さつまいも…………………150g	てんつゆ	
しその葉……………………5枚	煮だし汁……………150m*l*	
新しょうが…………………5本	しょうゆ……………50m*l*	3：1：1
だいこん…………………150g	みりん………………50m*l*	
しょうが……………………15g	揚げ油………………………………適量	

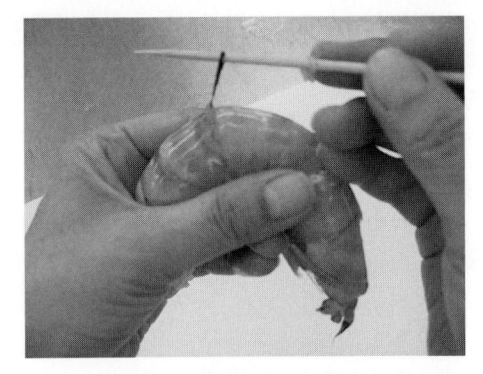

① えびの背わたをとる 　　　　　　② えびの尾の先端を切る

③ いかの甲をとる 　　　　　　　　④ いかの皮をむく

図2-23　下ごしらえの仕方

① えびは頭を取って尾の1節の殻だけ残して殻と足をむき，背わたを楊枝で抜き取る（図2-23①）。えびが曲がらないように腹側に軽く包丁目を入れ，背を指先でのばしておく。尾びれとまん中の剣は水を含んでいて揚げるときにはねるので，その先端を少し切って，水を押し出しておく（図2-23②）。

② きすはうろこ，頭を取り，背開きにする。中骨を尾に近い部分を少し残して切り，腹骨をそぎ

取る。
③ いかは足とわたを抜いて開き，両面の皮をむき（図2-23③，④），水気をふき取り，横に3cm幅の短冊切りにし，両面に包丁目を入れて丸まらないようにする。
④ なすは茶せんに切り（p.37），さつまいもは皮をむいて厚さ7mmの輪切りにしてそれぞれ水にさらす。新しょうがは形を整える。
　　しその葉は水気をふいておく。
⑤ だいこん，しょうがをおろして軽く水気をきる。
⑥ てんつゆの材料を合わせて，さっと煮たて冷ましておく。
⑦ 衣は揚げる直前につくる。ボールに卵をほぐしてよく混ぜ，冷水を入れてさらによく混ぜる。これにふるいにかけた小麦粉を加えて軽く混ぜる。
⑧ 鍋に油を入れ，180℃になったら，用意の材料に衣をつけて揚げる。えびときすは尾の所には衣はつけない。いかは衣をつきやすくするため，小麦粉をまぶしてから衣をつける。
⑨ 野菜類は油を160℃に下げ，独特の色を鮮明に見せるため，なすは一部に，しその葉は裏側だけに，新しょうがは根元に衣をつけて揚げる。
⑩ 皿に紙を敷いて揚げたてのてんぷらを盛り，⑤を添える。
　　てんつゆは深めの器に入れて添える。

＜てんぷらの衣＞

　小麦粉はたんぱく質の少ない薄力粉がよい。小麦粉中にはグリアジン，グルテニンという不溶性のたんぱく質があり，水を加えてこねることによりグルテンを形成し，粘りが出る。また，たんぱく質はでんぷんより保水性が強く，脱水しにくいため，揚げたとき，水が蒸発しにくく，粘った重い感じのてんぷらになる。カラリとさせるためには，薄力粉にでんぷんや上新粉を加えて相対的にグルテン含量を低くする方法もある。

　衣は粘りを出さないように軽く手早くかくはんする。一度に多量の衣をつくると次第にグルテンが形成されて粘りが生じるので，揚げる直前に少量ずつつくるのがよい。

　衣に用いる水は低温のほうがグルテン形成を防ぐのによいが，油の温度との差が大きすぎてもよくないので，15℃くらいが適温とされている。

　小麦粉の分量は材料の15～20％，加える水（液体）は小麦粉の1.5～1.7倍くらいが適している。てんぷらの衣は水の1/3～1/4量の卵を使うと味がよく，軽くでき上がる。これは卵によってグルテン形成が抑えられることと，卵のたんぱく質が熱凝固する際に，脱水されて衣の水分含量が少なくなるためと考えられている。

(2) かき揚げ

材　料（5人分）

芝えび……………………………… 150 g	てんつゆ
貝柱………………………………… 80 g	煮だし汁…………………………… 150mℓ
みつば（または細ねぎ）………… 20 g	しょうゆ…………………………… 50mℓ
卵…………………………………… 小1個	みりん……………………………… 50mℓ
パセリ……………………………… 5本	揚げ油………………………………… 適量
衣	おろしだいこん……………………… 150 g
小麦粉…………………………… 40 g 内外	
卵………………………………… 1/2個	
水………………………………… 50mℓ	

① えびは頭，背わた，殻を取る。
　貝柱は洗って水気をきっておく。
　みつばは2cmくらいに切る。
② 卵を冷水で溶き，ふるいにかけた小麦粉を加えて軽く混ぜ，衣をつくる。
③ えび，貝柱，みつばを混ぜ，溶き卵1個を加えて混ぜ，②の衣を加え軽く混ぜる。
④ ③を玉杓子ですくって鍋の手前に入れて揚げる。
　パセリは素揚げにする。
⑤ 揚げたてをてんぷらと同様に盛り，おろしだいこん，てんつゆを添えて供する。

(3) 鰈のから揚げ

材　料（5人分）

目板がれい………………………… 5尾	しし唐辛子…………………………… 10本
小麦粉……………………………… 少々	揚げ油………………………………… 適量
衣	レモン………………………………… 1/2個
でんぷん………………………… 40 g	
小麦粉…………………………… 大2/3	
水………………………………… 約大4	

① かれいは両面のうろこを包丁でこそげ取る。白い側の頭下を斜めに3～4cm切り，内臓を取り出す。
② 黒い側の背骨の上，尾のつけ根，縁側に包丁目を入れ，白い側にも同じように包丁目を入れる。
③ かれいの両面に小麦粉をまぶし，余分な粉はおとす。
④ 小麦粉とでんぷんを分量の水で溶き，衣をつくる。
⑤ ③に衣をつけて170℃くらいの油に入れ，ゆっくり揚げ，最後に温度を少し上げてカラリとさせる。
⑥ しし唐辛子は包丁の先か金串で小さな穴を数か所あけ，竹串に刺してしんなりするまで揚げる。
⑦ 器にかれいを盛り，しし唐辛子とレモンのくし形切りを添える。
　　（注）1）かれいは二度揚げにすると，カラッと揚がりやすい。
　　　　　2）上新粉大さじ5杯にコーンスターチ大さじ1杯を混ぜた粉をまぶしてそのまま揚げ

る方法もある。

(4) 魚の三色揚げ

材　料（5人分）

磯辺揚げ	クラッカー揚げ
き　す･････････2.5尾 卵　白･････････1/3個 の　り･････････2枚 はるさめ揚げ き　す･････････2.5尾 卵　白･････････1/3個 はるさめ･････････25g	き　す･････････2.5尾 卵　白･････････1/3個 チーズクラッカー･････5枚 青じそ･････････5枚 でんぷん･････････適宜 揚げ油･････････適量

① きすはうろこを取り、三枚おろしにし、薄身をとり、磯辺揚げ、はるさめ揚げの分だけ塩をふる。
② のりは焼いてもみのりにする。はるさめは0.5cm長さに切る。クラッカーは細かくくだく。
③ きすに薄くでんぷんをつけ、卵白を通して、のり、はるさめ、クラッカーをそれぞれつけて、170〜180℃の温度で揚げる。
④ 青じそは、糸切りにして十分に水にさらしておく。よく水気をきり、でんぷんをまぶして揚げる（揚げゆかり）。
⑤ 皿に三色揚げを盛り、しそを添える。

(5) 鯵（あじ）の南蛮漬け

材　料（5人分）

小あじ･････････8〜10尾 小麦粉･････････少々 揚げ油･････････適量 たまねぎ（またはねぎ）･････50g 赤唐辛子･････････1本	砂　糖･････････20g みりん･････････15ml しょうゆ･････････30ml 煮だし汁･････････30ml 酒･････････30ml 酢･････････45ml

① 赤唐辛子は種を出し、輪切りにする。
② たまねぎは薄切りにし、水でさらしておく。
③ あじはぜいご、内臓を除き、三枚におろして、腹骨をそぎ取る。あじが大きいときは1尾を4つぐらいに切り分ける。水気をふき取って、小麦粉をまぶし、170〜180℃の油でよく揚げる。
④ 鍋に調味料を合わせて火にかけ、ひと煮たちしたら、たまねぎ、赤唐辛子、揚げたてのあじを入れる。そのままの状態で、夏なら3〜4時間、冬なら1日ぐらいつけておく。
　　（注）1）ねぎを用いる場合は半分に切り、金串に刺して、直火にかざしてさっと焼き、4cm長さに切り分ける。
　　　　　2）小あじのほか、わかさぎ、小だいなどが用いられる。骨ごと用いるときは150℃の揚げ油で7〜8分揚げる。

(6) 鶏肉の竜田揚げ

材　　料（5人分）

鶏手羽肉（薄切り）	300 g	卵　白	大2
しょうゆ	30ml	でんぷん	大2
みりん	10ml	揚げ油	適量
しょうが汁	5ml	だいこん	150 g
サラダ油	5ml	赤唐辛子	1本

① 鶏肉は一口大に切り分け，しょうゆ，みりん，しょうが汁，サラダ油をかけて混ぜ，20分ぐらいおいて下味をつける。
② ①の鶏肉に卵白を混ぜ，でんぷんをまぶす。
③ 160～170℃の油でゆっくり揚げて，供するときに180℃の油に再び鶏肉を入れて，カラッと揚げる。
④ だいこんに種を取り除いた赤唐辛子を差し込んでおろし，もみじおろしをつくる。
⑤ 鶏肉を皿に盛りつけ，もみじおろしを添える。

(7) 揚げ出し豆腐

材　　料（4～6人分）

木綿豆腐	1丁		煮だし汁	150ml
卵　白	1個	A	しょうゆ	40ml
でんぷん	少々		みりん	40ml
だいこん	150 g		揚げ油	適量
おろししょうが	少々			

① 豆腐はふきんに包んで軽く重石をして水気をきり，4～6つくらいの角切りにしておく。
② だいこん，しょうがをおろし，巻きすの上にのせ，水気をきっておく。
③ ①に卵白をつけてでんぷんをまぶし，185～190℃くらいの油ですぐに揚げる。
④ 揚げている間に調味料を合わせて煮たて，冷ましておく。
⑤ 揚げたての豆腐を皿に盛り，②を載せ，熱いうちにAのてんつゆを添えて供する。

11．な ま 物

（1）なま物調理の特徴

　なま物は材料の持ち味や感触を生かした調理法で，栄養成分の損失がほとんどなく，調理時間が軽減され，燃料も節約できる。魚介類の生食としては，刺身が代表的である。野菜類も生食されるが，刺身のつま，酢の物，サラダなどにして用いられる。海藻もほぼ同様である。
　なま物調理の第一条件は材料が新鮮であること，次に旬，出盛り期の品質のよいものを用いることである。なま物は腐敗しやすく，また細菌や病虫害防止剤による汚染のおそれもあるので，清浄に留意し，調理後できるだけはやく食べるようにする。
　野菜は，刺身のあしらいにする白髪だいこんやサラダのようにそのまま，または冷水につけて，パリッとした歯ざわりを楽しむものと，あえ物，酢の物のように食塩を加えて水分をある程度除い

たり，やわらかくしてから調味するなどその特有な食感を味わうものとがある。

　野菜を水に放つと水が細胞内に浸透し，食品はふくれぎみとなり，パリッとしてくるとともに刺激成分やあく成分が溶出する。刺身のあしらいやサラダに使うときは，そのまま，あるいは切ってから水につける。これは動植物の組織細胞の細胞膜は半透過性で，水は容易に透過させるが，ある種の溶質は透過させない性質があるからである。

　野菜を洗ってから食塩を加えると，食塩は水に溶けて食塩水となり，浸透圧によって野菜の汁液が放出されて，組織がやわらかくなり，かさは減少する。

　放水量は切り方や加える食塩の量，放置時間などによって異なる。切り方が細かいほど，食塩量が多いほど，放置時間が長いほど放水量が増加するが，いずれも初めの5分間くらいで多量に放水し，以後緩慢となる。また，気温が高いと放水量が多くなる。さらに，もむ，しぼるなどの操作を加えるといっそう多量の水分が除かれる。

　なお，1％以下の食塩水につけると細胞内の浸透圧との差がなくなり，放水しないで逆に吸水する場合もある。

（2）刺　　身

　日本料理特有の刺身は，魚介類は生のまま食するので，材料そのものの風味がよく，鮮度が高いことが必要で，特に貝類は生きているものを用いる。鮮度の落ちたものは風味や外観が悪いだけでなく，食中毒の原因にもなる。旬の出盛り期で鮮度も品質もよい材料を，衛生的に取り扱うように留意すべきである。

　魚肉たんぱく質のミオゲン（全たんぱく質の15～25％）や魚肉に含まれるうま味成分は，水溶性であるから，切り身にしてから洗わない。また，まないた，包丁の水分をよく除いて切れる包丁を用い，できるだけ食べる直前につくるのがよい。魚や貝の刺身は本来なま物ではあるが，感触をよくしたり，なま臭みを消すために熱湯をくぐらせる場合もある。

1）魚介類の種類とその旬

　旬の魚は脂がのっていて最も味がよい。刺身に向く魚介類と味のよい季節を示した。

春	たい，まぐろ，ひらめ，ほうぼう，さわら，きす，あじ，いか，たこ，伊勢えびなど
夏	たい，まぐろ，いか，かつお，いしだい，黒だい，ぎんぽう，すずき，あゆ，かれい，こい，あわび，車えびなど
秋	たい，まぐろ，はまち，さより，こち，きす，ぼら，しまあじ，さわら，黒だい，はも，あじ，伊勢えびなど
冬	たい，まぐろ，ぶり，きす，ひらめ，むつ，さより，こち，かんぱち，さわら，あじ，ふぐ，ぶな，あおやぎ，赤貝，平貝，ほたて貝，みる貝など

2）刺身のつくり方

　刺身はすでに下ごしらえされた魚（p.38～44参照）をそのまま切るだけのことが多いが，あらいや皮霜づくりのように切る前に手を加える刺身もあり，また切り方の種類も多くある。

　魚の種類，鮮度の程度，季節，形，かたさ，盛りつけの器とのつり合いなどによって適当な方法を選ぶ。

　　a．皮の取り方：魚を下洗いし，三枚におろした後，皮引きをするか皮をむく（p.42～44参照）。
　　b．つくり方の種類

表2-26 刺身のつくり方の種類

名称		方法	備考
切り方	平づくり（切り重ね）	節おろし（p.42参照）した魚の厚いほうを向こう側に，皮側を上にしてまないたの手前に置き，魚の右端から切る。包丁はやや斜めにあてて刃は外側に向くようにして少し倒し，刃元から切り始め，手前に包丁を軽く引き，先まで使って引き切りをする。切った身は包丁につけたまま，右側に送り，順次ずらせて重ねる。厚さ約7mmくらい	代表的な切り方。まぐろ，ぶりなどによく使われる
	引きづくり	魚の右端から**引き切り**にするが，包丁は魚に直角にあてて倒さない。切った魚はその位置に置いたまま包丁を引き抜き，順に左へ切っていく	慣れない人にも切りやすい
	そぎづくり	節おろしした魚の皮のついていた側を下に，尾の側を右手に置き，左端から切り口に左手を添えるようにして斜めに薄く**そぎ切り**にする。切った魚は左手で取って左側へ移し，重ねて置く	はだが細かく肉のかたい魚（たい，黒だい，こち，ぼら，こいなど）の刺身やあらい，すし種などによく使われる
	薄づくり	そぎづくりをごく薄くしたもの。平皿に1枚ずつ花の形に盛るときの切り方	ふぐの刺身は代表的
	糸づくり（細づくり）	右端からやや斜めに細く包丁は倒さず，まっすぐに引く	さより，きすなど細身のはだが細かい魚肉のかたい魚，黒だい，こち，ぼら，いかなどに多く使われる
	重ねづくり（切りかけづくり）	平づくりにするときに間に皮だけ包丁を入れて，次に切り離し，ちょうど刺身に切り目の入った形に切る	皮の硬い魚で，しめさばによく使われる
	角づくり（さいの目づくり）	引きづくりの要領で魚の身をさいの目（角切り）に切る	かつお，まぐろなど，身のやわらかい魚によく使われる
調理法	洗い	そぎづくりにして，冷水または氷水を強くあてて，身を収縮させ，歯切れをよくする。水気をきり，氷を敷いた皿に盛ればいっそう涼感を与える。夏の代表的な刺身	たい，黒だい，すずき，こいなど活魚が用いられる
	湯洗い	こいなど泥臭い魚はそぎづくりにした身を60℃の湯の中で手早くひとかきまわしてすぐに氷水にとり，ざるに上げる。盛りつけは洗いと同じ	こいの活魚
	湯引き	つくり身を熱湯につけてすぐ取り出し，氷水で冷やして水気をきる	やわらかいまぐろ，生食できないはもなどに用いられる
	皮づくり（皮霜づくり）（焼き霜づくり）	節どりをした身の皮にだけ熱湯をかけ，すぐ冷水に取り，水気をきり，平づくりにする。皮の歯ぎれがよくなる。節どりした魚に串を打ち，皮を強火でさっと焼き，冷水で冷やして水気を除き，切る	たい，すずきなど皮のきれいな魚に用いる。かつおのたたき，あいなめなど

調理法	紙塩	バットに塩をふり、上に和紙を敷いて水を少しふり、薄くそぎ切りにした魚を1枚ずつならべる。さらに和紙をのせ、塩をふり、水をふりかけてまた魚をならべることをくり返して後、1～2時間くらい置く	たい、ひらめ、きすなどの白身の魚に適している
	昆布じめ	板昆布の汚れをとり、酢で湿らせたふきんでふいて、湿気を含ませる。この昆布の間に薄くそぎ切りにした魚をはさんで軽く押さえ、1～2時間くらい置く	紙塩と同じ魚を用いる
	たたきづくり	あじの場合は三枚におろし、皮をむいて包丁で荒くたたき、ねぎ、しょうがなどを加え、さらに細かくたたく。かつおの場合は焼き霜にし、平づくりにして上からあさつき、みょうがなどをかけ、包丁の腹で軽くたたく	あじ、かつお、いわしなど
	生けづくり	生きた魚の尾や頭をつけたまま、中骨をいためないように上身を刺身につくり、原形を生かして盛りつける	たい、こい、伊勢えびなどの活魚を生きたままの姿につくる方法

刺し身の切り方は図2-24に示した。

3）あしらい（添え物）

　刺身には一般に「つま」というあしらいを添える。日本料理に特有な添えもので、盛りつけに風情を添え、食欲を増し、栄養の調和をとり、場合によっては香気を添える役もする。材料は陸産、水産の植物性のものである。

　刺身の盛りつけは、山水にかたどって盛るのが普通で、刺身のうしろに山にみたてて高く盛り上げるもの「立てづま」、下に敷くもの「敷きづま」は、ともに「けん」といわれている。だいこんの糸切り（白髪だいこん）、きゅうり、うど、みょうがのせん切りを水につけてパリッとさせたものなどを用いる。

- **つ　ま**：上に添えるものをいう。めじそ、たで（若葉）、花きゅうり（花丸）、みょうが、防風、ほじそ、おごのり（うごのり）、水前寺のり、岩たけ、ちしゃなど。
- **から味**：刺身に香気とから味を添え、少量で魚臭を消し、味を引き立てるもので、主にわさびが用いられるが、魚によってはしょうが、辛子、だいこんおろし、もみじおろしなどが用いられる。
- **つけじょうゆ**：主に生じょうゆ、土佐じょうゆを用いるが、季節や刺身の種類により、しょうゆに、こした梅干しまたは柑橘類の汁を加えたつけじょうゆが用いられる。酢みそがこいやふななどの川魚や貝類にはよく用いられる。

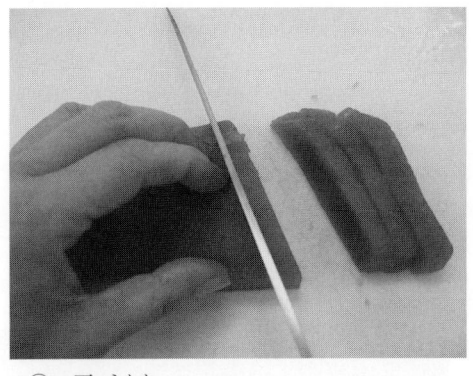

① 平づくり 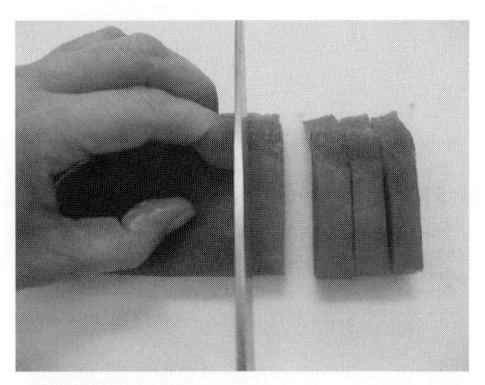　　　　　　　　　　② 引きづくり

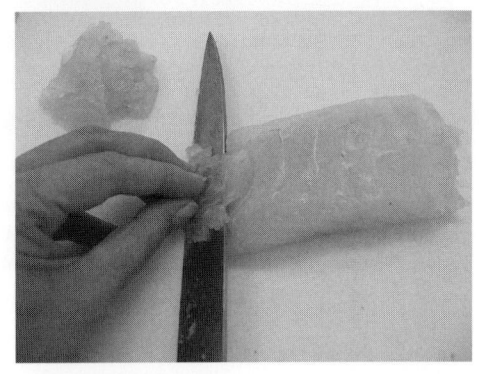

③ そぎづくり 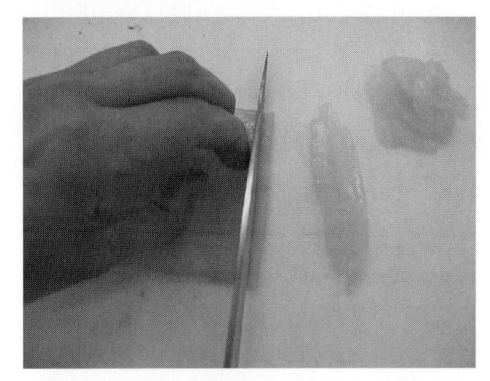　　　　　　　　　④ 糸づくり（細づくり）

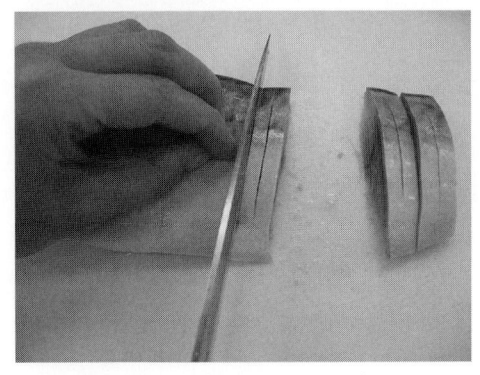

⑤ 重ねづくり（切りかけづくり） 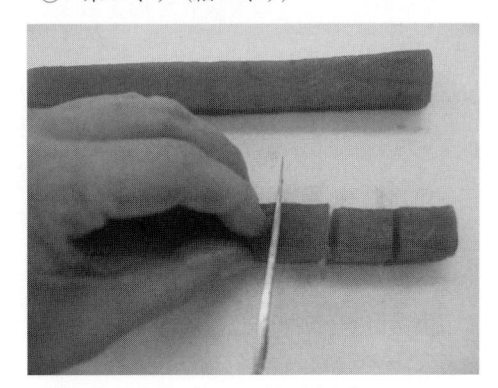　⑥ 角づくり（さいの目づくり）

図 2 - 24　刺身の切り方

(3) 調理例
(1) 刺身盛り合わせ（鯛の平づくり，鮪の角切り，烏賊の鳴門づくり）

材　料（5人分）

たい（節どり）……………………100g	だいこん……………………………100g
まぐろ（さくどり）………………150g	きゅうり……………………………1本
いか………………………………正味100g	ほじそ………………………………5本
（すみいか，もんごいか）	わさび………………………………少々
	つけじょうゆ（生じょうゆ）………適宜

① だいこんは白髪だいこん（p.36）にし，水に放してパリッとさせておく。
② たいは節どりして皮を引き，身の厚いほうを向こうにして置き，平づくり（p.111）にする。
③ まぐろは約1.5cmの角切り（p.111）にする。
④ いかは皮と薄皮をきれいにむき取り，水気をよくふいて表側に5mm間隔で横に包丁目を厚みの半分まで入れ，縦に約2cm幅に切る。さらに5cm幅に切り分ける。
⑤ 大皿に，水気をよくきっただいこんを敷き，たい，まぐろ，いかを形よく盛る。つまをあしらって，おろしわさびを手前に置く。
⑥ 別小皿にしょうゆを入れて添える〔つけじょうゆに土佐じょうゆを用いるときは(注)1)参照〕。

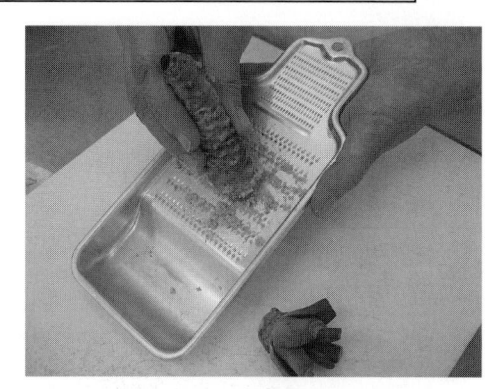

図2-25　わさびの扱い方

　　（注）1）土佐じょうゆ：しょうゆ100ml，たまりじょうゆ10ml，酒10ml，みりん5ml，かつお節少量を用意する。調味料を鍋に入れ，煮たったら，かつお節を加えて火を止め，泡をすくって取り，こして用いる。
　　　　2）生わさびを用いるときは茎と葉を削り，根をよく洗い，目の細かいおろし器でまわしながらすりおろす（図2-25）。

(2) 鯛の松皮（皮霜）づくり

材　料（5人分）

まだい……………………………正味300g
う　ど………………………………100g
花丸（花きゅうり）…………………5本
紅たで………………………………少量
おろしわさび………………………少量
しょうゆ……………………25〜50ml

① うどは，4〜5cmのごく細いせん切りにし，水に放し，あくを抜く。ピンとしたら水気をきる。紅たで，花丸は洗って水をきっておく。
② たいは節どりして，皮を上にしてまないたに置き，ふきんをかけ，まないたを斜めにして熱湯を平均的にかける。皮目が縮んだら直ちに冷水にとって冷やし，すぐ水分をふき取る。
③ 皮を上にして，平づくり（p.111）にする。
④ 器の向こう側に高くうどを盛り，それに立てかけるようにして刺身を盛る。手前につまをあし

らい，右手前にわさびを置く。別器にしょうゆを添える。
　　（注）1）たいを引きづくり（p.111）にしてから熱湯をかけ，冷水をかけて冷やす方法もある。
　　　　2）魚を熱湯にさっとくぐらせたり，熱湯をかけて表面のたんぱく質を変性させることを「霜ふり」にするという。皮のほうにだけ熱湯をかけると皮の歯切れがよくなる。この場合は「皮霜」という。
　　　　3）縮れた皮が松の木の皮のようにみえるところから「松皮づくり」ともいわれる。

(3) ふっこの洗い

材　料（5人分）

ふっこ（活魚）……………………正味250 g	辛子酢みそ	
みょうがたけ…………………………3本	み　そ……………………	35 g
しその葉………………………………10枚	砂　糖……………………	20 g
防風（ぼうふう）………………………5本	酢…………………………	大2
	煮だし汁…………………	大2
	辛　子……………………	小1
	うま味調味料……………	少々

① ふっこは三枚におろし，節どりした身は皮を引き，薄くそぎづくり（p.111）にする。
② ざるに砕いた氷といっしょに入れ，上から流水を2～3分強くたたきつけるように落とし，身を縮ませて水気をきる。
③ みょうがたけを斜めの薄切りにし，水に放っておく。
④ 冷やした器に氷を入れ，しその葉を敷き，みょうがたけ，いかり防風（p.38参照）をあしらって，ふっこをこんもりと盛りつける。
　別器で辛子酢みそをつけ味として添える。

　　（注）1）ふっこはすずき（四歳魚）の子，三歳魚の名称である。一歳魚はせいごという。
　　　　2）洗いは夏の刺身の代表的なもので，こい，たい，ふっこなどの活魚が用いられる。盛りつけはガラス器に，ガラスのすだれを敷いて氷片とともに盛ると涼しげでよい。
　　　　3）こいの洗い：こいの活魚を三枚におろし，皮を引いて，薄くそぎ切りにする。これをざるに入れ，約60℃のたっぷりの湯の中にさっとつける。すぐ氷水にさらし，水気をよくきる（これはこいのように，においの強い魚の場合に行う）。盛りつけはふっこと同様にする。
　　　　4）魚肉の収縮は，魚肉たんぱく質と結合しているカリウムイオンが，水のイオンによって平衡を乱されること，また魚肉たんぱく質の活性基が水和されることもあり，魚肉中のATP（アデノシン三リン酸）の分解エネルギーによってたんぱく質の構造変化が起こるためなどである*。
　　　　　筋肉の収縮量は筋肉のpH値が中性の場合に多く，酸性になるほど少ない。グリコーゲンの少ない魚肉はpHが中性に保たれるので，グリコーゲンの少ない白身の魚を

＊野口・山本：日本海水産研究所報告2号（1955）

死直後に用いるのがよい。

　グリコーゲンの多い魚肉は解糖作用が盛んで，pHが酸性になりやすく，収縮量が少ない。また，死後時間を経過するとともにATPの量が減少し，筋肉の収縮も減少するので，あらいには特に新鮮な材料が要求される。

(4) 鰹（かつお）の焼き霜づくり

材　料（5人分）

かつお（刺身用）……… 300 g	調味料
塩 ……… 5 g	酒 ……… 大1
わけぎ ……… 10 g	しょうゆ ……… 大2
しょうが ……… 5 g	ポン酢 ……… 大2
にんにく ……… 少々	酢 ……… 小1
青じその葉 ……… 2枚	煮だし汁 ……… 小2
だいこんおろし ……… 120 g	塩 ……… 少々

① 薬味のわけぎ，しょうが，にんにく，青じその葉はみじん切りにする。
　だいこんおろしは巻きすにのせて軽く水気をきる。
② 調味料の酒を煮たててから，他の調味料と合わせておく。
③ ①に②の調味料の1/3を混ぜる。
④ かつおは皮を下にして置き，金串5～6本を末広形に刺して（p.90図2-19(4)）塩をふる。
⑤ 皮から表面が少し白くなるくらいさっと焼き，返して同様に焼く。すぐに氷水につけて冷やし，串を抜いて水気をふいてまないたにのせ，引きづくり（p.111）にする。
⑥ ⑤を器に盛り，③をのせて，残りの調味料をかける。
　　（注）かつおのたたきは，両面強火でさっと焼いたかつおに薬味をたっぷりとかぶせ，包丁の腹で軽くたたく。これを30分～1時間くらい冷蔵して味をなじませ，供するときに薬味を除いて平づくり（p.111）にし，再び薬味をのせて軽くたたいて盛りつける。

(5) 鮃（ひらめ）の昆布じめ

材　料（5人分）

ひらめ（またはかれい）……… 正味200 g	きゅうり ……… 1本
だし昆布 ……… 30 g	ポン酢しょうゆ
しめじ ……… 60 g	だいだい，ゆず，レモン，すだちなどのし
酒 ……… 大1.5	ぼり汁 ……… 大1
しょうゆ ……… 小1/3	うす口しょうゆ ……… 大1.5
塩 ……… 小1/10	煮だし汁 ……… 小2
紅たで ……… 少々	塩，酢 ……… 各少々

① ひらめは五枚におろし，尾のほうから包丁を入れて，そぎづくり（p.111）にする。
② 昆布はかたくしぼったぬれぶきんで汚れをふき，さらに酢で湿らせたぬれぶきんでふく。
③ 昆布の間にひらめをならべてはさみ，軽い重石をして，2時間くらい置く。
④ 昆布を取り，ひらめを縦の細切りにする。

⑤ しめじは石づきを切り,水洗いして調味料を温めて入れてざっといり煮して,そのまま冷やす。
⑥ 紅たでは水につけ,きゅうりは塩ずりして,じゃばら切り(p.38参照)にし,ポン酢しょうゆをかけておく。
⑦ きゅうりをうしろに盛って,ひらめ,しめじ,紅たでを盛り,ポン酢しょうゆをかける。

(6) 鮑(あわび)の水貝

材料

あわび	1個
塩水(1.5%)	適宜
きゅうり	30 g
さくらんぼ	5粒(その他果物少々)
氷 片	適宜

① あわびを殻からはずし,わたなどを取り除いてから,角切りにする。
② ガラス鉢に入れて塩水を入れ,野菜や果物と氷片を適宜添える。

(7) 鮪(まぐろ)の山かけ

材料(5人分)

まぐろ	200 g	やまといも	120 g
しょうゆ	20ml	卵 白	12 g (いもの10%)
わさび	少々	塩	1.2 g (〃 1%)
のり	1/2枚	うま味調味料	少々

① やまといもは皮をむき,すり鉢の縁でおろし,よくする。卵白,塩,うま味調味料を加え,さらによくする。
② のりはあぶってもみのりにする。
③ まぐろは盛りつけるときに2cmくらいのさいの目に切り(p.111),わさびじょうゆであえて器に盛り,①のやまといもをかけ,のりを中央にのせる。
　(注)1) 卵白のみを用いたほうが白くでき上がってよいが,卵黄も好みによって用いる。
　　　2) ①がかたい場合は,冷ました煮だし汁を加えて調節するとよい。

12. あえ物,浸し物,酢の物

(1) あ え 物

1) あえ物の特徴

あえ物は下ごしらえした材料を,あえ衣であえたもので,両者の渾然とした風味と感触をかもし出す調理である。あえられる材料が濃厚な味のときは,あえ衣をあっさりとした味にし,あえられる材料があっさりした味のときは,濃厚な味のあえ衣にするとよく調和する。
「あえる」とは,材料に衣をふんわりまとわりつかせるようにすることで,混ぜることではない。材料と衣を合わせる際に加熱を伴わないことがこの料理の特徴であり,酢の物と共通している。
材料の種類は非常に多く,魚介類,野菜類をはじめ,動・植物性すべての食品にわたっている。生鮮品はもちろん,乾物類,塩蔵品も用いる。

表 2-27　あえ物材料の下ごしらえ

方　　法	例
な　ま	まぐろ，ひらめ，いか，たい，あわび，赤貝，果物，うどなど，鮮度が高くなまの風味と感触が最上のもの
塩をふる	だいこん，にんじん，キャベツ，きゅうりなどをしなやかにし，浸透圧によって水分を脱水させる。塩が残るから調味酢や衣の調味を加減する
塩をしてから酢洗いする，または酢じめにする	あえ衣に酢を用いる場合，材料に塩をしてから酢洗いすることを魚介類では酢じめといい，なま臭みを除き身をしまらせる。野菜は水分を少なくし，あえ衣の酢味をなじみやすくする。 ○塩でしめる　ふり塩………食品に直接塩をふる方法 　　　　　　　たて塩………魚や野菜を切った後，約3％の塩水につけて塩味をつけ，しなやかにする 　　　　　　　紙　塩………魚などに薄塩をむらなくつけたいとき，魚の上に水でぬらした日本紙を置き，その上から塩をふる ○酢洗い　味つけを効果的にするため，酢の物など調味酢であえる前に，材料を食酢や調味酢の一部を取り分けたものにくぐらせること ○酢じめ　酢じめは，魚肉に，食塩をふってしめた後，さらに酢に浸漬することによって，魚肉をしめるもので，しめさばなどに用いられる方法である。食塩を加えてからpH2.9〜3.0の食酢に浸漬するとたんぱく質が凝固して表面が白くなり，身がしまる[1]。酵素のはたらきがおさえられるので保存性を増す
湯を通して霜ふり，または湯ぶりにする	いか，たこ，あわび，あおやぎ，鶏のささ身肉，白身の魚などを熱湯に入れて，すぐ引き上げ，冷水に入れてすぐ取り出す。また，魚をざるにのせて湯をかける方法など身をしめて形を整えたり，水分，脂肪，臭みなどを除くことができる。湯ぶりのほうが霜ふりより湯に入れている時間がやや長い
ゆでる	ほうれんそう，しゅんぎく，わけぎなどはゆでてあくを抜き，やわらかく色をよくする。水分が減少し，あえ衣になじみやすくなる
蒸す	えび，かに，しらうおなどに，あらかじめ下味（調味）をしてから蒸す。食品の形はくずれにくい
水に浸してもどす	わかめ，水前寺のり，きくらげなどの乾物をもどすことにより，膨潤し，調味液も浸透しやすくなる
煮て薄味をつける	あえ物の場合，にんじん，こんにゃく，たけのこ，しいたけ，ぜんまい，わらびなどはゆでただけではあえ衣の味がしみにくいので，あらかじめ薄味で煮る

（注）1）下村道子：調理科学，162，朝倉書店（1984）

2）材料の下ごしらえ

材料の下ごしらえには，表2-27のような方法がある。

3）あ　え　衣

あえ衣には，ごま，くるみ，落花生のような香味食品や，辛子，わさびなどの香辛料をよく用いる。

衣の舌ざわりは，あえ物の味に大きな影響を与えるので，特に注意しなければならない。例えば，白あえの衣には豆腐を用いるが，水分を少なくするために，なまのまま押しをかけるか，またはゆでる。なまで用いたほうが味が良くなめらかな衣になる。衛生的な面からは沸騰水中でゆでるほう

表2-28 あえ衣の種類とあえ衣の材料の配合例

（あえる材料の重量に対する%）

種類	主な材料	塩	しょうゆ	砂糖	その他
ごまあえ	白ごま 10 黒ごま 10	1.5～2	8～10	5～8 5～8	
くるみあえ 落花生あえ	くるみ 15 落花生 15	1.5～2		10	煮だし汁 5
白あえ	豆腐 50	1.5～2		10	白ごま 5～10 白みそ 20～30
木の芽あえ	木の芽 2			5	白みそ 20
うの花あえ	うの花 20 （おから）	1.5～2		5～10	卵黄 10 酢 10
えだまめあえ	えだまめ 30	1.5～2		5～10	
うにあえ	うに 3～5	0.8～1			卵黄 5 みりん 2
辛子あえ	辛子 1		8～10	2	
ごま酢あえ	ごま 10	1.5～2		10	酢 10
酢みそあえ	みそ 20			5～10	酢 10
白酢あえ	豆腐 40～50	1.5～2		10	酢 10 白ごま 5～10
辛子酢みそあえ	辛子 1 みそ 20			5～10	酢 10

が安全であるが，かたくなり味も落ちる（p.121参照）。

4）調理の要領

あえ物は冷たい料理であるから，あえ衣やあえられる材料をよく冷ましておき，食べる直前にあえるようにする。あえてから時間がたつと浸透圧の作用により材料から放水が起こり，あえ衣の味や濃度が薄くなる。

また，水分の多い材料を用いるときは，吸水性のある食品（わかめ，油揚げ，しらす干し，干し柿，麩など）を取り合わせると水分を吸ってくれるので都合がよい。衣の味が薄いものは多量に，濃厚なものは少量用いる。

（2）浸し物

浸し物は，主として葉菜類を色よくゆでて適当な長さに切り，これにしょうゆを主体とする調味液をかけるか，またはそれに浸しておく調理である。

特に，葉菜類は長い時間浸しておくと放水を起こし，味が落ちるので，注意しなければならない。

（3）酢の物

1）酢の物の特徴

酢の物はあえ物と同様，魚介類，野菜類などをなまあるいは加熱するなどの下ごしらえをして，調味酢をかけたり添えたりした冷たい料理である。材料の持ち味に酸味が加わり清涼感があって，口中をさっぱりさせ，食欲をそそる。酢には殺菌効果もあるので衛生上からもよい調理法といえる。

表2－29　基本となる調味酢の配合

（材料の重量に対する％）

種類 \ 調味料		酢	塩	しょうゆ	砂糖	みりん
二杯酢	Ⅰ	10		8～10		
	Ⅱ	10	1.5～2			
三杯酢	Ⅰ	10		8～10	みりんの代わり3	10
	Ⅱ	10	0.8～1	4～5	みりんの代わり3	10
	Ⅲ	10	1.5～2		1.5	5
甘　　酢		10	1.5～2		10内外	
酢じょうゆ		10		6～10	0～5	
ポン酢しょうゆ		だいだいの汁 10		6～10 8～10	0～5	

表2－30　調味酢の種類
（材料の重量に対する％）

種類	基本酢	主な材料
ごま酢	三杯酢	ごま
くるみ酢		くるみ 　5～10
落花生酢		落花生
辛子酢	三杯酢	辛子　1
わさび酢		わさび　1～2
黄身酢	三杯酢	卵黄　10
吉野酢	三杯酢	葛　0.5～1
のり酢	三杯酢	のり　1
うの花酢	三杯酢	うの花　50
たで酢	二杯酢	たでの葉　1.5

材料の水気をよくきり，食べる直前にあえる。材料の下ごしらえはあえ物と同じである。

2）調味酢

合わせ酢ともいい，酢に塩や砂糖などの調味料や風味をそえる副材料を合わせたもので，濃度のある調味酢は材料によくまとわりつき，調味料にむだがないので，油脂を乳化させたり，でんぷんや卵黄などを加えて濃度をつけたりする。

表2－29と30の調味酢は一応の基準であり，食酢に含まれる酸量や有機酸，アミノ酸，糖などの種類や量によりその風味が異なるので，嗜好や用いる食品によって加減しなければならない。一般に，貝類は塩を少なくしょうゆを多くし，魚類は塩を多くしょうゆを少なくしたほうがよい。野菜は砂糖を多めに，魚介類は少なめに用いる。

3）調理の要領

材料と調味酢を合わせるのは供卓直前がよい。早く合わせると，材料から水分が出て味を損なうし，緑色野菜は酸に長時間つけておくとクロロフィルの色が退色し，茶褐色になる。

調味料の添加割合と順序により放水量は影響をうける*。レタスを0.5cm×0.5cm角に切り，塩1％，酢5％，油10％を用いた場合，塩を先に加えると放水量が多く，時間もはやい。油を先に加えると，油が野菜の表面に付着し，保護膜の役割をし，放水量は少なくなる。食味テストの結果では，放水量が多すぎても少なすぎても好まれない。

下味の影響としては，用いる塩の1/2量で下味をつけ，残りの塩と酢，油を混合したものを加えた場合と，下味をしない場合とを比較すると，下味をつけたほうが放水量は多いが味はよい。したがって，材料の口あたり，味の浸透からいうと，用いる塩の1/2量を最初にふり，軽く混ぜて水気をきり，残りの塩，酢，油を混合して加えるか，混合したものを2回に分けて加えるのがよい。

＊直井婦美子，吉松藤子：家政誌，**22**，164（1971）

(4) 調 理 例

(1) 春菊の胡麻あえ

材　料（5人分）

しゅんぎく……………………250 g	A	白ごま………25 g（材料の10%　　）
下味用		砂　糖………8 g（　〃　3%　　　）
┌ しょうゆ………………………3 mℓ		しょうゆ……15mℓ（　〃　1.2%の塩分）
└ 煮だし汁……………………10mℓ	煮だし汁………………………………適量

① しゅんぎくはたっぷりの約1％食塩水を煮たてたところへ茎を先に入れて，少したってから葉先を入れ，再び沸騰してから約1分ゆでる。冷水にとり，冷めるまで水を替えてあくを抜く。軽くしぼって水気を取り，長さ3 cmに切る。
② しょうゆと煮だし汁を合わせたものをしゅんぎくにかけ，下味をつける。
③ ごまは弱火で香ばしくなるまで煎り，油がにごじむまでする。
④ ③にAを混ぜ，煮だし汁で，トロリとするまでのばし，あえ衣をつくる。
⑤ しゅんぎくを④であえて，小鉢に盛りつける。
　　（注）1）応用材料：ほうれんそう，さやいんげん，こまつ菜，みつばなど。
　　　　　2）衣はごまの代わりに，くるみ，落花生を用いてもよい。

(2) 柿の白あえ

材　料（5人分）

こんにゃく……………………150 g	豆　腐………140 g（材料の50%　　）
┌ 煮だし汁………80mℓ（材料の50%）	白ごま………15 g（　〃　5～10%）
│ 砂　糖………5 g（　〃　3%）	白みそ………………………………30 g
│ 塩……………1 g ┐材料の0.8	砂　糖………25 g（白みその塩味に）
└ しょうゆ……1.5 g ┘%の塩分	塩……………2 g （より加減する ）
柿………………………………100 g	しょうが……………………………10 g
さやいんげん…………………30 g	

① こんにゃくは，長さ3 cmの短冊に切り，ゆでてから煮だし汁と調味料で煮て汁気をきり，冷ましておく。
② いんげんはゆでて，斜めに細く切り，①の残り汁でさっと煮て冷ましておく。
③ 柿は皮を取り，①と同様に切る。
④ 豆腐は，くずして熱湯に30秒くらい通し，ふきんにとって水気をしぼる（湯ぎり）。しぼり加減は，はじめの豆腐の重量の70％くらいにする。
⑤ ごまは焦がさないように香ばしく煎ってよくすり，豆腐を入れてすり混ぜ，調味料を加えてさらによくすり混ぜる。衣は裏ごしすると，より滑らかな口あたりになる。
⑥ 冷ました①，②の水気をきり，③とともに⑤の衣であえて，器にこんもりと盛る。
⑦ 天盛りにしょうがのせん切りをそえる。
　　（注）1）豆腐の水のきり方は，しめ豆腐（押し豆腐ともいう）のほうが，味，口あたりが良いが，衛生的には熱を通す湯ぎりのほうが安全である。しめ豆腐をつくるにはなまのままでふきんに包み，まないたの上にのせ，その上にまないたをのせ（または重しを

して）斜めにして水気を取り除く。
　2）白あえには，しいたけ，ぜんまい，きくらげ，にんじん，青菜，油揚げ，鶏肉などに下味をつけたものなどが用いられる。
　3）**天盛り**：器に盛った料理の上に置くあしらいのこと。

(3) **蕨**（わらび）**の白酢あえ**

材　　料（5人分）

わらび（ゆでたもの）	60 g	木綿豆腐	1/6丁
八方だし汁		あたりごま	小2
煮だし汁	150 ml	砂　糖	小2
酒	大1	塩	少々
砂　糖	小1	酢	小2
塩	小1/8		
うす口しょうゆ	少々		

① わらびはあくを抜き，3～4cm長さに切る。八方だし汁とわらびを鍋に入れ，中火にかけ，煮たってきたら弱火で1分ぐらい煮て火を止め，そのまま味をふくませる。
② 白酢あえの衣をつくり，①をあえる。

＜わらびのあくの抜き方＞

わらび	150 g
木　灰	大1～2
塩	小1.5

① わらびは上から15～20cmくらいに切りホーロー引きボールに入れて木灰（わらなどを燃やした灰）をふりかけ，塩もふり，軽い皿をのせる。
② わらびが浸る程度の湯を注ぎ入れ，蓋をして4～5時間おくとわらびの色がよくなり，あくも抜けるので汁を流す。
③ ②に湯をたっぷり入れ，蓋をして冷めるまで放置後水にさらす。
④ 鍋に入れて水を加えて中火でゆでる。やわらかくなったら水さらしする。

(4) **筍**（たけのこ）**の木の芽あえ**

材　　料（5人分）

たけのこ（ゆでたもの）	200 g	木の芽みそ	
煮だし汁	100 ml	白みそ	60 g（材料の20%）
砂　糖	6 g	砂　糖	18 g（〃 6%）
塩	1.5 g （たけのこの1%の塩分）	煮だし汁	12 ml
しょうゆ	2.5 ml	木の芽	6 g
すみいかの胴	1尾（100 g）	ほうれんそう葉先	20 g
			（青寄せ小さじ1/2～1）
		木の芽	5枚

① たけのこは乱切りにし，煮だし汁と調味料で下煮をする。
② いかは松かさに包丁目を入れ，熱湯をさっと通して冷水にとり，たけのこと同じくらいの大き

さにそぎ切りする。
③ みそ，砂糖，煮だし汁を合わせてよく混ぜ，火にかけて練りみそをつくり，冷ましておく。
④ 青寄せをつくる（p.74）（または，ほうれんそう20ｇをゆでてしぼり，細かくきざみ，すり鉢でする）。
⑤ すり鉢で木の芽をすり，④を加えてさらによくすり，③を混ぜる（かたさは煮だし汁で加減する）。
⑥ ①と②を⑤の木の芽みそであえ，天盛りに木の芽を置く。
　　（注）1）いかはたけのこを煮るときに最後に加えてさっと煮てもよい。
　　　　　2）木の芽みそは色合いをみて青寄せ，またはほうれんそう（ゆでてすったもの）を加える。
　　　　　3）**天盛り**：器に盛った料理の上に置くあしらいのこと。

(5) 青柳のぬた

材　料（5人分）

あおやぎ……………………150 g	辛子酢みそ
わけぎ………………………150 g	赤みそ……………80 g（材料の20％）
干しわかめ…………………10 g	砂　糖……………………………40 g
（もどして100 g）	煮だし汁…………………………50 mℓ
芽じそ…………………………3 g	酢…………………………………30 mℓ
	練り辛子………………………小1/2
	（練りみその1〜2％）

① あおやぎはエボシとヒモを切り離し，わたを出して塩水で洗う。熱湯にさっと通して，すぐ水にとり，ざるにあげておく。
② わけぎは，鍋に入るくらいの長さに切り，熱湯で3〜4分ゆで，ざるに広げて冷まし，3 cmくらいに切って，酢をふりかけておく（酢洗い）。
③ 干しわかめは水にもどし，熱湯をくぐらせ，かたい部分を取り2 cmぐらいに切る。
④ みそ，砂糖，煮だし汁を合わせて火にかけ，かために練り，少し冷めてから，酢，練り辛子を入れて混ぜ合わせる。
⑤ ④の辛子酢みそで，材料をあえて器に盛り，芽じそを天盛りにする。
　　（注）1）辛子酢みそで全材料をあえないで，材料を盛り分けて，上からかけたり，下に敷いてもよい。
　　　　　2）あおやぎの代わりにまぐろ（赤身）を用いてもよい。
　　　　　3）酢洗い：材料の水っぽさ，なま臭さを除くなど，味つけを効果的にするために用いる方法である。酢の物などを調味酢であえる前に，生酢や調味酢の一部を用いて材料をくぐらせること。

(6) 菠薐草の浸し

材　料（5人分）

ほうれんそう	400 g
浸し汁	
⎰ しょうゆ	20ml（1.0％塩分）
⎱ 煮だし汁	60ml
花かつお	2 g

① ほうれんそうは，太い株は根先に包丁を入れてよく洗い，たっぷりの熱湯に塩（約1％）を入れて，根元がやわらかくなる程度に2〜3分ゆでる。すぐ水にとり，冷めるまで水を替えてあくを抜く。根元をそろえて水気を軽くしぼり，3〜4cmに切る。

② しょうゆと煮だし汁を合わせて浸し汁をつくり，その2/3量をほうれんそうにかけて混ぜ，軽くしぼる（しょうゆ洗い）。

③ 残りの浸し汁であえ，器に盛り，花かつおをかける。

(7) 数の子

材　料

かずの子の塩漬け	200 g
つけ汁	
⎰ 酒	大5
⎱ みりん	小2
うす口しょうゆ	大1
糸がきかつお	少々

① かずの子は薄皮やすじを取り，半日か1日くらい水に浸して塩気を抜き，そぎ切りにする。

② つけ汁の酒とみりんをひと煮たちさせて，火を止めてからしょうゆを入れて冷まし，①を2時間ぐらいつけ込む。

③ 盛りつけてから糸がきかつおを天盛りにする。

(8) 若布と胡瓜の酢の物

材　料（5人分）

生わかめ	50 g	三杯酢		
⎰ きゅうり	150 g	⎰ 酢	25ml	（材料の約10％）
⎱ 塩	1.5 g（きゅうりの1％）	｜ 塩	5 g	（〃 約2％）
しょうが	15 g	⎱ 砂糖	8 g	（〃 約3％）
しらす干し	40 g			

① きゅうりは塩少々まぶし板ずりして小口切りにし，きゅうりの1％塩をふりかけておく。

② わかめは熱湯を通し，冷水で冷やしてすじを取り，3〜4cmに切る。

③ しょうがは，2cmの細いせん切りにし水にさらす。

④ しらす干しは熱湯を通し，水気をきる。

⑤ 三杯酢をつくる。

⑥ きゅうりをさっと洗ってかたくしぼり，他の材料といっしょに三杯酢であえる。

　　　（注）三杯酢の塩はきゅうりに下味がついているので少なめに用いてもよい。

(9) な ま す
材　料（5人分）

⎡ だいこん······250 g	合わせ酢	
⎣ 塩················小 1	⎡ 酢················大 5	
⎡ にんじん·········25 g	｜ 砂糖··············大 2	
⎣ 塩··············小 1/4	｜ 塩··············小 1/2	
ゆ　ず···········1/6 個	⎣ 水················大 3	
いくら···············50 g		

① だいこん，にんじんは皮をむいて4 cm長さに切り，縦にせん切りにする。
② だいこんとにんじんにそれぞれ塩をふって混ぜ，10分置いて洗い，水気をしぼる。合わせ酢少々を加えて混ぜ，少しおいてから再び水気をしぼって新しく合わせ酢を替えてつける。
③ ゆずの皮は白いところをつけないように薄くそぎ取り，せん切りにする。
④ ボールに水気をしぼっただいこんとにんじん，ゆずの皮，ゆずのしぼり汁を少々加えて軽く混ぜ，器に盛って，中央にいくらをのせる。
　　（注）　いくらは表面が乾くので，中に混ぜてもよい。

(10) 鯵と胡瓜のきぬた巻き
材　料（5人分）

あ　じ·········3尾（正味150 g）	しょうが·············10 g
⎡ 塩··········3 g（あじの 2 %）	黄身酢
⎣ 酢················約15 ml	⎡ 卵　黄················1個
きゅうり·········2本（200 g）	｜ 水（または煮だし汁）···30 ml
三杯酢	｜ でんぷん··············1 g
⎡ 酢·········30 ml（材料の 8～10 %）	⎣ 三杯酢···············25 ml
｜ 砂　糖······7～10 g（〃　2～3 %）	
｜ 塩··············4 g（〃　1.2 %）	
⎣ 水（または煮だし汁）······15 ml	

① 三杯酢の材料を合わせて，合わせ酢をつくる（2倍量つくり，黄身酢の三杯酢に使う）。
② あじは三枚におろして薄身を取り，小骨を抜き両面に塩をふり，約30分～1時間置く。水気をとり，酢に3～4分つけ，皮をむき，三杯酢に浸し，薄く開く。
③ きゅうりは塩少々で塩ずりし，洗って桂むきにして立て塩（約3 %塩水）に浸し，しんなりしたらさっと洗って，水気をしぼって三杯酢に浸す。
④ しょうがは皮をむき，細切りにする。
⑤ きゅうりの上にあじを重ねて，しょうがを芯にしてかたく巻き，2～3時間冷所に置き，味をなじませ，2つに輪切りにする。
⑥ 黄身酢をつくる。鍋に卵黄，でんぷんの水溶き，三杯酢を入れて，湯煎にしながらとろみが出るまで練り，冷ましておく。
⑦ 器に，きぬた巻きを切り口を上に向けて盛り，黄身酢をかける。

⑾ 赤貝と独活の二杯酢
材　料（5人分）

		二杯酢	
赤　貝	80 g	酢	60mℓ
うど	120 g	しょうゆ	10mℓ
酢水	適宜	塩	2 g
きゅうり	1本（100 g）	煮だし汁	30mℓ
塩	適宜		

① 赤貝は貝割りをちょうつがいに当てて軽くねじってすき間をつくり，中へ差し込んでこじあける。
② 両端の貝柱をはがし，身を取り出して，ヒモを除き，厚い部分を2つに切り開いてわたを取り除く。ヒモと身は塩をふってもみながら（まないた上に身を置き，ざるをかぶせてゆする）ぬめりを取り，水洗いして水気をふき取る。身の表を上にして縦，横に浅く切り目を入れる（鹿の子切り）。まないた上にたたきつけ，身をしめる。切り目が開いてかのこしぼりのようにこんもりとなる。これを「かのこ赤貝」という。ヒモは4つくらいに切る。
③ きゅうりは板ずりして薄切りにし，1％の塩をしてしばらく置く。
④ うどは皮をむき，マッチ棒くらいに切って，酢水にさらしてあくを抜く。
⑤ 材料をそれぞれ二杯酢少々にまぶして水っぽさを取り，水気をよくきって，残りの二杯酢をかけて混ぜ，小鉢に盛る。

⑿　菊　花　蕪
材　料（5人分）

		甘　酢	
小かぶ	5個（150 g）	酢	15mℓ（材料の10％）
塩	3 g	砂　糖	8 g（〃 5～8％）
赤唐辛子	1/2本	塩	1.5 g（〃 1～2％）
		水	10mℓ

① かぶは皮をむき，箸2本の間に置いて，下まで切り込まないようにして，0.1～0.2cm間隔に縦，横に切り目を入れる（p.38，菊花切り参照）。大きいものは2～4つに切り分け，立て塩（濃い塩水）に30分くらい浸して，しんなりしたら水気をかたくしぼる。
② ①を甘酢につけておく。
③ かぶを中央から花のように開き，赤唐辛子の輪切りを芯に置く。菊の葉を添えるとなおよい。
　　（注）　かぶは甘酢にしばらく浸しておく場合はこの分量の4倍用い，酢以外の調味料をひと煮たちして火を止め，酢を加えて冷ましてからその半量にかぶを入れて浸し，1日つけてから，つけ酢を取り替えると水っぽさがとれる。

⒀ 結び牛蒡
　材　料

ごぼう	60 g	甘酢	
酢水	適宜	酢	大3
湯	2cup	砂糖	小3.5
酢	小1	塩	小1/5
		水	小2

① ごぼうは皮をこそげて洗い，10cm長さに切り，さらに縦2mm角の細切りにして24〜36本くらいつくる。切ったらすぐに酢水にさらす。
② 湯を沸かし，酢を加えて，①を入れ，中火でやわらかくゆでる。
③ ごぼうは2本を1組として結ぶ。
④ 甘酢を合わせ，③をつけ込む。

⒁ 花蓮根
　材　料

れんこん（中細）	100 g	合わせ酢	
酢水	適宜	酢	大4
湯	2cup	砂糖	大1.5〜3.5
酢	小1/2	塩	小1/5
塩	小1/5	水	大3

① れんこんは皮をむき，5mm厚さの花形（p.37）に切り，酢水（3％）につける。
② 湯に酢，塩を加え，ゆですぎないようにして，平ざるにあげて軽く塩をふる。
③ 酢以外の調味料をさっと温めてから酢を加えて冷まし，れんこんをつけ込む。
　　（注）あちゃら酢は，上記の合わせ酢に赤唐辛子1/2本を加える。
　　　　切り方により，矢羽根れんこん（p.37参照）ができる。

13．寄　せ　物

寄せ物とは，凝固材料を用いてある濃度のゾル（sol）をゲル（gel）状にし，形を与えたものである。凝固材料には，寒天，ゼラチン，でんぷんなどが用いられるが，その濃度や凝固，融解，糊化などの温度も異なる。

（1）凝固材料
1) 寒　　天

寒天は紅藻類のテングサ，オオブサなどを原料に細胞間質中の寒天質を溶出，凝固，凍結した後，解氷，不純物を除き乾燥させたものである。天然寒天には角（棒）状寒天，糸寒天が，凍結させずに脱水乾燥した工業寒天には粒状，鱗片状，粉末の寒天がある。

寒天は，ゲロースまたはガラクタンという多糖類で主成分はガラクトースであり，人間の体内には寒天を消化する酵素がないため栄養的価値がないが，腸のぜん動運動を促進し，便秘を防ぐ効果がある。

a．膨潤，溶解，凝固：水分を多く含んでいるが，弾性を示すゲルをゼリー（jelly）という。寒天は水につけると吸水して膨潤する。膨潤度は，寒天の種類，浸漬時間によって異なる。角寒天は浸漬時間の長いほうが膨潤して溶けやすく，また粉状のほうが角寒天より溶けやすい。寒天濃度が低いほど溶けやすく，2％以上になると溶けにくくなるので，1％程度に溶かしておいて所定の濃度まで煮つめるとよい。

寒天ゾルを冷却すると40℃で急速にゾル粘度が増し，次第に流動性を失いゲル化する。寒天濃度が高いほど，同じ濃度では砂糖濃度が高いほど，凝固温度は高い。水羊羹や泡雪羹のように比重差のあるものを混ぜる時は凝固温度近く（約40℃）まで下げてから流さないと分離する。寒天濃度，砂糖濃度が高いほど分離しにくい。

b．ゼリー強度：ゼリー強度は，寒天濃度が高いと大きくなり，濃度を一定にすると砂糖濃度が高いほど大きくなる。しかし，砂糖濃度が75％になると寒天ゲルの網目構造がつくりにくくなり，ゼリー強度は小さくなる。砂糖は寒天が溶けたら早めに加えて長く加熱したほうがゼリー強度は大きくなる。

果汁を加えると果汁中の果肉の細かい粒子によりゼリー強度は小さくなる。果汁を加えて加熱すると果汁の有機酸により加水分解され，凝固力が弱くなる。風味やビタミンCの減少の点からも果汁を加熱しないほうがよいので，寒天液を70℃以下にしてから果汁を加える。

牛乳を加えると牛乳の脂肪やたんぱく質が寒天の粒子と粒子の間に入り，ゼリー強度は小さくなる。泡だてた卵白（泡雪羹）や餡（水羊羹）を加えることもゼリー強度を小さくする。

表2-31 寄せ物材料の調理性

	寒　　天	ゼラチン	でんぷん
濃　　　　　度	0.5〜2％	3〜4％	20％
浸　漬　時　間	（粉末は0分）30分以上	（粉末は5分）20分	
融　解　温　度	79〜85℃	23.5〜25℃	
糊　化　温　度			60〜70℃
凝　固　温　度	28〜35℃	8〜10.5℃	
加　熱　温　度	100℃	40〜50℃	80〜100℃

越智・千田ほか：調理，157，医歯薬出版（1977）

表2-32 寒天ゾルおよび寒天・砂糖ゾルの凝固温度

寒天濃度	砂糖濃度	凝固温度	寒天濃度	砂糖濃度	凝固温度
0.5（％）	0（％）	28.0（℃）	1.5（％）	0（％）	34.1（℃）
〃	10	28.0	〃	10	35.0
〃	30	29.6	〃	30	36.0
〃	60	32.5	〃	60	40.0
1.0（％）	0（％）	32.5（℃）	2.0（％）	0（％）	35.0（℃）
〃	10	32.8	〃	10	36.0
〃	30	34.1	〃	30	37.7
〃	60	38.5	〃	60	40.7

山崎清子ほか：家政誌，**14**，341（1963）

c．ゼリーの離漿：寒天ゼリーは時間がたつと液が流れ出す。これを離漿といい，ゼリーの網目の骨組みが収縮するためにその間に含まれている水が押し出されてくる現象である。寒天濃度が高いほど，加熱時間が長いほど，放水量は少なくなる。濃度を一定にすると，砂糖濃度が高いほど放水量は少なくなる。寒天濃度1％以上で砂糖濃度60～70％のものは，ほとんど放水現象を起こさない。保存温度が高いほど放水量が多くなるので，型に入れたまま，冷蔵庫で保存するとよい。

2）ゼラチン

　ゼラチンは，動物の結合組織や真皮の中のコラーゲン，骨の中にあるオセインが熱で分解されてできるもの（煮こごりの原因となるもの）で，これを分離，精製した，粉状，板状のものがある。主成分はたんぱく質でリジンを多く含み，消化・吸収もよい。

　　a．膨潤，溶解，凝固：ゼラチンは水に浸漬して吸水膨潤させてから加熱溶解する。吸水量は，浸漬20～30分でゼラチンに対し約10倍量とされている。浸漬時間が長いほど，濃度が低いほど，溶解温度が高いほど，溶解しやすい。溶解する水の量が多いときは直火でもよいが，少ないときは湯煎で溶かす。これを凝固させるときは，凝固温度が低いため，氷を用いるか，冷蔵庫で冷却する。

　　b．ゼリー強度：冷却温度が低いほどゼリー強度は強く，砂糖濃度が高いほどゼリー強度，弾力は大きい。ゼラチンにレモン汁を添加するとレモン汁の増加に従い硬度は減少する。牛乳を用いてゼリーをつくると凝固しやすいが，硬度は低くなる。

表2-33　ゼラチンゾルの凝固温度とゼリーの融解温度

ゼラチン濃度	凝固温度	融解温度	ゼラチン濃度	凝固温度	融解温度
2 （％）	3 （℃）	20 （℃）	5 （％）	13.5 （℃）	26.5 （℃）
3	8	23.5	6	14.5	27
4	10.5	25	10	18.5	28.5

山崎清子：調理科学講座，**4**，153（1962）

3）でんぷん

　でんぷんは穀類やいも類の細胞から取り出した単独の粒子で，加熱すると複雑な物性を示す。寄せ物には，主に葛でんぷん（ごま豆腐）ととうもろこしでんぷん（ブラマンジェ）を用いる。でんぷんは加熱温度，添加物，かくはんの程度などにより，ゲル状態が異なる。また，でんぷん糊は濃度が高くなるほど，冷却したとき凝固しやすい。ゲル強度はでんぷん粒子が最大に膨潤した状態，つまり粘度が最高になったときに冷却したものが大きい。かくはんしすぎたり長時間加熱すると粘度が低下し，ゲル強度は小さくなる。砂糖の添加により，一般にゲル強度は増す。

　葛でんぷんは透明度が高く弾力性があり，独特の歯ごたえがある。ごま豆腐はごまの中の油脂がでんぷんゲルに分散し，口あたりのよい風味の高いもので，糊化後30分～1時間くらい弱火で練ると，固まるのに時間はかかるが，離漿や老化が起こりにくく，光沢のある製品ができる。

　ブラマンジェは加熱温度と時間が食味を左右し，加熱温度が高いほど冷却時の粘度は高い。同一温度でも10分間継続加熱するとさらに粘度を増し，でんぷんの糊化が進む。

(2) 調理例
(1) 滝川豆腐
材　料（5人分）

寒　天・・・・・・・・・・・・1本（8g） 　　　　　（1.2～1.3％濃度） 煮だし汁（または水）・・・・・・400ml 豆　腐・・・・・・・・・・・・300g	かけ汁 　煮だし汁・・・・・・・・80ml 　うす口しょうゆ・・・・・20ml　　4:1:$\frac{1}{2}$ 　みりん・・・・・・・・10ml わさび，おろししょうが，ゆず，洗いねぎ，しその葉など

① 豆腐は押し切りにして水分を取り，裏ごしをしておく（200g）。
② 寒天は洗って細かくちぎり，水に浸してやわらかくし，煮だし汁で煮溶かし，60℃に冷まし，豆腐を加えて混ぜる。約45℃になったら水でぬらした流し箱に入れて固める。
③ かけ汁は合わせて煮たて，冷ましておく。
④ 天つきで突き出し，小鉢に盛り，かけ汁をかけ，ゆず皮をすりおろしふりかける。

(2) 胡麻豆腐
材　料（5人分）

葛　粉・・・・・・・・・・・・50g あたりごま・・・・・・・・・・25g 昆布だし汁・・・・・・・・・350ml 砂　糖・・・・・・・・・・・・2g 酒・・・・・・・・・・・・・3ml 塩・・・・・・・・・・・・0.5g	かけ汁 　しょうゆ・・・・・・・・30ml 　煮だし汁・・・・・・・・90ml わさび・・・・・・・・・・少々

① ボールにガーゼを広げた中に葛粉を入れてだし汁1cupを少しずつ加えて溶かし，あたりごまも混ぜて，ガーゼを持ってもみ出すようにしてこす。
② 別のボールに残りのだし汁を入れ，①のガーゼを浸して，その中に残っている葛粉とあたりごまを洗うようにしてもみ出してしぼる。
③ ①と②を鍋に入れて砂糖を加え，中火にかけて，混ぜながら約8～10分煮る。途中で火は弱火にして煮る。
④ トロリと粘りが出たら，酒と塩を入れ，さらに練り混ぜ，流し缶に入れて表面を平らにならし，冷やして適宜に切り分けて器に盛り，かけ汁とおろしわさびを添える。

14. 菓　子

(1) 餡のつくり方
(1) 生こし餡
豆を煮てつぶし，豆の種皮を除いたもので，一般に餡とはこの生こし餡を指す。
　材料により，赤，白，緑色などがあるが，赤生餡の例を示す。
① あずきは洗って虫食いやごみを除き，3倍量の水を加え，加熱する。沸騰し始めたら冷水を加

えて50℃以下に下げる（びっくり水：豆のしわのばしと軟化）。
② 再沸騰してきたら，ざるにあげて水を注ぎ不味成分（サポニン，タンニン，ゴム質など）を流す。鍋にもどし，水を加えて弱火でやわらかくなるまで煮る。器の上に裏ごしか，目の細かいざるを置き，あずきをゆで汁とともにあけ，押しつけるようにして皮と餡粒子（呉）に分ける。
③ 静置した②の上澄み液を流し去り，2～3回水洗いする（しぶきり）。木綿の袋に入れてかたくしぼる。生こし餡の収量は，あずきの1.7～1.8倍である。

(2) 練り餡（こし練り餡）

A．材　　料（でき上がり餡230～250 g）

生こし餡	160 g（あずき100 g）
砂　糖	100～120 g
	（あずきの100～120％）
水	70 mℓ
塩	0.5 g

練り餡は，生こし餡に砂糖を加えて練ったもので，糖分は用途によって異なるが，約25～50％である。
① 鍋に砂糖，塩と水を入れて火にかけ，これらを溶かす。
② これに生こし餡を加え木杓子で混ぜながら，よく練り上げる。

B．材　　料（でき上がり餡約250 g）

さらし餡（乾物）	70 g
砂　糖	100 g
塩	0.5 g

さらし餡は，こし餡を水にさらしたあと，脱水して乾燥させたものである。
① さらし餡を鍋に入れ，約400 mℓの水を加えてよく混ぜ，静置して上澄みを捨てることを2～3回くり返す。
② これに砂糖と塩を加え，よく練り上げる。
　　（注）さらし餡に水と砂糖を加えてすぐに加熱する場合は，さらし餡70 gに水140 mℓ，砂糖100 g，塩を加えて火にかけ，よく練り上げる。

(3) 粒練り餡

材　　料（でき上がり餡300～330 g）

あずき	100 g
砂　糖	100～130 g
塩	0.8 g

粒練り餡は，あずきの外皮をつけたまま，砂糖と合わせて練った餡である。
① あずきに4倍の水を加えて中火にかけ，沸騰後5分たったらあく汁を捨てる。
② さらに，3～4倍の水を加え，やわらかくなるまで蓋をして約1時間煮る（途中，常に水があずきにかぶるようにさし水をする）。
③ 砂糖を2～3回に分けて入れ，塩を加え，ときどき混ぜながらあずきをつぶさないように，300～330 gくらいになるまで弱火で練り上げる。

（2）調理例

(1) 水羊羹(ようかん)

材　料（でき上がり500g）

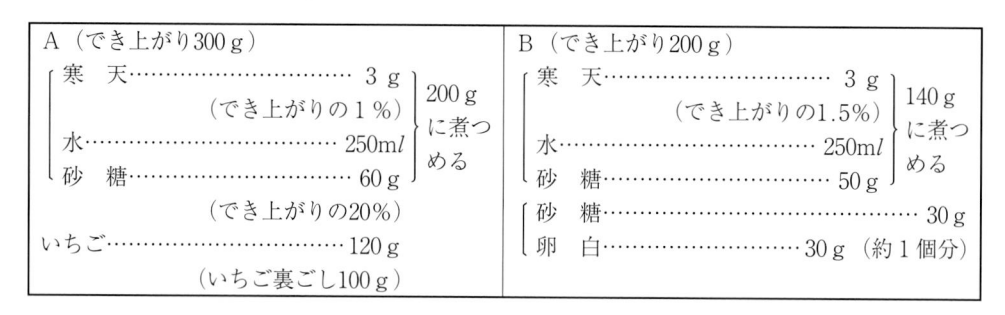

寒　天	4g（でき上がりの0.8％）
水	350mℓ
砂　糖	150g（でき上がりの30～40％）
赤生餡	150g（でき上がりの30％）（さらし餡では50g，あずきでは75g）
桜の葉	10枚

① 角寒天を分量外のたっぷりの水に入れてもどす。これの水気をしぼり，細かくちぎって鍋に入れ，分量の水に浸す。
② 重量のはかってある鍋でこし練り餡をつくる（p.131参照）。
③ ①を火にかけ，寒天が溶けたら，砂糖を加える。
④ ②の鍋に③を裏ごししながら加えてよく混ぜる。火にかけ，500gになるまで煮つめる。
⑤ 木杓子で混ぜながらトロリと濃度がつくまで（45℃くらい）冷やして，水でぬらした流し箱に入れて固める。固まったら型から出し，長方形に10切れに切る。
⑥ 桜の葉をよく洗い，水気をふいて，水ようかんを包む。
　　（注）分量の砂糖は，生餡と寒天の両方に半分くらいずつ入れるとよい。

(2) あわ雪重ね羹(かん)

材　料（でき上がり500g）

A（でき上がり300g）	B（でき上がり200g）
寒　天　3g（でき上がりの1％） 水　250mℓ 砂　糖　60g 　　　　　　　　（200gに煮つめる） （でき上がりの20％） いちご　120g （いちご裏ごし100g）	寒　天　3g（でき上がりの1.5％） 水　250mℓ 砂　糖　50g 　　　　　　　　（140gに煮つめる） 砂　糖　30g 卵　白　30g（約1個分）

① 寒天は洗ってA，Bそれぞれ重量をはかった鍋に入れ，定量の水に約30分間浸しておいてから火にかけて煮溶かす。寒天が溶けたら砂糖を加えて煮つめていく。
② Aは200gに煮つめ，60℃くらいに冷ましてからいちごの裏ごしを加えて混ぜる。これを水でぬらした流し箱に流す。
③ ボールに入れた卵白をかたく泡だて，砂糖を加えてよく混ぜ，メレンゲをつくる。
④ Bは140gに煮つめ，60℃くらいに冷ましてからメレンゲに少しずつ加えてよく混ぜる。これが約40℃になったら，表面が固まりかけているAの上に流し，2段の層にして固める。
⑤ 固まったら型から出し，長方形になるように10切れに切る。

(3) 矢羽根羹(かん)

材　料（でき上がり400 g）

角寒天	1/2本（3.5～4 g）
水	300 ml
砂糖	200 g
白生餡	200 g
食紅	少々

① 寒天はよく洗って水気をしぼり，手で細かくちぎって鍋に入れ，分量の水に約30分間浸す。
② ①の鍋を火にかけ，寒天が溶けたら砂糖を加えて煮溶かし，裏ごしする。
③ 重量をはかってある鍋に生餡と水少々を入れ，②の液を徐々に加えてよく混ぜ，再び火にかけ400 gになるまで煮つめる。これを流し箱に流し，大さじ約1杯鍋に残す。これに食紅で色づけ，セロファン紙でつくったしぼり出し袋に入れ，しぼり出し，流し込んだ表面に線描きし，この線を竹串で矢羽根に引き，冷し固める。
　　（注）　**梅花羹(かん)**：矢羽根羹と同様につくり，400 gに煮つめ，4/5は薄桃色に染め，冷めないように湯煎にしておく(A)。残りの1/5は白いままの色で小さい器に5 mm厚さに流し固め，梅形に抜き(B)，流し箱にならべ，上に(A)を流し入れ，固める。

(4) 葛(くず)桜(ざくら)

材　料（10個分）

葛でんぷん	40 g（水の20%）	こし練り餡	
水	200 ml	赤生餡	150 g
砂糖	50 g	砂糖	100 g
桜の葉	10枚	水	50 ml
		塩	0.5 g

① こし練り餡をつくり，10個に丸めておく。
② 鍋にでんぷんと水，砂糖を加えてよくかき混ぜ，火にかけて半透明になるまで練る（または，火にかける前に約1/3を取り分けておき，残りの2/3を火にかけ，透明になるまで練って火からおろし，取り分けておいた1/3をかき混ぜながら加えて半糊化の状態にする）。
③ 手に水をつけながら，②の約1/10を取って，まるめた餡を包み，ぬれぶきんを敷いた蒸し器の中にならべて4～5分間蒸す。
④ 冷めたら桜の葉に包み，葉先が上になるようにして盛りつける。
　　（注）　でんぷんは，葛粉のかわりに片栗粉（じゃがいもでんぷん）でもよいが，風味やテクスチャーは劣る。

(5) 利久饅(まん)頭(じゅう)

材　料（10個分）

小麦粉	120 g	こし練り餡	
B.P.	4 g（粉の3%）	赤生餡	200 g
黒砂糖	60 g	砂糖	150 g
水	50 ml	水	50 ml
	溶液として小麦粉の重量の60%ぐらいに仕上げる	塩	0.7 g

① こし練り餡をつくり，10個に丸めておく。

② 黒砂糖を細かくし，水を合わせて弱火で煮溶かし，冷ましておく。
③ 小麦粉とB.P.（ベーキングパウダー：ふくらし粉）をふるっておき，②に加えてまとめ，打ち粉をしたまないたの上で10等分する。餡を包んで形を整え，合わせ目を下にして表面を滑らかにする。
④ ③の表面に霧を吹き，蒸気のあがった蒸し器で12～13分蒸す。
　　（注）蒸し上がったら，うちわであおぐなどして急激に冷やすと，表面にツヤがでるといわれている。

(6) 桜　餅
材　料（10個分）

小麦粉………………………75g	こし練り餡
白玉粉………15g（小麦粉の重量の20%）	さらし餡………………………60g
砂　糖………15g（　　〃　　）	砂　糖………………………80g
水……………145ml（粉の重量の約1.6倍）	水……………………………120ml
食　紅………………………少々	さくらの葉…………………10枚
サラダ油……………………少々	

① さらし餡に砂糖，水を加えて火にかけ，よく練って餡をつくり，10等分して俵形に丸める。
② 白玉粉に水を加えて練り，砂糖を加え，ふるった小麦粉を軽く混ぜる。残りの水を加えてトロトロッとするくらいにして2つに分け，一方に食紅で色をつける。
③ フライパンに油を薄くひき，②をだ円形にして弱火で焼く。
④ ③の熱いうちに①の餡を包み，さっと湯に通したさくらの葉で包む。

(7) 柏　餅
材　料（10個分）

上新粉………………………150g	赤練り餡
熱　湯………………140～150ml	赤生餡………………………75g
（上新粉の90～100%）	砂　糖………………………50g
白玉粉………………………40g	水……………………………30ml
水……………………………40ml	白みそ餡
砂　糖………………………20g	白生餡………………………50g
柏の葉（乾物）……………10枚	白みそ………………………25g
	砂　糖………………………25g
	水……………………………15ml

① 柏の葉を8～10分間ゆでてから，水に取り，2～3回水を替えて半日くらいつけておく。
② 赤練り餡をつくり，5つに丸める。
③ みそ餡は，鍋に砂糖と水を入れて煮溶かし，白生餡を入れて練り，でき上がりぎわに白みそを加えて練り，5つに丸める。
④ 上新粉を熱湯でこねる。白玉粉に水を少しずつ入れて混ぜ，上新粉と合わせてこねる。数個に分け，薄い円盤状にしてふきんを敷いた蒸し器にならべ，蓋をして強火で20分間蒸す。

⑤ ④をすり鉢に取り，すりこぎを湯でぬらしながらよくつく。砂糖を少しずつ加えながら手水をつけてこねる。滑らかになったら10等分する。
⑥ ⑤を丸めて長円形（長さ9cm，幅6cmくらい）にのばし，餡をのせ，半分にたたんで，合わせ目を閉じる。
⑦ 蒸し器で4～5分間蒸す。蒸し器の蓋を取って，あおいで急冷させると照りがよく出る。
⑧ 柏の葉の水気をふいて，⑦を包む。赤餡とみそ餡の区別をつけるため，葉の表と裏とで包み方を変えるか，⑤のとき2つに分け，みそ餡のほうに黄色または薄桃色に着色する。

(参考) 1) 上新粉はうるち米の粉で，他の粉に比べて粒子が大きく吸水しにくい。同量の水でこねてもざらつき，粘りがなく，形づくりにくいので，熱湯を加えて米でんぷんの一部を糊化させてこねるとまとまる。しかし，水でも熱湯でも蒸すといずれも弾力のある，かたいだんご状になる。加える熱湯の温度や量は，上新粉の粒度や，混ぜ物（でんぷんが加えてあるものもある）によって異なるので注意する。よくこねるほどやわらかく，味もよくなる。

2) 白玉粉はもち米を水びきして水さらしした後乾燥させたもので，吸水しやすく同量の水でこねてもまとまる。加熱すると粘りが強く，上新粉より老化しにくいのでかたくなりにくい。上新粉に白玉粉やでんぷんを加える割合を変えることにより弾性が変化し，好みの口あたりにすることができる。白玉粉の量が増すほどやわらかくなり（一般に粘りをよくするといわれる），でんぷんの量が増すほどかたくなる（一般に歯切れがよくなるといわれる）。柏もちの場合，片栗粉10gを水で溶いて加えるとよい。

3) 砂糖は甘味をつけると同時にでんぷんの老化を防ぐ働きがあるので皮をやわらかく保つことができる。

(8) 草　餅

材　料（10個分）

｛上新粉 …………… 100g 　白玉粉 …………… 50g 　水 ………………… 150mℓ 練り餡 ……………… 250g	手　水 ｛砂　糖 …………… 20g 　水 ………………… 20mℓ ｛よもぎ …………… 30g（粉の10～20%） 　重　曹 …………… ゆで湯の0.3% きな粉 ……………… 15g

① 練り餡をつくり，10等分して丸める。
② よもぎは葉だけ取り，重曹（炭酸水素ナトリウム）を水の0.3%入れた湯で色よくやわらかくゆで（若い葉は10～20分くらい），水に浸し，さらしてからしぼる。次に，これをきざみ，すり鉢ですりつぶしておく。
③ 白玉粉に水を加えてなめらかにし，上新粉に加えてこね合わせてまとめ，数個に分け，強火で20分蒸す。蒸せたらすり鉢にとり，すりこぎでよくつく。これに②のよもぎをつき込み，手水をつけながらこね，10等分して丸める。
④ ③をのばして餡を包み，きな粉をまぶして形を整える。

（注） 重曹（または木灰は10％上澄み液）を用いると，よもぎは鮮明な緑色になる。クロロフィルがアルカリで安定したクロロフィリンになるからである。また，組織も軟化する。

(9) 五色おはぎ

材　料（25個分）

```
もち米‥‥‥‥‥‥‥‥‥320g           C　白こし餡 150g
うるち米‥‥‥‥‥‥‥‥ 80g             白生餡‥‥‥‥‥‥‥‥‥100g
水‥‥‥‥‥500ml（もち米の1.2倍＋            （白いんげんでは60g）
              うるち米の1.5倍）           砂　糖‥‥‥‥‥‥‥‥‥ 45g
A　粒練り餡 250g                      塩‥‥‥‥‥‥‥‥‥‥小1/8
 あずき‥‥‥‥‥‥‥‥‥ 75g            水‥‥‥‥‥‥‥‥‥‥‥少々
 砂　糖‥‥‥‥‥‥‥‥‥ 75g          D　緑　餡 150g
 塩‥‥‥‥‥‥‥‥‥‥小1/5            えだまめ‥‥‥‥‥120g（正味）
B　こし餡 150g                                   （さやごと300g）
 赤生餡‥‥‥‥‥‥‥‥‥100g           砂　糖‥‥‥‥‥‥‥‥‥ 45g
         （あずきでは60g）             塩‥‥‥‥‥‥‥‥‥‥小1/8
 砂　糖‥‥‥‥‥‥‥‥‥ 45g           水‥‥‥‥‥‥‥‥‥‥‥少々
 塩‥‥‥‥‥‥‥‥‥‥小1/8        E　黒ごま
 水‥‥‥‥‥‥‥‥‥‥‥少々          黒ごま‥‥‥‥‥‥‥‥‥大1
                                    砂　糖‥‥‥‥‥‥‥‥‥大1
                                    塩‥‥‥‥‥‥‥‥‥‥‥少々
```

① えだまめはさやから出して，ゆでて裏ごし，砂糖，塩，水を加えて練り上げる。
② A～Dの餡をつくる。Aの餡のうち150gは5個に丸める。100gは5個に丸めて黒ごまおはぎの中に入れる。B，C，Dはそれぞれ5個に丸める。
③ もち米とうるち米を混ぜて洗い，ざるにあげ，30分間水に浸して普通に炊き，軽くつぶす。25個のだ円形に丸める。
④ 黒ごまは煎り，粗ずりにして，砂糖，塩と合わせる。
⑤ かたくしぼったぬれぶきんの上に餡をのせてのばし，飯をのせて包み込み，形を整えると手につかず，つくりやすい。黒ごまおはぎは飯で餡を包み，まわりに黒ごまをつける。

(10) 落花生の衣かけ

材　料

```
落花生‥‥‥‥‥‥100g（煎ったもの）
砂　糖‥‥‥‥‥50～30g（豆の1/2～1/3）
水‥‥‥‥‥‥‥25～15ml（砂糖の1/2）
```

① 落花生は渋皮をむく。
② 鍋に水，砂糖を入れて溶かし，加熱して115℃になったら火からおろして少し冷まし，落花生を入れて，手早くかき混ぜると平均に砂糖衣がまぶしつく。

(11) 栗きんとん（練り物）

材　　料

くりの含め煮	さつまいも（金時）……………………500 g
くり……………250 g（正味150 g）	（正味250 g）
焼きみょうばん……………ゆで水の0.5%	くちなしの実……………………………1個
砂　糖…………120 g（むきぐりの80%）	砂　糖……………80 g（さつまいもの30%）
みりん……………………………30ml	みりん……………………………50ml
水……………………むきぐりと同重量	くりの含め煮の蜜………………………適宜

① くりは熱湯に10分くらいつけて皮をやわらかくして，鬼皮と渋皮をむいて洗う。
② 0.5%のみょうばん水をくりがかぶる程度加えて火にかけ，約5分してゆで水を捨てて，くりを洗う。再びくりがかぶる程度の水を加えて弱火にかけ，くりが動かないように注意しながら竹串を刺して通るまでゆで，湯をきる。
③ 水に砂糖を煮溶かし，くりを入れ，みりんを加えて弱火で静かに10分くらい煮て火を止め，そのまま1晩つけておく。
④ さつまいもは1cm厚さの輪切りにし，皮を厚くむき，水に浸してあく抜きする。
⑤ 鍋にたっぷりの水といもを入れ煮たったら湯を捨て，新しい湯を入れ，2つに切ってガーゼにくるんだくちなしの実を加えて再び煮る。
⑥ いもが煮えたら湯を捨てて，砂糖を加え，木杓子で混ぜながら火にかけてから熱いうちに裏ごしする。
⑦ ⑥にみりんを加え，くりの含め煮を汁ごと温めたあと，この煮汁も加える。適当なかたさに練り上げ，くりを加えて混ぜる。
　　（注）　市販のくりの含め煮を用いるときは④から実施する。

VI. 日本料理の食卓作法

(1) 座席の決め方

　和室では，床の間の前が上座（正客席）である。
　床の間のない部屋の場合には，入口から遠い位置または正面が上座になる。
　主人は出入口に近い下座に着くが，席の順位は図2-26のように決める。

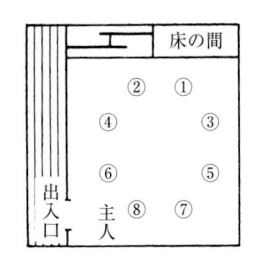

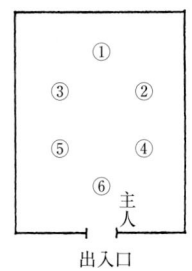

図2-26　座席の決め方

(2) 膳のすすめ方

　料理を銘々膳で畳にすすめる場合と，現在の日常食のように食卓ですすめる場合がある。食卓の場合は膳を省略することもあるが，食器の配置は膳に準ずる。

膳は両手で，息がかからないように肩ぐらいの高さに持ち，客の正面，または客の右脇からすすめる。客が席についてから料理をすすめるのが本来であるが，客の数が多い場合や人手の少ない場合には前もって食卓にならべておく。

酒席向きの会席では，次のように膳をすすめる。

① 膳には客にとって手前に箸を置き，その向こう左側に杯を置き，前菜を膳の中央に置いて出す。酒は客が着席したらまず正面からすすめる。次いで向付，吸物，口取り，鉢肴の焼き物などと献立の順序に従って，食べ終わった皿を下げながら次の料理を1品ずつ出し，最後に飯，止椀，香の物，茶をすすめる。

② 向付は膳の中央または右向こうに置き，添え汁のあるときはちょこに入れて手前にならべる。

③ 吸物は膳の手前右側に置く。

④ 口取りは向付の位置に置く。向付が食べ終わっていない場合には，向付を膳の右側に寄せ，口取りはその左側に置く。

⑤ 鉢肴を口取りの位置に置く。口取りが食べ終わっていない場合には口取りを右側に移し，口取りの左側に鉢肴を置く。どの料理も残っていて膳の上に置きにくいときは膳の右外に置く。

⑥ 煮物，小丼などをすすめる（煮物と焼き物両方を添える場合は，焼き物は汁の右側膳の外に置く）。

⑦ ご飯，香の物，止椀は酒の終わるのを待って出す。
　　ご飯は左手前に，止腕は右手前に置く。
　　香の物は一人ずつのときといっしょに盛り合わせて取り回しにするときがある。

⑧ お茶はご飯がまだ少し残っているころにすすめる。

⑨ 膳は右脇から下げて，生菓子に茶を添えてすすめる。果物は別席ですすめるのが正式であるが，近頃は同席ですすめることが多い。同席の場合は，果物を生菓子より先に供することが多い。

<配膳の仕方>

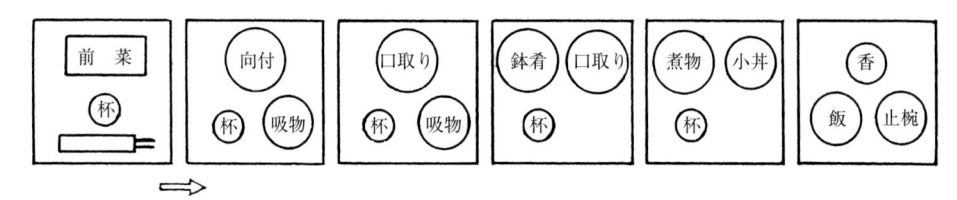

図2-27 酒客向き会席料理の例（八品献立）

酒客向き会席料理の例を図2-27に，また普通向き会席料理の例を図2-28に示す。

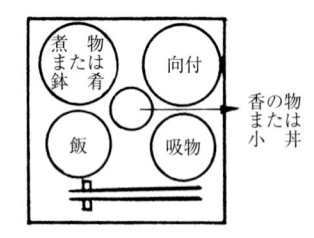

図2-28 普通向き会席料理の例（三品献立）

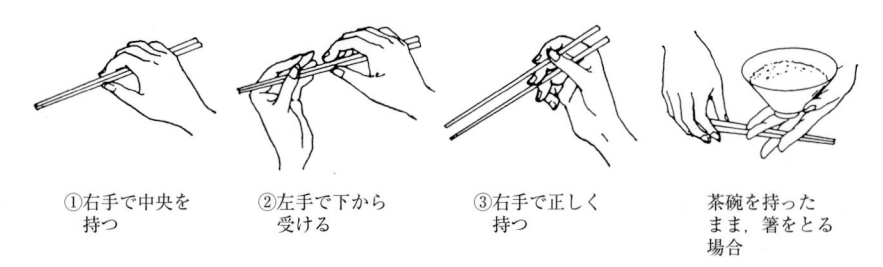

①右手で中央を持つ　②左手で下から受ける　③右手で正しく持つ　茶碗を持ったまま、箸をとる場合

図2-29　箸の持ち方

（3）食卓作法

　客は席につくとまず酒をすすめられる。一献を受けた後，箸をとり，前菜または向付から吸物へと箸をすすめる。

　a．酒：飲めなくても最初の一献は受けるようにする。杯は両手で持って酒を受け，膳において待ち，皆がそろってあいさつがあってから口をつける。あとは断ってもよい。

　b．箸：箸が袋に入っているときは，袋から出し，箸置きの上に置く。膳で箸置きのない場合や，食べ始めて先が汚れた箸は，膳の左手前の縁に箸の先を出して置くか，結んだ箸袋を箸置き代わりに用いてもよい。

　　箸のとり方は右手で上からとり，左手で下から受け，右手に持ち変える（図-29①〜③）。

　　吸物椀や茶碗を持ったままで箸をとる場合は，親指をささえるようにお椀に添え，右手で箸を上からとり，左の小指とくすり指の間にはさみ，右手を箸の先まで移し，ふつうの持ち方にする。

　c．汁物：左手を添えて右手の親指と人差し指でお椀の蓋の糸底の手前をつまみ，ほかの指はそろえる。蓋をとって，裏返して左手で受けて右手で持ち直して，膳の右外に置く（図2-30）。両手でお椀を持って，汁を一口吸い，お椀を右手を添えて左手の上にのせて，次に箸をとり，中身を食べてまた，汁を吸って下に置く。

　d．ご飯：飯茶碗は左側にあるので，蓋のある飯茶碗の場合は左手を主に右手を添えて蓋を取り，上向きにして左側に置く。

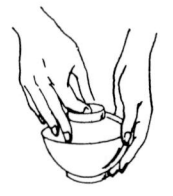

①右手でふたの糸底の手前をつまむ　②左手で受ける

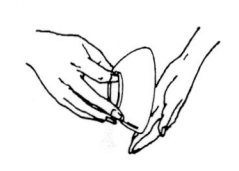

図2-30　椀の扱い方

　　食べ方の順序は，飯とともに供される汁物は，まず汁を一口吸って実を食べ，あとは飯，汁，おかずを偏らないように食べる。

　e．食べ終わったら，蓋は取ったときの逆の順にそれぞれに蓋をする。器を重ねると傷をつける場合があるので重ねないようにする。

Ⅵ．日本料理の食卓作法

第3章　西洋料理

Ⅰ．西洋料理の特徴

　西洋料理とは，欧米諸国の料理の総称で，それぞれの国の気候，風土，産物，習慣なども異なるので特色ある料理が多いが，その代表といえるのがフランス料理である。19世紀に確立され，全世界に広められ，洗練された料理として高く評価されている。

　フランスは農業国で広い平野からは小麦，野菜，果実が採れ，牧草地には牛，豚，羊が放牧され，山野からは鹿，兎，野猪，きじなどの野禽類，川からは川魚，海からは舌びらめ，オマールえび，かき，ほたて貝などが採れ，料理の素材が豊富である。また，フランス料理に欠くことのできないブドウ酒もボルドー，ブルゴーニュという二大産地を有していることも料理の発展に大きく寄与している。このような自然環境の中で，料理について関心が深い国民により，美味が追求され，調理法が伝統的に受け継がれてきている。

　その他の国として，イタリアはフランス料理の源流であり，古代ローマより受け継がれた古い伝統を持つ。パスタ，米，オリーブ油を使った料理が多く，スパゲッティ，ピザ，ラザーニア，ミネストローネ，オッソブーコ（牛の骨髄の煮物）が有名で，ブドウ酒もキャンティ，マルサラなどがある。

　ドイツでは，じゃがいも，小麦のほか，牛，豚，魚（ひらめ，たら）などがよく用いられ，ソーセージやザウアークラウト（塩漬けにし，発酵させたキャベツ）なども有名である。ブドウ酒もライン，モーゼルがおいしい。

　イギリスは，家庭的な料理でローストビーフ，ヨークシャープディング，シチュー，パイ料理が知られている。

　アメリカでは，豊富な食品が冷凍，缶詰，半調理品に加工され，ハンバーガーに代表されるように味よりも簡便さに重点を置いているように思われる。

　一般に西洋料理の特徴としては，次のことがあげられる。

① 　材料は獣鳥肉類が多く，牛乳や乳製品（生クリーム，チーズ），油脂が多く用いられる。
② 　調味料は塩が主になり，各種の香辛料や酒類を用い，風味を高める。
③ 　材料や調理法にあったソース類がつくられ，料理に風味，色どり，光沢，潤いを持たせたり，盛りつけに風情を添える。
④ 　食事中，料理に適した酒類が供される。

　材料をバターで焼いたり炒めたり，バターや生クリームがたくさん入ったソースを使うフランス料理は，日本料理と比べると重く感じられ，健康の面でも考え直されるようになってきた。最近は，素材の味を生かした軽い感じの"新フランス料理"が考案されて流行している。しかし，しっかりと根をおろした伝統的な基礎技術は変わりなく，応用のきく料理をしていくためには，それをきち

んと身につけておくことが大切である。

Ⅱ．西洋料理の基礎

1．西洋料理の材料

（1）調味料，香辛料
1）調 味 料
  a．バター：無塩と有塩の2種類があり，有塩は調理に，無塩は菓子をつくるときに使用する。保存しておくには，他のにおいを吸収しやすいので密閉容器に入れて0～5℃の冷蔵庫に入れておく。
  b．サラダ油：マヨネーズやヴィネグレットソースの材料や一般の料理に広く用いられる。
  c．オリーブ油：イタリア，フランスなどで栽培されるオリーブの実からしぼった油で独特の香りを有する。黄色味を帯びた油であるが良質のものほど緑色を呈する。
  d．砂　糖：一般家庭で料理，菓子などに使われる上白糖，コーヒー，紅茶などの飲み物に使われる角砂糖，グラニュー糖，製菓用に使われる粉砂糖などがある。親水性を利用して防腐や老化防止の目的で使用される。
  e．塩：岩塩と海塩がある。食塩として加工されるものは海塩で，岩塩は工業用に使われる。家庭用に使う精製塩，これを再結晶させ乾燥させたのが食卓塩である。
  f．酢：原料によって酸度や風味が異なる。ワインビネガー，アップルビネガー，米酢などがある。レモン汁を即席酢として利用することもある。

2）香 辛 料
特殊な植物から芳香や辛味をもっている種子，つぼみ，葉，茎，樹皮，根などを乾燥させたもの

表3-1　香辛料の種類と用途

区分	種　類	特徴，産地	用　途
辛味性スパイス	こしょう Poivre（仏） ポアブル Pepper（英） ペッパー	インド原産で爽快な香りと強い辛味を持つ。黒，白，緑の3種があり，黒こしょうは未熟果を採り天日に干して乾燥し，白こしょうは赤く熟した果実の果皮を除去する。緑こしょうは未熟果を塩漬けにする。白こしょうは黒こしょうより辛味に欠けるが，香りが高く，色が目だたない	肉，魚，野菜，スープ料理に使うほか，カレー粉，ソース，ケチャップなど調味料の原材料となる
	しょうが Gingembre（仏） ジンジャンブル Ginger（英） ジンジャー	熱帯アジア原産で清涼な香りと辛味を有する。蔬菜用としてのなまのしょうがと乾燥粉末にして用いる乾薑とがある	肉，鳥，魚介料理，飲料，菓子，アルコール飲料に使う。生薬にも使用
	辛子 Moutarde（仏） ムータルド Mustard（英） マスタード	黒辛子（中近東原産），和辛子（インド，中国），白辛子（地中海沿岸）の3品種がある。黒，和辛子は鼻粘膜を刺激し，ツーンとくる強い辛味，白	肉，卵料理，マヨネーズ，各種ソース，ピクルス，サンドウィッチ

		辛子（洋辛子）はやわらかい辛味を有する。乾燥状態では辛味と芳香を感じない	
	西洋わさび Raifort（仏） レフォール Horse-Radish（英） ホース ラディッシュ	東ヨーロッパ原産。鼻にツーンとくる刺激的な辛さを有する。なまのものはすりおろし，粉末は水を加えると辛味がでる	肉，魚介料理（ローストビーフ，牡蠣），ソース類，粉わさびの原料
香味性スパイス	肉　桂 カネル Cannelle（仏） シナモン Cinnamon（英）	ベトナム原産，爽快な特有の甘味を帯びた香りを有する。樹皮を丸めて日干しにする	菓子類（パイ，プディング），ピクルス，ソーセージ，カレー粉
	ナツメッグ（にくずく）と メース ムスカード Muscade（仏） ナツメッグ Nutmeg（英） メース Mace（仏）	モルッカ諸島原産。熱帯性植物にくずくの果実の種子核中の仁がナツメッグでその種子を取り巻いている仮種皮がメース。特有の甘く強い芳香を有する。ナツメッグはおろして粉末にしたあとで使う。メースは通常粉末が市販されている	肉料理（ハンバーグ，ソーセージ），ドーナツ，ジャム，カレー粉やソースの原料
	丁　字 ジロフル Girofle（仏） クローブ Clove（英）	モルッカ諸島原産。1.5cmくらいの釘に似た形をし，色は濃褐色で強く甘い芳香と舌がしびれるような刺激味がある。防腐作用がある	ハム，ソーセージ，シチュー，ピクルス，リキュール，菓子
	月桂樹の葉 ローリエ Laurier（仏） ベイリーフ Bay leaf（英）	西アジア，ヨーロッパ南部原産。もみ砕くと甘い芳香を発し，やや苦味を有する。月桂樹の葉を日陰干しにして乾燥する	肉，魚介，野菜，スープ料理，ソース，シチュー
着色性スパイス	サフラン サフラン Safron（仏） サフラン Saffron（英）	南ヨーロッパ，西アジア原産。サフランの花の雌しべ（3本しかない）を乾燥する。赤褐色で長さ3cmくらいの糸状で，強い芳香があり，水に浸すと黄色の色がでる	米料理（パエリア），ブイヤベース，飲用，ソース類
	パプリカ パプリカ Paprika（仏） パプリカ Paprika（英）	熱帯アメリカ原産。鮮やかな赤色の粉末で快い芳香がある。辛味の有無によって甘口，甘辛，辛口があるが，日本では甘口のみ輸入している	ハンガリー料理に不可欠なもの。サラダのソース，スープ，チーズ
	うこん カーキュマ Curcuma（仏） ターメリック Tarmeric（英）	熱帯アジア原産。ターメリックの地下茎をゆでて天日干しにする。カレー粉に似た芳香があり，粉末は鮮やかな黄色を呈する（油溶性）	カレー粉の原料。魚，米，牛肉料理，たくあん漬け
ハーブ類（香草）	はっか ミント Mint（仏） ペパーミント Pepermint	地中海沿岸原産。シソ科の多年草で清涼感のある芳香と舌を刺すような刺激味を有する。茎ごと刈り乾燥させる。さらに蒸留してはっか油をとる	羊肉料理用のソース，魚，野菜料理，カクテル，菓子，ガム，薬
	オレガノ オリガン Origan（仏） オレガノ Oregano（英）	地中海沿岸原産。シソ科の多年草で乾燥した葉は砕けてしまう。青じそに似た清涼感のある芳香とやや刺激味がある	イタリア料理に欠かせない（ピザ）。チリパウダーの原料，シチュー
	タイム （じゃこう草） タン Thym（仏） タイム Thyme（英）	南ヨーロッパ原産。シソ科の常緑多年草で穂先を乾燥させる。色は淡灰緑色で，甘い清涼感のある強い芳香と若干の苦味を有する。防腐性を有する	肉，魚料理，シチュー，ソース類，ピクルス，ハム，ソーセージ
	バジル	インド原産。シソ科の1年草で特有の甘い芳香が	スープ，ミートパイ，豆

	バシリク Basilic（仏） バジル Basil（英）	強い。なまのままか乾燥した葉や花芽を使う。「ハーブの王様」といわれている。イタリア名はバジリコ	類の煮物，トマト料理，えび，かに料理
	タラゴン （西洋よもぎ） エストラゴン Estragon（仏） タラゴン Tarragon（英）	西アジア原産。キク科の多年生草で2年目が香りがよい。穂先をなまのままきざんで用いるか，乾燥させて用いる。日本のよもぎに近い芳香を有する	エスカルゴ料理，野鳥，野獣料理，タラゴン・ビネガーの材料
シーズ類（種子類）	フェンネル (茴香) フヌイユ Fenouie（仏） フェンネル Fennel（英）	地中海沿岸原産で，強く甘い芳香を有する。スターアニスを大茴香と呼ぶのに対し小茴香ともいう。種子のままか粉末にして市販される	魚料理用のソース，クールブイヨン，肉料理，リキュール，カレー粉
	キャラウェー (姫茴香) カルヴィ Carvi（仏） キャラウェー Caraway（英）	西アジア原産で，甘く強い芳香を有する。種子はそのままか粉末にして市販されている。蒸留してキャラウェー油をつくり利用する	パン，ケーキ，ビスケット，りんご料理，肉料理，アルコール飲料
	クミン キュマン Cumin（仏） クミン Cumin（英）	エジプト原産で，キャラウェーに外観が似ているが，芳香は異質である。防腐力がある。世界各地の料理に使われるポピュラーなスパイスで，現在はモロッコが主産地	カレー粉，チリパウダー，チャツネ，チーズ，パン
	コリアンダー コリアンドル Coriandre（仏） コリアンダー Coriander（英）	地中海沿岸が原産で，甘い快い芳香（レモンとセージを合わせたような）がある。インドやペルーでは葉も利用している	カレー粉，菓子，肉料理，チーズ，メキシコ・アラビア料理に不可欠
	カルダモン カルダモム Cardamome（仏） カルダモン Cardamon（英）	インド原産でカルダモンの実の内部にある種子を利用する。強い芳香と苦味を有する。アラビア諸国で人気のあるスパイス	カレー粉，ソース，菓子類，コーヒー，肉料理

で，西洋料理には欠くことができない。料理に風味と芳香を添え，食欲をそそり，消化液の分泌を促すのに役だち，なま臭みや獣臭さを消すのに有効である。

(2) 特殊材料

a．キャビア　caviar（仏）　caviar（英）：ちょうざめの卵の塩漬け。黒海，カスピ海方面の河で採れる。粒が大きく，なめらかで，皮のやわらかいものが良品。ロシア産のものは特に美味である。色は黒色，茶色，黄金色などがあるが，黄金色のものが珍重されている。缶詰で輸入される。オードゥーヴルとしてはよく冷やして，たまねぎのみじん切り，ゆで卵を薬味として供する。

b．フォア・グラ　foie gras（仏）：特殊に飼育したがちょうの脂肪の多い肝臓（飼料を無理につめ込んで食べさせ，運動させないで肝臓だけ大きくする）。最も珍重されるオードゥーヴルの材料で，フランスのストラスブール地方が産地として有名である。煮てワイン，きざみトリュフ，香辛料を加えてパテをつくるほか，各種のつぶし肉料理に加えられる。缶詰のほか，現在はなまのものが空輸される。日本でもがちょうの飼育が始まり，国産のものができるように

なった。

c．トリュフ　truffe（仏）：松露に似たきのこで，西洋松露という。南フランスのペリゴール地方とイタリアだけでしか採れない。黒松露と白松露があり，イタリアでは白松露を珍重する。根も傘もなく，カシ，ポプラなどの林の地下10cmに生育する。人工栽培ができず，野生種を訓練した豚や犬にかぎ出させて採取する。ピンポン玉の大きさで黒色で香りが高く，高級フランス料理には欠かせないもので，でこぼこがなく重くしまりのあるものが良品。ソース，鶏の詰物，フォア・グラとともに用いられる。缶詰で輸入される。

d．ケッパー　câpre（仏）　caper（英）：ヨーロッパ南部に自生するフウチョウボクのつぼみの酢漬け。粒が小さいほうがやわらかで，香気が高い。暗緑色で酸味と軽い苦味を持ち，酸味はさっぱりした効果を加える。魚・肉料理，ソース，バター，チーズの風味づけ，薬味に用いる。

e．アンチョビー　anchois（仏）　anchovy（英）：地中海で採れるひしこいわしを塩で下漬けし，頭と内臓を取り除き，塩で本漬けし，10か月くらい置いて熟成させ骨を除いてオリーブ油で油漬けしたもの。片身のままのヒレアンチョビーと渦巻き状にしたロールアンチョビーのほか，ペースト状のものもある。オードゥーヴル，サラダに使うほか，ソースに加えたりする。

f．チャツネ　chutney（英）：本来はインド特産の漬物で，よく熟したマンゴーをレーズン，しょうが，唐辛子，スパイスなどとジャム状に煮て，砂糖，酢を加えたもの。カレーの薬味とするほか，各種の料理に使うなど応用範囲の広いソースのひとつとなっている。アップルチャツネ，トマトチャツネ，キューカンバーチャツネなどがある。

（3）酒

a．ブドウ酒：赤ブドウ酒，白ブドウ酒，ロゼがある。数少ないアルカリ性のアルコール飲料で，天然醸造の良いものを選ぶことが大切である。ぶどうをアルコール発酵させてつくる。アルコール度は13％前後，かすかな渋味と酸味があり，これが料理の味に深みを出す。また，におい消しの効果もあるので広く料理のかくし味として使用される。特に肉，魚，鶏など動物性の材料を使う料理に欠かすことができない。肉類には赤ブドウ酒，白身の魚や鶏などには白ブドウ酒がよい。焼き物の仕上げにブドウ酒をふりかけ炎をあげて燃やすとブドウ酒の風味がつき，アルコールが燃えたときに良い香りが生じ，さらに風味を増す（フランベ）。

b．シェリー酒：スペインのブドウ酒であり，独特の古酒香がある。アルコール度は15～20％程度，白かびを生やして香りをつけた辛口のドライワイン「フィノ」，甘口の「ブラウン」，中辛の「ヴィノ・デ・パスト」など種類が多い。辛口や中辛は食前酒として，甘口は食後に飲むのがよい。羊肉や牛肉料理の肉にふりかけたり，煮込み料理にも使用する。

c．ブランデー：白ブドウ酒を蒸留し，5～10年くらい樽につめて熟成してつくる。良いブドウ酒からつくったものほど香り，味ともに良い。アルコール度43％。特有の香気を利用して紅茶に入れたり，料理にふりかけたあと火をつけてアルコール分を燃やす。ケーキ，シチュー，スープ，肉料理などに使う。

d．ラム酒：熱帯地方特産の蒸留酒で，さとうきびからとった糖液を発酵，蒸留したあとナラ樽に入れて3年以上熟成させる。ストレートあるいはカクテル用として用いるほか，アイスクリーム，ケーキ，キャンディーなどの香りづけに入れる。ヘビィ，ミディアム，ライトがある。

ヘビィは最も風味が豊かで味も濃厚である。色は濃褐色，ライトはやわらかい風味とデリケートな味を持つ。

- e. **リキュール**：香気を楽しむ酒。アルコール度15％以上，エキス分2％以上，食前・食後酒として飲まれ，カクテルに不可欠である。
  - ペパーミント：西洋はっかを主香料とする。緑色が一般的だが，無色や紅色のものもあり，独特のさわやかさを利用。カクテル，ゼリーに使う。
  - オレンジキュラソー：西インド諸島のキュラソー島のオレンジからつくられる。ゼリーやシャーベットの色や香りづけ，メレンゲ，クッキーの風味づけに使う。
  - コアントロー：オレンジキュラソーの一種で良い香りとかなり甘味のある味が特色。シロップに混ぜてスポンジケーキにかけたり，缶詰の果物に混ぜ，風味の良いデザートにしたりする。
  - マラスキーノ：マラスカというユーゴスラビアのさくらんぼで香味づけする。これに漬けたチェリーがカクテルの飾りや洋菓子に使われるマラスキーノチェリーである。ゼリーにかけたり，カスタードソースや生クリームの風味づけに使う。

2．調理器具と食器

（1）調理器具

西洋料理に用いられる調理器具は，ひとつひとつの使用目的がはっきりと分かれているものが多い。

1）鍋　類

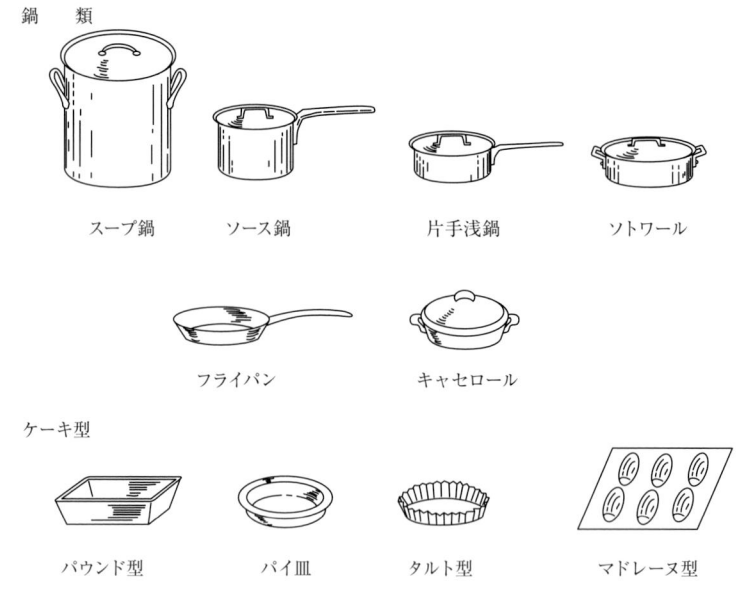

鍋　類
スープ鍋　ソース鍋　片手浅鍋　ソトワール
フライパン　キャセロール

ケーキ型
パウンド型　パイ皿　タルト型　マドレーヌ型

図3-1　西洋料理の鍋類とケーキ型の種類

2）調理器具

スパテラ　横スプーン　縦スプーン　野菜くりぬき　料理ばさみ　シノア

図3-2　西洋料理の調理器具の種類

（2）食　器

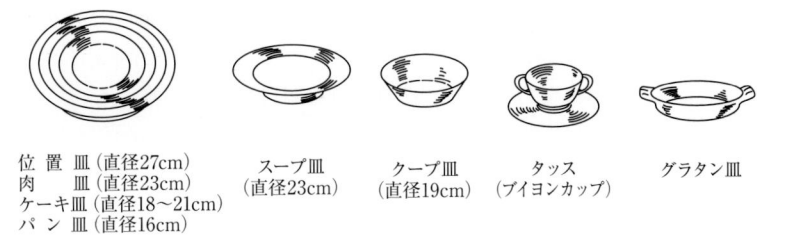

位　置　皿（直径27cm）
肉　　　皿（直径23cm）
ケーキ皿（直径18～21cm）
パ　ン　皿（直径16cm）

スープ皿（直径23cm）　クープ皿（直径19cm）　タッス（ブイヨンカップ）　グラタン皿

図3-3　西洋料理の食器の種類

3．切り方

ロンデル
rondelle
輪切り

トランシュ
tranch
半月切り

バトンネ
bâtonnet
棒状に切る

リュス
russe
小さい拍子木切り
（長さ2.5cm,
5mm角）

ジュリエーヌ
julienne
せん切り

ドミノ
domino
2cm角切り

サルピコン
salpicon
1cm角切り

プランタニエール
printanière
5mm角切り

ブルノアーズ
brunoise
1～2mm角切り

アーシュ
haché
みじん切り

エマンセ
emincé
そぎ切り

ペイザーヌ
paysanne
色紙切り

トランシュ
tranche
一片切り

シャトー
château

コルネ
cornet
コルネ形

リュバン
ruban
桂むき

図3-4　西洋料理の切り方の種類

Ⅱ．西洋料理の基礎

Ⅲ. 調理理論と実習

1. ソース Sauce

ソースは"塩味をつけたもの"という語から発生し，フランス料理はソースが決め手といわれるほど，ソースのでき，不できは料理の味を決める重要な役割を持っている。色どりも豊かで，温かいもの，冷たいもの，料理用，デザート用と変化に富み，400～500種にも及んでいる。

(1) ソースの材料

基礎ソースをつくるのに大切な材料は，
① 煮だし汁（fond），② 炒め粉（roux），③ ソースのつなぎ（liaison）である。

1) 煮だし汁（fond）の種類とつくり方

色と材料によって，次のように分けられる。それぞれの料理に調和の良いものでなければならないが，家庭用にはスープのだし汁（ブイヨン）を用いてもよい。

色によって，次のように分けられる。
① 白色煮だし汁（fond blanc）　白い色のソース用
② 褐色煮だし汁（fond brun）　褐色のソース用

また，材料によって，次のように分けられる。
① 子牛肉の煮だし汁（fond de veau）　牛肉料理用
② 鶏肉の煮だし汁（fond de volaille）　鶏肉料理用
③ 魚の煮だし汁（fond de poisson）　魚料理用
④ 野禽獣の煮だし汁（fond de gibier）　野禽獣料理用

表3-2　煮だし汁の材料とつくり方（1 l 分）

	材	料			つ　く　り　方
白色煮だし汁	子牛肉	600 g	にんにく	0.5 g	子牛肉，鶏肉をぶつ切りにしてよく洗い，鍋に入れて分量の水を加えて静かに煮たたせ，浮き上がるあくをすくい取り，野菜，香草，塩を加えて弱火で3時間くらい，蓋を少しあけて煮て，熱いうちに布でこす
	鶏の骨	250 g	タイム	1 g	
	にんじん	80 g	粒こしょう	2 g	
	たまねぎ	70 g	塩	6 g	
	セロリー	20 g	水	2 l	
	パセリ茎	10 g			
褐色煮だし汁	牛すね肉	600 g	たまねぎ	65 g	肉類は1 cm厚さ，野菜類は5 mm厚さに切る。肉，野菜を天板に入れ，強火の天火で褐色になるまで炒めるか，フライパンに油を熱して肉を色づくまで炒めて鍋に入れ，次に野菜を入れて炒めて鍋に入れ，分量の水と塩を加えて煮たたせ，あくを取り除き，弱火で5時間煮て布でこす
	子牛すじ肉	600 g	ローリエ	0.5 g	
	豚すじ肉	40 g	タイム	1 g	
	ベーコン	25 g	塩	5 g	
	にんじん	65 g	水	2 l	

鶏の煮だし汁	鶏くず肉 鶏の骨 にんじん たまねぎ	400g 250g 50g 40g	ブーケ 塩 水	1個 6g 2ℓ	白色煮だし汁と同様につくる 　ブーケ（香草の束）……ブーケガルニ 　セロリー　20g　　パセリ茎　10g 　タイム　　1g　　ローリエ　0.5g 長時間の煮込みやソースの香りづけに用いる。 糸でしばり，取り出しやすくする	
魚の煮だし汁	白身魚のあら たまねぎ パセリ茎 レモン	1kg 50g 10g 10g	白ブドウ酒 粒こしょう 塩 水	180mℓ 3g 4g 1.5ℓ	白身の魚（舌びらめ，たい，ひらめ）をよく洗い，たまねぎの薄切り，粒こしょうの砕いたものなど鍋に全部入れて火にかけ，沸騰後20分間煮て布でこす。魚肉ははやく味がでるので長く煮ない	

2) 炒め粉（roux ルー）の種類とつくり方

小麦粉とバターを炒めたもので，ソースに濃度をつけるものである。濃度（小麦粉）はソースの目的によって違い，料理の上からかける普通のソースは6％，煮込みながら材料にからませるソースは8％，クロケットのつなぎのソースは10％濃度となる。

① 白色の炒め粉　　（roux blanc ルー ブラン）　白ソース
② 淡黄色の炒め粉　（roux blond ルー ブロン）　ブルテーソース，トマトソース
③ 褐色の炒め粉　　（roux brun ルー ブルン）　褐色ソース

表3-3　炒め粉の材料とつくり方（ソース1cup分）

	材　料		つくり方
白色炒め粉	小麦粉 バター	12g 10g	鍋にバターを溶かし，ふるった小麦粉を入れて木杓子で焦がさないように弱火で2〜3分炒める。はじめは木杓子につくが，だんだんサラリとしてくる
淡黄色の炒め粉	小麦粉 バター	12g 10g	白色の炒め粉と同じようにつくり，でき上がる直前に少し火を強くして淡黄色にする
褐色の炒め粉	小麦粉 ヘッドまたはサラダ油	12g 10g	鍋またはフライパンに油を入れ，小麦粉を入れて弱火からだんだん温度を高くして茶褐色になるまで15分ぐらい炒める。最初から強火にすると色がムラになる

＜ルーの調理性＞
　ソース，シチューなどに小麦粉で濃度をつける方法には次のような用い方がある。
- 小麦粉を水で溶く：簡単で粘度も高いが，小麦粉の臭みがある。
- 煎る：保存性があるが味は悪い。よく煎ると温度による粘度の差はあまりない。
- バターと練り混ぜる（ブール・マニエ）：液体を加えてのばすとき，かたまりができない。小麦粉のにおいがあるのでよく煮る。
- 油で炒める（ルー）：香りと油脂味が加わり，おいしい。

温度が下がると粘度が増すので飲食時の粘度を考えて調理する。煎ったり炒めたりすると，加熱度が進むほど粘度が減少する。でんぷん粒子が損傷，崩壊しデキストリン化するので溶解しやすくなる。また，分子の鎖が短くなるほど，からみあう性質が少なくなるので粘度が低下する。炒める時間が長くなるほどこの変化は助長する。

3）ソースのつなぎ，リエゾン（liaison）

ソースを仕上げるひとつの方法で，基礎ソースから他のソースをつくるとき，つなぎ材料として用いるのがリエゾンである。つなぐ材料としては，次の種類がある。

① 小麦粉とバターを混ぜ合わせたもの（ブール・マニエ）……ソース200mlを煮たて，小麦粉10g，バター10gを練り混ぜたものを入れ，泡だて器で混ぜて，手早く溶かす。

② でんぷんを水溶きしたもの……ソース200mlにでんぷん（コーンスターチ，片栗粉6gを水溶きして入れ，濃度をつける。

③ 卵黄と牛乳を混ぜたもの……ソース200mlを煮たて，卵黄2個と牛乳を混ぜたものを泡だて器で混ぜながら加えて卵の臭みがなくなるまで煮る。牛乳の代わりに，煮だし汁，生クリーム，水などを用いることもある。

④ バターと生クリームを用いるもの……ソース200mlにバター30g，生クリーム35mlを食卓に出す直前にソースに入れて仕上げる。

（2）ソースの種類

1）温かいソース：白ソース，ブルテーソース，トマトソース，褐色ソース
2）冷たいソース：マヨネーズソース，ヴィネグレットソース，ショーフロワーソース
3）その他のソース：オランデーズソース，ベアルネーズソース，ポームソース

1）温かいソース（60℃以上）

（1）**白ソース** Sauce Béchamel（仏） White sause（英）

材　料（1 cup分）

バター	10 g
小麦粉	12 g
牛乳	300 ml
塩	1 g
こしょう	少々
ローリエ	1/2枚

① バターと小麦粉で白色炒め粉（p.149参照）をつくる。
② 温めた牛乳を①に約1/4量加えてよく溶いてから残りの牛乳を加える。木杓子で混ぜながら煮たて，沸騰したら軽く沸騰が続く程度に火を弱くし，塩，こしょう，ローリエを加えて30分煮る。
③ 濃度を調えて布でこす。
　　（注）たまねぎ（10g）のみじん切りを炒めて加えると味が良い。

〔応用のソース〕

種　類	つ く り 方
モルネーソース Sauce Mornay	白ソース200mlに煮だし汁50mlを加えて3～4分煮つめ，おろしチーズ15gとバター20gを加える。魚，鳥獣肉，野菜，卵などの焼きつけ料理に用いる
カルディナルソース Sauce cardinal	白ソース200mlをつくる途中で，えびの頭と殻30gをバターで炒めて加え，10～15分間煮て布でこし，生クリーム35mlとバター10g，食紅を加え，淡紅色に仕上げる。魚・卵料理に用いる
クルヴェットソース Sauce crevette	白ソース200mlと生クリーム40mlを混ぜながら5分間煮つめて，えびバター30gと芝えび15尾を加えて仕上げる。魚料理に用いる
クレームソース Sauce à la crème	白ソース200mlに生クリーム35mlを加え，混ぜながら少し煮つめて，レモン汁1/10個分を入れる。卵や野菜の湯煮，子牛肉，鶏肉に用いる

＜牛乳の調理性＞

① 料理を白くする……白色不透明なので，料理を白く仕上げる。牛乳はカゼインが大きなコロイド粒子なので光があたって反射され，白く見える（ブラマンジェ，白ソースに良い）。

② 快い，なめらかな触感とやわらかい味と芳香を与える（スープ，シチュー，クリーム煮）。

③ たんぱく質のゲル強度を強める……卵に牛乳を加えて加熱すると塩類の作用により，ゲル化が容易になり，ゲル強度も大きくなる（プリン）。

④ 製品によい焦げ色を与える……アミノ酸と還元糖が反応して褐色のフミン物質を形成するためである。

⑤ 魚のなま臭みを吸着する……脂肪球やカゼイン粒子が吸着する力がある。魚を焼いたり，揚げたりする前に牛乳に浸しておく。

(2) ブルテーソース　Sauce velouté（淡黄色ソース）

材　料（1 cup分）

バター	10g
小麦粉	12g
白色煮だし汁	300ml
塩	1g
こしょう	少々

① 淡黄色の炒め粉をつくる。

② 温めた煮だし汁を白ソースと同様に入れ，弱火で30分煮て布でこす。鶏料理に用いるときは鶏の，魚料理には魚の煮だし汁を，その他には白色煮だし汁を用いる。

〔応用のソース〕

種　類	つ く り 方
ヴァン・ブランソース Sauce vinblanc	ブルテーソース200mlに魚の煮だし汁35mlを加えて4～5分間煮つめて卵黄1個を入れて，手早く泡だて器で混ぜてすぐ火からおろして布でこす。バター30gを少しずつ入れて混ぜ，レモン汁少々を加えて仕上げる
ノルマンドソース Sauce Normande	ブルテーソース200mlに魚の煮だし汁50mlを加えて煮つめ，卵黄1個を入れ，泡だて器で手早く30～40秒混ぜ，トロリとしたらバター30gを少しずつ入れて混ぜ合わせ，布でこす。魚料理に用いる

(3) **トマトソース** Sauce tomate（仏） Tomato sauce（英）

材　料（1 cup分）

ベーコン	5 g	白色煮だし汁	350mℓ
にんじん	15 g	ローリエ	1/4枚
たまねぎ	20 g	タイム	少々
にんにく	少々	塩	1 g
バター	10 g	砂糖	1 g
小麦粉	12 g	バター	4 g
トマトピューレ	50mℓ		

① ベーコンは5mm幅，にんじん，たまねぎ，にんにくは薄切りにする。ピューレは煮つめて，酸味を取る。

② 鍋にバターを熱し，ベーコンを入れ油が出るまで炒め，たまねぎ，にんじん，にんにくを加えてきつね色に炒める。小麦粉を入れて混ぜ合わせ，トマトピューレ，温めた煮だし汁を加えてよく混ぜながら煮たたせる。塩，香草を入れ，弱火で30分煮て布でこす。再び火にかけてバターを加えて仕上げる。

　（注）　生トマトを使う場合は，トマト250gを湯むきし，種を取り除いてバター5gで炒めてやわらかく煮て裏ごしする。

　（参考）　家庭的な即席ソース（ジュー・ド・トマトリエ）
　　　　　トマトピューレ50mℓを煮つめて煮だし汁200mℓを加え，3～4分煮る。ブール・マニエ（p.149参照）20gを入れ，泡だて器で手早く混ぜて布でこす。

〔応用のソース〕

種　　　類	つ　く　り　方
ポルトゲーズソース Sauce portugaise	トマト200gを湯むきし，種と水を取り，つぶしておく。たまねぎ50gをみじん切りに油で多少色づくまで炒め，その中にトマトとにんにく1gを加えて5分煮る。トマトソース200mℓを入れて弱火で10分間煮てパセリのみじん切り2gを加える。卵，魚，鳥獣肉，野菜料理に用いる

(4) **褐色ソース** Sauce brune, Sauce Espagnole（仏） Brown sauce（英）

材　料（1 cup分）

サラダ油	5 mℓ	褐色煮だし汁	350mℓ
ベーコン	5 g	白ブドウ酒	20mℓ
たまねぎ	15 g	ローリエ	1/4枚
にんじん	10 g	塩	1 g
小麦粉	12 g	バター	10 g
トマトピューレ	50mℓ		

① たまねぎ，にんじんは薄切り，ベーコンも同じように切る。

② 油でベーコンを炒めてベーコンの油を出して野菜を入れ，褐色になるまで炒め，小麦粉を加え少し炒め，トマトピューレ，温めた煮だし汁，白ブドウ酒を加え，かき混ぜながら煮たてる。

塩，ローリエを加え，弱火にして30分煮て布でこす。
③ 再び温めてバターを加えて仕上げる。

〔応用のソース〕

種　　類	つ　く　り　方
ボルドレーズソース Sauce Bordelaise	たまねぎのみじん切り30ｇ，ローリエ1/10枚，赤ブドウ酒50mlを合わせて半量になるまで煮つめ，褐色ソース200mlを加え，15～20分間煮てこす。あぶり焼き料理，鳥獣肉の炒め焼き料理に用いる
ドミグラスソース Sauce demi-glace	褐色ソース200mlに煮だし汁（半量に煮つめたもの）5mlを加えて煮たたせ，バター10ｇを入れて十分にかき混ぜる。ビーフステーキに用いる
シャスールソース Sauce chasseur	たまねぎ10ｇをみじん切りにし，バターで5分間炒める。鍋に洋まつたけ50ｇ，たまねぎ，白ブドウ酒35mlを入れ弱火で5分間煮て，褐色ソース150mlとトマトピューレ35mlを加え弱火で10分間煮る。最後にパセリのみじん切りを加える。鶏肉，野禽，牛肉，子牛肉のあぶり焼き，炒め焼き，野菜料理などに用いる
ピカントソース Sauce piquante	たまねぎ30ｇを炒め，酢20mlを加えて煮て，褐色ソース，こしょう少々，ピクルス20ｇ，ローリエを入れ，10分間煮る。でき上がりにパセリのみじん切りを入れる。牛肉料理，豚肉炒め焼き，牛舌煮込み，魚衣揚げ，野菜料理に用いる

２）冷たいソース　Sauce froide
(1) **マヨネーズソース**　Sauce mayonnaise（仏）

材　料（1 cup分）

卵　黄	1個
塩	2.5ｇ
酢	15～20ml
サラダ油	150～180ml

① ボール（ホーロー）に卵黄を入れ，塩を加えて泡だて器で20回くらいかくはんし，酢の1/2量を加えてさらに混ぜる。
② サラダ油を2～3滴ずつ加えながらかくはんし，卵黄が少し白くかたくなってきたら加える油の量を増していく。かたくなったら残りの酢を加え，さらに油を加える。

（注）マヨネーズの分離は，次の場合に起こりやすい。
　ａ．油の温度が低すぎるとき　　　ｂ．油の量を一度に多量に加えたとき
　ｃ．かくはんの速度に比べて油の量が多く入ったとき

＜分離のなおし方＞
　ソースを別のボールに大さじ1/2杯くらい取り，小さじ1杯の水（冬は湯）を加え，泡だて器で急速にかくはんする。乳化してきたら残りの分離したソースを少しずつ入れていく。

〔応用のソース〕

種　　類	つ　く　り　方
タルタルソース ソース　タルタル Sauce tartare	たまねぎ10gはみじん切りにし，水でさらす。ピクルス15g，エストラゴン4g，固ゆで卵1個，パセリみじん切りをマヨネーズソース150mlに加え，ケッパー5gを加える。あぶり焼き，揚げ物，煎り焼き料理に用いる。サラダ，前菜などにも用いられる
マヨネーズトマトソース ソース　マヨネーズ Sauce mayonnaise トマテ tomatée	マヨネーズソース180mlに煮つめたトマトピューレ20mlを加えてよく混ぜる（紅色になる）。前菜，野菜料理，サラダ，肉の冷製などに用いる
マヨネーズレフォールソース ソース　マヨネーズ Sauce mayonnaise レフォール raifort	マヨネーズソース200mlにおろしたレフォール20gを加えてよく混ぜる（わさびで代用してもよい）。セロリー，きゅうり，トマトなど水気の多い野菜，まぐろ，かつおなどの魚類に適する香りの良いソースである。辛子粉（酢で練る）を加えて混ぜると，マヨネーズムータルデソース（Sauce mayonnaise moutardée）となる
マヨネーズシャンティーイソース ソース　マヨネーズ Sauce mayonnaise シャンティーイ Chantilly	マヨネーズソース150mlをかためにつくり，生クリーム50mlを加えて混ぜる。レモン，辛子で味をつけてもよい。野菜料理，特にアスパラガスに適している
マヨネーズコーレソース ソース　マヨネーズ Sauce mayonnaise コーレ collée	粉ゼラチン5gを2倍の水に浸してやわらかくし，白色煮だし汁40mlを入れて湯煎で溶かし，マヨネーズソース160mlに加えて混ぜ合わせる。冷肉料理，サラダ，前菜に注ぎかけて光沢よくつくる

(2) **ヴィネグレットソース**　　ソース　ヴィネグレット
　　　　　　　　　　　　Sauce vinaigrette（仏）
　　　　　　　　　　　　フレンチ　ドレッシング
　　　　　　　　　　　　French dressing（英）

材　料（1 cup分）

酢………………………………………	50ml
サラダ油………………………………	150ml
塩………………………………………	3g
こしょう………………………………	少々

① ガラスか瀬戸引きの器に塩，こしょうを入れて酢を加えて泡だて器でよく混ぜ合わせ，サラダ油を注ぎ，白濁するまでよく混ぜる。または，ドレッシングびんに材料を全部入れてふり混ぜる。

（注）サラダ，野菜の漬け汁に用いる。

〔応用のソース〕

種　　類	つくり方
ヴィネグレット・レフォールソース Sauce vinaigrette au raifort	ヴィネグレットソース200mlにおろしたレフォール20gを加える（わさびで代用してもよい）。きゅうり、セロリー、うどなど水分が多くせん維のあるものに適している。おろししょうが20gを加えたソースをヴィネグレット・ジンジャンブルソース（Sauce vinaigrette gingembre）といい、魚類を用いたサラダに適する
ヴィネグレット・トマトソース Sauce vinaigrette a la tomate	ボールに酢20ml、塩0.5gを入れてよく混ぜ、サラダ油を加えてさらに混ぜる。裏ごししたトマト150gとたまねぎの汁2mlを加え、カエンペッパーを少々入れてよく混ぜ合わせる。前菜、サラダに用いる
ラヴィゴットソース Sauce ravigote	瀬戸引きの器に酢50ml、塩2g、こしょうを入れてよく混ぜ、サラダ油90mlを加えさらに混ぜる。みじん切りたまねぎ20gをさらしたもの、パセリのみじん切り、トマト80gを湯むきし、種、水を除き5mmぐらいに切る。エストラゴンのみじん切り、ケッパーを加える。前菜に用いる

(3) ショーフロワーソース　Sauce chaud-froid

ソース　ショーフロワー	ベシャメル	Sauce chaud froid Béchamel
〃	ブルテー	〃　veloute
〃	トマト	〃　tomate
〃	ブリューヌ	〃　brune

各ソース200mlの中にゼラチン3gを水10mlで膨潤させたものを加えて煮たたせ、泡だて器で混ぜて火からおろし、固まらない程度に冷まして用いる。

3）その他のソース（基本ソースを土台としないソース）

(1) オランデーズソース　Sauce hollandaise

材　料（1 cup分）

| バター……………………………………150g |
| 酢………………………………………20ml |
| 卵　黄…………………………………2個 |
| レモン汁………………………………1/5個 |

① 鍋に水20mlと酢を入れ半量に煮つめる。
② 泡だて器で混ぜながら卵黄を入れ、手早く混ぜながら火を通し、濃度がついたら火からおろし、かき混ぜながら溶かしバターを少しずつ入れる。最後にレモン汁を加え塩味をととのえる。略式には白ソース30mlを熱し、卵黄を加えよく混ぜてからバター150gを加えて布でこし、レモン汁を加える。

（注）　卵黄に火が通りすぎると分離しやすい。つくったソースは湯煎で保温する。

(2) ベアルネーズソース　Sauce béarnaise（仏）
　　　　　　　　　　ソース　ベアルネーズ

材　料（1 cup分）

白ブドウ酒	35mℓ
エストラゴン	5 g
たまねぎ	20 g
酢	15mℓ
パセリ茎	2 g
卵　黄	小2個
バター	100 g

① 鍋に白ブドウ酒，酢，みじん切りたまねぎ，エストラゴンとパセリの茎を入れて20mℓに煮つめる。
② 泡だて器で混ぜながら卵黄を加え，5秒くらい煮て火からおろし，バターを少しずつ入れて布でこす。

（注）バターが多いため分離しやすいので白ソース15mℓを加えるとつくりやすいが，味は悪くなる。冷めると分離するので湯煎で保温する。

(3) ポームソース　Sauce aux pommes（仏）　Apple sauce（英）
　　　　　　　　ソース　オー　ポーム　　　　　　アップル　ソース

材　料（1 cup分）

りんご	1.5個
水	100mℓ
砂　糖	6 g
バター	25 g
塩，シナモン	少々

① りんごは皮をむいて芯を取り，水と砂糖を加え15分煮て，汁とともに裏ごしする。
② 再び火にかけてバター，塩，シナモンを加える。

2．オードゥーヴル（前菜）　Hors-d'oeuvre（仏）　Appetisers（英）
　　　　　　　　　　　　　オードゥーヴル　　　　　アペタイザー

　オードゥーヴルとは，文字の通り"番外の料理"という意味で，食事の前に別室で食前酒を飲みながらちょっとつまむ料理である。本来の食事にさしさわりのないように形は小さく量の少ないもので，材料は何でもよいが，形，色，味に工夫をこらして食欲をそそるようにつくる。現在では食卓についてから供されることも多い。

　前菜には冷たいもの（Hors-d'oeuvre froids）と温かいもの（Hors-d'oeuvre chauds）があり，冷たい前菜は普通数種類を盛り合わせて供するが，例外として生牡蠣，キャビア，メロンなどはいずれも1種だけ用いてよいことになっている。魚，肉，野菜などを取り合わせたゼリー寄せ，ショーフロワー（ゼラチン入りソースをかけたもの）などの手法でつくることが多いが，肉の加工品（ハム，ソーセージ類），魚の加工品（アンチョビー，オイルサーディン，スモークサーモンなど），野菜の漬物，卵などを用いる。

　温かい前菜は普通1種類を供する。軽い肉料理を小さくつくったり，バルケット（麺皮を小舟型につくって焼く），ブーシェ（パイ皮を一口大に焼く），コキーユ（帆立貝の貝殻）などに火を通した肉，えび，野菜などをソースであえて盛りつけたものや，ブロシェット（銀の小串）に刺した料理などを用いる。

(1) 調 理 例

(1) 海老のカクテル Crevette en cocktail（仏）
材　料（5人分）

芝えび………………………25尾,	レタス……………………2枚
レモン薄切り…………………5枚	
カクテルソース	
トマトケチャップ…………40ml,	白ブドウ酒………………5ml
レフォール……………………大1,	ウスターソース…………3ml
レモン汁………………………5ml,	タバスコ…………………少々
塩, こしょう…………………少々	

① えびは背わたを取り，殻ごと塩湯でゆでて，冷めたら殻を取る。
② カクテルソースをつくる。レフォールはおろし金でおろして混ぜる。
③ 足つきのグラス（サンデーグラス）にレタスを敷いてえびを盛りつけ，カクテルソースをかけて，レモンの薄切りをのせる。
　（注）えびのほかに，かき，まぐろ，かに，ほたて貝などを利用してもよい。

(2) 魚のマリネ　Poissons marinés（仏）
材　料（5人分）

小魚（きす，わかさぎ）……5尾		たまねぎ………………………30g
漬け汁		トマト…………………………50g
酢……………………………30ml		パセリみじん切り……………大1.5
サラダ油……………………45ml		小麦粉
塩……………………………小1/4		揚げ油
こしょう		

① たまねぎはみじん切りにし，塩をふり，ふきんに包んでよくもむ。流水でもみ洗いして水気をしぼり，さらしねぎにする。トマトは湯むきして5mm角に切る。
② 小魚はうろこ，えら，わたを取り，塩水で洗って水気をふき，小麦粉をつけて190℃くらいの油で揚げる。バットにならべておく。
③ 漬け汁にたまねぎ，トマト，パセリを混ぜ，揚げた魚の上からかけ1昼夜漬ける。

(3) 卵の詰物　Oeufs farcis（仏）
材　料（5人分）

卵………………………………3個	
マヨネーズ……………………大1	
おろしチーズ…………………3g	
パセリ…………………………少々	

① 卵は固ゆでにして，殻をむいて花形に切る。卵黄を取り出して裏ごしし，チーズ，マヨネーズを加えて混ぜる。卵白は，塩を少々ふっておく。
② 卵黄をしぼり出し袋（星形の口金を入れておく）に入れて卵白の中にしぼり出す。上にパセリをふる。
　（注）パセリのほかにケッパー（p.145参照），いくら，アンチョビー（p.145参照）などを

用いる。

(4) キャビアのカナッペ　Canapés de caviar（仏）

材　料（5人分）

食パン薄切り（5 mm厚さ）	1.5枚
無塩バター	10 g
キャビア	20 g
レモン	1/5個

① 食パンは両面を狐色に焼き，耳を切り落とし，4つに切る。片面にバターを塗る。
② キャビアはレモン汁を少しかけ，パンの上にのせ，薄切りレモンを飾る。

(5) ハムのカナッペ　Canapés de jambon（仏）

材　料（5人分）

食パン薄切り		1.5枚
辛子バター		10 g
ハム薄切り		2.5枚
ゼリー	ゼラチン	1 g
	ブイヨン	15 mℓ

① 食パンは(4)と同じように用意する。
② ゼラチンはブイヨンで溶かす。
③ ハムの上にパンをのせて，パンの大きさに合わせてハムを切り，表面にゼラチン液を塗り，つやを出す。

(6) 油漬け鰯のカナッペ　Canapés de sardines（仏）

材　料（5人分）

食パン薄切り	1.5枚
バター	10 g
オイルサーディン	6尾
卵黄固ゆで	1/2個分
パセリみじん切り	少々

① 食パンは両面を焼いてバターを塗る。
② サーディンは腹側から開いてひろげる。
③ 卵黄は裏ごしする。
④ パンの上にサーディンをのせて形に合わせて切る。卵黄，パセリをふる。

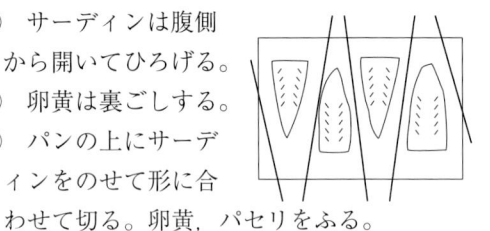

(7) チーズ入り揚げ麺　Nouilles au fromage（仏）

材　料（5人分）

バター	15 g
卵　黄	1/2個
小麦粉	50 g
牛　乳	少々
おろしチーズ	20 g
カエンペッパー	少々
揚げ油	

① ボールにバターを入れて，やわらかく練り，卵黄，おろしチーズ，小麦粉，カエンペッパーを入れ，牛乳でかたさを調節しながらよく練り混ぜる。
② 3 mm厚さにのばして長さ8 cm幅3 mmのせん切りにし，160℃の油で揚げる。

(8) ラレシ　Rodis roses（仏）

ラディッシュ	5個

材　料（5人分）
① きれいな葉を2枚くらい残して他を切り取

る。花形に切り込み，冷水につける。

(9) セロリーのサラダ　Salade de céleri（仏）
材料（5人分）

セロリー	200 g
タルタルソース	100 ml

① セロリーは葉を取り皮をむき，5 cm長さのせん切りにし，冷水にさらしておいて水気をきる。
② タルタルソースでセロリーをあえ，ガラス器に盛って供する。

(10) 野菜の酢漬け　Macédoine（仏）
材料（5人分）

たまねぎ	120 g	漬け汁	
生しいたけ	30 g	酢	50 ml
さやえんどう	20 g	ローリエ	1/2枚
ピクルス（きゅうり）	15 g	練り辛子	小1/2

① たまねぎは7 mm幅に切り，6分塩ゆでにし，水気をきって，塩，こしょうする。生しいたけは石づきを取り，塩水で洗う。サラダ油を用いて2～3分炒め，1.5cm幅にそぎ切りにし，塩，こしょうする。
　さやえんどうはすじを取り，塩ゆでにする。ピクルスは小口切りにする。
② 小鍋に酢，ローリエを入れ，さっと煮たてて火からおろし，冷めてから辛子を混ぜ合わせる。
③ 材料を漬け汁に1昼夜漬け，用いるときに汁気をきり，ローリエを除く。

(11) 船形胡瓜　Barquettes de concombres（仏）
材料

きゅうり	1本	まぐろ缶	40 g
漬け汁		バター	10 g
白ブドウ酒	大1	マヨネーズ	大1
酢	大1	レモン汁	少々
塩	小1/4		
レモン薄切り	2枚		

① きゅうりは塩ずりして洗い，4 cm長さに切る。縦2つ割りにして種の部分を取り除き，船形にして面取りする。
② 漬け汁をつくり，きゅうりを漬けて20分置く。
③ まぐろを摺りつぶし，バター，マヨネーズを加え，さらに摺る。塩，レモン汁で味をととのえる。星形の口金をつけたしぼり袋に入れる。
④ きゅうりの水気をきり，種を除いたあとに③をしぼり込む。

3．スープ　Potage（仏）　Soup（英）
スープは食事の初めの料理となるため，味の良否はその後に出される料理の味に影響を与えるた

め，特に吟味してつくらなければならない。普通は濃度のあるものをポタージュといっているが，フランス料理では澄んだスープも含め，ポタージュという。

(1) 分類
1) 澄んだスープ　Potage claire（ポタージュ クレール）
2) 濃度のついたスープ　Potage lies（ポタージュ リエ）

1) 澄んだスープ

種類	つくり方	例
コンソメ Consommé	煮だし汁（素汁）をつくり，これを土台にして肉，香味野菜，香草を加え，味を補い，卵白を使ってさらに澄ませたもの。浮身の変化で料理名がつく，夏には冷やして供してもよい ① 牛肉を使用したもの　② 鶏肉を使用したもの ③ 魚を使用したもの　④ 野禽肉を使用したもの ⑤ 浮身を入れないゼリー分を含むもの	コンソメ 　ブクチェール コンソメ 　ロワイヤル
ブイヨン Bouillon	肉のゆで汁のことで，素汁とだいたい同じである。肉は胸肉，肩肉を用い，煮たあとはシチューやクロケットなどに利用できる。鶏の骨からブイヨンをとる場合もある	
ポートーフー Pot au feu	脂肪の多い肉，野菜，香草を長時間煮込み，汁も実も共に供する家庭的なスープ	ポートーフー

2) 濃度のついたスープ

種類	つくり方	例
ピュレスープ Les purées	主材料が野菜のときはつなぎにじゃがいもやかぼちゃを用い，魚類のときは米を用い，獣鳥肉のときは豆類を用いる。ブイヨンでやわらかくなるまで煮て裏ごしにかけ，バター，生クリームを入れて仕上げる。小麦粉をつなぎに用いないので舌ざわりがざらつく	
クレームスープ Les crémes	白ソースで鶏肉や野菜類を煮て裏ごしにかけ，素汁で薄めて，供するときに生クリームを入れて仕上げる	とうもろこしのクリームスープ
ブルテースープ Les velouté	魚，えび，鶏肉，野菜を主材料とし，ブルテーソースで煮てこし，素汁で薄める。供するときに，卵黄，生クリーム，バターを加えて仕上げる	
コンソメリエ consommé lies	コンソメにでんぷん，卵，生パン粉などを加えて，軽く濃度をつける	
ポタージュ スペショー Potage spéciaux	前述のスープのつくり方を混ぜ合わせたもの。または前述の方法以外でつくったスープや各国特宿のスープも含める	クラムチャウダー

(2) 素汁のとり方

(1) 肉の素汁 Consommé blanc simple（仏）
　　　　　　　コンソメ　ブラン　サンプル

材　料（1 *l* 分）

骨つきの牛脛肉	800 g	粒こしょう	5粒
にんじん	100 g	ローリエ	1/4枚
たまねぎ	70 g	塩	6 g
セロリー	25 g	水	2.7 *l*
丁　字	1/2本		

① 肉は3つくらいに切る。野菜は丸のまま。たまねぎに丁字を刺しておく。
② スープ鍋に肉と水を入れ，やや強火の火にかけ煮たつにつれて浮いてくるあくをよくすくい取り，完全に澄ませてから塩を加え，弱火で1時間煮る。野菜，香草を入れてからさらに3時間煮る。
③ 布でこし，浮脂を取り去る。
　（注）煮たてると濁るので火加減に注意する。野菜類は最初から入れると煮くずれる。魚以外のスープをつくるときに用いる。
　　　　スープの牛肉はかたい肉質を使用するが，かたい部分は結締組織からなり，コラーゲンを含む。長く加熱すると結締組織の膜が破れ，コラーゲンは加水分解しゼラチンに変化して水に溶けるようになる。肉は次第にやわらかくなりエキス分，脂肪の溶出，可溶性成分の溶出により汁に風味とうま味がつく。

(2) 魚の素汁 Consommé simple de poisson（仏）
　　　　　　　コンソメ　サンプル　ド　ポアソン

材　料（1 *l* 分）

白身魚の骨肉	800 g	ローリエ	1/4枚
たまねぎ	70 g	パセリの茎	20 g
長ねぎ	40 g	塩	7 g
白ブドウ酒	200m*l*	水	1.5 *l*

① 魚の骨肉はよく水洗いする。野菜は薄切りにする。
② スープ鍋に全材料を入れて火にかける。煮たってきたら弱火にし，あくを取り，20分くらい煮る。
③ 布でこす。
　（注）20分以上煮ると濁る。
　　　　魚のスープをつくるときに用いる。

（3）浮　　身

浮身は種類が多いが，必ず火を通したものを用いる。浮身を入れてはいけないスープもある。

表3-4　浮身の種類と用い方

材　料	用　い　方
野菜類	せん切り，小さいさいの目，薄切り，色紙切りなどにしてゆでるか，バターで炒める
穀　類	米は一度ゆでて，ブイヨンでやわらかくなるまで煮て，ブイヨンにつけて味を含ませる
麺　類	マカロニ，スパゲッティ，バーミセリーなどは5cmぐらいに折り，小形（シェル，アルファベット）のものはそのままゆでて，ブイヨンに含ませる。ニョッキ，ヌードルも切ってゆでる
パン類	クルートは，食パンを5〜7mm角に切って揚げるか，バターでいる。クルートは，フランスパンを3mm厚さに切り天火で焼く。バターやおろしチーズをふって焼いてもよい。クレープは好みの形に抜くかせん切りにする。クラッカーは1cmくらいに砕く
卵　類	ロワィヤル（卵豆腐のようなもの）はあられ切りか，薄切りにする。うずら卵はゆでる
肉・魚介類	クネル（肉，魚のすり身にシェリー酒，生クリーム，卵白を加えて天板にしぼり，ブイヨンを入れた天火で蒸し煮にする）。えび，貝類はさっとゆで身を取り出して用いる

（4）調　理　例

1）澄んだスープ

(1) コンソメ　Consommé oridinaire（でき上がり1 l）

材　料（5人分）

牛肉（脂のない肉）……………200 g		セロリー……………………10 g
鶏がら………………………1/2羽		卵　白…………………………1個
たまねぎ………………………40 g		素　汁………………………1.3 l
にんじん………………………15 g			

① 牛肉は細かく切る（ひき肉でもよい）。鶏がらは小さく切り，水にさらす。野菜は薄切りにする。

② 以上の材料を鍋に入れ，卵白を加えてよく混ぜる。冷めた素汁を入れて中火にかけ，木杓子でよく混ぜる。灰色に濁って沸騰直前になったら弱火にして5〜6分おくと表面に材料が卵白といっしょになって膜をつくって浮き上がり，汁が澄んでくる。煮たつ程度の火で1時間〜1時間半煮る。

③ 玉杓子で1さじずつすくい，ネルのような厚地の布で別鍋にこす。再び火にかけて煮たたせ，浮いた脂を白紙で吸い取る。

（注）塩，こしょうで味をととのえ，浮身を入れるが，入れるものによりコンソメの名前がつく。また，夏には器に注いで冷やすとゼリーのように固まる。これに浮身をのせて供するとよい。

(2) **タピオカ入りコンソメ** Consommé au tapioca（仏）
　　　コンソメ オー タピオカ

材　料（5人分）

コンソメオリジネール………………………	1 *l*
タピオカ………………………………………	10 g

① タピオカは30分くらい水につけ，8～10分ゆで，透明になったら皿に取り，コンソメを注ぎ，下味をつけておく。
② スープ皿にタピオカを入れ，熱いコンソメを注ぐ。

(3) **ロワイヤル入りコンソメ** Consommé à la royale（仏）
　　　コンソメ ア ラ ロワイヤル

材　料（5人分）

コンソメオリジネール………………	1 *l*		
ロワイヤル			
卵　黄……………………………	1個,	卵…………………………	1個
ブイヨン…………………………	200m*l*,	牛　乳……………………	35m*l*
塩…………………………………	0.5 g		

① ロワイヤルをつくる。ボールに材料を入れ，泡だてないように混ぜ合わせ，布でこす。バターを塗った型に注ぎ，天板にならべ，湯を注いで沸騰させてから，弱火の天火（140～160℃）で20～30分蒸し焼きにする。
② ロワイヤルをさいの目に切ってスープ皿に入れ，熱いコンソメを静かに注ぐ。

(4) **色とりどりの野菜入りスープ** Consommé bouquetière（仏）
　　　コンソメ ブクチエール

材　料（5人分）

コンソメオリジネール………………………	1 *l*
さやいんげん…………………………………	20 g
にんじん………………………………………	20 g
アスパラガス（缶）…………………………	2本

① さやいんげんはすじを取り，塩もみして5分くらい置く。熱湯でゆで，水にとってせん切り，にんじんは5mm角のさいの目に切り，ゆでる。アスパラガスは2cmくらいに切る。素汁につけて味を含ませる。
② スープ皿に浮身を入れ，熱いスープを注ぐ。

2）濁ったスープ
(1) **玉蜀黍のクリームスープ** Potage crème de maïs（仏）
　　　　とうもろこし　　　　　　　　ポタージュ クレーム ド マイス

材　料（5人分）

とうもろこし（缶）…………………	350 g	牛　乳………………………	450m*l*
たまねぎ………………………………	50 g	塩，こしょう………………	少々
バター…………………………………	20 g	生クリーム…………………	70m*l*
小麦粉…………………………………	25 g	食パン（0.7cm厚さ）………	1/2枚
ブイヨン………………………………	700m*l*		

① とうもろこしはすり鉢ですりつぶしておく（クリームスタイルはそのままでよい）。たまねぎは横の薄切りにする。
② 鍋にバターを溶かし，たまねぎを焦がさないように炒め，小麦粉をふり込んで軽く炒める。

Ⅲ．調理理論と実習　163

温めたブイヨンを150m*l*入れてよく溶きほぐしてから，牛乳，とうもろこしを入れて煮たてる。弱火にし，塩，こしょうで軽く調味し，30分煮る。

③　裏ごし（またはミキサー）にかけて，再び鍋にあけ，残りのブイヨンで濃度を調節し，味をもう一度みて，火から下ろす直前に生クリームを入れる。

④　クルトンをつくる。食パンは耳を取り，0.7cm角に切ったものを180℃の油で揚げて，軽く塩，こしょうする。別皿に入れて食卓に出す。

(2) トマトのクリームスープ　Potage crème de tomate（仏）
　　　　　　　　　　　　　　ポタージュ　クレーム　ド　トマト

材　　料（5人分）

トマト……………………………300 g	素　汁……………………………700m*l*
たまねぎ…………………………40 g	生クリーム………………………90m*l*
白ソース………………………400m*l*	バーミセリー……………………30 g
バター……………………………10 g	

①　トマトは横2つに切り，種を取り，1cm角くらいに切る。たまねぎは横の薄切り。
②　白ソースをつくる。
③　鍋にバターを溶かし，たまねぎを2～3分炒めてトマトを入れ，煮くずれるまで15分間くらい煮る。
④　白ソースを入れ，ときどき鍋底を混ぜながら20分間弱火で煮て裏ごしする。
⑤　鍋に入れ，素汁で薄めて塩味をととのえ，生クリームを入れる。
⑥　バーミセリーは5cm長さに折り，10分間ゆで，素汁に浸し，味を含ませる。
　　（注）　トマトは酸味が強いのでよく煮て酸味を取ってから用いないと牛乳が凝固してしまう。

(3) ビシソワーズスープ　Crème Vichyssoise froid（仏）
　　　　　　　　　　　　クレーム　ビシソワーズ　フロワー
　　　　　　　　　　　　Cold potato soup（英）
　　　　　　　　　　　　コールド　ポテト　スープ

材　　料（5人分）

じゃがいも……………………400 g	ローリエ………………………1/2枚
たまねぎ………………………100 g	塩………………………………小1/3
セロリー…………………………1本	牛　乳……………………………2 cup
バター……………………………30 g	生クリーム……………………1/2cup
ブイヨン…………………………3 cup	あさつき…………………………7 g

①　じゃがいもは皮をむき4つ割りにし，5mm厚さに切り，水にさらす。たまねぎは薄切り，セロリーはすじを取り，薄切りにする。
②　鍋にバターを溶かし，たまねぎ，セロリーを色づかないように炒める。じゃがいも，温めたブイヨン3cupを加え，煮たてる。塩，ローリエを加え，中火で20分くらい，じゃがいもが煮くずれるまで煮る。
③　裏ごし（またはミキサー）にかける。牛乳を加え，ブイヨンで濃度をととのえ，味をみる。よく冷やして生クリームを加え，器に入れ，あさつきのみじん切りを浮かす。

(4) グリンピースのスープ　Patage Saint-Germain（仏）
　　　　　　　　　　　ポタージュ　サン　ジェルマン

材　　料（5人分）

グリンピース（冷凍）……………200 g	ブイヨン………………………………1.5 l
たまねぎ……………………………30 g	生クリーム……………………………90 ml
小麦粉………………………………30 g	クルートン……………………………30 g
バター………………………………30 g	

① グリンピースは解凍し，半ばつぶれるくらいに裏ごしにかけ，こしたものと，少し実のついた皮の部分を別々にしておく。たまねぎは薄切りにする。

② 鍋にバターを溶かし，たまねぎを3～4分焦がさないように炒め，小麦粉を入れて少し炒め，温めたブイヨン1 lを少しずつ入れてよく溶かし，混ぜながら煮たたせる。沸騰したら皮つきのほうを入れ，30分弱火で煮て裏ごしする。

③ 鍋に②を入れて煮たたせ，①のこしたほうを加え，残りのブイヨンで濃度をととのえる。塩味をみて，おろしぎわに生クリームを入れる。

④ クルートンを器に入れて添えて供卓し，食べる直前に入れる。

(5) せん切り野菜のスープ　Soupe julienne（仏）
　　　　　　　　　　　　スープ　ジュリエーヌ

材　　料（5人分）

素　汁………………………………1.2 l	キャベツ……………………………30 g
たまねぎ……………………………100 g	セロリー……………………………30 g
長ねぎ（白色部）……………………50 g	さやえんどう………………………20 g
にんじん……………………………50 g	バター………………………………30 g

① たまねぎは縦のせん切り，長ねぎ，にんじん，セロリー，キャベツは5 cm長さのせん切り，さやえんどうはすじを取り，青ゆでにしてせん切りにする。

② 鍋にバターを溶かし，さやえんどうを除いた他の野菜を一度に入れ，色づかぬように5～6分炒める。温めた素汁を入れ，やわらかくなるまで30分くらい煮る。浮いてくるあくを取り除く。

③ 塩，こしょうで調味し，さやえんどうを入れる。

　（注）Soupeがつくのは，肉類を用いず，野菜類でつくったものが多い。
　　　　長ねぎは，西洋ねぎ（poireau）の代用で，下仁田ねぎがよい。ポワローは日本ねぎのように刺激臭もなく，淡白である。
　　　　　　　　　　　　　ポワロー

(6) イタリア風のスープ　Potage Minestrone（伊）　Soup Milanaise（仏）
　　　　ポタージュ ミネストローネ　　スープ ミラネーズ

材　　料（5人分）

ベーコン	25 g	スパゲッティ	20 g
たまねぎ	50 g	バター	20 g
にんじん	20 g	ブイヨン	1.3 l
ねぎ	30 g	おろしチーズ	15 g
セロリー	15 g	塩	
トマト	80 g	こしょう	
じゃがいも	80 g		

① ベーコンは湯通しする。トマトは湯むきし、種と水気を取る。ベーコン、野菜を0.7cmの色紙に切る。じゃがいもは水にとる。スパゲッティは2.5cmに折り、ゆでる。

② 鍋にバター、ベーコンを入れて熱し、たまねぎを加え3～4分炒め、にんじん、ねぎ、セロリー、トマトを入れ、温めたブイヨンを加え、沸騰したら25分煮る。あくを取り、スパゲッティ、じゃがいもを入れ、さらに10分煮て、塩味をととのえる。

③ スープ皿に注ぎ、おろしチーズを添えて供する。
　　（注）スパゲッティの代わりに、マカロニを用いてもよい。

(7) 蛤のチャウダー　Clam chowder（英）
　　　はまぐり　　　　クラム チャウダー

材　　料（5人分）

はまぐり（殻つき）	10個	白こしょう	少々
水	300ml	牛乳	350ml
ベーコン	25 g	クラッカー	5枚
たまねぎ	100 g	パセリ	1/2本
じゃがいも	200 g	生クリーム	30ml
塩	小1/3	バター	20 g

① はまぐりは2％くらいの食塩水に1晩つけておいて砂出しをする。ベーコンは5mm幅、たまねぎは薄切り、じゃがいもはいちょう切りにする。

② はまぐりは水を煮たたせた中に入れて煮る。殻が開いたら取り出し、身を殻からはずしておく。煮汁は布でこす。

③ 鍋にバターを溶かし、ベーコンとたまねぎを炒め、次にじゃがいもを加えて軽く炒める。②の煮汁を加えてじゃがいもがくずれぬ程度に煮る。上に浮くあくを取る。

④ 温めた牛乳、はまぐりを入れ、塩、こしょうで調味する。

⑤ スープ皿に盛り、みじん切りのパセリ、生クリームを浮かせる。クラッカーを砕いて添える。
　　（注）アメリカの代表的なスープで実だくさんである。チャウダーは、かき、あさりを用いてもよい。牛乳を加えてから煮たてると分離するから注意する。スープと魚料理を兼ねることもできる。

(8) **オニオングラタンスープ** Soup à l'oignon gratin（仏）

材　料（5人分）

たまねぎ	250 g	こしょう	少々
バター	40 g	フランスパン（7 mm厚さ）	5枚
小麦粉	20 g	にんにく	1片
ブイヨン	1 l	おろしチーズ	100 g
塩	4 g		

① たまねぎは縦半分にし，横の薄切りにする。
② 鍋にバターを溶かし，たまねぎを入れて平均的に色がつくまで30～40分炒める。小麦粉を入れて少し炒める。温めたブイヨンを加えて溶きのばし，15分間煮て，塩，こしょうで調味する。
③ フランスパンの切り口に，にんにくをすりつけ，天火でカリカリに焼く。
④ 天火用の耐熱容器に②を注ぎ，パンを浮かせ，チーズをふりかける。
⑤ 上火のきいた天火に入れ，チーズが溶けて焦げめのついたところを受け皿に取って蓋をして供する。
　（注）たまねぎは時間をかけて炒めると特有の香味をもつ。チーズはグリュイエール，エメンタール，エダムなどのナチュラルチーズを用いる。

(9) **ボルシチ** Potage bortsch（仏）

材　料（5人分）

牛ばらまたはイチボ肉	250 g	水	1.5 l
キャベツ	120 g	赤かぶ（ビーツ）	1個
ねぎ	1本	パセリ	少々
セロリー	1/2本	塩（0.8％）	8 g
にんじん	1/2本	こしょう	
たまねぎ	小1個	サワークリーム	50 g

① 牛肉は水から火にかけ，あくを取りながらやわらかくなるまで2時間煮る。塩，こしょうする。2 cm角切りにする。
② キャベツ，ねぎ，にんじん，たまねぎを途中で加え，やわらかくなったら取り出して2 cm角切りにする。
③ ブイヨンを布でこし，肉，野菜を入れて火にかけ，味をととのえる。
④ 赤かぶは皮をむき，おろし金でおろし，布で汁をこし，スープを盛りつけた中に小さじ1杯ずつ加え，みじん切りのパセリをふる。サワークリーム（生クリームを発酵させたもの）を添えて供する。
　（注）ビーツの代わりにトマトピューレを用いてもよい。正式には，ソーセージ，あひるの肉のローストしたものを加える。

Ⅲ．調理理論と実習

(10) ブイヤベース Bouillabaisse Marseillaise（仏）
　　　ブイヤベース　マルセーユ

材　料（5人分）

白身魚	500 g	サフラン	20本
はまぐり	10個	魚のだし汁または水	1.5 l
えび	15尾	フランスパン（薄切り）	10枚
たまねぎ	120 g	バター	10 g
オリーブ油	20ml	塩，こしょう	
トマト	1個	きざみパセリ	5 g
ローリエ	1枚		

① たまねぎはみじん切りにする。トマトは湯むきして横に切り，種を除き，さいの目に切る。
② 魚は1人分3切れくらいに切り，えびは尾を残して殻をむき，背わたを取る。いずれも塩，こしょうする。はまぐりは殻のよごれをよく洗う。
③ 鍋にオリーブ油を熱し，たまねぎを弱火で5分炒め，魚のだし汁を注ぎ，トマト，ローリエを加え，魚，はまぐり，えびを入れて煮たてる。沸騰したら火を弱めて上に浮くあくを取り，サフランを入れる。塩，こしょうで味をととのえる。
④ 器に盛り，パセリをふりかけ，トーストしてバターを塗ったパンを添えて供する。

4．卵料理　Œufs（仏）　Egg（英）
　　　　　　　ウー　　　　　　エッグ

卵は種々の料理の素材として使用されているが，卵料理としては朝食に出されることが多い。昼食には魚料理の代わりに出されるが，野菜や淡白な肉類などを加え，ソースを添えて1皿とする。夕食にはほとんど用いられないが，前菜やサラダ，添え物として使われる。基礎卵料理には，次のような種類がある。

（1）卵の基礎料理
　　　　　　　ウー　モレー
a．Œufs mollets（半熟卵）：1人分2個，70℃の湯（1 l に塩5 gの割合で入れる）の中に卵を入れて強く煮たてぬように6分ゆでてすぐ水を注ぎ，湯の中で殻をむく。ソックル（台）の上にのせ，各種のソースをかけて供する。冷製料理に多く用いる。
　　　ウー　デュール
b．Œufs durs（固ゆで卵）：60℃の湯（1 l に塩3 gの割合で入れる）の中に卵を入れ，2分間箸で動かし，沸騰したら弱火で12分間ゆでる。すぐに水にとり，冷やして殻をむく。前菜，クロケット，詰物，サラダなどに用いる。
　　　ウー　ポシェ
c．Œufs Pochés（湯落とし卵）：1人分2個。小さい深鍋にゆで汁（水1 l，塩8 g，酢35ml）を沸騰させて卵を1個ずつ割り落とし，グラグラ煮たてないように火加減し，卵白が卵黄を包んで固まり，鍋底から浮き上がったら玉杓子で布の上にすくい上げる。トーストの上にのせて朝食に供する。昼食には添え物をつける。
　　　ウー　アン　ココット
d．Œufs en cocotte（小鍋焼き卵）：ココット（陶製の器）にバターを塗り，加熱した魚介類，鶏肉，野菜類，生クリーム，ソースなどを入れて卵を割り入れて湯煎にし蒸し煮にするか，天火で蒸し焼きにして器のまま皿にのせて供する。別法として卵を小鍋で焼き，ソースを注ぎ入れる。昼食用。
　　　ウー　ムーレ
e．Œufs moulés（卵の型蒸し）：型（卵1個が入るもの）にバターを塗り，卵を割り入れて鍋

にならべ，熱湯を型の高さの1/5くらい注ぎ入れて煮たたせてから天火に入れ，5～6分蒸し焼きにする。または，型に紙蓋をして鍋を火にかけて蒸し煮にする。
　パンを同じ形に抜いてトーストした上にのせて供する。

f．Oeufs sur le plat（ウー シュール ル プラ）（皿焼き卵）：1人分2個。陶製の焼き皿にバターを塗って熱し，卵を割り落として天板にならべ，中火の天火で5分くらい焼く。塩で調味し，皿にのせて供する。朝食に多く用い，昼食には肉，魚，野菜などをソースであえて添える。

g．Oeufs à la poêle（ウー ア ラ ポアル）（鍋焼き卵）：1人分2個。フライパンにバター5gを熱し，卵を入れ卵白が変色し始めたら軽く持ち上げて空気を入れ，バターを少し入れる。天火に入れ，卵黄が半熟状になるまで焼く。また，卵を裏返して両面焼くこともある。塩，こしょうする。

h．Oeufs brouillés（ウー ブルイュ）（いり卵）：1人分2個。厚手の鍋にバター15gを溶かし，卵，生クリーム18ml，塩，こしょうを入れて混ぜ合わせ，弱火でたえず木杓子で鍋底を押しつけるようにして，ふわりと半熟状にいる。
　朝食にはトーストパンの上に盛る。ハム，ベーコンなどを添えてもよい。昼食には麺類，じゃがいもで器をつくり，その中に入れる。

i．Oeufs frits（ウー フリー）（揚げ卵）：1人分2個。卵をボールに1個ずつ割っておき，165～170℃のきれいな油に落とし入れる。はね上がる卵白を卵黄にきせかけ，2分くらい揚げて紙の上にすくい上げ，塩，こしょうする。かけ汁はトマトソースがよい。

j．Omelette（オムレット）（オムレツ）：1人分2個。卵をボールに割り入れ，泡だてぬようにかき混ぜて塩，こしょうする。フライパンにサラダ油15mlを熱してすぐに器にあけ，バター5gを入れて溶かし，火からおろして卵を入れ，火にかけて手早く混ぜ半熟状に焼く。2～3秒おいて底が焼けたら火からおろし，左右を折り，火にかけて中央を折りたたむように巻く。フライパンの柄を軽くたたいて1回転させる。

（2）調 理 例

(1)　**固ゆで卵の詰物**　Oeufs dur frits sauce tomate（ウー ドウー フリー ソース トマト）（仏）

材　料（5人分）

固ゆで卵	5個	牛乳	20ml
たまねぎ	100g	小麦粉，溶き卵	
洋まつたけ	30g	生パン粉	
サラダ油	10ml	揚げ油	
小麦粉	3g	トマトソース	200ml

①　固ゆで卵は縦に2つに切り，卵黄を取り出して裏ごし，卵白に塩，こしょうする。たまねぎ，洋まつたけはみじん切りにする。

②　鍋にサラダ油を入れてたまねぎを焦がさないように炒め，洋まつたけを入れ，小麦粉を入れて炒める。牛乳を入れて混ぜながら煮る。火からおろして卵黄を入れ，塩2g弱，こしょうで味をつける。

③　卵白に②を等分に詰めて，卵の形に整え，小麦粉，溶き卵，生パン粉をつけて，180℃の油できつね色に揚げ，皿に盛り，ソースを手前に添える。

(2) オムレツ　Omelettes（仏）

材　料（5人分）

卵	10個
牛乳	75mℓ
塩	4g
こしょう	少々
バター	90g

① ボールに卵を泡だてないようにほぐし，牛乳を加え，塩，こしょうする。
② フライパンにバターを溶かし，卵を一度に流し込み，強火で手早くかきまわし半熟状態にする。手前から向こう側へ巻き，表面に焼きめをつけ，軽くフライパンの柄をたたいて返しながらなまこ形に形を整える。外側が固まり，中身は半熟がよいので手早く皿に盛りつける。

　　　（応用）　Puffed omelet：卵白を泡だて，調味した卵黄と混ぜて焼く。

(3) スペイン風オムレツ　Tortilla de Patatos（西）

材　料（5人分）

卵	4個
じゃがいも	400g
たまねぎ	80g
塩，こしょう	
揚げ油	

① じゃがいもの皮をむき，2つに切って薄切り，たまねぎも薄切りにする。
② じゃがいもを140℃くらいの油で揚げ，やわらかくなったらたまねぎを入れ，油をよくきっておく。

③　卵を割りほぐし，塩，こしょうして②を入れ，少しつぶしながら混ぜる。
④　フライパンに油を少し入れ，③を入れて蓋をして両面色よく焼く。

5．魚料理　Poisson（仏）　Fishes（英）

　フランスはわが国と同様に海産物に恵まれ，魚料理500～600種にも及んでいて，それに調和のよいソースとつけ合わせを添える。材料は特に新鮮なものを選び，なま臭さを消すため香辛料，酢，酒類を用いる。魚類のほかに，えび，かに，貝類も用いられる。

（1）魚料理の分類

加熱法	調　理　法
煮　る	ゆで煮（court-bouillon）：クールブイヨン（ゆで汁）でゆで煮する。姿のままの魚には冷たいゆで汁を，小魚や切り身には温かいゆで汁を用いる
	蒸しゆで（pochage à court mouillement）：少量のゆで汁（魚の厚さの1/3くらい）を注ぎかけ，蓋をしてやや強めの天火で蒸しゆでする
	蒸し煮（le braisage）：鍋にバターを塗り，香味野菜を敷いて魚を入れ，ゆで汁を，魚の厚みの1/4くらい入れる。魚の上にバターを塗り強火の天火で蒸し煮にする。途中で4～5回ゆで汁をかける
焼　く	バター焼き（au beurre）：魚に塩，こしょうし，小麦粉をつけ，フライパンにバターを熱し両面をきつね色に焼き，ムニエルバター（バターを焦がしレモン汁を加える）をかけて仕上げる
	網焼き（sur le gril）：魚に塩，こしょうし，小麦粉をつけ，サラダ油に浸して網にのせて焼く。網目がつく

	焼きつけ（au gratin オーグラタン）：焼き皿に魚を入れ天火で焼き色をつけたもの。生魚を焼く場合と，火を通してソースをかけて焼く場合がある	
揚げる	油揚（par la friture パール ア フリチュール）：パン粉をつけた英国風揚げ物（à l'anglaise ア ラングレーズ），小麦粉をつけたフランス風揚げ物（à la francaise ア ラ フランセーズ），衣をつけたベニエ（beignet ベニエ）がある	
その他	生身をすり身にし，成形して加熱するクネール，ムース，スフレなどがある	

（2）調理例

(1) 舌鮃のムニエール　Sole à la meunière（仏）

材　料（5人分）

舌びらめ······················· 5尾	レモン（小）···················· 1個
塩，こしょう	パセリ························· 1/2本
小麦粉	添え物
サラダ油····················· 40mℓ	じゃがいも······················ 5個
バター························· 30g	

① 舌びらめは皮（黒皮を先に）をむき，頭を切り落として内臓を取り，尾を少しとえんがわを切り落とし，洗って水気を取り，両面に塩，こしょうする。

② レモンは中央部の皮をむき，5枚の輪切りにし，残りは汁をしぼるのに用いる。

③ 魚の水気をふき，小麦粉をつける。フライパンにサラダ油を熱し，上身のほうから先に焼き，焦げ色がついたら裏返して焼く。フライパンの中の油を除き，バターを溶かし，魚にレモン汁をかけて，皿に盛る。

④ フライパンの中のバターを少し焦がして，魚の上にかける。レモンの輪切りをのせて，みじん切りのパセリをふりかける。

⑤ 添え物のじゃがいもは，粉ふきいもにする（p.186参照）。

　　（応用）　Sole meunière à la provençale プロヴァンシャル（プロヴァンス風）

トマト·········· 200g
たまねぎ········· 40g
にんにく········ 1かけ

材料をみじん切りにしてバターで炒め，トマトが煮くずれたら塩で調味し，レモン汁を加える。ムニエルした舌びらめの上にのせる。

(2) 鯖の蒸しゆで，ラヴィゴットソース　Filet de maquereau sauce ravigote フィレド マクロー ソース ラヴィゴット（仏）

材　料（5人分）

さ　ば···················· 5切れ，	塩・こしょう················· 少々
ゆで汁	
たまねぎ················ 40g，	にんじん···················· 30g
パセリの茎·············· 4本，	ローリエ···················· 1枚
水···················· 400mℓ，	酢·························· 30mℓ
ラヴィゴットソース·········· 200mℓ	

① さばの切り身に塩，こしょうをして，20分くらい置く。

② たまねぎ，にんじんの薄切りと他の材料を鍋に入れ，7分間煮て汁をこしてゆで汁をつくる。

③ 鍋にサラダ油を塗り,魚の皮を上にして重ならぬようにならべ,ゆで汁を入れ,蓋をして7分間蒸しゆでにする。薄皮をむいて皿に盛りつける。
④ ラヴィゴットソースをつくり,③のさばにかける(p.155参照)。

(3) 甘鯛の紙包み焼き　Branchiostège en papillote（仏）

材　料（5人分）

| 甘だい（1切れ60g）……………… 5切れ
塩
こしょう
白ブドウ酒……………………… 20ml | レモンバター
⎰バター……………………… 30g
⎱レモン汁…………………… 15ml
　パセリ……………………… 少々
パラフィン紙（半紙大）………… 5枚 |

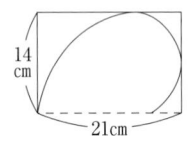

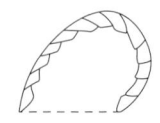

① 甘だいは皮をひいて,塩,こしょう,白ブドウ酒をかけて15分置く。
② レモンバターをつくる。バターをやわらかく練り,レモン汁,パセリのみじん切りを加えて混ぜる。
③ パラフィン紙をハート形に切り,片面にバターを塗り,魚を置き,上にレモンバターをのせ,紙を2つに折って空気の出ないように折りたたむ。
④ 天板にならべ,200℃で10分くらい焼く。ふくれ上がった状態で皿に盛って供する。

(4) 鮃の衣揚げ　Beignets de barbue（仏）

材　料（5人分）

| ひらめ………………………… 250g
塩,こしょう
白ブドウ酒…………………… 10ml | 衣
⎧小麦粉……………………… 70g
⎪塩…………………………… 0.5g
⎨卵…………………………… 1個
⎪牛乳または水……………… 70ml
⎩サラダ油…………………… 5ml |

① 魚は皮をひき,厚さ1cm,長さ8〜10cm,幅3cmに切って,塩,こしょう,ブドウ酒をふる。
② 衣をつくる。ボールに卵黄,サラダ油,牛乳,塩を入れてよく混ぜる。ふるった小麦粉を入れ,軽く混ぜ20分くらいねかせておく。用いるときに卵白を泡だてて加える。
③ 魚の水気をふき取り,竹串を用いて衣をつけ,160〜170℃の油で2分揚げる。

(5) 鱚の英国風　Eperlan à l'anglaise（仏）

材　料（5人分）

きす（大）	5尾	サラダ油	50ml
塩, こしょう		レモンバター	
小麦粉	少々	⎛ バター	50g
卵	1個	⎜ レモン	1/6個
生パン粉	30g	⎝ パセリ	少々

① きすはうろこ，えら，ひれを取り除いて洗う。背から包丁を入れ，頭と尾はつけたまま中骨を取る。腹わたはぬれぶきんでふき取り，塩，こしょうする。
② 魚の水気をふき取り，両面に小麦粉をつけ，身のほうに溶き卵を塗り，生パン粉をまぶす。
③ フライパンに油を熱し，パン粉のついたほうから動かしながら焼いて裏返し，同様に焼く。
④ レモンバター（p.177参照）をつくり，きすの背の開いたところにのせる。

(6) 帆立貝のパリー風　Coquilles saint-jacques Parisienne（仏）

材　料（5人分）

ほたて貝	10個	マッシュポテト	
洋まつたけ	10個	⎛ じゃがいも	中位3個
白ブドウ酒	1/2cup	⎜ 卵黄	1個
魚のだし汁	少々	⎜ バター	大1
魚のブルテーソース	大4	⎜ 牛乳	50ml
バター	50g	⎜ 塩, こしょう	
卵黄	1個	⎝ ナツメッグ	

① ほたて貝は横2つに切り，洋まつたけは5mm厚さに切り，塩，こしょうする。
② 鍋にバターを塗り，ほたて貝，洋まつたけを入れ，白ブドウ酒，魚のブイヨンを入れ，強火で2分くらい煮る。別の器に取り，保温しておく。
③ 煮汁を煮つめてブルテーソースを加える。バターを加え，火を消してから卵黄を入れて混ぜる。
④ じゃがいもをゆでてマッシュポテト（p.187参照）をつくる。
⑤ 貝殻にバターを塗り，マッシュポテトを貝殻の縁にしぼり，ほたて貝，洋まつたけを入れ，ソースをかけて天火で焼く。

(7) 車海老のクリーム煮　Crevettes Gros Newburg（仏）

材　料（5人分）

車えび	（頭つき）5尾	ブールマニエ	
バター	20g	⎛ バター	20g
ブランデー	大2	⎝ 小麦粉	20g
白ブドウ酒	大2	バター	60g
生クリーム	150ml	塩, こしょう	
ブイヨン	50ml		

① 車えびはひげと尾の先を切り，背わたを取り，塩，こしょうする。
② 厚手の鍋にバターを溶かして，えびを炒め，ブランデーをかけてそのアルコール分を燃やす。白ブドウ酒を加えて少々煮つめ，生クリーム，ブイヨンを入れ，蓋をして煮る。
③ えびを取り出し，胴の部分のみ殻をむいておく。
④ 煮汁の中にブールマニエを入れてよく溶き混ぜ，火からおろしてバター15gを手早く混ぜ，よく泡だてた卵黄を少しずつ加えてよく混ぜ，残りのバターを加えて味をととのえる。
⑤ 皿にえびを盛り，胴の部分に煮汁をたっぷりかける。
⑥ つけ合わせは，リーピロー（Riz pilaw, p.196参照）など。

(8) 鮭の冷製チューリップ飾り　Saumon froide à la tulipe（仏）

材　料（5人分）

生さけ	5切	レモンの輪切り	1枚
塩，こしょう		マヨネーズソース	250ml
レモン汁	15ml	ゼラチン	8g
魚の煮だし汁	250ml	きゅうり	1本
たまねぎ にんじん セロリー	100g	トマトまたは赤ピーマン	1個

① 魚は皮をひき，塩，こしょう，レモン汁をかける。
② 平鍋に香味野菜の薄切り，レモンを入れ，魚をならべる。冷たい煮だし汁を注いで蓋をし，中火にかける。沸騰したら弱火で8分煮る。魚を取り出して煮汁を冷まし，再び魚を浸して味をしみこませる（30分以上）。魚を取り出して水分をふき取り，金網にのせる。
③ ゼラチンをふやかし，湯せんにかけて溶かし，マヨネーズと合わせ，二度に分けて魚の上からかけて冷やす。
④ きゅうりの皮をむき，チューリップの茎と葉の形に切る。トマトで花の形をつくり，マヨネーズの固まった魚の上に花を形づくる。
⑤ つやを出すため，ゼラチンを煮だし汁で溶かしたものを上から刷毛で塗る。

6．肉料理　Vidnde（仏）　Meat（英）

　肉料理は洋風料理では重要な役割をもち，正餐のコースでは，魚料理の次に供され，コースの中心となる。肉類は加熱によって風味を増し，肉の部位により肉質や味が異なるため，部位に適した調理法を行い，肉味を生かすことが大切である。

（1） 肉料理の分類

加熱法	調理法
煮る	白煮（blanchissage ブランシサージュ）：豚の頭，脚，胃袋，牛の尾，鶏のとさかなどは白煮してから，焼いたり煮込んだりする
	煮込み（braise ブレーゼ）：赤い肉（牛，羊，鴨肉）をミルポア，香草，赤ブドウ酒の中に2〜3時間漬け，色づくまで炒めて漬け汁を加えて煮つめ，ソースを加えてやわらかくなるまで煮込む
	白い肉（子牛，豚，鶏肉）はミルポアとともにバターで炒め，白ブドウ酒をふり，煮だし汁を入れて天火で煮込む
焼く	鍋焼き（poeler ポアレ）：肉を丸のまま糸でしばり，厚手鍋で炒め焼きする。赤い肉は外側が焼けて，中に赤みが残っている程度に焼くが，白い肉は完全に火を通す
	炒め焼き（sauté ソーテ）：平鍋で1片に切った肉を焼く方法。赤い肉は焼きすぎないように白い肉は完全に火を通す
	あぶり焼き（grillés グリエー）：あぶり焼き器で焼く。肉は油に漬けておいたものをそのまま焼くか，小麦粉をつけて焼く
	焼きつけ（gratin グラタン）：肉，ハム，ソーセージなどにソースを合わせて焼き皿に入れ，おろしチーズ，生パン粉，バターをかけて天火で焼く
揚げる	油揚（friture フリチュール）：1人分の肉（骨をつけることもある）を揚げる。魚料理と同じように小麦粉をつけたり，パン粉をつけたり，小麦粉を水に溶いた衣をつけたりして揚げる
その他	冷製（froids フロワー）：肉やその加工品を各種の調理法で調理したのちに，冷めてもよいように手を加えたもの。ガランティン（肉の詰物），アスピック（ゼリー），ショーフロワー（ショーフロワーソースをかけて上にゼリーをかける）などがある

（2）牛肉の部位の特徴と調理法

名称	特徴	調理法
ヒレ フィレット fillet	背骨の内側に脂肪に沿って包まれている。牛肉の最上肉で最もやわらかい部位である	ロースト，ステーキ，網焼き
肩ロース チャック chuck	あらい網目状の脂肪がある。肉質はかたいが，味はよい	ロースト，煮込み
リブロース リブ ribs	ヒレよりかたいが，適度の脂肪が含まれていて味もよい。上質な肉は，霜降り状になる	ロースト，ステーキ，網焼き
サーロイン ロイン loin	ヒレについている部分で，外面に層状の脂肪が付着し，肉質はやわらかい	ロースト，ステーキ，網焼き
ランプ ランプ rump	腰肉の上の肉でやわらかで脂肪が少なく，ロースの代わりに用いる	ステーキ，ロースト
もも肉 ラウンド round	やわらかでロースと同様に使える肉もある。脂肪も少ないが，ランプより味はおちる	煮込み，ロースト，ひき肉料理
ばら プレイト plate	肉と脂肪が交互に層になっている。三枚肉ともいう	煮込み，ポトフ，コンビーフ

か た ショルダー shoulder	脂肪も多く含まれている。かたく筋があるが，味がよい。しゃくしともいう	煮込み，スープ
首 肉 ネック neck	肉質があらくかたいが，味がよい。きめのよいところもある	煮込み，スープ
すね肉 シャンク shank	かたくて筋の多い赤身肉。肉質はごくかたいが，濃厚な味がある	ブイヨン，フォン，煮込み
舌 タン tongue	皮がかたいので，熱湯でゆでて，外側の皮をむいて用いる	煮込み，サラダ，塩漬け，あぶり焼き
尾 チール tail	肉は少ないが，骨の関節の所で切って用いる	スープ，煮込み，網焼き

（３）豚肉の部位の特徴と調理法

名　　称	特　　　徴	調　理　法
ヒレ フィレット fillet	ロースの内側にあり，脂肪が少なく味は淡白であるが，やわらかい	炒め焼き，煮込み，揚げ物
かたロース ショルダー　バット shoulder butt	脂肪が多くやわらかい	揚げ物，炒め焼き，煮込み
ロース ロイン loin	背に厚い脂肪の層がある。やわらかく最も味がよい	揚げ物，煮込み，炒め焼き，串焼き
もも ハム ham	脂肪が少なく，赤身でハムの原料になる	ハム，煮込み，蒸し焼き，炒め焼き
ばら ベーコン bacon	脂肪と肉が交互に層になっている。脂肪が多く肉はかたい。ベーコンにする	ベーコン，ひき肉，煮込み
かた ショルダー shoulder	脂肪が多くやわらかい	煮込み，ひき肉

牛肉の部分肉名　　　　豚肉の部分肉名

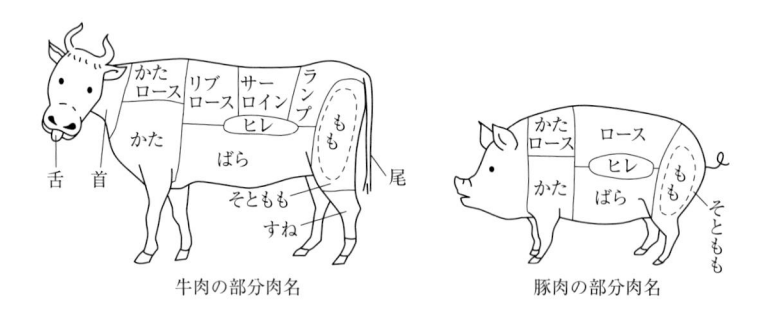

図３－５　牛肉と豚肉の部分肉名

（4）調 理 例
(1) ビーフステーキ，レモンバター添え　Entrecôte maître d'hôtel（仏）　Beef steak（英）

材　　料（5人分）

サーロイン（1切200g）……………… 5切	レモンバター
塩・こしょう	バター………………………………… 60g
サラダ油……………………………… 50ml	レモン汁……………………………… 小2
	パセリみじん切り…………………… 小1

① 筋切りをして，肉たたきで軽くたたいて，焼く直前に塩，こしょうをして元の大きさに形を整える。

② フライパンを熱し，油を入れ，盛りつけたとき上になるほうから強火で20秒，次に火を弱めて1分くらい焼く。裏返して同様に焼く。

③ バターをクリーム状にやわらかくしてレモン汁とパセリを加えてよく混ぜ合わせ，パラフィン紙で直径2.5cmくらいに巻いて冷やす。固まったところを2cmくらいに輪切りにして肉の上にのせる。

　（注）　肉の加熱温度は，好みによって大きく3つに分ける。
　（1）　Rare……内部温度50〜55℃，肉の内の色は鮮赤色で肉汁が多く出る。生焼き。
　（2）　Midium……内部温度68℃，色は挑色で肉汁もレアより少ない。
　（3）　Welldone……内部温度70〜80℃，色は白っぽい桃色で，肉汁は少ない。

＜加熱による変化＞
　① 色：肉の内部温度が50℃になると淡赤色になり，さらに温度が高くなるとミオグロビンと結合しているたんぱく質の変性によって酸化がすすみ，メトミオグロビンになり，褐色化する。
　② におい：肉を加熱すると特有な香りが生じる。糖とアミノ酸の加熱反応によるもので，80℃以上に熱すると遊離の硫化水素が発生する。
　③ 重　量：重量の損失は蒸発する水分とドリップとして肉汁の浸出することが原因で，脂肪の溶融もこれに加わる。調理温度が高いほど重量は減少し，時間によっても左右される。体積も収縮する。

(2) ハンバーグステーキ　Bifteck à l'hambourgeoise（仏）　Hamburg steak（英）

材　　料（5人分）

牛ひき肉……………………………… 500g	パン…………………………………… 50g
たまねぎ……………………………… 150g	牛　乳………………………………… 50ml
バター………………………………… 10g	塩，こしょう，ナツメッグ
卵………………………………… 小1個	サラダ油

① たまねぎはみじん切りにして，透きとおるまで炒めて冷ましておく。食パンは牛乳に浸しておき，手でほぐしておく。

② 肉を手でよく混ぜてからたまねぎ，汁気をしぼったパン，卵を入れてよく混ぜ合わせ，塩5g，こしょう，ナツメッグを入れる。

③ 5等分し，手に油をつけて形づくる。中央を少しくぼませておく。フライパンを熱し，サラ

ダ油を入れて肉を焼く。最初強火で焼き，次に弱火にする。裏返して同じように焼く。
　　（注）肉は赤身で脂の少ない部分がよい。包丁で細かく切ったほうがひき肉よりおいしい。
　　　　　パンは肉のしまりすぎを防止する。パン粉を用いてもよい。
　　　　　たまねぎは急速に加熱するほうが甘味が増える。肉の臭みを取り，甘味と香味をつける。なまで用いると，水分が出て形をくずす。

(3) **ビーフシチュー**　Boeuf à la mode（仏）　Beef stew（英）
　　材　料（5人分）

牛ばら肉‥‥‥‥‥‥‥‥‥‥‥ 750 g	赤ブドウ酒‥‥‥‥‥‥‥‥‥‥ 200 ml
塩，こしょう	ブイヨン‥‥‥‥‥‥‥‥‥‥‥ 600 ml
バター‥‥‥‥‥‥‥‥‥‥‥‥‥ 20 g	トマトピューレ‥‥‥‥‥‥‥‥ 50 ml
サラダ油‥‥‥‥‥‥‥‥‥‥‥‥ 10 g	ブーケガルニ‥‥‥‥‥‥‥‥‥ 1束
たまねぎ‥‥‥‥‥‥‥‥‥‥‥‥ 1個	トマト‥‥‥‥‥‥‥‥‥‥‥‥ 1個
にんじん‥‥‥‥‥‥‥‥‥‥‥‥ 2本	小たまねぎ‥‥‥‥‥‥‥‥‥‥ 10個
小麦粉‥‥‥‥‥‥‥‥‥‥‥‥ 大2	砂　糖‥‥‥‥‥‥‥‥‥‥‥‥ 10 g
	バター‥‥‥‥‥‥‥‥‥‥‥‥ 15 g

① 肉は5cm角切りにし，塩，こしょうする。たまねぎ，にんじん1本は1cm角切りにする。
② フライパンにバター，サラダ油を熱し，肉の表面に焼き色がつくまで強火で炒めて鍋に移す。同じフライパンで野菜を少し色づくまで炒めて肉の入っている鍋に入れ，小麦粉をふり入れて炒める。赤ブドウ酒を加え，スープ，トマトピューレ，湯むきして荒切りにしたトマト，ブーケガルニを加え，弱火で90分煮込む。
③ 残りのにんじん1本はシャトーに切り，小たまねぎは皮をむく。これらを別鍋でひたひたの水，砂糖，バター，塩，こしょうを加えて煮，野菜がやわらかくなったら汁だけ別にカラメル状に煮つめ，再び野菜をからめてつや煮にする。
④ 肉がやわらかくなったら肉を取り出し，煮汁をこして少し煮つめ，肉をもどして，③の野菜を加え，塩，こしょうで味をととのえる。
　　（注）かたい肉は，水を加えて長時間煮ると結合組織の主成分であるコラーゲンがゼリー状になって溶出し，筋肉組織がほぐれやすくなってやわらかくなる。

(4) **子牛肉の串焼き**　Brochette de veau sauce tomate（仏）
　　材　料（5人分）

子牛もも肉‥‥‥‥‥‥‥‥‥‥ 250 g	生パン粉‥‥‥‥‥‥‥‥‥‥‥ 30 g
ベーコン‥‥‥‥‥‥‥‥‥‥‥‥ 50 g	おろしチーズ‥‥‥‥‥‥‥‥‥ 3 g
洋まつたけ（缶）‥‥‥‥‥‥ 中15個	サラダ油‥‥‥‥‥‥‥‥‥‥‥ 50 ml
小麦粉，溶き卵	トマトソース‥‥‥‥‥‥‥‥‥ 200 ml

① 肉は1cm厚さに15切れに切り，肉たたきでたたいて3cmくらいにし，塩，こしょうする。ベーコンは肉よりやや小さめに15切れに切り分ける。
② ブロシェット（金串）に，肉，ベーコン，洋まつたけの順序にさし，これを3回くり返す。
③ 粉，溶き卵，チーズ入りパン粉をつけて，フライパンに油を入れて，全面同じような色に焼

き上げる。トマトソースを添える。

(5) 子牛の衣焼き　Wiener Schnitzel（独）
ヴィーナ シュニッツエル

材　　料（5人分）

子牛肉（1切れ80g）	5切	小麦粉，パン粉	
塩，こしょう		サラダ油	
卵	1個	レモン薄切り	5枚
サラダ油	大1	黒オリーブ	5個
水	50ml	パセリみじん切り	大2

① 子牛肉の薄切りは肉たたきでたたいて形を整えながら薄くのばし，塩，こしょうをしておく。
② ボールに，卵，サラダ油，水をよく混ぜて溶き卵をつくる。肉に小麦粉，溶き卵，パン粉をつける。肉の片面に包丁で縦横の網目をつけ，肉と衣のつきをよくする。
③ フライパンにたっぷりの油を熱し，肉を入れて泳がせるような感じで強火で炒め焼く。皿に盛り，肉の上にレモン，オリーブをのせ，パセリをふる。

(6) 豚肉の衣焼き，コルドンブルー風　Côte de porc Cordon Bleu（仏）
コート　ド　ポール　コルドン　ブルー

材　　料（5人分）

豚ロース（100g）	5枚	塩，こしょう	
チーズ（チェダー）	5枚	サラダ油	
ハム	5枚	ブリューヌソース	200ml
小麦粉，卵，パン粉			

① 豚肉の脂を取り除き，厚みに切れ目を入れて袋のようにする。肉たたきでたたいて広げる。塩，こしょうする。
② ハムとチーズをはさんで切り口を折り，手でよくおさえて，小麦粉，溶き卵，生パン粉をつける。
③ フライパンに多めの油を入れて，ゆっくりと焼く。
④ ブリューヌソースをつくる。

(7) 豚肉の鍋焼き　Filet de porc à la marmelade de pomme（仏）
フィレ　ド　ポール　ア　ラ　マームラード　ド　ポーム

材　　料（5人分）

豚ヒレ肉	500g	赤ブドウ酒	40ml
ミルポア		ブイヨン	50ml
にんじん	20g	りんご	2個
たまねぎ	20g	砂　糖	10g
ローリエ	1/2枚	バター	20g
サラダ油	15ml	ナツメッグ	

① ヒレ肉は筋を少し取り除き，塩5g，こしょうをして太いほうを麻糸で2か所くくっておく。
② 厚手の鍋にサラダ油を入れて熱し，ミルポアとローリエを少し焦げ色がつくように炒め，肉を入れて全体が色づくように焼き，火を弱めて蓋を半分して20分間くらい焼く。焼き油を捨て

て赤ブドウ酒をふり入れ，少し煮てから肉を取り出し，ブイヨンを加える。
③　りんごは6つ割りにして皮，芯を取り，10分間ゆでて，裏ごしする。これを鍋に入れ，少し水分がなくなるまで煮つめ，砂糖とバター，塩0.5g，ナツメッグで味をととのえ，アップルソースをつくる。
④　肉は麻糸を取り，1人2枚ずつに切り，皿に盛って煮汁をかけ，アップルソースを添える。

(8) ミートローフ　Meat loaf（英）

材　料（5人分）

豚ひき肉	500g	サラダ油	大1
たまねぎ	100g	片栗粉	大2
パン粉	1 cup	塩	小2/3
バター	20g	グリンピース	20g
卵	1個		

①　ひき肉はすり鉢でよくすっておく。たまねぎはみじん切りにし，バターで炒めて冷ましておく。パン粉は水大3を加えて湿らせる。
②　ひき肉にパン粉，卵，油，片栗粉，塩をすり混ぜて，グリンピースを加える。
③　ローフ型に油を塗り，②を詰めて170℃の天火で約40分焼く。竹串をさして澄んだ汁がでればよい。

(9) 英国風豚肉パイ　Pâté chaud de borc à l'anglaise（仏）

材　料（5人分）

豚ヒレ肉	350g	フィタージュ	
たまねぎ	200g	バター	80g
トマト	120g	小麦粉	100g
洋まつたけ（缶）	120g	水	
固ゆで卵	2個	卵黄	1/2個
トマトピューレ	50ml	塩	0.5g
小麦粉	8g	上塗用卵黄	1/2個
ブイヨン	180ml		

①　豚ヒレ肉は厚さ1cmに切り，肉たたきで軽くたたき，塩4g，こしょうを全面にふる。たまねぎは縦2つに切り，1cm厚さの横切りにし，サラダ油でやわらかく少し色づくまで炒め，塩，こしょうする。トマトは湯むきし，荒くきざみ，バターでさっと炒めておく。卵は輪切りにする。
②　フライパンにサラダ油15mlを熱して肉を入れ，強火で少し色づくように焼く。小麦粉をふり入れ，トマトピューレとブイヨンを加えて煮たてる。鍋にあけて炒めたたまねぎとトマトを加えて弱火で12～13分煮，洋まつたけを加えてさらに12～13分煮る。
③　長方形の耐熱皿に入れて，上に卵をのせて冷ます。
④　パイ皮（p.206参照）をつくり，厚さ1cm，幅2cmで長さは皿の周囲に合わせたリボン状に切る。残りは皿の大きさにのばしてかぶせ，周囲にリボン状の皮をのせて，パイばさみで飾

りをつけて，卵黄の水溶きを塗る。
⑤　190℃の天火で15分くらい焼き，そのまま食卓に出す。

(10)　ドライカレー　Dry curry（英）

材　　料（5人分）

豚ひき肉	250 g	トマトジュース	200ml
たまねぎ	300 g	カレー粉	大1.5
ピーマン	70 g	塩，こしょう	
レーズン	40 g	サラダ油	大2

①　ひき肉は塩，こしょう，カレー粉小さじ1杯をふり入れて混ぜる。たまねぎ，ピーマンはみじん切り，レーズンはぬるま湯でもどす。
②　サラダ油を熱し，たまねぎを茶色になるまで炒め，ピーマン，ひき肉を加えてボロボロになるまで炒める。カレー粉の残りの半量を加えて炒め，トマトジュースを加え，レーズン，塩小1/2，こしょうを加えて混ぜ，蓋をして弱火で15～20分煮る。
③　残りのカレー粉を加えてさっと混ぜ，味がなじむまで5分くらい煮る。

(11)　鶏のクロケット　Croquette de volaille（仏）　Chicken croquette（英）

材　　料（5人分）

鶏　肉	250 g	白ソース	400ml
バター	25 g	卵　黄	1個
たまねぎ	100 g	小麦粉，卵，生パン粉	
洋まつたけ	50 g	揚げ油	
薄切りハム	60 g	トマトソース	200ml

①　鶏肉は蒸して5 mm角くらいに，たまねぎ，ハム，洋まつたけはみじん切りにする。
②　白ソース400mlをつくり，さらに180mlに煮つめる。
③　鍋にバターを溶かし，たまねぎを入れて色づかぬように炒め，洋まつたけと白ソースを加え，5分間煮て，鶏肉，ハムを入れ，よく煮たたせて，塩2 gとこしょうで調味し，卵黄を混ぜる。
④　皿にあけて冷まし，5個に分けて全体に軽く粉をつけ，形（まがたま，俵，洋梨形など）をつくり，溶き卵とパン粉をつけて，180℃の油できつね色になるまで約2分間揚げる。
⑤　トマトソース（p.152参照）をつくる。皿にソースを敷き，その上にクロケットを盛る。

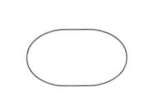

　　まがたま形　　俵　形　　洋梨形

⑿ ひな鶏のクリーム煮　Poulet sauté à la crème（仏）

材　料（5人分）

若　鶏	1羽
白ブドウ酒	30ml
バター	20g
生クリーム	90ml
サラダ油	30g

① 鶏は一枚開き（p.185参照）にして骨は全部取り除き，肉たたきでたたいて平らにし，両面に塩4gとこしょうをふる。

② フライパンにサラダ油を熱し，皮のほうから強火で色づくまで焼き，火を弱めて約7分間鍋蓋で押さえつけて焼く。裏返して同様に焼く。白ブドウ酒をふりかけ汁気がなくなるまで焼いて，生クリームを入れ，弱火で2～3分煮て火からおろし，5～6切れに切る。

③ 鍋の残り汁にバターを加えて煮たてる。

④ 鶏皮を上にして盛り，煮汁をかける。

⑤ つけ合わせは，さやえんどう，ほうれんそうのバター炒めなどがよい。

＜五枚おろしのやり方＞

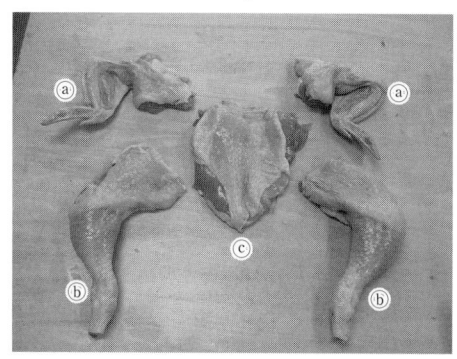

① 腹を上にして，ももの付け根に包丁を入れ，関節を逆に外し引っ張って胴から離す。

② 胴と手羽の間の肩の関節に包丁を入れ，手羽を引っ張って胴から離す。

③ 胸の肉を切る。

④ ⓐ手羽，ⓑもも，ⓒ胸肉

図3-6　五枚おろし

⒀ 鶏の赤ブドウ酒煮　Coq au vin（仏）

材　料（5人分）

鶏もも，手羽骨つき	5本	エシャロット	5本
バター	大2	赤ブドウ酒	400ml
サラダ油	大2	ブイヨン	200ml
小たまねぎ	15個	パセリ	少々
洋まつたけ	15個	生クリーム	大2

① 鶏肉は，足の骨にそって包丁を入れて筋を切っておき，焼く直前に塩，こしょうする。小たまねぎは上，下を切っておく。エシャロット，パセリはみじん切り，洋まつたけは石づきを取

る。
② 厚手の鍋にバター，サラダ油を熱して，鶏肉の皮のほうから焼き色がつくまで炒め，裏返して小たまねぎと洋まつたけを入れ，小たまねぎに色がつくまで炒める。赤ブドウ酒の1/2量を加えて中火で4〜5分煮つめ，ブイヨンを加える。15分くらい煮て，鶏肉に火が通ったら，全部取り出してエシャロットを加えて混ぜる。弱火にして残りの赤ブドウ酒を加えて煮つめる。
③ ほぼ半量まで煮つまったら，塩，こしょうで味をととのえ，鶏肉と野菜をもどし，生クリームをまわし入れて火を止める。
④ 鶏肉と野菜を皿に盛り，煮汁をかけ，パセリをふる。

(14) **チキンカレーライス**　Curry de velaille au riz（仏）カリー ド ボライユ オー リー　Chicken curry and rice（英）チキン カレー アンド ライス

材　料（5人分）

若鶏……………………………1/2羽	りんご……………………………1/2個
サラダ油………………………大2	チャツネ…………………………20g
たまねぎ………………………800g	リーピロー
バター……………………………50g	米…………………………………300g
にんにく………………………1かけ	たまねぎ………………………60g
しょうが…………………………10g	バター……………………………20g
カレー粉………………………大2	水
小麦粉……………………………大5	塩，こしょう
ブイヨン…………………………1ℓ	薬　味
トマトケチャップ……………1/4cup	

① 若鶏は五枚おろしにし，ぶつ切りにして塩，こしょうしておく。フライパンにサラダ油を熱し，鶏を表面に焦げ色がつくまで炒める。
② たまねぎを薄切りにしてバターで炒め，しょうが，にんにくのみじん切りを加え，さらにきつね色になるまでよく炒める。小麦粉，カレー粉を入れて弱火で少し炒め，ブイヨンを入れる。
③ ①の鶏を加え，ケチャップ，おろしりんごを入れ，塩少々を加えて20〜30分くらい煮る。チャツネを入れて味，濃度をみる。
④ リーピローを炊く（p.196参照）。
⑤ 薬味は，福神漬，らっきょう，紅しょうが，ゆで卵などがよい。
⑥ 器の向こう側にリーピローを盛り，手前にカレーをかける。または，カレーをソース入れに入れて供す。

7．蒸し焼き料理　Rôti（仏）ロティー　Roast（英）ロースト

　蒸し焼き料理は，牛，子牛，豚，羊肉，家禽，野禽類を，天火や特殊なかまで蒸し焼きにする料理である。正餐の場合に肉料理の次に供されるので，肉料理に牛肉を使うときは，蒸し焼き料理は鳩，ひな鶏などを使う。添え物には，揚げたじゃがいもとサラダサンプル（p.190参照）を用いる。

(1) 調 理 例

(1) 若鶏の蒸し焼き　Poulet rôti au jus（仏）

材　料（5人分）

若鶏（1.2kgぐらい）	1羽	サラダ油	70ml
ベーコン薄切り	5枚	ブイヨン	400ml
ミルポア		クレソン	1/2把
たまねぎ	25g	じゃがいも	200g
にんじん	15g		
セロリー	10g		

① 鶏は内臓を出して下ごしらえする。
② 鶏に塩5g，こしょうをこすりつけるようにしてふり，塩がしみたら水気をふいて形を整え，金串でももの部分を固定して全体に油をすり込み，天板にのせる。4mm厚さに切った野菜や鶏の首つる，足などをいっしょに入れ，180～190℃の天火で30分焼く（側面を上にして12分焼き，途中で油をすくって鶏にかけ塩をふる。反対側を同様に12分焼き，次に胸を上にして5～6分焼いて全面をきつね色に仕上げる）。
③ 焼き上がった鶏は鍋に移し，蓋をして6～7分蒸らしてから包丁を入れる。
④ ベーコンは強火でさっと焼いて鶏の上に盛り，ジューを上からかける。
⑤ ジューは鶏を焼いた天板の油を捨て，その中に首つる，ミルポアを入れてブイヨンを注ぎ入れ，天板のまま少し煮て鍋にあけ，煮つめて100mlにする。布でこして煮たてて味をととのえる。色が薄いときはカラメルで色を補う。浮いた曲は紙で吸いとってきれいにする。
⑥ じゃがいもは油揚にし，クレソンは茎のかたい所を取り除いて添える。

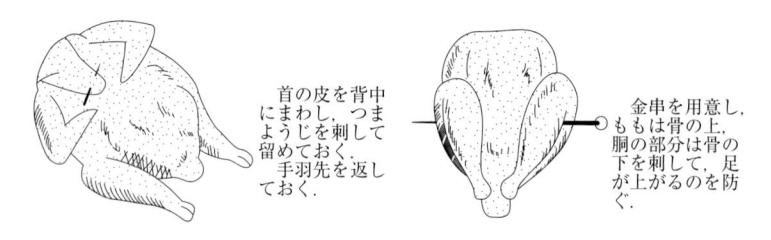

図3-7　蒸し焼きのときの形の整え方

(2) ひな鶏とひき肉の重ね焼き　Poulet à l'alsacienne（仏）

材　料（5人分）

ひな鶏（800g）	1羽	ジュー	
豚ひき肉（二度びき）	200g	鶏がら	1羽分
ベーコン薄切り	5枚	たまねぎ	30g
卵	1個	にんじん	5g
生パン粉	5g	水	400ml

① ひな鶏は背から包丁を入れて一枚開きにし，骨を取り，塩，こしょうする。
② ひき肉はすり鉢に入れ，卵白をすり混ぜ，塩，こしょう，ナツメッグで調味する。ベーコン

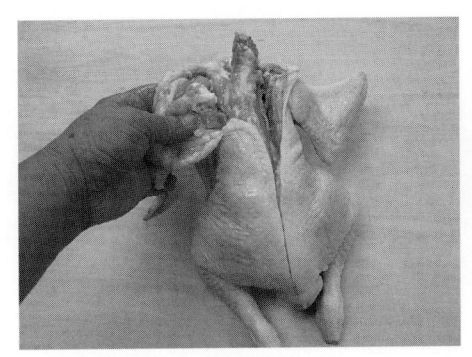

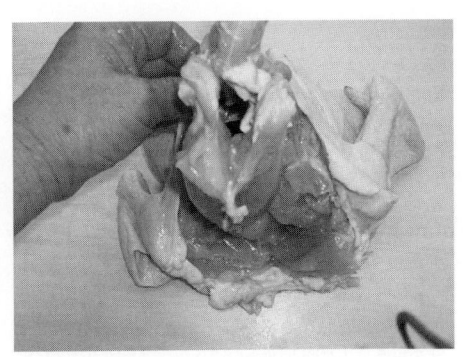

① 背骨にそって皮を切る。　　② 胴と手羽の間の肩の関節に包丁を入れ，手羽を引っ張って胴から離す。

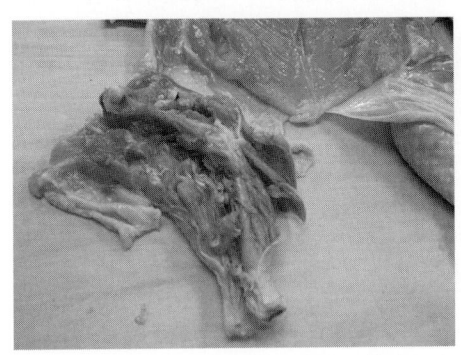

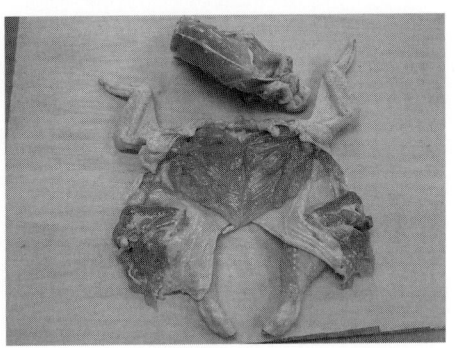

③ ももの関節を逆に外して周りの筋を切り，胴から離す。手羽先を切る。　　④ 手羽，ももの骨に沿って包丁を入れ，骨を取る。

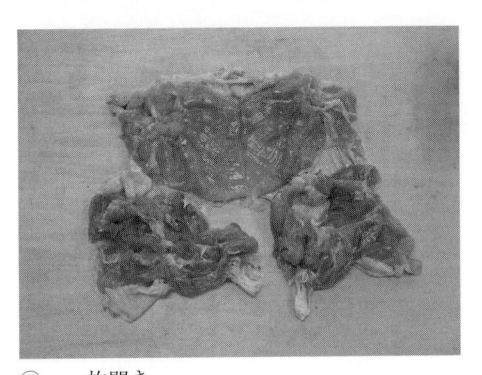

⑤ 一枚開き

図3-8　一枚開きのやり方

図3-9　鶏肉の部位の名称

Ⅲ．調理理論と実習

は肉たたきでたたく。
③ 天板に油を塗り，鶏肉の皮を下にしておく。ひき肉を平らにのせ，卵黄を刷毛で塗り，その上にベーコンをならべ，卵黄を塗り，生パン粉をふる。190℃の天火で20～25分焼く。まないたに取り出して5つに切る。
④ 鶏がらは切ってよく水洗いする。フライパンに油を熱して十分に炒め，薄切りの野菜を入れ，焦げめがつくまで炒めて鍋に移し，水を入れて弱火で1時間くらい煮る。布でこして，塩，こしょうで調味し，ソースとする。

8. 野菜料理　Legumes（仏）レギューム　Vegetables（英）ベジタブル

野菜料理は献立中で単独に独立して供される場合と，肉，魚料理の添え物として用いられる場合がある。野菜は栄養上からも重要であり，それぞれ固有の特性を持ち，それぞれに適した調理法があり，野菜本来のうま味を引き立てるようにする。

（1）野菜の調理法

加熱法	調　理　法
煮る	湯煮（blanchissage）ブランシサージュ：ゆがく，白く煮る，緑色にゆでる ゆで煮（légumes à l'anglaise）レギューム アラングレーズ：ゆでたら調味し，溶かしバターをまぶす 煮込み（braisage）ブレサージュ：せん維の多い野菜を煮込む
炒める	バター炒め（sauté）ソーテ：ゆでた野菜をバター焼き，バター炒めにする
焼く	焼きつけ（gratin）グラタン：焼き皿に入れてソースなどをかけて天火で焼く
揚げる	油揚（friture）フリチュール：小麦粉をつける。パン粉をつける。溶いた小麦粉の衣をつける
あえる	クリームあえ（légumes à la crème）レギューム アラ クレーム：加熱した野菜を生クリーム，または白ソースであえる
こす	こす（purée de légumes）ピューレ ド レギューム：ゆでてこし，バター，牛乳，生クリームを加えて練る。なお，これを油揚，バター焼き，型蒸し，蒸し焼きにもする

（2）調　理　例

(1) 粉ふき芋いも　Pomme de terre natureポーム ド テール ナチュール（仏）

材　料（5人分）

じゃがいも（小）	5個
塩，こしょう	少々

① じゃがいもをシャトー（p.147参照）にむき，水につけておき，塩を加えた湯で，25分くらいゆでる。

② 湯を捨てて再び鍋を火にかけて軽くあおって水分を蒸発させる。粉をふかせて塩，こしょうする。

＜じゃがいもの調理性＞

じゃがいもは酸性の動物性食品を中和し，また味も淡白で，獣鳥肉類のつけ合わせとして用いられる。粉ふきいも，マッシュポテトには，細胞単位に粒状化しやすい粉質の男爵，農林1，2号がよい。煮熟によりペクチンが崩壊し，細胞の密着性が低下し，衝撃による塊茎表層の構造破壊が起こる。揚げ物，サラダには粘質のえぞ錦，紅丸などがよい。

(2) こしじゃが芋，マッシュポテト　Purée de pomme de terre（仏）　Mushed potatoes（英）

材　料（5人分）

じゃがいも	500 g
バター	30 g
塩	4 g
こしょう	少々
牛乳	100 ml

① じゃがいもは皮をむいて大切りにし，水にさらす。
② 湯に塩を入れ，じゃがいもを入れ，再び沸騰後，中火で20〜25分くらいゆでる。
③ 湯を捨て，再び火にかけて水分を蒸発させ，熱いうちに裏ごしする（冷めると粘りが出て，こしにくくなる）。
④ 鍋にバターを溶かし，じゃがいもを入れ，木杓子で混ぜて塩，こしょうする。温めた牛乳を加えて練る。

(3) じゃが芋のクリーム煮　Pommes de terre à la crèam（仏）

材　料（5人分）

じゃがいも	400 g
バター	25 g
塩	3 g
牛乳	270 ml

① じゃがいもは皮をむき5 mm厚さの輪切りまたは1 cm角切りにして塩を入れた湯で3分間ゆで，湯を捨てて，バター，塩，牛乳を加えて弱火で30分間煮る。

(4) じゃが芋の油揚げ　Pommes de terre Pont-Neuf（仏）

材　料（5人分）

じゃがいも	400 g
揚げ油	

① じゃがいもは皮をむいて洗い，長さ4 cmで1 cm角の拍子木切りにし，塩を加えた湯で2分間ゆで，水気をきる。
② 鍋に揚げ油を160℃に熱し，じゃがいもを入れ，徐々に温度を上げて5分くらいできつね色に揚げる。塩こしょうする。
　（注）じゃがいもはなまから揚げたほうがおいしいが，水分が蒸発して，しわができてみばえが悪くなる。少しずつ揚げないと油が外へふき出すことがある。

(5) 人参のつや煮　Carottes glacés（仏）

材　料（5人分）

にんじん	400 g
水	300 ml
バター	25 g
塩	2 g
砂糖	5 g

① にんじんは4 cmくらいの長さに切り，4〜6つ割りにしてシャトーにむくか，輪切りにして面取りする。
② 鍋に材料を一度に入れてやわらかく，水分がなくなるまで約30分間弱火で煮て，最後にこしょうをふる。

(6) 芽キャベツのバターあえ　Choux de bruxelles au beurre（仏）
〔シュー ド ブリュッセル オー ブール〕

材　料（5人分）

芽キャベツ	400 g
バター	30 g
レモン	1/5個

① 芽キャベツは外側のきたない葉を取り，根の部分を薄く削り取り，火の通りをよくするために根元に十文字に包丁を入れて，塩水に5～6分つけておく。
② 沸騰湯1ℓに塩10gを加え，芽キャベツの水気をきって入れ，5分間ゆでて直ちに水にとって冷やす。ざるにあげ，水気をきる。
③ 鍋にバターを溶かし，芽キャベツを入れ焦がさないように温まるまで炒めて，塩，こしょうをし，レモン汁をかける。

(7) 莢豌豆のソテー　Pois mange-tout sautes（仏）
〔ポワ マンジェ トウ ソーテ〕

材　料（5人分）

さやえんどう	200 g
バター	20 g
砂糖	0.5 g
卵黄固ゆで	1個

① さやえんどうはすじを取り，水洗いして塩5gをふって約5分置く。沸騰水で色よくゆでて冷水にとり，水気をよくきる。
② 卵黄固ゆでを目の荒い裏ごしでこす（プリン型に卵黄を入れ，紙で蓋をして湯煎で7分間煮る）。
③ 鍋にバターを溶かし，さやえんどうをソテーし，塩，こしょう，砂糖で調味する。
④ さやえんどうを器に盛り，上から卵黄をふりかける。
　（注）　さやいんげんを用いてもよい（砂糖は使わない）。

(8) 花野菜のポーランド風　Choux-fleurs à la Polonaise（仏）
〔シュー フルール ア ラ ポロネーズ〕

材　料（5人分）

花野菜	400 g	バター	20 g
固ゆで卵	1個	ゆで汁	
レモン	1/2個	┌水	1 ℓ
バター	50 g	│塩	5 g
パセリみじん切り	少々	│小麦粉（水溶き）	10 g
生パン粉	15 g	└レモン薄切り	2～3枚

① 花野菜は葉と根を取り，花のほうを下にして塩水に20分くらいつけておく。
② 固ゆで卵はみじん切りにする。
③ バターを熱してパン粉を入れ，きつね色になるまで炒める。
④ 鍋にゆで汁を入れて煮たて，花野菜の根元を上にして落とし蓋をして15分くらいゆでる。別の湯を用意し，花野菜の粉気をゆすいで水気をきる。さらに布で水気をふき小房に切り，塩，こしょうして野菜鉢に盛り，レモン汁，溶かしバター50gをかけ，卵，パン粉，パセリをふり，熱いところを供する。
　（注）　ハンガリア風ともいう。

花野菜の代わりに芽キャベツを用いてもよい（choux de bruxelles à la polonaise）。

(9) **ロールキャベツ** Choux farcis（仏）

材　料（5人分）

キャベツ（5枚）	500 g	煮だし汁	200 ml
たまねぎ	30 g	ミルポア	
合びき肉	200 g	たまねぎ	50 g
卵	1/2個	にんじん	30 g
パ　ン	20 g	セロリー	10 g
塩，こしょう，ナツメッグ			

① キャベツは湯につけて葉を破らないようにはがして，塩を入れた湯で3分間ゆでる。芯の厚い部分をそいで平らにし，塩，こしょうする。
　　たまねぎはみじん切りにし，炒める。パンは牛乳につけてやわらかくし，細かくほぐす。
② ボールに肉を入れ，よく手で混ぜる。
　　たまねぎ，パン，卵を入れて混ぜ，塩2 g，こしょう，ナツメッグで調味し，5等分する。
③ キャベツを広げ，肉をのせ，葉先のほうに向かって巻き，左右を中に押し込む。
④ 鍋にミルポアの薄切りを敷き，キャベツの巻き終わりを下にして，重ならないようにならべ，煮だし汁をキャベツの高さの1/4くらいまで入れ，落とし蓋（紙でつくり，油を塗る）をして30分以上弱火で煮込む。
⑤ 器に盛りつけ，ソースを添える。
　　（注）ソースはトマトソース，ベシャメルソースなどがよい。

(10) **ニース風ラタトゥイユ** Ratatouille nicoise（仏）

材　料（5人分）

トマト	2個	たまねぎ	2個
な　す	5個	にんにく	2片
ピーマン	5個	オリーブ油	大2
クルジェット	2本	塩，こしょう	

① トマト，なす，ピーマン，たまねぎは荒切りにする。クルジェットは縦半分に切って種を取り，荒切りにする。
② 鍋にオリーブ油を熱し，きざんだにんにくを炒め，たまねぎを入れ，色づくように炒める。ピーマン，なす，クルジェット，トマトを順に炒めて，塩，こしょうを軽くして，弱火で蓋をして20～30分煮込む（野菜の水分だけで煮込む）。
③ 野菜がやわらかくなったら味をととのえる。
　　（注）クルジェットはズッキーニ（伊）ともいい，一見きゅうりのようであるが，ウリ科に属し，かぼちゃの仲間である。なすの舌ざわり，味わいがある。

Ⅲ．調理理論と実習　189

⑾ 薩摩芋と林檎の重ね煮　Patates à l'imperiale（仏）

材　料（5人分）

さつまいも（直径4cm）……………350 g	バター……………………………30 g
りんご（紅玉）……………………200 g	塩………………………………………3 g
レーズン……………………………25 g	水……………………………………170 mℓ
砂　糖………………………………70 g	シナモン……………………………少々

① さつまいもはよく洗って，皮つきのまま5mm厚さの輪切りにし，水につける。りんごは6つ割りにし，芯，皮を取り，5mm厚さに切る。レーズンは洗って水気をきっておく。

② 厚手の鍋にバターをたっぷり塗り，りんごの1/3量を平らに入れ，その上にさつまいもの1/3量を入れ，塩，砂糖，レーズン，バターの1/3量を平均にふる。これをあと2回くり返して重ねる。水を入れる。

③ 鍋の直径に合わせて落とし蓋（紙を丸く切り，穴をところどころあけて油を塗る）をつくり，材料の上にかぶせて，鍋蓋をして火にかけ，25～30分間汁がなくなるまで煮る。

④ 皿に盛り，シナモンをふりかける。

　　（注）　天火で30分くらい焼いてつくる方法もある。

9．サラダ　Salade（仏）　Salad（英）

　生野菜，ゆでた野菜，果物，料理した魚・獣鳥肉類などを冷やしたものをサラダ用ソースで調味する冷製料理である。正餐では獣鳥肉類のあとに供され，口中をさっぱりさせるとともに栄養のバランスの上からも大切な役割をしている。また，前菜，サンドウィッチなどにも利用する。

（1）サラダの種類

a．1種サラダ（Salade simples）：グリーンサラダ，季節のサラダともいわれ，なまのまま，または1種類を調理したものが用いられる。鳥，肉料理とともに供される。ソースはヴィネグレットソースを主に使用する。

b．組み合わせサラダ（Salades composée）：野菜類を混ぜ合わせたものと，野菜のほかに肉，魚介類，その加工品，卵，きのこ，果物などを組み合わせてつくる。ソースはヴィネグレットソースのほか，マヨネーズソースが多く用いられる。

（2）調理上の注意点

① 新鮮な材料を選ぶこと。
② 材料の取り合わせには色彩の変化，調和を考えること。
③ 材料も器もよく冷やしたものを使用すること。
④ サラダ油は上質なもの，酢はワイン酢，りんご酢など天然酢がよい。
⑤ 材料はあらかじめボールであえて，水気をきってからサラダ鉢に盛る。
⑥ 器は酸を使用するので金属性のものは避け，陶製，ガラス，木のものを用いる。
⑦ 塩味のしみにくい材料は前もって塩味をつけておいて，食べる直前にソースとあえる。
⑧ かたいものとやわらかいものを混ぜるときは，切り方に注意して歯ざわりよくつくること。

（3）調 理 例

(1) 緑色のサラダ　Salade vertes（仏）
　　サラド　ベルト

材　料（5人分）

球レタス	小1/2球	ヴィネグレットソース	
クレソン	1/2把	酢	15ml
セロリー	100g	サラダ油	45ml
きゅうり	100g	塩	2g
パセリみじん切り	少々	こしょう	少々

① レタスは5～6分冷水につけてパリッとさせて水気をきり，3～4cmくらいに手でちぎる。クレソンは葉先を摘み，水にさらしてから水気をきっておく。セロリーはすじを取り，4cm長さのせん切りにし，水にさらす。きゅうりは塩ずりして水洗いし，小口切りにする。

② ボールに野菜を入れ，塩，こしょう，酢，サラダ油をふりかけて軽くあえ，汁気をきってサラダ鉢に盛り，ソースをかけて，上からパセリをふる。

(2) 鯵のサラダ　Salade otéro（仏）
　　あじ　　　　サラド　オテロ

材　料（5人分）

小あじ	200g	ピーマン	20g
塩	3g	レモン	1/2個
白ブドウ酒	30ml	パセリみじん切り	少々
レモン薄切り	2枚	しょうが入りヴィネグレットソース	
たまねぎ	150g	酢	20ml
塩	1g	サラダ油	45ml
トマト	150g	塩	1.5g
レモン汁	少々	しょうが	10g

① あじは三枚おろしにし，塩を両面にふり，ざるの上にのせて10分くらいおく。水気をきり，レモンの薄切りと白ブドウ酒をふりかけて30分以上置く。表面の色が変わったら皮をむき，長さ4cm，幅1cmくらいに切る。

② たまねぎは5mmの輪切りとし，湯に塩，レモンの薄切りを入れた中で6分間ゆで，水気をきって塩，こしょうする。トマトは湯むきし，1cmの角切りにし，塩，レモン汁をふる。ピーマンはさっと塩ゆでにしてせん切りにする。

③ ヴィネグレットソースにしょうが汁を入れて混ぜる。

④ ボールにたまねぎ，トマト，ピーマン，あじを入れ，ヴィネグレットソースの半量を入れて軽く混ぜ，出てきた水気をきってサラダ鉢に盛り，残りのヴィネグレットソースをかける。上にパセリをふり，周囲にレモンの半月切りを飾る。

(3) ハンガリア風フルーツサラダ　Salade de fruits à l'hongroise（仏）

材　　料（5人分）

パインアップル（缶）	4枚	パプリカ, ナツメッグ	少々
みかん（缶）	90g	ヴィネグレットソース	50m*l*
バナナ	2本	クリーム入りマヨネーズ	
レモン	1/4個	⎛マヨネーズ	100m*l*
球レタス（小）	1球	⎝生クリーム	35m*l*

① パインアップルは5mm角切り，みかんは大粒なら斜めに2つに切り，汁気をきる。バナナは使う直前に皮をむき，4つ割りにし，5mm角に切り，レモン汁をかける。
② レタスはよく洗い水気をきり，形をくずさぬよう5つに割る。
③ 生クリームを軽く泡だて，マヨネーズと合わせ，フルーツ類をあえる。
④ サラダ鉢のまわりにレタスを置き，ヴィネグレットソースをかけ，中央に③を盛って，パプリカ，ナツメッグをふる。

(4) 白菜のサラダ　Salade chou-chinoise（仏）

材　　料（5人分）

白　菜	200g
りんご	1/2個
レーズン	50g
ヴィネグレットソース	90m*l*

① 白菜は軸を5cm長さ4mm幅の荒いせん切り，葉先を3cmの色紙切りにする。りんごは芯を取り除き，2mm厚さのいちょう切りにし，塩水にさっとつける。レーズンは熱湯をかけてざるにあげる。
② 材料をボールに入れて，ヴィネグレットソースの半量をかけ，軽く混ぜる。汁気をきってサラダ鉢に盛り，残りのヴィネグレットソースをかける。
　（注）白菜の代わりに，キャベツでもよい。

(5) 組み合わせサラダ　Salade composée（仏）

材　　料（5人分）

キャベツ	200g	マヨネーズ	20m*l*
きゅうり	50g	ヴィネグレットソース	
夏みかん	1/4個	⎛酢	20m*l*
細いんげん	100g	｜サラダ油	50m*l*
トマト	200g	｜塩	1.5g
卵黄固ゆで	1/2個	⎝こしょう	少々

① キャベツは1.5cm角に切り，1.5分ゆで，水気をきり，塩，こしょうする。きゅうりは塩ずりにして洗い，縦に縞のように皮をむき，3mm厚さの輪切りにし，塩で軽くもみ，すぐ水洗いして水気をきる。夏みかんは袋から出してほぐす。
　いんげんはすじを取り，色よくゆでて，水気をきる。使用直前に塩，こしょう，酢5m*l*，サラダ油15m*l*でふり味する。トマトは湯むきし，8mm厚さの輪切りにし，塩をふり，冷やしておく。卵黄は固ゆでにし，裏ごしする。

② ボールにキャベツ，きゅうり，夏みかんを入れ，ヴィネグレットソースの半量をかけて軽く混ぜ，汁気をきってサラダ鉢に盛り，残りのソース2/3くらいをかける。その右側にいんげんを盛り，残りのヴィネグレットソースをかけ，上に卵黄の裏ごししたものをかける。手前にトマトをたてかけるように盛り，マヨネーズをかける。

(6) トマトカップ　Salad princesse（英）

材　料（5人分）

トマト（中）……………………2.5個	生クリーム……………………20ml
レモン…………………………1/4個	球レタス（小）………………1/2球
アスパラガス（缶）……………150g	ヴィネグレットソース………20ml
マヨネーズ……………………60ml	パセリみじん切り……………少々

① トマトは湯むきし，横に2つに切って，種と水を軽くしぼり，塩，レモン汁をかける。アスパラガスは3cm長さに切り，塩1g，こしょう，レモン汁をかける。両方とも冷やしておく。
② レタスは葉をはがして洗い，水にさらして冷たくしておく。
③ 生クリームは軽く泡だててマヨネーズと合わせ，2/3量でアスパラガスをあえる。
④ トマトの上にアスパラガスを盛り，残りのソースをかけてパセリをふる。
⑤ サラダ鉢にレタスを敷いてヴィネグレットソースをふりかけ，トマトを盛る。

(7) マセドアンサラダ　Salade macédoine（仏）　Macedoine salad（英）

材　料（5人分）

にんじん………………………150g	赤かぶ（缶）…………………150g
じゃがいも……………………300g	固ゆで卵………………………2個
セロリー………………………120g	マヨネーズソース……………200ml
グリンピース…………………30g	ヴィネグレットソース………20ml
さやいんげん…………………100g	

① にんじんとじゃがいもは皮をむき，1cm角に切り，塩を加えた湯でゆでる。セロリーはすじを取り，1cm角に切り，塩をふりかけておく。
　グリンピースは5分間塩ゆでにする。
　いんげんはすじを取り，青ゆでにし，1cm角に切る。
　固ゆで卵は両端を切り，卵切りで切って，塩を少々ふりかける。
　赤かぶ（缶にはスライスしたものが入っている）は卵と同じくらいの大きさに型で丸く抜いてヴィネグレットソースをかけておく。
② ボールに，にんじん，じゃがいも，セロリー，グリンピース，いんげんを入れ，塩5g弱とこしょうをする。マヨネーズであえてサラダ鉢に盛り，周囲に輪切りの卵と赤かぶを交互に飾る。

10. 米料理，麺料理，パン
Riz（仏）Rice（英），Pastes（仏）Paste（英），Pain（仏）Bread（英）

（1）米料理
　米はわが国では主食となっているが，諸外国では野菜料理として肉料理のつけ合わせに用いられている。特に，スペイン，イタリア，南フランスで多い。

（2）麺料理
　米料理と同じように野菜料理に属し，肉料理のつけ合わせや軽い食事代わりとして用いる。小麦粉を練ってのばし，中に肉を詰めたものは肉料理として用いられる。マカロニ，スパゲッティ，ヌイユ，ラザニア，ラヴィオリ，ニョッキ，カネロニなどがある。硬質小麦（デューラム小麦）から製粉したセモリナ粉からつくり，歯ごたえがある。

（3）パン
　イーストを用いて発酵させたパンと，膨化剤を用いたマフィン，ベーキングパウダービスケットがある。

（4）調理例
(1) マカロニグラタン　Macaroni au gratin（仏）

材　料（5人分）

マカロニ（カット）	200 g	おろしチーズ	15 g
バター	30 g	白ソース	600 ml
ハム	50 g	生パン粉	5 g
芝えび	100 g	バター	少々
洋まつたけ	30 g	タイム，ナツメッグ	少々

① 白ソースをつくる（やわらかめ）。
② マカロニは14分間塩ゆでにする（ゆで時間が短縮された製品もあるので，袋の表示を見ること）。
③ ハムは5 mm幅のせん切り，芝えびは殻と背わたを取り，塩水で洗う。洋まつたけは薄切りにする。
④ 鍋にバターを溶かしてえび，ハム，洋まつたけの順に炒め，マカロニを入れて炒め，塩少々，タイム，ナツメッグで味をととのえ，チーズ半量を加えて混ぜ，ソースを混ぜ合わせる。
⑤ バターを塗ったグラタン皿に④を入れ，残りのチーズ，生パン粉をふり，最後に溶かしたバターをかける。
⑥ 上火のきいた天火（200℃）で約8分焼いて焦げめをつける。敷皿にのせて供する。
　　（注）えびは入れなくてもよい（ハムを80 gに増す）。
　　　　　トマトソースを用いるとミラネーズという。

　　　＜マカロニ，スパゲッティのゆで方＞
　　　大きな鍋に塩を入れた（水1 lにつき塩3 g）たっぷりの沸騰水（100 gにつき1 l以上）

を用意し，くっつき合わぬようにひろげて入れてかき混ぜる。蓋をせず約12～14分（品質によっては10分）かためにゆで，洗わないで用いる。ゆでてから時間をおく場合はサラダ油をふりかけておく。

(2) **スパゲッティミートソース**　Spaghetti de sauce bœuf（仏）

材　料（5人分）

スパゲッティ	350 g	洋まつたけ	30 g
オリーブ油	30 ml	トマトピューレ	100 ml
にんにく	1片	トマトケチャップ	30 ml
たまねぎ	150 g	煮だし汁	300 ml
牛ひき肉	200 g	塩，こしょう	
ピーマン	50 g	バター	30 g
小麦粉	15 g	おろしチーズ	15 g

① にんにく，たまねぎ，ピーマンはみじん切り，洋まつたけは薄切りにする。
② 厚鍋にオリーブ油を入れ，にんにくとたまねぎを炒める。次にひき肉を入れて炒めピーマンを入れ，肉の色が変わったら小麦粉を入れてさらに炒める。
　　洋まつたけ，トマトピューレ，トマトケチャップを入れ，温めた煮だし汁を入れる。塩2 g，こしょうを入れて弱火で20分くらい，ときどき鍋底を混ぜながら煮る。終わりにおろしチーズを加えて味をととのえる。
③ スパゲッティをゆでて，ざるにあげて水気をきる。バターを加えて混ぜる。
④ 皿にスパゲッティを盛り，上にミートソースをかける。

(3) **スパゲッティバジリコ**　Spaghetti al Basilico（伊）

材　料（5人分）

スパゲッティ	350 g	バター	40 g
スイートバジル	大1	オリーブ油	大4
青じその葉	20枚	塩，こしょう	
にんにく	2片	おろしチーズ	15 g

① スパゲッティをゆでてざるにあげておく。
② 青じそは，荒みじん切り，にんにくは細かいみじん切りにする。
③ フライパンにバターを熱し，にんにくを入れ，少し色づくまで炒める。
　　スパゲッティを入れ，スイートバジルを加え手早く混ぜ，塩，こしょうで味つけして火を止める。青じそを加えて全体をよく混ぜる。
④ 器に盛っておろしチーズを添えて供する。

(4) ピローライス　Riz pilaw（仏）
　　　材　料（5人分）

米	160 g
バター	30 g
たまねぎ	35 g
煮だし汁	220 mℓ
塩, こしょう	

① 米を洗ってざるにあげ，水気をきり乾かしておく。たまねぎはみじん切りにする。
② 鍋にバターを溶かし，たまねぎを色づけず透きとおるまで炒めて米を入れて米が熱くなるまで炒める。温めた煮だし汁を加え沸騰後は火を弱め，17～20分間蓋をして炊く。蒸らした後，塩，こしょうをする。
　（注）沸騰したら蓋をして天火に入れ，約20分蒸し煮にしてもよい。
　　　　ピローライスにトマトピューレ，カレー粉，サフランなどいろいろの香りをつけて，鶏肉，魚，えび料理などの添え物に使う。
　　（応用）ヴァレンシア風ライス Riz à la Valencienne

ハム 0.7cm角切り	30 g
洋まつたけ薄切り	30 g
グリンピース	20 g
赤ピーマン（缶）0.7cm角切り	10 g

ピローライスと同じように炊く。火を消したとき，他の材料を入れて蒸らす。

(5) オムライス　Omelette Valencienne（仏）
　　　材　料（5人分）

米	320 g	洋まつたけ	25 g
たまねぎ	130 g	塩, こしょう	
バター	35 g	卵	5個
煮だし汁	440 mℓ	サラダ油	25 mℓ
ハム	40 g	トマトソース	200 mℓ
グリンピース	15 g		

① ヴァレンシア風ライスをつくる（上記参照）。
② 卵は1個ずつボールに割って，塩0.5 g，こしょう，サラダ油5 mℓを加えて混ぜる。
③ フライパンに油を熱し，油をきる。火からおろして卵を全面に流し，再び火にかけて卵にやっと火が通るくらいになったときご飯の1/5量をのせ，卵で包むように巻いて皿に取り，ふきんをかけて形を整える。
④ トマトソースをかける。

(6) バターロール　Batter roll（英）
　　　材　料（5人分）

強力粉	250 g	砂糖	25 g
塩	小1/2	卵	25 g
ドライイースト（インスタント）	5 g	バター	25 g
ぬるま湯	130 mℓ	上塗用卵	1/2個

① ボールに小麦粉をふるい入れて，まん中をくぼませて，ぬるま湯，塩，ドライイースト，卵,

砂糖を入れる。指で少しずつ崩しながら混ぜ合わせる。最後にバターを加えてべたつかなくなるまで十分にこねる。
② 生地を台に取り，力いっぱい200回くらいたたきつけてなめらかな生地にする。
③ 丸めて，薄く油を塗ったボールに入れ，ラップでおおって30℃くらいで約40分間発酵させる。2.5～3倍にふくれる。
④ フィンガーテストをする。指先に小麦粉をつけて，生地にさし込み，指の穴がそのまま残れば，発酵がちょうどよい。
⑤ ガス抜きをして，30～40gずつに切り分け，切り口を包み込むように丸めて，生地が乾かないように厚手のふきんをかけて10分間ねかせる。
⑥ 丸めた生地の中心より右のほうに手のひらをあて，転がしながら細長いしずく形にし，麺棒で長さ15～18cmにのばし，幅の広いほうから巻く。
⑦ 合わせ目を下に向け，十分に間をとって天板にならべ，温度38℃前後，湿度85%くらいで約30分発酵させる。約2倍にふくれる。
⑧ つや出しに溶き卵を塗り，200℃の天火で10～13分間焼く。
　　（応用）　生地を分割せずに大きくのばし，レーズンやシナモンシュガーを入れて巻いてから切り分ける。

(7) ハムのサンドウィッチ　Sandwiches de jambon（仏）

材　料（1人分）

食パン（薄切り4枚）……………………	120 g
ハム（角ハム4枚）……………………	60 g
辛子バター……………………………	25 g

① 食パンの片面に辛子バターを塗る。
② ハムをはさみ，耳を切り落とし，好みの形に切る。

(8) 蟹のサンドウィッチ　Sandwiches de crabe（仏）

材　料（1人分）

食パン（薄切り4枚）……………………	120 g
わさびバター…………………………	25 g
かに缶…………………………………	40 g
マヨネーズ……………………………	15 ml
レモン汁………………………………	少々

① 食パンの片面にわさびバターを塗る。
② かには筋を取り除いてレモン汁とこしょうをふり，マヨネーズであえる。
③ パンの上に平らにのせて上からパンをかぶせて耳を切り落とし，好みの形に切る。

(9) 卵のサンドウィッチ　Sandwiches aux oeufs dur（仏）

材　料（1人分）

食パン（薄切り4枚）……………………	120 g
バター…………………………………	25 g
固ゆで卵………………………………	2個
マヨネーズ……………………………	20 ml

① 食パンの片面にバターを塗る。
② 固ゆで卵は薄切りにして，マヨネーズであえる。
③ パンの上に卵をのせて，上からパンをかぶせて耳を切り落とし，好みの形に切る。

(10) 胡瓜のサンドウィッチ　Sandwiches aux concombres（仏）

材　料（1人分）

食パン（薄切り4枚）	120 g
わさびバター	30 g
きゅうり	1本
レモン汁	少々
マヨネーズ	20 mℓ

① 食パンの片面にわさびバターを塗る。
② きゅうりは食パンの大きさに合わせて切り，縦3mm厚さに切って，塩，レモン汁をかけておく。
③ きゅうりの水気をきってパンの上にならべ，上からパンをかぶせて耳を切り落とし，三角形に切る。

＜Sandwiches＞
　　サンドウィッチはイギリスのサンドウィッチ伯爵が考案したもので，イギリスパンの薄切りにバターを塗り，獣鳥肉，卵，野菜などをはさんで耳を切り落とし適当な大きさに切ったものである。オープンサンドウィッチ，温かいサンドウィッチなどもある。
　　パンは焼いてから12〜24時間たったものが切りやすく，味もよい。1斤を16枚切りにする。
　　バターは味をよくするためと具の水分がパンにしみこむのを防ぐ。クリーム状に練って用い，はさむ具によって味に変化をつける。肉類には辛子バター，野菜にはわさびバターかレモンバターがよい。
　　切り方……正式な切り方は，幅4cm，長さ8cmの長方形に切る。水分の多い野菜は三角形に切ると食べやすい。

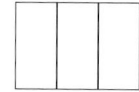

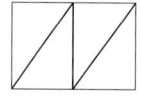

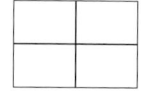

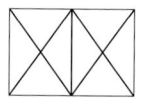

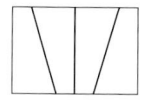

(11) ピ　ザ　Pizza（伊）

材　料（5人分）

強力粉	200 g	A	サラミソーセージ	40 g
塩	小1/3		マッシュルーム	6個
ドライイースト（インスタント）	小1		スタッフド　オリーブ	4個
砂糖	少々		チーズ	80 g
牛乳	80 mℓ		オレガノ	少々
湯（40℃）	40 mℓ	B	えび	200 g
バター	20 g		あさり（むき身）	70 g
トマトソース			ピーマン	1個
トマト（赤）	（大）2個		チーズ	80 g
にんにく	1かけ		オレガノ	少々
オリーブ油	大1		オリーブ油	少々

① ボールに強力粉，塩，イースト，砂糖を入れ，牛乳（一度沸騰させ，人肌くらいに冷ましたもの）と湯を加えて手で混ぜる。やわらかくしたバターを加えて混ぜる。5〜6分力を入れて練り，なめらかな生地をつくる。
② ①の生地を丸くまるめて，サラダ油を塗ったボールに入れ，ラップをかけて，30℃を保ちながら発酵させる（大きなボールに40〜50℃の湯を入れ，その中に浮かせておく）。

③ 約2.5倍にふくれたら（指に粉をつけて穴をあけてみる。その穴が縮んで小さくならなければよい），手でつぶしてガス抜きをして，2等分する。麺棒で直径18〜20cmくらいに丸くのばし，サラダ油を塗った天板にのせる。
④ トマトソースをつくる。トマトを湯むきして横2つに切り，種子を出して1cm角に切り，にんにくはみじん切りにする。鍋にオリーブ油を熱し，にんにくを炒め，トマトを加えてさらに炒め，弱火で煮つめてペースト状にし，塩，こしょうで味をととのえる。オレガノを少しふり入れる。
⑤ Aのサラミとマッシュルームは薄切り，オリーブは輪切りにする。
　Bのえびは背わた，殻を取り，あさりも塩水で洗い，フライパンでさっと炒めておく。ピーマンは種子，へたを取り，輪切りにする。
⑥ ③の生地にトマトソースを塗り，A, Bの具をそれぞれのせ，オリーブ油，オレガノをふり，チーズ（モッツアレラチーズなどのナチュラルチーズ）をのせる。
⑦ オーブンを190℃に熱し，15〜20分間焼く。

<チーズの種類>

ナチュラルチーズ 乳酸菌や酵素が生きているため放置しておくと発酵が進み，風味が変わる。	硬質チーズ （水分40％以下）	チェダーチーズ（イギリス） エメンタルチーズ（スイス） グリエールチーズ（スイス） パルメザンチーズ（イタリア）
	半硬質チーズ （水分40％前後）	エダムチーズ（オランダ） ブルーチーズ（デンマーク） ロックフォールチーズ（フランス） マリボーチーズ（デンマーク）
	軟質チーズ （水分40％以上）	モッツアレラチーズ（イタリア） カマンベールチーズ（フランス） カテージチーズ（オランダ） クリームチーズ（アメリカ）
プロセスチーズ ナチュラルチーズを混合し，加熱処理して保存性をもたせたもの。		スモークチーズ（オランダ）

11. 菓子　Entremets（仏）アントルメ　Dessert（英）デザート

正式コースではサラダで料理のコースが終わったあとに出すもので，甘味のことである。食事のしめくくりに糖分をとり，満足感を持たせる。フランスなどではチーズも出される。

(1) 菓子の種類

1) 温菜（加熱した菓子） Entremets chauds（アントルメ ショー）

種類	特徴
クルート croûtes	菓子パン，パイ皮，カステラなどでつくった台に甘煮の果物，ジャム，生クリームなどをのせてナッツを添えたもの
ベニエ beignets	バナナ，りんごなどを衣揚げにして，粉糖，クリームなどをかけたもの
クレープ crêpes	小麦粉を溶いて，薄く，やわらかく，しっとりと焼いたもの
スフレ soufflés	卵，牛乳，小麦粉を土台にして煮たものに，泡だてた卵白を加えて蒸し焼きにしたふんわりした菓子
プディング pudding	牛乳，砂糖，小麦粉，卵，バターを用いて蒸し焼きや蒸し煮にした菓子。ご飯，パン，果物の甘煮などを加える

2) 冷菓（冷たく冷やして供する菓子） Entremets froids（アントルメ フロワ）

種類	特徴
ブランマンジェ blanc manger	牛乳と砂糖にでんぷんを混ぜて煮てから型に入れて冷やし固める
ジュレ gelées	ゼラチンを用い，果汁などを冷やし固める
ババロア bavarois	卵黄，砂糖，牛乳，ゼラチンを煮て生クリームを加えて冷やし固める
グラス glaces	氷菓，アイスクリーム，フルーツアイス，氷酒

(2) 菓子用ソース

種類	つくり方
アングレーズソース sauce crème anglaise	卵黄3個と砂糖100gを鍋に入れ，湯煎にかけてねばりがでるまで混ぜる。牛乳180mlを加え，混ぜながら沸騰するまで煮て濃度がついたら布でこして香料を加える。略式には卵黄を2個にし，でんぷん8gを加える
フルーツソース sauce aux fruits	加熱した果物（マーマレード，いちご，あんず，オレンジ，ラズベリーなど）に薄い糖水を加えて煮たたせ，キュラソー，マラスキーノ酒などを加えてこす。糖度22度
カラメルソース sauce caramel	鍋に砂糖50gと水60mlを入れてかき混ぜないように煮たたせ，水分がなくなってあめ状になり，色づくまで煮たものに少量の水を加えて薄める
サバイヨンソース sauce sabayon	ボールに卵黄2個，砂糖80gを入れてぬるい湯煎で泡だて器で泡だてる。約4〜5分で濃度がついて変色してくる。白ブドウ酒を入れて十分に泡だて，できたてを用いる

(3) 調 理 例
1) 温 菓
(1) **サブレ** Sablé（仏）

材　料（5人分）

小麦粉	100 g
バター	60 g
砂　糖	35 g
卵　黄	小1個
バニラエッセンス	少々
上塗用卵黄	1/2個

① ボールにバターを入れて，やわらかく練り，砂糖を加えて混ぜ，なめらかになったら卵黄を入れて軽く混ぜ，エッセンスを入れる。ふるった小麦粉を入れて軽く混ぜ，ラップに包んで冷蔵庫で30分ねかせる。
② 4mm厚さにのばし，抜型で抜いて天板にならべ，卵黄の水溶きを刷毛で塗って180℃の天火で8～10分焼く。

＜ショートニング性とクリーミング性＞
　　ショートニング性とは，油脂が粉練り菓子に混ぜられた場合，ビスケット，クラッカー，クッキー，パイなどのようにもろく，砕けやすい性質をいう。ドウやバターの中に可塑性の広い油脂が存在すると，でんぷん粒子やたんぱく質は油脂のフィルムに包まれるため，余分な水分の入ることを防ぐので，グルテンによる網目構造の形成が妨げられる。
　　クリーミング性とは，油脂をかくはんした場合に空気を抱き込む性質をいい，バタークリームやパウンドケーキをつくるときに要求される性質である。

(2) **ドーナツ** Doughnut（英）

材　料（5人分）

小麦粉	100 g	バター	15 g
B.P.	小1	牛　乳	30m*l*
砂　糖	30 g	バニラエッセンス	少々
卵	1/2個	グラニュー糖，シナモンシュガー	

① ボールにバターを入れてやわらかく練り，砂糖を加えてさらによく練る。卵を加えて混ぜ，クリーム状になったら牛乳を少しずつ入れる。エッセンスを入れ，B.P.を入れてふるった小麦粉を入れ，さっくりと混ぜる。
② 厚さ7～8mmにのばす。ドーナツ型で抜いて，170℃に熱した油に入れる。浮き上がったら輪の中に箸を入れて形を整える。
③ 網の上で油をよくきり，グラニュー糖，またはシナモンシュガーをまぶす。

(3) **ホットケーキ** Hot cake（英）

材　料（5人分）

小麦粉	400 g	塩	2 g
B.P.	18 g	卵	2個
バター	80 g	牛　乳	400m*l*
砂　糖	80 g		

① 小麦粉，B.P.，塩を合わせてふるう。

② バターは低めの温度の湯煎にかけてクリーム状に混ぜる。砂糖を加え，白くなるまで混ぜ，卵黄を加えてさらに混ぜる。牛乳を加えて軽く混ぜる。
③ 卵白をかたく泡だてて②に加え，①も加えて軽く混ぜ，1分間そのままおいて落ちつかせる。
④ 厚手のフライパンを中火にかけ，油をひいて，いったん油をふき取る。③の1/10量を丸く流して蓋をして弱火で焼く。ふくれて表面に穴があいてきたら，裏返して同様に焼く。
⑤ 2枚重ねて皿に盛り，バター，メープルシロップを添える。

(4) カップケーキ　Cup cake（英）

材　料（5人分）

バター	100 g
砂糖	110 g
卵	2個
小麦粉	130 g
B.P.	小1/2
レモンの皮と汁	1/2個分

① 型に溶かしバターを塗り，小麦粉を薄くつける（またはアルミケースなどを敷く）。
② ボールにバターを入れ，泡だて器でよく混ぜてクリーム状にする。砂糖の2/3量を2回に分けて加え，よく混ぜる。卵黄を入れてさらに混ぜ，おろしたレモンの皮とレモン汁を混ぜる。
③ 別のボールで卵白を泡だて，砂糖の残りを加えてよく泡だてる。
④ ②に小麦とB.P.をふるったものを入れて木杓子で軽く混ぜ，③の卵白を加えて混ぜる。型に分けて入れる。180℃の天火で15分くらい焼く（ふくらんで焦げめがついたら160℃に下げる）。

(5) ロールケーキ　Biscuit roule（仏）　Roll sponge cake（英）

材　料（5人分）

卵	3個
砂　糖	85 g
小麦粉	70 g
牛　乳	20 ml
バニラエッセンス（オイル）	少々
ジャム	100 g

① ボールに卵黄と牛乳を入れ，よくときほぐしてから砂糖を2/3量加え泡だてる。かさが増し，白っぽくマヨネーズ状になるまで泡だて，エッセンスを入れる。
② 卵白を角がたつまで泡だて，残りの砂糖を加え泡だてる。
③ ①に②を少し加えてなじませてから残りを加えてさっと混ぜ，ふるった小麦粉を入れて切るように混ぜる。
④ 焼型（23×25cm）に紙を敷き，②を平らに入れて，180℃の天火で12～15分焼く。取り出してケーキクーラーの上にあけ，刷毛に水をつけて紙を湿らせてはがす。
⑤ かたくしぼったふきんの上に置き，手前の1.5cmくらいのところに横に切れ目を入れ，ジャムを塗る。手前のふきんを持ち上げて巻く。巻き終わりを下にして冷めるまで置く。厚さ2cmくらいに切る（粉糖を茶こしに入れてふりかけてもよい）。
　（応用）ココア10gを小麦粉（10g減らす）とともにふるって用いると，ココアロールになる。

<卵白の起泡性>

卵白をかくはんすると気泡ができ，その表面にたんぱく質の分子が吸着され，これが空気に触れて変性する。かくはんが進むと泡膜は厚くなり，硬化して泡は安定するが，そのまま置くと水様化する。新しい卵は泡だてにくいが，安定度がある。卵白の温度は30℃前後がよい。高いとよく泡だつが安定度が悪く，低いと泡だちにくいが安定度がよい（氷水で冷やす）。油が添加されると起泡力が低下するので，きれいなボールで卵黄が入らないように卵を分けて泡だてる。

(6) 苺のショートケーキ　Gâteau fraises（仏）　Strowberry short cake（英）

材　料（5人分）

ゼノアーズ			
卵	2個	砂糖	5 g
砂　糖	90 g	ブランデー	少々
小麦粉	85 g	生クリーム	200ml
バター	20 g	砂糖	30 g
いちご	200 g	バニラエッセンス	少々

① ボールに卵を割り入れ，砂糖を加え，湯煎で温めながら白くモッタリとして約3倍量になるまで泡だてる。小麦粉を入れ，木杓子でさっくりと混ぜる（共だて法）。溶かしバターを入れて混ぜ，紙を敷いた型（直径15cm）の中へ流し入れる。160℃の天火で約30分焼く。

② 型から出して紙を取り，ケーキクーラーにのせて冷やす。

③ いちごは，ヘタを取り，2/3量を縦2つに切り，砂糖，ブランデーをかけて10分置いておく。

④ ボールに生クリーム，砂糖を入れて氷水で冷やしながら泡だてる。エッセンスを入れる。

⑤ ゼノアーズは底を上にして横2つに切り，生クリームを塗って，切ったいちごをのせ，さらにクリームを塗り重ねる。表面にクリームを塗り，残りのクリームをしぼり出し，いちごを飾る。

（応用）バタークリームを用いる場合，卵白1個分を泡だて，砂糖80gと水30mlを105℃に煮たてたものを少しずつ入れイタリアンメレンゲをつくり，バター80gとショートニング50gを入れ，よく混ぜてクリーム状にする。エッセンスを入れる。

（注）卵の泡だて方には，共だて法と別だて法があるが，共だて法は時間がかかるが，きめの細かい泡がたつ。別だて法は共だて法より容易に泡だち，かさもあるが，きめが粗い。

(7) シュークリーム　Choux à la crème（仏）　Cream puffs（英）
　　材　　料（5人分）

水	120ml	バター	50g
小麦粉	70g	卵	2〜3個
アングレーズソース		砂糖	70g
牛　乳	200ml	卵　黄	1個
コーンスターチ	20g	バニラエッセンス	少々
バター	10g		
生クリーム	80ml	砂糖	10g

① 鍋に水とバターを入れて煮たて，小麦粉を入れて手早く混ぜ，バターと小麦粉がなじみ，鍋肌から離れてひと固まりになったら火からおろす（第1加熱）。
② 少し冷めたら卵を少しずつ加えてよく混ぜる。木杓子を持ち上げるとポッテリと尾を引いて落ちるくらいになるように卵を加減して入れる。
③ 天板にバターを塗り，間隔をおいて丸くしぼり出し，霧をふく。190℃の天火で15〜20分焼く。ふくらんで色がついてきたら火を弱めて5分焼く（第2加熱）。
④ 上から1/3くらいの所に包丁で切れ目を入れて，ケーキクーラーの上で冷ます。
⑤ アングレーズソースをつくり（p.200参照），バターを入れて混ぜる。冷えるまで時々混ぜると固くならない。ボールに生クリームと砂糖を入れて泡だて，冷えたアングレーズソースと混ぜる。
⑥ 冷えた皮の中にソースを詰める（粉糖をかけてもよい）。
　（応用）エクレアは長さ7〜8cmにしぼって焼く。クリームにココア小さじ2を加えてココアクリームをつくり中に詰める。ガナッシュ（チョコレート50gを削り湯煎で溶かし，牛乳大さじ3〜4を少しずつ入れて混ぜる）を上に塗る。

＜シューペーストについて＞
　第1加熱で，小麦粉のでんぷんは糊化し，バターがこの中に分散したエマルジョンとして存在する。グルテン活性を保ちながら糊化させる温度として77℃が適当である。卵はエマルジョンを安定させ，たんぱく質の凝固膜をつくりやすくするので，卵の凝固点以下で加える。第2加熱で水分の蒸発と粘弾性のあるペーストの伸展のため，ふくれて空洞ができる。

(8) プラムケーキ　Plum cake（英）
　　材　　料（5人分）

小麦粉	100g	レモンピール	20g
B.P.	2g	チェリー	20g
バター	50g	ナツメッグ	1g
砂　糖	100g	シナモン	2g
卵	2個	ブランデー	15ml
カラメル	20ml	マデル酒	15ml
レーズン	90g		

① レーズンは湯につけてやわらかくし，レモンピール，チェリーを細かく切ったものといっし

ょに香辛料，酒に10日間くらい漬けておく。

② ボールにやわらかくしたバターを入れ，泡だて器でよく混ぜ，クリーム状にして砂糖を加えてさらに混ぜる。卵黄，カラメル，果物の漬け汁を加えて混ぜ合わせ，小麦粉とB.P.をふるったものを入れ，軽く混ぜる。別のボールで固く泡だてた卵白を加えて軽く混ぜ，果物に小麦粉をまぶしてたものを2/3くらい加えて混ぜる。

③ パウンド型に敷紙を敷いて②を入れ，上から残りの果物をのせる。160℃の天火で40分くらい焼く。焼けたら直ちに型から出して紙をはがす。

(9) チョコレートケーキ　Gateau au chocolat（仏）

材　料（5人分）

スイートチョコレート……………120g	小麦粉………………………80g
無塩バター……………………120g	ラム酒………………………10ml
砂　糖…………………………60g	コーティングチョコレート……100g
卵………………………………3個	

① スイートチョコレートは削ってボールに入れ，湯煎にかけて溶かし，泡だて器でなめらかになるまで混ぜる。

② やわらかくしたバターを①に加えて混ぜる。卵黄と砂糖40gを加えてさらに混ぜ合わせる。小麦粉を3回くらいに分けて入れる。

③ 別のボールに卵白を入れて泡だて，砂糖20gを加えてかたく泡だて，②に加えて軽く混ぜ合わせる。

④ 型（18cmの丸型）に敷紙を敷いて③を入れ，180℃の天火で30～40分焼く。焼けたら型から出し，ケーキクーラーの上において紙を取り，冷ます。

⑤ コーティング用チョコレートを湯煎で溶かし，ケーキの上からかける。

(10) チーズケーキ　Tarte au fromage（仏）　Cheese cake（英）

材　料（5人分）

パートシュクレ		砂　糖…………………………30g
	バター……………………50g	レモン皮………………………1個分
	砂　糖……………………30g	レモン汁………………………大1.5
	卵…………………………1/2個	ゼラチン………………………小1.5
	小麦粉……………………100g	水………………………………大1.5
ラズベリージャム………………50g		生クリーム……………………100ml
クリームチーズ…………………120g		

① タルト型に溶かしバターを薄く塗り，小麦粉をふっておく。

② バターをボールに入れてやわらかく練り，砂糖を入れてよく混ぜる。卵を混ぜてから小麦粉を入れてさっくり混ぜて，冷蔵庫に1時間くらい入れておく。丸くのばし，型に敷き，ピケして170℃の天火で15分焼いて冷ます。ジャムを塗る。

③ ボールにチーズを入れて湯煎でクリーム状にし，砂糖を2～3回に分け入れて混ぜる。レモンの皮のすりおろしとレモン汁を加えて混ぜ，湯煎で溶かしたゼラチンを入れる。泡だてた生

クリームを加え，十分に冷やしてタルトの中に流し固める。

(11) **アップルパイ**　Tarte aux pomme（仏）　Apple pie（英）
　　材　料（5人分）

パイ皮（フィタージュ）		りんご（紅玉）……………………3個
小麦粉……………………100 g		砂糖……………………………130 g
バター………………80～100 g		バター……………………………10 g
水………………………65 ml		レモン薄切り……………………2枚
卵黄……………………1/2個		水………………………………30 ml
塩………………………0.5 g		上塗用卵黄……………………1/2個

① ボールに，卵黄，塩，水を入れて混ぜ，小麦粉を入れて軽く混ぜて，ぬれぶきんをかけて30分ねかせておく。
② 打ち粉をふり，25cmくらいの四角形にのばし，ラップに包んでやわらかくしたバターを中央において包み込む。細長くのばして4つに折る。今までと違う方向に長くのばして4つに折る。もう一度くり返してから，4 mm厚さにのばし，2 cm幅のリボン状に切る（パイ皿の周囲の長さ）。
③ 残りの生地をのばしてパイ皿の上にのせ，型に合わせて周囲を切り落とす。
④ りんごは6つ割りにして皮と芯を取り，4 mm厚さのいちょう切りにし，鍋に入れ，砂糖，バター，レモン，水を加えて中火で蓋をしないで水気がなくなるまで煮て皿にあけて冷やし，シナモンをふっておく。レモンを取り出す。
⑤ ③の中にりんごを入れる。切り落としたパイ皮をまとめてのばし，幅1 cmのリボン状に切り，りんごの上に格子状に置き，周囲に2 cm幅のパイ皮をのせてパイばさみで飾りをつける。卵黄の水溶きを刷毛で塗る。
⑥ 190℃の天火で25～30分焼く。
　（注）　1）パイ皮には小麦粉とバターを練り混ぜてから水でまとめてのばすアメリカンパイのつくり方もある。
　　　　2）バターは冷やして用い，脂肪が小麦粉粒子の間に入り込まないようにする。操作中，バターがやわらかくなったら冷蔵庫で冷やす。できるだけ高温，短時間で焼く。低温だとバターが溶けて小麦粉層に溶け込み，粘着力を増してくっつく。

(12) **焼き林檎**　Pommes bonne-femme（仏）　Baked apples（英）
　　材　料（5人分）

りんご（紅玉）………………5個
バター……………………40 g
砂糖………………………90 g
シナモン…………………1 g
生クリーム………………50 ml
砂糖………………………10 g

① りんごは芯抜き器またはスプーンで底を抜かないように気をつけて芯と種を除く。
② バター，砂糖，シナモンをよく混ぜて，りんごの芯の部分に詰める。
③ 天板にならべて湯1 cupを注ぎ，150℃の天火で45～50分焼く。途中，りんごに天板に流れ出た汁を3～4回かける。

④ 冷めてから器に盛り，泡だてた生クリームをかける。

⑬ <ruby>苺<rt>いちご</rt></ruby>のクレープ Crêpes fines aux fraises（仏）

材　料（5人分）

小麦粉	50 g	塩	少々
砂　糖	12 g	ブランデー	5 ml
卵	1個	いちご	60 g
牛　乳	100 ml	砂　糖	50 g
バター	10 g	ブランデー	少々

① ボールに小麦粉，砂糖を入れて混ぜ合わせる。卵と牛乳を混ぜたものを少しずつ入れてよく混ぜる。裏ごしを通して溶かしたバターを加え，塩，ブランデーを混ぜて1時間くらいねかせておく。
② いちごはヘタを取り，3つくらいに切って砂糖とブランデーをかけて10分くらい置いて裏ごしをする。
③ フライパンを熱し，サラダ油を塗り，①の1/5量を流して焼く。表面が乾いてぶつぶつができたら裏返して焼く。
④ 4つ折りにするか巻いて皿に盛りつけ，上にいちごの裏ごしをかける。
　（応用）ジャム，カスタードクリームなどを包み込んでもよい。

2）冷　菓

⑴ カラメルプディング　Crème renversée au caramel（仏）　Pudding caramel（英）

材　料（5人分）

カラメル		卵	3個
／砂　糖	40 g	砂　糖	75 g
水	20 ml	牛　乳	250 ml
＼さし水	15 ml	バニラエッセンス	

① 小鍋に砂糖と水を入れて火にかけ，茶褐色になるまで煮つめる（190℃）。さし水を加え，カラメルが溶けたら火を止める。
② バターを塗ったプリン型に①を入れて固める。
③ 卵と砂糖をよく混ぜ，温めた牛乳を徐々に加える。裏ごしか，布でこし，エッセンスを加え，プリン型に入れる。
④ 天板にならべ，湯を型の高さの1/4くらいまで注ぎ，160℃の天火で30〜40分くらい焼く。天火がないときは，蒸気のたった蒸し器に入れてやや強火で2〜3分蒸したあと，少し蓋をあけ，弱火で15分蒸す。
⑤ 天火から出し，冷やしたものは中身を軽くおさえて中身を型と離してから皿に抜き出す。型抜けの悪いときや熱いものは竹串で型の内側をくるっとまわしてから出す。

(2) ワインゼリー　Gelée au porto（仏）　Wine jelly（英）

材　料（5人分）

粉ゼラチン	15 g
水	40 ml
砂糖	130 g
水	200 ml
白ブドウ酒	200 ml
レモン汁	少々

① ゼラチンは水を加えて膨潤させておく。
② 鍋にゼラチン，砂糖，水を入れて混ぜ，火にかけて煮溶かす。布でこして冷水で冷やし，白ブドウ酒，レモン汁を加えて，とろりとなるまで冷やし，型に流し固める。
③ ぬるま湯に型をつけて，皿にあける。

（応用）赤ブドウ酒を使うときは80mlくらい減らしてオレンジジュースを加えると味がよい。

(3) バニラのババロア　Bavarois au vanille（仏）

材　料（5人分）

粉ゼラチン	8 g	牛乳	250 ml
水	30 ml	生クリーム	180 ml
砂糖	50 g	砂糖	50 g
卵黄	2個	バニラエッセンス	少々

① ゼラチンは水を加えて膨潤させておく。
② 鍋に砂糖，卵黄，ゼラチンを入れ，温めた牛乳を入れ，よく混ぜ合わせる。鍋底を混ぜながら火にかけてゼラチンが溶けたら（あまり加熱すると卵黄が煮えて固まってしまう），布でこして冷やす。
③ ボールに生クリーム，砂糖を入れて氷水で冷やしながら泡だてる。エッセンスを加え，80％くらいまで泡だてる。
④ ②が冷えて少しとろりとしてきたら，③の半量を入れて混ぜる。型に流し，冷蔵庫で冷やす。
⑤ ぬるま湯に型をちょっとつけて型から抜き，残りの生クリームをしぼる。

　　＜生クリーム＞
　　　牛乳の乳脂肪分に富む部分を遠心力を応用して分離したもの。クリームの泡はかくはんによって抱き込まれた泡のまわりにたんぱく質皮膜ができ，脂肪粒子ができ，液層中または液層と空気の界面に凝集することによって構造がしっかりしてくる。脂肪含量が多く，脂肪粒子が大きいほど凝集が起こりやすく，泡が安定するので，しぼり出して用いるときは30％以上の脂肪含量が必要。また，5～10℃を保つと脂肪球が凝集してくるので，氷水で冷やしながら静かに泡だてる。泡だてすぎると脂肪が分離してバターができてしまう。

(4) ブラマンジェ・フランス風　Blanc manger à la Française（仏）

材　料（5人分）

粉ゼラチン	10 g	砂糖	80 g
水	30 ml	生クリーム	100 ml
牛乳	300 ml	砂糖	25 g
アーモンド	100 g	みかん（缶）	小1缶

① 鍋にゼラチンと水を入れ，膨潤させておく。
② アーモンドは熱湯に1分くらい浸してから冷水にとり，皮をむき，牛乳とともにミキサーにかけ，布でこす。
③ ①に②と砂糖を入れて火にかけ，ゼラチンが溶けたらとろみがでる程度に冷やす。
④ ボールに生クリームと砂糖を入れ，とろりとした状態まで泡だて，③に混ぜて型に流し，冷やし固める。
⑤ 型から抜いて器にとり，周囲にみかんを飾り，そのジュースをかける。

(5) **苺のモスコー風** Moscovite aux fraises（仏）

材　料（5人分）

粉ゼラチン	15 g	いちご	250 g
水	40ml	砂　糖	10 g
砂　糖	110 g	レモン	1/5個
水	110ml	生クリーム	100ml

① ゼラチンを膨潤させておく。
② 鍋にゼラチン，砂糖，水を入れて火にかけて煮溶かす。布でこして冷やす。
③ いちごはヘタを取り，3つくらいに切り，砂糖，レモン汁をかけて20分おいて，裏ごしにかけ，②と混ぜる。
④ 生クリームを軽く泡だて，③と混ぜて型に流し入れて冷やし固める。
　　（応用）　ももを皮を湯むきして用いてもよい。

(6) **バニラアイスクリーム** Glace à la vanille（仏）

材　料（5人分）

卵　黄	2個	粉ゼラチン	3 g
砂　糖	50 g	水	10ml
牛　乳	200ml	バニラエッセンス	少々
生クリーム	100ml	ラム酒	15ml

① ボールに卵黄と砂糖を入れて泡だて器でよく混ぜる。湯煎にかけながら白くモッタリしてくるまで混ぜて砂糖を完全に溶かし，卵黄にも軽く火を通す。
② 温めた牛乳を少しずつ加えながらよく混ぜ，膨潤させたゼラチンを加えて溶かす。裏ごしを通し，口あたりの滑らかなものにする。エッセンスとラム酒を入れて，氷水で冷やしながらとろみがつくまで混ぜる。
③ 別のボールに生クリームを泡だて，②に加えてよく混ぜる。流し箱に入れ，蓋をして冷凍庫に入れる。
④ 1～2時間（まわりが固まりかけた頃）で取り出し，泡だて器でかき混ぜて空気を入れる。再び冷やし固めて，木杓子でこそげるようにしながら空気を含ませるようにして混ぜる。上面を平らにしてさらに冷やし固める。3～4回くり返す。
　　（応用）　チョコレートアイスクリームは，牛乳の中へインスタントコーヒー大1を溶いたものと板チョコ30～40 gを削り湯煎で溶かしたものを混ぜて加える。

(7) **レモンシャーベット** Sorbet au citron（仏）
　　材　　料（5人分）

水·····················200ml	粉ゼラチン·················3g
グラニュー糖···············50g	水·······················15ml
レモンの皮···············1/2個分	レモン汁················1/2個分
丁　字···················1個	オレンジキュラソー············8ml

① 鍋に水，レモンの皮，丁字を入れて火にかけ，砂糖を加えて溶かす。膨潤させたゼラチンを入れ，混ぜながら煮溶かす。こして皮や丁字を除く。

② 荒熱がとれたら，レモン汁，オレンジキュラソーを加えて混ぜる。流し箱に入れ，冷凍庫に入れる（蓋をする）。

③ 1〜2時間たって八分どおり固まったら木杓子で空気を入れるようにしてかき混ぜて，再び冷凍庫に入れる。3〜4回くり返す。

(8) **マシマロ** Marshmallow（英）
　　材　　料（25個分）

粉ゼラチン···············8g	レモン汁················大1/2
水·····················30ml	バニラエッセンス·············少々
砂　糖···················75g	コーンスターチ
卵　白···················1/2個	

① 空箱に乾燥したコーンスターチを厚さ3cmくらいに入れ，うずら卵にフォークをさして表面にくぼみをつくり，流し床をつくる。

② 鍋にゼラチンと水を入れ，15分おいてから火にかけてゼラチンを溶かす。砂糖を加えて完全に溶かす。

③ 卵白をよく泡だて，②を少しずつ加えて泡だて続ける。レモン汁とエッセンスを入れ，冷めるまで泡だてる。

④ しぼり出し袋に入れ，①のくぼみにしぼり出し，底が固まったら表面に軽くコーンスターチをふる。完全に固まったら余分な粉を刷毛で落とす。
　　ピンクにするときは③でグレナデンシロップを，緑色のときはペパーミントを加える。チョコレートを加えるときは，脂肪で泡が消えるので最後に手早く混ぜる。

(9) **トリュフ；一口チョコレート** Truffe（仏）
　　材　　料（5人分）

ガナッシュ	コーティング
生クリーム···············50ml	コーティングチョコレート········150g
スイートチョコレート··········100g	ココア···················70g
ココアバター···············10g	
コアントロー···············大2	

① ボールに生クリームを入れて弱火にかけ，沸いてきたらチョコレートとココアバターのきざ

んだものを入れて、泡だて器で混ぜる。なめらかになったらコアントローを加える（30℃以上にしないこと）。
② 氷水に浮かせて、たれてこない程度のかたさにし、しぼり袋でパラフィン紙の上にしぼり出し、冷蔵庫で冷やす。
③ コーティングチョコレートをきざんで湯煎で溶かし、20℃くらいにしてガナッシュをコーティングして、ココアの上にとり、トリュフ型につくる。紙ケースに入れる。

12. 飲み物　Boisson（仏）ドリンク Drink（英）

食前にとるもの、食事中にとるもの、食後にとるものがある。食欲を起こさせ、料理の味をひきたて、消化を助ける。

a．紅　　茶：紅茶と緑茶はもとをたどれば中国の茶樹である。現在の産地は熱帯の高地で日中は強い直射日光が照り、夜は急激に冷え込む山間であるが、産地の微妙な気候、風土の違いが、紅茶の味に影響を与えている。インドのダージリン、中国のキーモン、セイロンのウバが三銘柄といわれている。

b．コーヒー：コーヒー豆の産地は、赤道を中心にした南北25度にわたる地域で、産地によって特徴がある。コーヒーの味は、風味、酸味、苦味、甘味、渋味の5つによって成り立っている。カフェイン、タンニン、有機酸を含んでいる。

（1）調 理 例

(1) **クラレットパンチ**　Claret punch（英）

材　料（5人分）

赤ブドウ酒	1 cup	レモン	1/2個
炭酸水	2本	オレンジ	1/2個
砂　糖	40 g	りんご	1/2個
ブランデー	大1	氷	
ホワイトキュラソー	大1		

① レモンは輪切り、オレンジは半月、りんごはいちょう切りにする。
② パンチボールに、赤ブドウ酒、砂糖、ブランデー、キュラソーを混ぜる。炭酸水を注ぎ、氷を入れて冷やす。
③ 果物を入れる。

(2) **レモンスカッシュ**　Citronnade（仏）　Lemon squash（英）

材　料（5人分）

レモン（中）	1.5個
砂　糖	50 g
炭酸水	2.5本
氷	少々
チェリー（柄つき）	5個

① レモンの中央部から、薄切りを5枚取り、残りをレモンしぼりでしぼる。
② コップにレモン汁と砂糖を入れ、よく混ぜ合わせ、氷片を入れる。
③ 冷やした炭酸水を注ぎ入れ、レモンの輪切りとチェリーを浮かせる。

(3) レモンティー Lemon tea（英）

材　料（5人分）

紅　茶	10 g
熱　湯	1 l
レモン（薄切り）	5 枚
角砂糖，グラニュー糖	

① ポットとカップに熱湯を注いで，温めておく。
② ポットの湯を捨てて紅茶を入れ，沸騰している湯を注ぎ，3分間置く（ティーコゼーをかぶせておくと冷めない）。茶こしを用いてカップに注ぐ。
③ レモンの薄切りをレモン皿にならべ，シュガーポットに砂糖を入れて供する。
　（応用）ミルクティーは温めた牛乳をカップに注ぎ，濃いめにいれた紅茶を次に注ぐ。牛乳3：紅茶1の割合。イギリスで愛飲されている。

(4) アイスティー Iced tea（英）

材　料（5人分）

紅　茶	10 g
熱　湯	600 ml
氷　片	15個
シロップ	
レモン（薄切り）	5 枚

① 紅茶に熱湯を注いで3分間置き，濃い紅茶にする。
② コップに氷とシロップを入れ，上から熱い紅茶を注いで急激に冷やす。レモンを浮かべる。

(5) コーヒー Café（仏）　Coffee（英）

材　料（5人分）

コーヒー	50 g
沸騰水	900 ml
砂　糖	好み
クリーム	好み

① コーヒーは，細びき（ドリップのペーパーフィルター用），中びき（ドリップのネルフィルター用），荒びき（パーコレーター，サイフォン用）と必要に応じてひく。
② 入れ方は，次のとおりである。

a．ドリップ式：ポットを温めておき，ネルのこし袋にコーヒーを入れ，注ぎ口の細いホーローポットから湯を注ぐ。4～5分で終わるようにするのがコツである。ネルの袋は洗って水に浸しておくこと。
　簡略にしたのがメリタ，カリタ式で，ろ過器にろ紙を敷いて用いる。

b．サイフォン式：ガラス製器の下部に湯を入れ，アルコールランプで温め，沸騰してきたらコーヒーを入れた上部の器をのせる。湯が上昇したら軽くかき混ぜ，湯が上がりきるまで置き，1分くらいして火を消す。

c．パーコレーター式：パーコレーターに分量の湯を入れ，コーヒーを入れたろ過器をセットして熱する。約8分沸騰させる。人数の多い場合に適する。
　（応用）
　・カフェオーレ……温めたミルクとコーヒーを両手に持って同時に注ぎ入れる。
　・アイスコーヒー……多めのコーヒーと，湯を1/2にしてドリップ式のコーヒーを入れ，シ

ロップと氷を入れたグラスに注いで冷やす。
- ウインナコーヒー……カップに注いだコーヒーの上に, 生クリームを泡だてて浮かせる。

(6) ココア　Cacao (仏)
　　材　料 (5人分)

ココア	大2.5
湯	120ml
牛　乳	850ml
砂　糖	20g
塩	少々

① ココア, 砂糖, 塩を混ぜて, 湯を注いで練っておく。
② 温めた牛乳を加え, 約2分間混ぜながら煮る (牛乳を1/2量にし, 湯で補ってもよい)。
③ 温めたカップに注ぐ。

13. 献　立

各国の食習慣には相違があり, また献立内容は日常食と供応食とで異なる。形式も立食 (ビュッフェ) か座食かで, 料理や飲み物なども変化がある。最も形の整った食事形式は正餐 (ディナー) で, 供卓順序が決められており, これをフルコースという。

(1) 正餐の献立

① 前　菜　Hors d'oeuvre (オードゥーヴル)　シェリー酒カクテル
② スープ　Potage (ポタージュ)
③ 魚料理　Poisson (ポアソン)　白ブドウ酒
④ 肉料理　Entrée (アントレ)　赤ブドウ酒
⑤ 氷　酒　Sorbet (ソルベ)
⑥ 蒸し焼き料理　Rêti (ロティー)
⑦ 野菜料理, サラダ　Légumes, Salade (レギューム, サラド)
⑧ 甘　味　Entremets (アントルメ)　乾杯シャンパン
⑨ 果　物　Fruit (フリュイ)
⑩ コーヒー　Café (カフェ)

正餐コースのうち, その目的や規模によりいずれかを省いて簡単な献立にしていく。しかし, 魚料理, 肉料理などにかたよらず, 野菜料理やサラダ料理を必ず入れる。

(2) 日常食の献立

1) 朝　食

フランス式では, パンとカフェオーレ, イギリス式では, パン, コーヒー, ベーコンエッグなどの卵料理が, 家庭での朝食であるが, ホテルやレストランでは, 次の中から好みの料理1～2品と飲み物, 果物を選ぶ。

　a. 果　物：季節の果物またはジュース, 砂糖煮
　b. 穀物類：オートミール, コーンフレークス
　c. 卵料理：半熟卵, いり卵, ベーコンエッグ, ハムエッグ, オムレツ
　d. パン類：トーストパン, マフィン, パンケーキ, ワッフル
　e. 飲み物：コーヒー, 紅茶, 牛乳
　　(例) オレンジジュース, ベーコンエッグ, トーストパン (バター, ジャム), コーヒー

2) 昼　食

ヨーロッパでは家に帰ってゆっくり昼食をとる習慣であったが, 近頃は勤務先で簡単にすませる人も多くなっている。

a．略式なコースの場合
　　（例1）肉を添えた卵料理と魚料理
　　（例2）魚料理，肉料理，デザート
　　（例3）前菜かスープ，冷肉の盛り合わせ，生菓子
　b．正式なコースの場合
　　① 前菜またはスープ　　　⑤ 甘　味
　　② 卵料理または魚料理　　⑥ 果　物
　　③ 肉料理　　　　　　　　⑦ コーヒー
　　④ 野菜料理またはサラダ　⑧ パン
　　　（例）コーンスープ，ムニエル，子牛の衣焼き，サラダ，ババロア，洋梨，コーヒー，ロールパン

3）夕食の構成
　一般的には，スープ，魚料理，肉料理，（ソルベ），蒸し焼き料理，野菜料理，甘味，果物，飲み物の組み合わせになる。略式には，昼食のような組み合わせでもよい。
　　（例）コンソメ，甘だいパピヨット，ビーフステーキ，ソルベ，若鶏の蒸し焼き，サラダ，アイスクリーム，メロン，コーヒー，パン

14．テーブルマナー

　楽しい雰囲気の中でこそ，おいしく食事をすることができる。人にいやな思いをさせないという気持ちをそれぞれが持たなければならない。食事のマナーに限らず，すべてのマナーは人に迷惑をかけまいという配慮から生まれたものである。

（1）テーブルセッティング

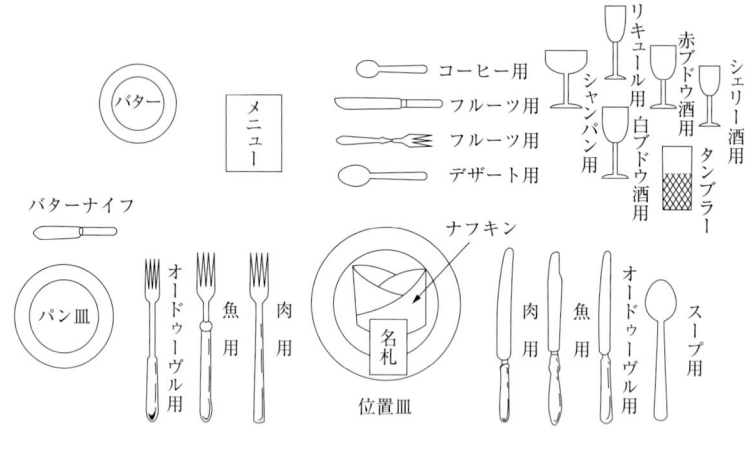

図3-10　テーブルセット

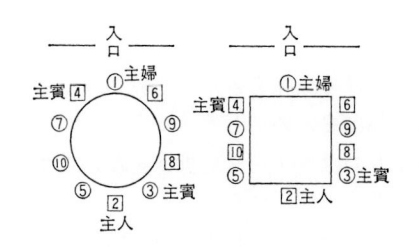

図3-11 座席の決め方

① サイレンスクロスを敷き，ピンでとめて，その上にテーブルクロスを敷く。
② 位置皿を置き，ナイフ，フォーク類をならべる。
③ パン皿をフォークの左側に置き，グラス類はナイフの上側にならべる。
④ ナフキンを位置皿の上にのせる。
⑤ 塩，こしょう入れ，バター入れを置く。
⑥ 食卓の花は，背を低く生け，香りの強いものは避ける。

洋間では，マントルピースのある側が，また入口から遠い場所および部屋の正面が上座である。

（2）正餐の場合のテーブルマナー

会場に着いたら主人側に挨拶し，次に他の客にも挨拶し，控え室で待つ。食前酒と簡単なつまみが出される。食堂での席を確かめておく。

1）席へのつき方

男性は女性や目上の人の着席を待ってからすわる。椅子の左側に立ち，背に手をかけて少し引いてから中央に立ち，深くかけて食卓と胸との間が5～9cmくらいになるように椅子をひく。

2）ナフキンの使い方

飲み物が注がれ食事が出そうになったらナフキンをひろげるが，主賓より先にならないようにする。二つ折りにし，輪のほうが手前にくるように膝の上にひろげる。食事中に口元の汚れをぬぐったり，指先をふいたりする。中座するときは椅子の上に置くが，食事が終わったときは軽くたたみ，パン皿のあった位置（食卓の上）に置く。

3）ナイフ，フォークの使い方

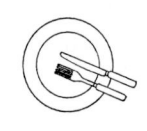

ナイフ，フォークは外側から順に使っていく。食事の途中で手を休めるときは皿に「ハ」の字形に置く。食事が終わったときは，ナイフの刃を手前に向けて皿の中央に横に置く。フォークは上向きにしてナイフの手前に置く。

4）料理の食べ方

a．前　菜：控え室で食前酒とともに供されるのが本来である。食卓で供される場合は大皿に盛りつけられたものを自分で取る。1人分ずつ盛りつけられて供されることもある。一番外側のナイフ，フォークを使う。カナッペ類は手で食べてよい。

b．スープ：スープ入れから軽く2杯をスープ皿に取る。左手をスープ皿の縁に添え，右手のスプーンで手前から向こう側へすくい，口の中へ流し込むようにして飲み，音をたててはいけない。終わったらスプーンの柄を右側にして皿の中へ上向きに置く。

c．パ　ン：スープが終わってから，肉料理までの間に食べる。バターをパン皿の隅に取り分ける。パンは一口に食べられる大きさにパン皿の上でちぎり，バターをつけて食べる。

d．魚料理：魚が骨がなくやわらかいものならフォークだけで食べてもよい。尾頭つきの魚はフォークで頭を押さえ，ナイフを背のほうから中骨の上に入れて身をはがし，上身を手前に取

Ⅲ．調理理論と実習

り出して食べる。次に下身と中骨の間にナイフを入れて骨を離して除き，下身を食べる。口に残った小骨はフォークで受け皿に置く。

　レモンが添えてあるときは，くし形のものは手でしぼってかけて酸味をきかせ，輪切りのものはナイフで押して香りを楽しむ。レモンの皮，骨は皿の上部にまとめておく。

　えび，かに，貝類が出される場合がある。殻に入っているものはフォークで押さえながらまわりに切れ目をつけて殻から抜き出し，皿の手前において左端から切って食べる。

e．**肉料理，肉の蒸し焼き**：切り身の肉は左端から一口大に切って食べる。骨のついた肉は骨にそってナイフを入れて骨をはずしてから，左端から切って食べる。

f．**野菜料理，サラダ**：野菜類は一口大に切ってあるものが多く，フォークを右手で持って食べてもよい。

g．**乾　　杯**：席についてすぐ行われなかった場合は，デザートコースに入って乾杯する。合図により，ナフキンをテーブルの上に置き，起立し，シャンペングラスを右手に持って，主賓に向かって目の高さまで上げて乾杯する。

h．**甘　　味**：アイスクリーム，ババロア，ゼリーなどはスプーンで手前にすくって食べる。アイスクリームに添えてあるクッキーなどは，口の中が冷たくなったらスプーンをおいて右手に持って食べる。

i．**果　　物**：デザート皿にフィンガーボールをのせて出される。フィンガーボールをドイレー（下敷き）とともに左向こう側に置き，持ちまわされる果物を取る。ナイフ，フォークをなるべく使用する（みかん，ぶどうなどは無理）。食べ終わったらフィンガーボールで片手ずつ指先を洗いナフキンでふく。

j．**コーヒー**：デミタスコーヒーといい，1/2量で濃いコーヒーである。好みにより，砂糖，ミルクを入れてスプーンでかきまわし，スプーンはカップの向こう側に置く。小さな菓子が供されることもある。

5）食卓を離れるとき

　ナフキンを軽くたたみ食卓の上に置き，主卓の客が立ったら席を立つ。名札やメニューは持ち帰るのが礼儀である。主人に礼を述べて帰る。

6）その他の心得

① 酒や水を飲む前にナフキンで口をおさえ，グラスに脂肪をつけない。
② 自分で取り分けた料理は残さない。
③ 食事の速度は主賓に合わせる。
④ 床にものを落としたり，テーブルにこぼしたときは給仕人に依頼する。
⑤ 調味料，バター皿が遠くにあるときは，手をのばさないで，その前にいる人か給仕人に依頼する。
⑥ 食事中の会話は，楽しい明るい話題がよい。

第4章 中国料理

　中国料理は，長い歴史とすぐれた文化の伝統を持つ中国で発達したものだけにその材料や味には奥ゆきの深さがあり，中国人の食の真髄を追求する執念さえ感じられるほど豊かな味わいを持つ料理であり，その魅力は世界に知られている。そして，「医食同源」の諺にあるように，食べものは体の養生と病気の治療という考えが食生活の根底に流れており，現在でもなお生きている。

Ⅰ．中国料理の特徴

① 材料の種類が多く，しかも用い方にむだがない。

　自然界のあらゆるものを食の対象にし，その用い方が合理的である。例えば豚一頭からは肉を使うだけでなく，内臓も足先も，耳，鼻さえもすばらしい素材として生かされている。また古来より，大陸的風土に応じて保存，輸送などに適するように食品は乾物（乾貨（ガヌフオ）という）にすることが多く，そのもどし方にも優れた技術や独特の工夫がみられ，食品の持ち味を生かしている。

　数多い材料の中にも，地方により，めずらしい材料（つばめの巣，ふかのひれなど）や野味肉（野生動物の肉，例えばかえる，へび，せんざんこう，果子狸（グウオヅリ）など）などもあり，中国料理独特の材料として巧みに用いられている。

② 油をじょうずに使っている。

　油は下調理，本調理，そして仕上げの風味づけにと非常に合理的に使われている。油を使うことにより，揚げる，炒めるなどの高温短時間加熱で材料が処理されることから，食品の持ち味が生かされ，野菜のビタミンCの損失も少なく，油の風味が加わり，料理をよりおいしく，こくのあるものにしている。

③ でんぷんをよく使う。

　でんぷんを用いることにより，食品の持ち味を保ち，油と汁の分離を防ぎ，また油のしつこさを緩和し，口あたりをなめらかにし，料理を冷めにくくするなどの，でんぷんの特性が発揮され，料理のおいしさに寄与している。

④ 香辛料を巧みに用いる。

　一般には，ねぎ，しょうが，にんにくが多く用いられているが，香辛料の使用により，材料の臭みやくせを除き，料理をおいしくさせている。特に中国料理では，香りだけでなく，その成分による消化吸収および健胃の効果をも目的としている。

⑤ 丸い卓を囲み，料理は1品ごとに1皿に盛り，各自に取り分ける。

　食事を楽しみながらするということで，皆が丸い卓を囲み，料理は1つの器に盛りつけられ，各自が取り分けるという取りまわし形式なので，和気あいあいとしたなごやかな雰囲気で食事をすることができる。

⑥ 加熱調理が多いので衛生的である。
　　　調理は，炒める，揚げる，焼くなど高温加熱調理が多いので衛生的であり，栄養素の損失も少ない。
⑦ 調理器具の数が少なく合理的である。
　　　鍋は中華鍋ひとつでほとんどの料理ができる。ほかに，まないた，包丁，鉄べら，蒸し器があれば足りるというくらい合理的でむだがない。また，その形や構造が理にかなっている。道具にたよらず，身に備わった技術でつくり上げる方法である。

Ⅱ．中国料理の系統

　中国は国土が広く（日本の約25倍），漢民族（94％）のほかに55の少数民族（6％）からなっており，地域により気候，風土，産物，習慣などが異なるため，味つけの好みも各々異なり，各地方に特色ある料理が発達してきた。そこで，中国料理をその特色から四大系統に分けることができる。

1．北　方　系

　北京，山東，河南料理などで，北方系を代表する北京料理は，山東料理を中心とした庶民の味に加えて，地方官吏によってもたらされた各地の特徴ある料理が渾然一体となったものである。また，長い間中国の首都として発展してきた北京には，宮中の伝統ある料理が格式高く守られ，伝えられている。
　この地方は，気候が寒冷であるから，豚，あひる，鯉などを主とする，油を豊富に使ったカロリーの高い濃厚な料理が多い。国境が蒙古と接しているため羊の肉を使った料理もあり，涮羊肉（シオワヌヤンロウ）は有名である。また，米がとれず小麦の生産が多いため，包子（パオヅ），餅（ピン），饅頭（マヌトウ），麺（ミエヌ）などの粉食が多い。
　　代表料理：烤鴨子（カオヤヅ），烤羊肉（カオヤンロウ），糖醋鯉魚（タンツウリイユ）　など

2．南　方　系

　福建，広西，東江，広東料理などで，この地域は亜熱帯に近い気候風土で，産物が豊富であるうえに，物資流通のもとである海路が早くからひらけていた関係で外国文化の影響も受けやすく，これらが料理内容をさらに特徴づけている。
　また，「食在広州」といわれるように，中国で一番食べることに執着している地方でもあり，へび，猿，猫，かえるなどを使ったいわゆる野味香の料理が多くあるのもこの地方の特徴である。特殊材料として，ふかのひれ，海つばめの巣などがある。
　調理法は，材料の持ち味を生かし，あまり手を加えないで味つけは淡白である。

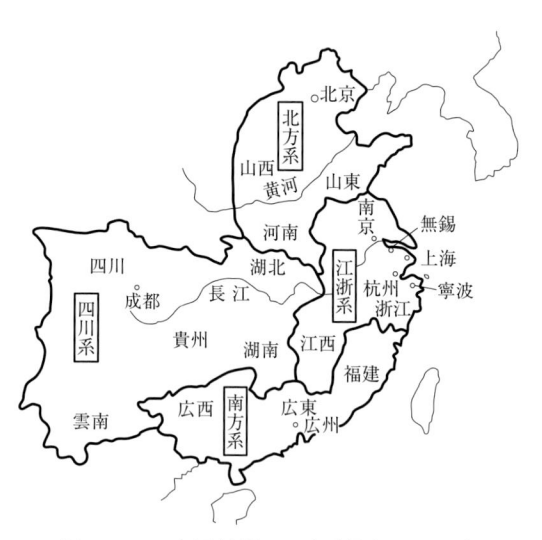

図4－1　中国料理の四大系統とその分布

代表料理：紅焼魚翅(ホオンシアオユチ)，古滷肉(クウルウロウ)，八宝菜(パアパオツァイ)．芙蓉蟹(フウロオンシエ)，烤乳猪(カオルウヂウ) など

3. 江浙系(チヤンチョー)

　長江下流地帯つまり上海を中心とした揚州，無錫，杭州，寧波料理などで，この地方は海に面しているだけでなく，周辺には湖沼，河川が多く点在しているため，海鮮魚，淡水魚に恵まれ，また四季もはっきりしているため，季節に応じた産物が採れ，料理を多彩なものにしている。特に湖で採れる9月，10月のかに料理は有名である。そして，水が豊かで中国一の米産地であり，主食は米である。

　味つけは一般にしょうゆ，砂糖で甘辛く仕上げたものが多く，酸味があるのも特徴である。

代表料理：東坡肉(ドンプオロウ)，西湖醋魚(シイホウツウユ)，清蒸鱒魚(チンヂヤンシュ)，脆鱔(ツオエイシヤヌ)，小籠包(シヤオロンパオ) など

4. 四川系(スーチヨワン)

　四川，雲南，貴州といった地方は，山に囲まれた盆地で，湿気が多いので食欲を出させるような味つけが多く，唐辛子，さんしょう，ねぎ，しょうがなどをふんだんに使った辛い味が特徴である。

　料理の素材は，山の幸や蔬菜類，河から採れる鯉，ふな，なまず，鱔魚（たうなぎ），すっぽんなど豊富であり，また岩塩と香辛料を用いた漬物（榨菜が有名）が発達している。味つけは香辛料が多種類用いられ，その組み合わせにより他地方に類をみない複雑な味が特徴である。四川の七味といって甜(テイエヌ)（甘い），酸(スワヌ)（すっぱい），鹹(シエヌ)（塩辛い），苦(クウ)（にがい），辣(ラア)（辛い），麻(マア)（しびれる），香(シヤン)（香ばしい味）の味が入りまじっている。

　四川料理独特の調味として，次のような手法がある。
- 乾焼(ガヌシヤオ)：薬味を多く用い，汁気の少ないタレを用いる（乾焼明蝦(ガヌシヤオミンシヤ)）。
- 魚香(ユシヤン)：魚を使っていないが，魚の味を思い出させる味つけである。豆瓣醬の辛味に酢の味を少量混ぜる（魚香蘑鮑魚(ユシヤンムオパオユ)）。
- 家常(ヂヤチアン)：家庭風料理で，一般に唐辛子を使うが，決まった味つけはない（家常豆腐(ヂアチアンドウフウ)）。
- 酸辣(スワヌラア)：酸味が強く辛い味つけ。冷・熱両用で熱い料理には唐辛子の辛さとこしょうの辛さの2種がある（酸辣湯(スワヌラアタン)）。
- 麻辣(マアラア)：麻の味は四川のさんしょうの実を細かくひいたもので，舌がしびれるような感じになる。辣は唐辛子の辛さを表す（麻辣五糸(マアラアウース)）。
- 怪味(ゴワイウエイ)：いろいろな味がひとつとしてめだたず，各々が調和していて複雑な味わいを持つ。何を主とした味かわからないのでこの名がある。つまり，鹹，甜，酸，辣，麻の五味が渾然一体となっている（怪味鶏塊(ゴワイウエイヂイコワイ)）。

代表料理：棒々鶏(バンバンヂイ)，麻婆豆腐(マアポオドウフウ)，怪味鶏塊(ゴワイウエイヂイコワイ)，椒麻腰片(ヂヤオマアヤオピエヌ)，泡菜(パオツァイ) など

　（参考）　中国は多民族の集まりである。したがって，四大系統的料理のみならず，蒙古系中国人，朝鮮系中国人，チベットやベトナムに近い辺境地に住む少数民族，回族系中国人（イスラム教徒族で，宗教的戒律により豚肉を食べない）のように，その民族の習慣により中国料理一般の影響は受けているものの，その民族独自の食文化を持ち続けている民族もあるので，料理系統は多種存在する。

Ⅲ. 中国料理の基礎

1. 調理法の基本分類

　中国料理は，永い歴史に培われてきただけに，きめの細かい，そしてかつ，非常に合理的な手法で，個々の素材の持ち味を引き出している。したがって，調理手法は，多岐にわたって数多くあるが，ここでは大きく最も基本となる手法に分けて，基本の調理法とした。

〔実　習　例〕
　　炒（チアオ）：炒める（青椒炒牛肉糸，家郷炒米粉）
　　炸（チア）：揚げる（清炸蝦丸，炸腐皮捲）
　　溜（リウ）：あんかけ（醋溜肉丸，糖醋鯉魚）
　　煨（ウエイ），焼（シアオ）：煮込む（紅焼魚翅，扒三白）
　　蒸（デラン），燉（ドウエヌ）：蒸す（清蒸鯛魚，清燉白菜）
　　拌（バヌ）：あえる（冷拌三糸，拌海蜇）
　　湯（タン）：スープ（酸辣湯，清湯魚丸）
　　烤（カオ）：直火焼き（叉焼肉，掛炉烤鴨）
　　凍（ドオン）：寄せ物（氷凍蝦仁，杏仁豆腐）

　中国料理の体系は，菜（ツァイ）（料理）と点心（デイエヌシス）（軽食，甘味料理）からなり，菜は調理手法により，基本的に次のように分類される（点心についてはp.275参照）。

中国料理 ┌ 菜 ┌ 炒菜（炒め料理），炸菜（揚げ物料理），溜菜（あんかけ料理）
　　　　│　　│ 湯菜（スープ料理），冷菜（冷食料理），煨菜（煮物料理）
　　　　│　　└ 蒸菜（蒸し物料理），烤菜（直火焼き料理）
　　　　└ 点心

2. 切 り 方

　中国料理では，材料の切り方が料理のでき，不できに通ずると考え，繊細な心をもって包丁さばきを行う。基本的な切り方を図4-2に示す。

^ス
糸（せん切り）

^{ピエヌ}
片（うす切り）

^{ムオ シヤオミイ ソオン}
末，小米，鬆（みじん切り）

^{デイン}
丁（さいの目切り）

^{テイヤオ}
条（拍子木切り）

^{シアヌ ヅ}
扇 子（末広切り）

^{コワイ}
塊（ぶつ切り）

^{ドワヌ}
段（ぶつ切り）

^{ホワ}
花（飾り切り）

^{トウ アル}
兎 耳（小さめの乱切り）

^{フアン}
方（色紙切り）

^{フオ シオウ}
仏 手（手をひろげた形）

^{マア アル}
馬 耳（大きめの乱切り）

図4-2　中国料理の切り方

3．中国料理の材料名

〔獣鳥肉，卵類〕

^{ロウ}肉（豚肉）	^{ヤ ヅ}鴨子（あひる）	^{パイグウ}排骨（骨つきばら肉）	^{デイダヌ}鶏蛋（鶏卵）
^{ヂウロウ}猪肉（豚肉）	^{ガヌ}肝（肝臓）	^{デイリオウロウ}鶏柳肉（鶏ささみ）	^{ゴヲダヌ}鴿蛋（鳩の卵）
^{ニウロウ}牛肉（牛肉）	^{ヤオ ヅ}腰子（腎臓）	^{ホウオトエイ}火 腿（中国のハム）	^{アヌチウヌダヌ}鵪鶉蛋（うずら卵）
^{ヤンロウ}羊肉（羊肉）	^{ドウ}肚（胃袋）	^{テイヂヌ}蹄筋（豚の脚の筋）	^{ダヌバイ}蛋白（卵白）
^{ヂイ}鶏（にわとり）	^{リイデイ}裡脊（ロース）	^{ヤダヌ}鴨蛋（あひるの卵）	^{ダヌホワン}蛋 黄（卵黄）

〔乳・乳製品〕

^{ニウナイ}牛奶（牛乳）　　^{ナイイウ}奶油（バターまたはクリーム）　　^{ナイスウ ナイビン}奶酥・奶餅（チーズ）

〔魚介類，海産物〕

^{リイユ}鯉魚（こい）	^{チンユ}青魚（さば）	^{シヤミイ}蝦米（干しえび）	^{パオユ}飽魚（あわび）
^{ムオユ}墨魚（すみいか）	^{ヂウツツ ユ}竹筴魚（あじ）	^{シエ}蟹（かに）	^{ハイシエヌ}海 参（なまこ）
^{イウユ}魷魚（いか）	^{ウエヌユ}鰮魚（いわし）	^{シエフエヌ}蟹 粉（かにの身）	^{ハイシウ}海 鼠（なまこ）
^{ピンユ}鮃魚（ひらめ）	^{ヂヤヂヲ}甲魚（すっぽん）	^{ハオ}蠔（かき）	^{ハイヂヲ}海 蜇（くらげ）
^{ダアトウユ}大頭魚（たい）	^{マヌユ}鰻魚（うなぎ）	^{リイホワン}蠣 蟥（かき）	^{ハイリイ}海 栗（うに）

Ⅲ．中国料理の基礎

帯魚（たちうお）　章魚（たこ）　蛤蜊（はまぐり）　魚翅（ふかひれ）
刀魚（たちうお）　竜蝦（伊勢えび）　蛤（はまぐり）　海帯（昆布）
黄魚（いしもち）　対蝦（大正えび）　蜊（あさり）　紫菜（のり）
銀魚（しらうお）　明蝦（車えび）　田螺（たにし）　魚肚（魚の浮袋）
鰈魚（かれい）　蝦仁（むきえび）　乾貝（干し貝柱）　魚唇（魚の唇）

〔野菜類〕
菠菜（ほうれんそう）　生菜（レタス）　笋（たけのこ）　青椒（ピーマン）
蒿菜（しゅんぎく）　芥菜（からし菜）　白薯（さつまいも）　紅椒（赤唐辛子）
韮菜（にら）　油菜（こまつな）　地瓜（さつまいも）　蕃茄（トマト）
白菜（白菜）　竜鬚菜（アスパラガス）　芋頭（さといも）　茄子（なす）
巻心菜（キャベツ）　萵苣（ちしゃ）　山薬（やまいも）　南瓜（かぼちゃ）
巻菜（キャベツ）　荷葉（はすの葉）　地蛋（じゃがいも）　冬瓜（とうがん）
葱（ねぎ）　蘿蔔（だいこん）　土豆児（じゃがいも）　豆芽（もやし）
洋葱（たまねぎ）　蘿卜（だいこん）　百合（ゆり根）　蚕豆（そら豆）
蒜（にんにく）　蘿卜円（かぶ）　蓮藕（れんこん）　豌豆（さやえんどう）
姜（しょうが）　胡蘿蔔（にんじん）　馬蹄（くわい）　青豆（グリンピース）
薑（しょうが）　紅蘿蔔（にんじん）　黄瓜（きゅうり）　毛豆（えだまめ）
芹菜（セロリー）　筍（たけのこ）　菜花（カリフラワー）　扁豆（いんげん）

〔果実・種実類〕
苹果（りんご）　杏子（あんず）　葡萄（ぶどう）　栗子（くり）
蘋果（りんご）　枇杷（びわ）　西瓜（すいか）　白果（ぎんなん）
香蕉（バナナ）　紅棗（なつめ）　柠檬（レモン）　芝麻（ごま）
梨子（なし）　鳳梨（パイナップル）　杏仁（あんずの種の核）　蓬子（はすの実）
桃子（もも）　菠蘿（パイナップル）　桂円（竜眼）　松子（松の実）
柿子（柿）　櫻桃（さくらんぼ）　荔枝（れいし）　梅子（梅の実）
橘子（みかん）　洋梅（いちご）　荔子（れいしの実）　腰果（カシューナッツ）
柑子（みかん）　苺子（いちご）　核桃（くるみ）　白瓜子（かぼちゃの種）

〔穀類，豆類，その加工品〕
米（米）　麺包屑（パン粉）　緑豆（青ささげ）　豆腐干（水分の少ない中国豆腐）
糯米（もち米）　麺筋（麩）　粉絲（春雨）　百頁（薄い押し豆腐）
米粉（米の粉、ビーフン）　蕎麦（そば）　粉條（春雨）　千張（薄い押し豆腐）
糯米粉（白玉粉）　玉米（とうもろこし）　粉皮（春雨の幅の広いもの）　豆腐渣（おから）
麦子（小麦）　小豆（あずき）　花生（落花生）　炸豆腐（油揚げ）
大麦（大麦）　豆沙（あずきあん）　地豆（落花生）
麺粉（小麦粉）　黄豆（大豆）　豆腐（豆腐）
麺條（うどん）　大豆（大豆）　豆腐皮（ゆば）
麺包（パン）　黄豆粉（きな粉）　腐皮（ゆば）

〔きのこ類〕
香菇（しいたけ）　松菌（まつたけ）　草菇（ふくろたけ）　木耳（きくらげ）

冬菇（しいたけ）　松菇（まつたけ）　蘑菇（マッシュルーム）　銀耳（白きくらげ）
　ドォングゥ　　　　　　ソォングゥ　　　　　　ムオグゥ　　　　　　　　　　イヌアル

4. 中国料理の特殊材料とその扱い方

　中国料理は，食べることに喜びを感じ，健康を保つと考えている中国人によって育まれた料理であるだけに，その材料には独特の珍しいものがあり，中国料理の奥深さを感じさせる。
　中国料理の中で有名で一般的なものを列記する。

a．**燕窩**（海つばめの巣）：スマトラ，ボルネオ，ニューギニア，マレー半島に産する海つばめ
　イエヌオウ
　の一種である金糸燕の巣で，金糸燕が海藻などを口の中で噛み，膠質に変えこれで巣を固めたもの。海岸の絶壁にかけられ採取に危険が伴うため高価である。中国料理中最も高級なものとされている。純白な高級品を官燕という。
　　　　　　　　　　　　　　　ゴワヌイエヌ
　　精製されて白いせん維のようになっているので，温湯に3～4日間浸し，羽毛をピンセットでよく除き，スープの中で味をふくませ，蒸してから使用する。

b．**魚翅**（ふかひれ）：ふかやさめの背びれ，尾びれ，胸びれなどを乾燥したもので燕窩に次ぐ
　ユチ
　高級品である。種類や等級があり，包翅と呼ばれるものは背びれからとったもので，なめらかで，やわらかく，姿のまま料理され，上等品である。
　　　　　　　　　　バオチ
　　形のまま干したひれのもどし方は，湯につけて1昼夜おき，砂や皮を落しグラグラ煮て，透きとおるひれ以外の部分を取り除いてから，やわらかくなるまで煮て1晩流水にさらす。こうして臭みを抜いたものに，ねぎ，しょうが，スープを加えて蒸して料理に使う。
　　なまのひれをほぐしてから乾燥したさらしびれ（翅餅）は扱いが簡単で家庭向きである。こ
　　　　　　　　　　　　　　　　　　　　　　　　　チビン
　れは，熱湯を注いで蒸らし，水でさらしたら，ねぎ，しょうがを入れて煮たて，再び水でよくさらし，臭みがとれたらスープを加えて蒸して料理に使う。

c．**海参**（干しなまこ，きんこ）：なまこの干したものである。もどすのに3～5日かかるがも
　ハイシェヌ
　どし方は，水に1昼夜浸した後水に入れ，火にかけて沸騰寸前に火を止めてそのまま放置する。冷めたら水を取り換え，再び火にかけ，沸騰寸前に火を止めて放置する。これをくり返し，包丁が入るくらいやわらかくなったら縦に切り，腹わたを出し，再び煮すぎないように気をつけながら煮たり，冷ましたりの過程をくり返す。燕窩，魚翅に次ぐ高級品である。

d．**海蜇皮**（くらげの塩漬け）：中国料理の前菜によく使われる。生くらげを石灰，明ばんで脱
　ハイヂョピィ
　水したものを塩漬けにして保存する。使うときは，これを細切りにし，塩出しをしてざるに入れ，熱湯をかける。その後，水中でよくもみ，あくを出し，3～4時間水さらしをする。熱湯をかけ過ぎると縮んでかたくなってしまうので注意する。

e．**魚肚**（魚の浮き袋を干したもの）：魚（いしもちが多い）の干した浮き袋で大小いろいろあ
　ユドウ
　るが，もどし方はぬるめの油に魚肚を入れ，徐々に熱して2時間くらい揚げてもどし（大きくふくらむ），水か湯で洗って油と臭気を抜き，適宜に切って料理に使う。

f．**松花皮蛋**（あひるの卵の石灰漬け）：単に皮蛋ともいう。松花というのは，皮蛋の卵白の部
　ソォンホワピイダヌ
　分に松葉のような模様が出るからである。塩，石灰，草木灰などに水と土を加え，ドロドロにしたものを卵の表面に1cmくらいの厚さに塗り，もみ殻の上をころがし，カメの中に入れて土の中に埋め，20日～半年を経過させる。

g．**榨菜**（ザー菜）：四川省で産する漬物。こぶのような形をした野菜（芥子菜の一種）の根の
　ヂアツァイ
　部分を唐辛子とともに漬け込んだものである。まわりの唐辛子を洗い流し，薄く切ってそのま

Ⅲ．中国料理の基礎　223

ま供したり、炒め物、スープの材料にする。必要に応じて、塩抜きする。

h. 干貝(ガヌベイ)（干し貝柱）：帆立貝や平貝の貝柱を干したもの。少量の酒を加えて蒸してもどしたり、熱湯に1晩浸しておいしいだしをとったりする。

i. 蝦米(シャミイ)（むき干しえび）：薄い塩水とともに加熱してから乾燥したもの。簡単に使えて、おいしい味と風味を持つので、料理のうま味づけとして多く用いられる。ぬるま湯でもどしてから使う。もどし汁は良いだしが出ている。日本のかつお節のように利用されている。

j. 銀耳(イヌアル)（白きくらげ）：きくらげの白いもので、四川省に産し、大変貴重なものである。ぬるま湯に30〜40分つけてもどし、石づきの砂や茶色の部分を取り去りよく洗って、湯通しをして使う。油気が入るとよく膨張しないで汚れるので取り扱いに注意する。甘い点心によく使われる。

k. 髪菜(ファツァイ)（髪に似た水ごけの一種）：別名頭髪菜ともいわれ、乾燥した状態が髪の毛をひとまとめにしたように見えるのでこの名がある。苔類に属し、水ごけの一種であって山間の谷に生ずる。髪菜(ファツァイ)と発財(ファツァイ)（財産を築く）が同一発音なので縁起ものとして、店の開店披露の宴席によく出てくる。用い方は、ぬるま湯でもどし、油でさっと炒め、スープを入れて煮込む。素菜(スウツァイ)（精進料理）の材料によく使われる。

l. 香菜(シャンツァイ)（中国パセリ）：独特の香気を持つ野菜で料理の風味づけに用いられる。

m. 粉糸(フェヌス)、粉条(フェヌテイヤオ)（はるさめ）：緑豆でんぷんを二分し、一部は熱湯を加えて糊状にし、これに一方のなまでんぷんを混合してこね合わせる。底に多数の小さな穴のあいた容器に入れ、上から圧搾して沸騰水中に落とし込み糸状につくる。これを乾燥する。用いるときは、水またはぬるま湯に浸し、もどしてから使う。加熱しても煮くずれしにくい。

n. 粉皮(フェヌピイ)（緑豆でんぷんでつくった皮）：緑豆でんぷんを水溶きして、平皿に薄くのばして熱湯をくぐらせて固まらせたもの。適当に切って冷菜に用いられる。乾燥させたものもあり、温湯に浸してやわらかくしてから用いる。

5．中国料理の調味料，香辛料，油脂

（1）調味料

- 醤油(チャンユウ)（しょうゆ）：主原料は大豆で、製法は日本と基本的には同じであるが、味は異なり、日本のものは風味がよくさらりとしているのに対し、中国のしょうゆは味が濃く、少しとろみがある。原料の大豆や小麦を節約して、大豆粕、綿実油粕、菜種粕、米ぬか、さつまいも、とうもろこしを使用しているものもある。
- 糖(タン)（砂糖）：甘蔗糖である。寒冷地では近年甜菜の栽培が増加している。
- 醋(ツウ)（酢）：原料は長江以南はもち米、うるち米を用い、以北は高粱、粟でつくったが、現在はとうもろこし、さつまいも、じゃがいも、麩、ぬかなどを用いている。特殊な酢として黒醋(ヘイツウ)というのがあり、文字通り黒い色をしている。これは、燻した麹でつくり、さんしょうや八角を加えて独特のよい香りを持ち、酸味は日本のものに比べて少なく、ドロッとしている。
- 塩(イエヌ)（しお）：海から採れる海塩と海以外の場所から採れる岩塩（内陸部地域）、井塩（深い井戸を掘って塩水を汲み上げてつくる）、湖塩（塩湖から採れる）などがある。
- 料酒(リヤオチオウ)（料理酒）：もち米からつくられる醸造酒が用いられる。日本のみりんのように甘味の強い

酒が適している。
- 黄醤(ホワンヂヤン)(みそ)：大豆，小麦粉，塩でつくられ，製品は紅黄色であり，塩分13％前後，水分は53％くらいなので乾黄醤(ガヌホワンヂヤン)ともいう。水を加えてすり，どろどろ状態にしたものを稀黄醤(シーホワンヂヤン)という。日本の赤みそ，八丁みそで代用できる。
- 豆瓣醤(ドウバヌヂヤン)(辣豆瓣醤)(唐辛子みそ)：蚕豆，小麦粉，塩を原料としたみそ(蚕豆醤(ツアンドウヂヤン)という)に唐辛子を加えて辛くしたもの。四川料理には多く使われる。
- 甜麺醤(テイエヌミエヌヂヤン)(甘みそ)：大豆を使用しないみそで，小麦粉と塩，水を原料として発酵させた中国独特のみそで，色が濃く，甘味のあるみそである。
- 芝麻醤(ヂマアヂヤン)(胡麻みそ)：白ごまを炒り，すったものにしょうが，ねぎの香りをつけた白絞油とごま油を加え練り状にしたもの。
- 豆鼓(ドウヂ)(中国産浜名納豆)：大豆，小麦粉，塩でつくった発酵食品で，日本の浜名納豆に似たもので，塩辛く料理の味つけの補助として使われる。
- 蠔油(ハオイウ)(牡蠣油(かき))：牡蠣を煮て浮いた脂肪で，中国料理独特の風味づけとなり，広東料理に多く使われる。
- 腐乳(フウルウ)，醤豆腐(ヂヤンドウフウ)(発酵豆腐の塩漬け)：豆腐からつくった発酵食品で3～4cm角状のまわりにドロッとした液状のものがついている。塩辛い。
- 蝦滷(シヤルウ)(小えびの塩漬けの汁)：小えびを塩漬けにしたつけ汁を料理に使う。
- 蝦油(シヤイウ)(蝦滷の上澄み)：小えびを塩漬けにし，天日にさらして発酵させたものの，その上澄み液。
- 辣油(ラアイウ)(唐辛子入り油)：唐辛子の辛味を油に移したものである(つくり方はp.277を参照)。

(2) 香辛料
- 葱(ツオン)(ねぎ)：最も一般的に多く用いられる辛辣性の香辛料で，肉の臭みを消し，風味を増す。使用する油や湯にねぎを入れ，香りをつけてから使うことが多い。
- 薑(ヂヤン)(しょうが)：中国料理で最も使用頻度の高い香辛料で，しぼり汁にして魚肉類の下味に，薄切りやみじん切りにして炒め物の香りづけに，塊をたたきつぶしてスープや煮物のにおい消しなど広く用いられる。
- 蒜(ソワヌ)(にんにく)：くせの強い肉や魚の臭み消しになくてはならない材料。適量の使用は食欲を増させる役目をする。なまをすりおろしてそのままタレなどに加えると最も香りが強い。
- 花椒(ホウヂヤオ)(さんしょうの実)：さんしょうの実を乾燥させたもので，これを粉末にしたものを花椒粉という。材料のくせを消したり，風味をつけたりする香辛料で，熱した油に入れて油に香りをつけ，この油を冷菜にかけて風味をつけたりする。
- 花椒塩(ホウヂヤオイエヌ)(さんしょうの粉と塩を混合したもの)：さんしょうの実を煎ってすりつぶした中に煎った塩を混ぜたもの。さんしょうと塩の割合は好みであるが，7：3くらいが香りが良い。
- 胡椒(ホウヂヤオ)(こしょう)：肉の臭み消しに用い，一般的に粉末にしたものを用いる。
- 辣椒(ラアヂヤオ)(唐辛子)：料理の辛味づけとして欠かせないものである。四川料理には多く用いられている。
- 八角茴香(バアヂヤオホエイシヤン)(大ういきょう)：大茴香樹の種実をさやごと乾燥したもの。香りはさやにも種実にも含まれているが，さやのほうが強い。中国料理の香辛料中では最も重要なもので，獣鳥肉やその内臓を使った料理のにおい消しに必ず用いられる。

- 丁香（ちょうじ）ディンシャン：丁字の花の蕾を乾燥したもので強い芳香をもち，肉類の料理や甘味のものの香りづけに用いる。防腐効果もある。
- 陳皮（みかんの皮）チエヌピイ：柑橘類の皮を乾燥させたもので，料理の香りづけに使われる。薬用効果もある。
- 杏仁（きょうにん）シンヌ：あんずの核の中の仁である。特有の涼し気な爽快な香気があり，製菓用，茶の芳香料，杏仁水など広く用いられている。
- 桂皮（ニッケ）ゴエイピイ：肉桂の樹皮を乾燥させたもので，爽快な辛味と芳香性の甘味がある。肉類の臭みを取り，香りをつける。
- 五香粉（五種香辛料の粉末混合）ウシャンフエヌ：花椒，八角茴香，丁香，陳皮，桂皮などを粉末にして混合したもの。肉類の異臭を消すのに用いられる。

(3) 油脂類

a．素油（植物性油）スウイウ
　芝麻油・蔴油（ごま油）ヂマアイウ　マアイウ
　花生油（落花生油）ホワションイウ
　菜油（菜種油）ツアイウ
　豆油（大豆油）ドウイウ

b．葷油（動物性油）ホウエヌイウ
　猪油（ラード）ヂウイウ
　牛油（ヘッド）ニウイウ
　黄油（バター）ホワンイウ
　鶏油（鶏の油）ヂイウ

以上の中で最も多く使われるのは，豆油，蔴油，猪油で，鶏油はスープのでき上がりに1さじたらして風味づけに，蔴油は冷菜のタレや料理の仕上げに香りづけとして用いられる。

6．中国料理名について

中国料理名は，特殊なもの（地名，人名，縁起，美しさを表現した形容詞など）以外は，一般には基本的な調理法，主材料，切り方，調味料などで構成されている。

＜基本となる料理名のつけ方＞

(1) 材料，調理法，切り方の組み合わせ
　　炸肉丸子デアロウワヌヅ（ひき肉団子の揚げ物）
　　榨菜炒肉糸デアツアイチヤオロウス（ザー菜と豚肉のせん切り炒め）

(2) 数，色，形を料理名に入れたもの
　　杯三白バアサヌバイ（白い三種の材料煮込み料理）
　　如意魚捲ルウイユヂュアヌ（魚のすり身を如意の形に巻いた蒸し料理）

(3) 調味料，香辛料の名が入ったもの
　　糖醋鯉魚タンツウリイユ（鯉の丸揚げ甘酢あんかけ）
　　五香燻魚ウシャンシュンユ（五香粉の香りづけいぶし煮）

(4) 人名，地名を入れてあるもの
　　東坡肉ドンプオロウ（蘇東坡の好んだ豚肉のやわらか煮）
　　北京烤鴨ペイヂンカオヤ（北京あひるの直火焼き料理）

(5) でき上がりの形容詞や縁起を表す
　　芙蓉蟹フウロオンシエ（卵が芙蓉の花のようなかに玉）
　　金銭蝦餅ヂヌチエヌシヤピン（お金の形につくったえびのすり身揚げ）

7．中国料理に使われる調理器具および食器の名称

（1） 中国料理に使われる調理器具

グウォ ヅ	ベイヂングウォ ヅ	ヂヲン ロオン
鍋 子（中華鍋）	北京鍋子（北京鍋）	蒸 籠（せいろ）

チア リエン	テイエ シアオ	テイエ チアヌ
炸 鏈（大穴杓子）	鉄 勺（鉄製の杓子）	鉄 鏟（鉄べら）

ロウ シアオ	ヅアオ リー	ミエヌ ヂアン
漏 勺（穴杓子）	笊 籬（網杓子）	麵 杖（麵棒）

ツァイ ダオ	ツァイドウエヌ ヅ	ホウオ グウォ ヅ
菜 刀（包丁）	菜 墩 子（まないた）	火 鍋 子（鍋料理用の卓上鍋）

図4-3　中国料理に使われる調理器具

（2） 中国料理に使われる食器

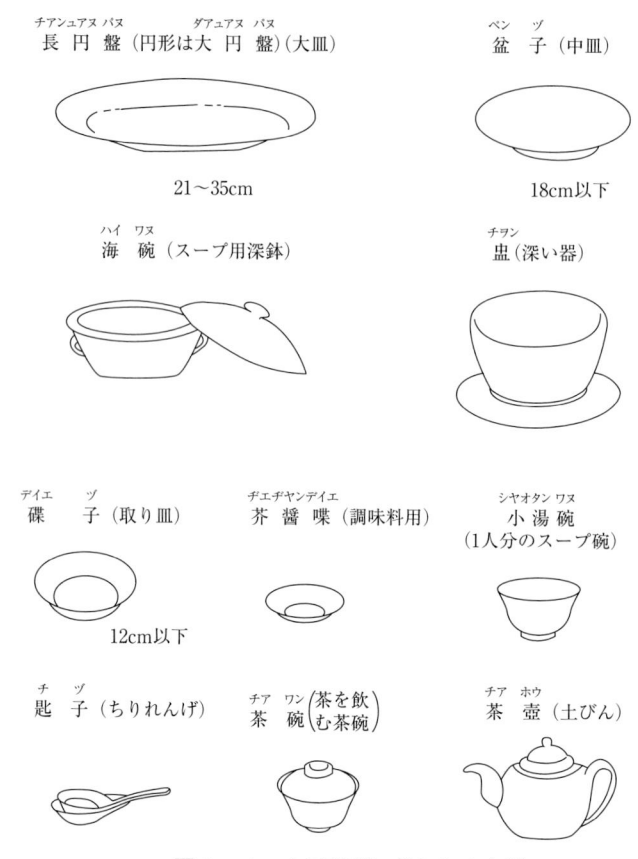

長円盤（円形は大円盤）（大皿） チアンユアヌパヌ ダアユアヌパヌ　　　盆子（中皿） ペンヅ
21～35cm　　　　　　　　　　　　　　　　18cm以下

海碗（スープ用深鉢） ハイワヌ　　　　　　盅（深い器） チヲン

碟子（取り皿） デイエヅ　　芥醤喋（調味料用） ヂエヂヤンデイエ　　小湯碗（1人分のスープ碗） シヤオタンワヌ
12cm以下

匙子（ちりれんげ） チヅ　　茶碗（茶を飲む茶碗） チアワン　　茶壺（土びん） チアホウ

図4-4　中国料理に使われる食器

8．中国の茶，酒

（1） 茶

　中国人は茶をよくたしなみ，広東では点心を食べることを飲茶（ヤムチア）というくらいに茶を愛飲している。茶は料理の脂などの消化を助け，口中をさわやかにする。中国茶を大別すると緑茶（リユイチア），紅茶（ホオンチア），烏龍茶（ウロオンチア）の3つに分けられ，さらに加工した花茶（ホワチア），磚茶（ヂユアヌチア）が加わって中国の五大茶という。茶の主産地としては長江流域で，江蘇，浙江，江西，湖南，湖北などがあげられる。

　a．**緑茶**（リユイチア）：茶葉に高熱を与えて茶葉中の酵素の効力をなくした非発酵茶で，浸出した茶の色は緑色で香り，味がよく，タンニン，ビタミン類を多く含んでいる。
　　　代表的な茶……龍井茶（ロンヂンチア）（浙江省の杭州龍井付近産）
　b．**紅茶**（ホオンチア）：茶葉を完全に発酵させたもので，ビタミン類の損失が多い。味が濃厚で香りがきつく，水色は透明で美しい。
　　　代表的な茶……祁門紅茶（チーメヌホオンチア）（江西省との境に近い安徽省産）

c．烏龍茶（ウーロンチア）：緑茶と紅茶の中間的な半発酵茶で，茶葉を半ばまで発酵させてから，緑茶と同様に酵素の働きをとめたもの。色は緑がかった茶褐色で一見すると黒褐色にみえるところから，カラスの羽が想像され，曲がりくねった形から龍を思わせた。そこでこの名がついた。この茶は半発酵茶特有の酵素の働きがあり，体内の脂肪分が分解されるといわれている。

　　代表的な茶……鉄観音（テイエゴワヌイヌ）（福建省産，鉄観音は茶樹の品種名）
　　　　　　　　　水仙（シュエイシェヌ）（福建省）
　　　　　　　　　武夷岩茶（ウーイーイエンチア）（福建省と江西省の境にある武夷山系）

d．磚茶（デュアヌチア）：緑茶の二次加工品である黒茶を用い，これを蒸して圧して形を整えた圧製茶である。圧搾により容積が小さくなり，携帯や保存に有利で，山岳地帯や遊牧民族の生活に多く用いられている。黒茶は緑茶に特殊なコウジカビを繁殖させたのが特徴であるが，黒茶の多くは磚茶につくりあげてから貯蔵中にコウジカビを繁殖させる。

　　黒茶の代表的な茶……普洱茶（プウアルチア）（雲南省のラオスに近い普洱産）
　　　　　　　　　　　　六堡茶（リュウパオチア）（広西壮族自治区）

e．花茶（ホワチア）：世界的に有名な中国の特産茶である。茶葉の中に花弁を混入するので北方では香片茶（シャンピエヌチア）ともいう。利用する花は，茉莉花（モウリイホワ）（ジャスミン），玫瑰花（メイゴワイホワ）（ハマナス），薔薇花（キアンウェイホワ）（バラ），玉蘭（ユイラヌ）（ハクモクレン），桂花（ゴエイホワ）（モクセイ），梔子花（チヅホワ）（クチナシ）などがある。料理を食べたあと，口臭を消し口香をつけるために好まれる。花茶に用いる茶は緑茶が主であるが，紅茶，烏龍茶も用いられる。

　　代表的な茶……茉莉花茶（モウリイホワチア）

（2）酒

数千年の伝統を持つ中国の酒造は，広大な土地より得る豊富な資源をもとに知恵と技術を駆使して発展してきた。原料は米，高粱，粟，黍，豆などの穀類から果実にいたるまで多種多様である。醸造法も麹の種類も多種にわたっている。ここでは，大きく製造工程別に分類する。

a．醸造酒：材料を発酵させて醸造する酒で，黄酒（ホワンヂオウ），老酒（ラオヂオウ），啤酒（ビイヂオウ）（ビール），果実酒（ブドウ酒）がある。酒精度は比較的低い（15〜16度）。

　黄酒：原料は糯米と糯黍が主原料である。黄褐色をしているのでこの名がある。長くおくと
　　　　味がよくなるので，古きを尊しとする意味で老酒ともいう。

　　　　代表的な酒……紹興酒（シアオシンヂオウ），山東黄酒（シャヌトンホワンヂオウ），福建老酒（フーチエンラオヂオウ）　など

b．蒸留酒：発酵醸造した酒を蒸留して得た酒で，白酒（バイヂオウ），ウイスキー，ブランデーの類である。酒精度は高く，50〜60度である。

　白酒：高粱からつくった酒で，無色透明。中国産酒類中最も生産量の多い酒である。古来から医療のためのアルコールであり，また，漢方薬配合の薬酒や果汁を配してつくる果酒（グウオヂオウ）には，なくてはならない原料でもある。

　　　　代表的な酒……汾酒（フェンヂオウ）（山西省），茅台酒（マオタイヂオウ）（貴州省），西鳳酒（シーフオンヂオウ）（陝西省），瀘州老窖酒（ルーヅオウラオジャオヂオウ）（四川省）

c．混成酒：土台となる醸造酒や蒸留酒に薬材骨類や果物，花類を浸漬したり，そのエキス分を入れてつくる酒で，好みもさまざまである。中国の混成酒の代表的なものは，不老長寿を願う気質からつくり出されたと思われる薬酒である。

薬酒：黄酒や白酒に各種の薬料となるものを配した酒で，中国では黄酒，白酒に次いで重要な位置にある。強精補給あるいは滋養を目的とし，酒精度の高いものや婦人向けの甘口のものなどがある。

代表的な薬酒

虎骨酒（ホウダウヂオウ）（北京）……瓶中に虎の骨片が入っており，他に140余種の漢方薬を含んでいる。苦味を緩和する甘草の甘さがほのかにあり，酒精度60度という強い酒である。神経病に効く。

十全大補酒（シーチュアヌダーブンヂオウ）（上海）……老酒を原酒とし，12種の漢方薬を配した甘味のある婦人向けの滋養強壮酒である。

蛤蚧酒（ゴージュヂオウ）（広西壮族自治区）……米の蒸留酒（桂林三花酒）にツノトカゲ1匹が浸しづけされている。糖尿病に良い酒とされている。

その他の混成酒

桂花陳酒（グエイホワツエンヂオウ）（北京）……白ブドウ酒に桂花（キンモクセイ）の花弁を浸して香りをつけた酒で，女性向きである。

玫瑰露酒（メイゴワイルヂオウ）（天津）……高粱酒にバラの花の香りをつけた蒸留酒である。

五加皮酒（ウーヂアピイヂオウ）（天津）……天津高粱酒に五加皮（ウコギ）を配した滋養補強酒である。

Ⅳ．調理理論と実習

1．炒菜（チヤオツアイ）（炒め料理）

「炒」という調理法は，材料を少量の油を用いて強火で手早く短時間に炒め，調味料を加えて仕上げる。時には，少量の湯（タン）を加えて最後に水溶きでんぷんを加えて煮汁を材料にからめて仕上げることもある。

（1）調理の要点

① 材料の切り方は，熱の通りが平均するように主・副材料とも形を統一する。

② 下ごしらえとして，魚・肉などに下味をつけたり，味をのがさぬようにでんぷんをまぶしたり，かたい食品は前もって加熱しておく。

③ 空鍋を十分に温めてから油を入れ，油が熱されたら，ねぎ，しょうが，にんにくなどを入れ，油に香りをつけてから肉などを炒める。火の通りにくいものから先に炒める。

④ 油の量は全材料の表面にゆきわたり，かつ，油が残らない程度がよく，材料の約7〜10%用いる。また，材料の分量は鉄べらで楽にかき混ぜられる程度（鍋の五〜七分目）が，均一に炒められてよい。

⑤ 炒め調理のこつは火加減にある。強火で手早く短時間にカラッとした感じに炒めることが大切である。炒め加減は七〜八分どおりで，炒めすぎないこと。

（2） 炒菜の種類

- **生炒**（シヲンチヤオ）：材料に下味も何もつけず炒めること。
- **清炒**（チンチヤオ）：材料に衣をつけずそのまま油で炒めること。
- **乾炒**（ガヌチヤオ）：主材料に下味をつけてから，でんぷんをつけて炒めること。
- **京炒**（ヂンチヤオ）：主材料に下味をつけてから，卵白で溶いたでんぷんをつけて揚げ，清炒した副材料に加えて炒める。えび，鶏ささ身，白身魚によく用いる。
- **爆**（パオ）：ごく高温の油で鳥獣肉などを手早く瞬間的に炒め上げること。
- **煸**（ピエヌ）：蔬菜類の炒めに用いる手法で，爆に似ているが，爆よりは油量が少ないのが特徴である。干煸（ガヌピエヌ）は強火で処理して汁を煮つめる手法である。

＜油通しについて＞

　油通しのことを「泡油（パオイウ）」という。これは，炒める前の下処理として，材料を低温の油の中を短時間通すことである。油通しをすることにより，野菜は炒め後の重量減少が少なく歯ごたえがあり，テクスチュアが良好であり，緑色野菜では色が彩やかに保たれる。表4-1は，油通しをした後炒めたピーマンの表面色を測定し，時間経過に伴う色の変化を，油通しをしないで直接炒めたものと比較したものである。表より，いずれの調製法においても時間経過に伴い徐々に色の変化はみられるが，調製直後との色差は，油通しをしたものはしないものに比べて小さく，彩度においても値が大となっている。すなわち，油通しをしたものは調製後も緑色を保つといえる。図4-5は，2 cm角に切った鶏肉の油通しおよびその後の炒め加熱における内部温度の変化をみたものである。図より，油通しをすることは次の炒め操作に移る間に，内部温度の緩慢な上昇を促すことになり，これが炒め時間を短縮することになり，炒め後の重量減少や肉の収縮が少なく，やわらかいテクスチュアとなる。炒める前の油通しは効果的である。

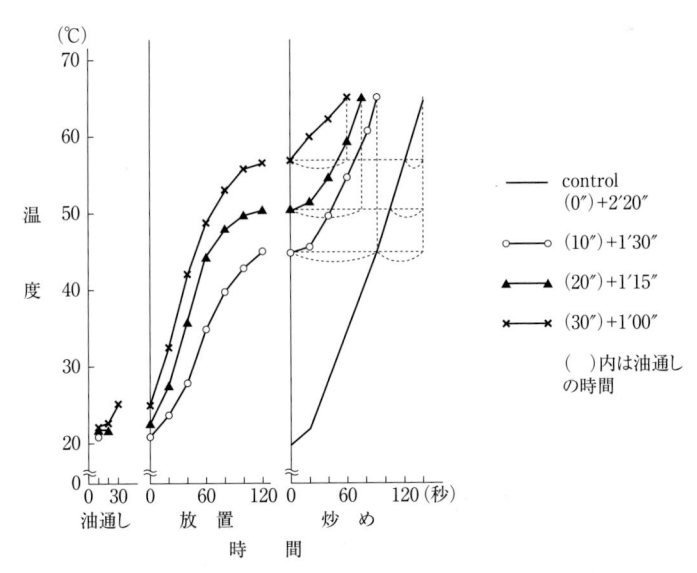

図4-5 油通しによる鶏肉の内部の温度変化
（松本・吉松：調理科学, **16**, 40（1983））

表4－1　ピーマンの調製後の時間経過に伴う色の変化

試料	項目		調製直後	15分	30分	45分	60分
control (0″)＋2′30″	表面色	L	26.2	26.0	26.6	26.0	26.7
		a	−10.3	−8.7	−8.8	−8.5	−8.4
		b	＋11.1	＋11.4	＋12.0	＋12.0	＋11.9
	ΔE			1.64	1.79	1.87	1.92
	$\sqrt{a^2+b^2}$		15.1	14.3	14.8	14.3	14.5
A (10″)＋1′20″	表面色	L	27.1	26.2	25.9	26.0	25.7
		a	−10.5	−9.6	−10.6	−9.5	−9.7
		b	＋11.5	＋11.8	＋12.0	＋11.0	＋11.4
	ΔE			1.14	1.33	1.56	1.62
	$\sqrt{a^2+b^2}$		15.5	15.2	15.3	14.5	14.9
B (20″)＋1′00″	表面色	L	28.9	28.9	28.4	28.5	28.0
		a	−11.4	−10.9	−10.5	−10.4	−10.2
		b	＋11.8	＋12.1	＋11.2	＋11.6	＋11.4
	ΔE			0.58	1.19	1.10	1.55
	$\sqrt{a^2+b^2}$		16.4	15.8	15.3	15.5	15.3
C (30″)＋30″	表面色	L	26.2	25.6	25.5	25.2	25.2
		a	−11.2	−10.8	−10.6	−9.9	−9.8
		b	＋11.6	＋11.3	＋11.3	＋11.7	＋11.2
	ΔE			0.75	1.01	1.57	1.65
	$\sqrt{a^2+b^2}$		16.1	15.6	15.4	15.3	14.8

松本睦子・吉松藤子：調理科学, 16, 40 (1983)

（注）　ΔEは色差 $(\sqrt{\Delta L^2+\Delta a^2+\Delta b^2})$ を，$\sqrt{a^2+b^2}$ は彩度を表す．
　　　（　）内は油通し時間．

（3）調理例

(1) **青椒炒牛肉糸**（チンヂヤオチヤオニウロウス）（ピーマンと牛肉のせん切り炒め）

材　料（5人分）

ピーマン……………………150g	〔調味料〕	
牛赤身肉薄切り……………120g	牛肉の下味	炒め油……………………大3
たけのこ……………………50g	／酒…………………小1	／しょうゆ……………大2/3
ね　ぎ………………………10g	｜しょうゆ……………小1	｜塩………………………小2/3
にんにく…………………1/2個	＼水溶きでんぷん……小1/2	＼砂　糖………………小1/2

① ピーマンは縦半分に切り，種を除き，0.2cm幅のせん切りにする．
② 牛肉はせん維に直角に0.4cm幅のせん切りにし，下味をまぶし10分間おく．たけのこは長さ5～6cmの縦のせん切り，ねぎ，にんにくは薄切り，調味料は合わせておく．
③ 鍋を熱し炒め油を入れ，ねぎ，にんにくを炒め，油に香りが移ったところで牛肉を入れ，火が通ったら，たけのこ，ピーマンを加えて1分間ほど炒め，調味料を加えてよくからませ，汁気がなくなったところで火より下ろし，皿に盛る．

(注) 火加減は終始強火で手早く炒めること。
　　応用材料：豚肉，もやし，にら。赤ピーマンを加えると色どりがよい。

(2) **榨菜炒肉糸**（チアツァイチャオロウス）（ザー菜と豚肉のせん切り炒め）
　　材　　料　（5人分）

ザー菜…………………80g	〔調味料〕	
豚もも肉薄切り………100g	豚肉の下味	炒め油……………………大3
たけのこ………………60g	／酒……………………小1	しょうゆ…………………小2
ね　ぎ…………………10g	｜しょうゆ……………小1/2	酒…………………………小1
しょうが汁……………5g	＼でんぷん……………小1	砂　糖……………………小1/2

① ザー菜はまわりをよく洗い，せん切りにし，10分間水に浸す。
② 豚肉はせん切りにして，しょうが汁と下味をまぶし，たけのこは長めに縦のせん切りにする。ねぎは斜めの小口切りにする。
③ 調味料は合わせておく。
④ 鍋を熱して炒め油を入れ，ねぎを炒めて油に香りを移したら，豚肉を炒める。次にたけのこ，水気をきったザー菜を加えて炒め，合わせ調味料を入れ，よくかくはんしながら炒め，汁気がなくなったら火を止め，皿に盛る。
　　(注) ザー菜のせん切りは，長く水に浸すと味がぬけるので10分間くらいがよい。

(3) **蒜苗炒鮮魷**（ソワヌミヤオチャオシエヌイウ）（大蒜（にんにく）の芽と烏賊（いか）の炒め煮）
　　材　　料　（5人分）

いか（すみいか）………150g	〔調味料〕	
にんにくの芽……………200g	にんにくの芽用	カキソース………………小1
ね　ぎ……………………1/2本	／炒め油………………大1	砂　糖……………………小1
しょうが…………………5g	｜スープ…………………50m*l*	しょうゆ…………………大1/2
	｜塩………………………小1/4	こしょう…………………少々
	｜酒………………………大1	うま味調味料……………少々
	＼酒………………………大1	スープ……………………大2
		水溶きでんぷん…………小1
		炒め油……………………大2

① いかは皮をむき，飾り切り（松笠，鹿の子，布目など）にし，一口大に切って油通し（150℃）をする。
② にんにくの芽は4cm長さに切り，油で短時間炒め，スープ，塩，酒を入れ，さっと煮たら網にあげ，水気をきる。
③ ねぎは1cm厚さの斜め切り，しょうがは薄切りにする。調味料は合わせておく。
④ 鍋を熱し油を入れ，ねぎ，しょうがを炒めて，①，②を入れ，酒を加え，手早く炒め，合わせ調味料を加えて，混ぜながら調味液をからませる。
　　(注) 調味料に豆瓣醬を加えてもよい。
　　応用材料：花にら（韮菜花）（デオウツァイホワ），黄にら（黄韮）（ホワンデオウ）

(4) 炒芙蓉蟹(チャオフウロオンシエ)(蟹と卵炒め)

材料 （5人分）

かに缶詰………………100g	〔調味料〕		
卵………………………5個	塩…………………小1/2	かけあん	
たけのこ………………60g	こしょう…………少々	スープ……………100ml	
干ししいたけ……………5g	しょうゆ…………小1	砂糖………………小1	
ね ぎ……………………50g	酒…………………大1	しょうゆ…………小2	
豚背脂身………………30g	炒め油……………大4	でんぷん…………小1	

① かにの軟骨を除き，荒くほぐす。
② たけのこ，もどしたしいたけはせん切りにする。ねぎは縦半分に切ってから0.5cm幅にきざむ。
③ 豚背脂は1〜2分ゆでてからせん切りにする。
④ ボールに卵を割りほぐし，①〜③の材料と調味料を加え，よくかき混ぜる。
⑤ 鍋を熱して炒め油を入れ，④を一度に加え，大きくかくはんしながら，やや色づくまでかために炒め，皿に盛る。
⑥ かけあん材料を濃度がつくまで加熱し，⑤の上からかけて供卓する。
　　（注）芙蓉とは芙蓉の花のことで卵を形容しており，ふくよかな芙蓉の花のようにふんわりと焼きあげた形をいっている。一般に，卵白のみを使い，白くふんわりと仕上げた料理にこの形容が用いられ，全卵を使った場合には，桂花(ゴユイホワ)，木樨(ムウシュ)などがよく用いられる。

(5) 腰果肉丁(ヤオグウオロウデイン)(カシューナッツと豚肉の角切り炒め)

材料 （5人分）

カシューナッツ…………80g	〔調味料〕
豚もも肉………………80g	中華みそ
干ししいたけ……………5g	赤みそ……………25g，しょうゆ…………小1
赤唐辛子………………1/2本	砂糖………………大1，水…………………50ml
サラダ菜………………3枚	赤唐辛子…………1/2本，酒…………………小1
	ごま油……………大2　揚げ油

① カシューナッツは1分くらいゆでた後，160℃の油で少々色づくまで揚げる。
② 豚肉ともどしたしいたけは1cm角に切り，赤唐辛子は小口切りにする。
③ 中華みそをつくる。
　　小鍋に材料（赤唐辛子は種ごとみじん切り）を入れ，火にかけ，とろみが出るまで練る。
④ 鍋を熱しごま油を入れ，赤唐辛子を加え，豚肉を炒め，火が通ったらしいたけを加えて炒め，カシューナッツを加え，中華みそで調味し，みそが材料にからみついたら火より下ろし，サラダ菜を敷いた皿に盛りつける。

　　応用材料：鶏肉，ピーナッツ

(6) 乾焼明蝦（ガヌシヤオミンシヤ）（車海老の辛味入り四川風炒め）

材　料（5人分）

車えび（または，大正えび）大8尾	〔調　味　料〕
下味	トマトケチャップ……… 大2，酒…………………… 大1
⎛ 酒……………………………… 大1/2	砂　糖…………… 大1.5，塩……………………… 小1/10
⎝ しょうゆ………………………… 大1/2	しょうゆ………………… 大1
ね　ぎ………………………………1本	炒め油…………………… 大4
にんにく……………………………1粒	
しょうが……………………………5g	
赤唐辛子…………………………1.5〜2本	

① えびの頭（新鮮な場合は頭つきでよい），足，背わたを取り，塩水で洗い，2〜3個に切り分け，八分通り（中は少しなま程度）に湯通ししておく。
② ねぎ，にんにく，しょうが，赤唐辛子はみじん切りにする。調味料は合わせておく。
③ 鍋を熱し炒め油を入れ，ねぎ，にんにく，しょうが，赤唐辛子を炒め，①のえびを加え，えびに火が通ったら調味料を加えて，油が調味料と分離するまで炒め煮する。
　　（注）　1）えびを湯通しするとなま臭みが抜け，仕上がりの色がきれいになる。
　　　　　　2）芝えびのような小えびを使うときは殻を取り，乾焼蝦仁（シヤレヌ）となる。
　　　応用：白身の魚（ひらめなど）を条，片に切って用いてもよい。

(7) 家常豆腐（チヤチアンドウフウ）（豆腐の家庭料理）

材　料（5人分）

押し豆腐……………………… 1丁	〔調　味　料〕	
豚ひき肉…………………… 100g	豆瓣醤………………… 小1	スープ…………………… 300ml
たけのこ…………………… 50g	甜面醤………………… 小2	水溶きでんぷん………… 大1
ピーマン…………………… 2個	しょうゆ……………… 大3	ごま油…………………… 少量
干ししいたけ………………… 2枚	酒……………………… 大1	炒め油…………………… 大2
ね　ぎ……………………… 1/2本	うま味調味料	
にんにく…………………… 1/2個		
しょうが…………………… 5g		

① 豆腐は厚さを3枚に切り，12等分する。
② ねぎは1cmくらいのぶつ切り，しょうが，にんにく，たけのこ，ピーマン，しいたけは薄切りにする。
③ たけのこ，ピーマン，しいたけは160℃くらいで油通しをする。
④ 190℃くらいの油に豆腐を入れ，，表面にきつね色がついたら取り出す。
⑤ 鍋を熱し炒め油を入れ，にんにく，しょうがを加え，次にひき肉を入れてよく炒め，ねぎを入れて炒め，豆瓣醤以下の調味料を加えよく味をつけ，スープを加えて豆腐，野菜を加え弱火で10分煮込んで水溶きでんぷんでまとめ，最後にごま油をたらす。
　　（注）　家常は家庭料理という意。

(8) 回鍋肉片(ホエイグウオロウピエヌ)（豚肉とキャベツの四川風炒め）

材　料（5人分）

豚ばら肉	150g	〔調味料〕	
キャベツ	150g	A 豆瓣醤	小1
豆腐干	1個	甜麺醤*	小1
ピーマン	2個	しょうゆ	大1.5
ねぎ	1本	酒	大1
にんにく	1かけ	うま味調味料	少々
豆豉	10粒	炒め油	大2
		仕上げ用油	大1

① 豚肉は丸のままゆで，肉の熱いうちに0.3cm厚くらいの薄切りにする。
② キャベツは3～4cm角に，豆腐干は薄切りに，ピーマンは種を取り8等分くらいに切り，ねぎは斜めの1cmくらいのぶつ切り，にんにくは薄切りにし，これらを160℃の油で油通しする。
③ 鍋を熱して油を入れ，にんにくを加え，肉を少し色づくくらいに炒め，調味料Aを加え，豆豉を加えて軽く炒め，②を入れ，しょうゆ，酒，うま味調味料を加えて味をととのえ，最後に油大さじ1杯を鍋のまわりから注ぎ，火を止める。

　　（注）回鍋肉(ホエイグウオロウ)とは，ゆでた豚肉をもう一度鍋に返して炒めることからついた名称で，四川料理の代表的なもの。豆腐干は豆腐をくずして湯の中に入れ，浮いてきたところをふきんにとり，型に入れて上から押して水分を少なくした押し豆腐である。厚揚げで代用してもよい。

*＜甜麺醤(テイエヌミエヌチヤン)のつくり方＞

材　料

八丁みそ	1kg,	水	1ℓ
砂糖	500g,	しょうゆ	100mℓ
酒	80mℓ,	うま味調味料	大1.5
白絞油	150mℓ,	ごま油	80mℓ

鍋に八丁みそと水を入れ，みそを溶かして火にかけ，砂糖，しょうゆ，酒を加える。ひと煮たちしたら火を弱め，ゆっくり混ぜながら約40分ほど煮込んで，うま味調味料を加え白絞油を入れて混ぜ，さらに2～3時間煮込み，最後にごま油を加えてかき混ぜる。

(9) 乾煸茄子(ガヌピエヌチエヅ)（茄子(なす)のひき肉・ザー菜入り炒め）

材　料（5人分）

なす（小）	5個	〔調味料〕	
豚ひき肉	50g	しょうゆ 大1,	酒 小2
ザー菜	20g	甜麺醤 小2,	砂糖 小2
ねぎ	1/3本	うま味調味料	少々
		炒め油	大1

① なすはへたを取り，縦6つ割りにし，ザー菜，ねぎはみじん切りにする。
② 170℃でなすを揚げる。
③ 鍋を熱して油を入れ，ひき肉をよく炒め，調味料を加え，ザー菜，なす，ねぎを入れて短時間炒め，汁気がなくなったら火を止める。

　　（注）乾煸：強火で炒め，汁を煮つめる手法。

(10) 八宝菜(パアパオツアイ)（五目炒め煮）

材　料（5人分）

鶏ささ身	60g	〔調味料〕	
大正えび	1尾	鶏, えびの下味	
きんこ（小）	1個	／酒　小1　　　　卵白　1/3個分	
ロースハム	40g	＼塩　少々　　　　でんぷん　大1/2	
豚まめ	100g	豚まめの下味	
うずら卵	5個	／しょうが汁	10g
豚ばらひき肉	60g	＼でんぷん	大1/2
細竹（缶詰）	50g	ひき肉の下味	
きくらげ	3g	／しょうが汁　3g, 酒　小1	
にんじん	50g	｜しょうゆ　小1/2, 卵黄　小1	
草菇(ツァオグウ)（ふくろだけ缶）	50g	＼でんぷん　小1	
しょうが	5g	炒め油	大4～5
ねぎ	10g	揚げ油	
さやえんどう	20g	／スープ	150ml
		A｜塩　小1/4　　酒　大1	
		｜しょうゆ	大1
		＼でんぷん	小1
		ごま油	小1/2

① 鶏ささ身は，筋を取って一口大にそぎ切りし，えびは殻，背わたを取り3等分にし，下味をつけ卵白とでんぷんの衣をつけ，140℃くらいで揚げておく。

② きんこはもどし（p.223参照），1cmくらいの幅に切る。

③ ハムは6等分に切る。

④ 豚まめは下処理し，3cm大に切り，しょうが汁につけ，あとででんぷんをまぶし揚げておく。

⑤ うずら卵はゆで，殻をむく。

⑥ ひき肉に下味を加えてよく混ぜ，5個に丸めて5～6分蒸す。

⑦ 細竹，にんじんは乱切りにし，きくらげはもどし，石づきを除き，草菇はさっとゆでておく。にんじんとさやえんどうはゆでておく。ねぎ，しょうがは薄切りにする。

⑧ 鍋を熱し，油大さじ1杯を入れ，しょうが，ねぎとともにきんこを炒め，別器に取り出す。

⑨ さらに，油大さじ2杯を入れ，細竹，きくらげ，ハム，にんじん，豚まめ，鶏，えび，うずら卵，だんごの順に炒める。途中で油大さじ1～2杯を補う。

⑩ 調味料Aを加え，かくはんしながら2～3分煮て，⑧のきんこ，さやえんどうを加えて火を止め，ごま油をかける。

　　（注）　1）八宝菜をおめでたい席では別名「全家福(チュアヌヂヤフウ)」と呼ぶこともある。

　　　　　2）豚まめ（腎臓）は特有のくせがあるので，下処理を完全にすること。腎臓は厚みを横2枚に切る。中央の白い部分をていねいにそぐようにして切り除く。流水に1時間くらいさらして血抜きをする。表面に2～3mm間隔に斜め格子の切り込みを入れてしょうが汁につけ，臭みを消す。

　　　　　3）「八」は必ずしも8種類の材料に限るのではなく，たくさん，多種類を意味する。

Ⅳ．調理理論と実習

(11) 家郷 炒米粉（田舎のビーフン炒め）
　　　材　　料（5人分）

ビーフン	100g	〔調味料〕	
ロースハム	2枚	塩	小1
干ししいたけ	1枚	砂糖	小1/2
たけのこ	20g	こしょう	少々
セロリー	20g	しょうゆ	大1
ねぎ	1/2本	うま味調味料	少々
卵（飾り用）	1個	スープ	30ml
白ごま（〃）	3g	ごま油	少々
		炒め油	大3

① ビーフンを熱湯で2分ゆで水気をきり，ボールに入れ蓋をして蒸らす。
② ハム，干ししいたけ，たけのこ，セロリー，ねぎはせん切りにし，卵は薄焼きにしてせん切りにする。
③ 鍋を熱し油を入れ，②とビーフンを軽く炒め，調味料を加えてよく混ぜ，次にスープを加えて混ぜながら炒め，スープが全部吸い込まれたらねぎを加えて軽く炒める。
④ ごま油をたらして皿に盛り，卵のせん切りを上に飾り，ごまをふる。

(12) 葱爆牛肉（葱と牛肉の炒め物）
　　　材　　料（5人分）

牛肉薄切り	300g	〔調味料〕			
ねぎ（細いもの）	5本	しょうゆ	大1½	うま味調味料	少々
レタス	60g	酒	大1	酢（最後に入れる）	少々
		ごま油	大1	炒め油	大3

① 牛肉薄切りを3～4等分に切る。ねぎはまわし切りにする。
② ボールに，牛肉，ねぎを入れ，その中に酢以外の調味料を加え，手でよくもみ，全体に味をまわすように混ぜる。
③ 鍋を熱し油を入れ，②の肉を入れ，箸で混ぜ，肉をバラバラにするように炒め，色が変わったら最後に酢を加えてさっと混ぜる。
④ レタスを皿に敷き，③を盛りつける。
　　（注）　1）味つけは炒める直前にすること。強火で短時間に仕上げること。
　　　　　2）鍋が小さめだったり，肉の量が多い場合には，二度に分けて炒めるとよい。
　　　　　3）好みで豆瓣醤を加えてもよい。

(13) 蠔油青梗菜（青梗菜の牡蠣ソース炒め）
　　　材　　料（5人分）

青梗菜	2把	〔調味料〕			
	(4株)	スープ	100ml	砂糖	大1
		蠔油	大2	うま味調味料	少々
		しょうゆ	大1/2	水溶きでんぷん	小1.5

① 青梗菜をよく洗い，根の部分に十文字に切り目を入れて，軽くゆでる。水気を取り根より2～

3等分しておく。
② 鍋に油少量を熱し，①を入れさっと炒め，スープ，調味料を入れ，2～3分煮て，水溶きでんぷんでとろみをつけ，皿に盛る。

2．炸菜（ヂアツアイ）（揚げ物料理）

「炸」は，たっぷりした油で揚げる調理で，その特色は次のような点である。
① 下ごしらえとして，必ず材料に適した下味をつけておく。肉類には，しょうゆ，酒，しょうが汁を，白身の魚やえびのような色がきれいで，味の淡白なものには，塩，酒，しょうが汁を用いる。
② 揚げ物の種類，材料で油の温度を加減する。厚みのある肉や，姿のままの魚などは二度揚げをすることが多い。一度めは，低温～中温で中までじっくり火を通し，二度めは高温でカラッと揚げ，油ぎれをよくする。
③ 衣は，中身との調和を考え，材料が淡白な軽いものには衣もフワリとした軽いものとし，味が濃厚なもの，かためのものには粉類をつけてカリッとした衣にする。

(1) 炸菜の種類

- 清炸（チンヂア）：下味をつけ，でんぷんをつけずに揚げる（清炸蝦丸（チンヂアシヤワヌ），炸蝦多士（ヂアシアトウシ），五香春捲（ウシアンシュンヂュアヌ））。
- 乾炸（ガヌヂア）：下味をつけ，でんぷん，小麦粉，上新粉など乾いた粉をつけて揚げる（乾炸鶏片（ガヌヂアヂイピエヌ））
- 軟炸（ロワヌヂア）：下味のついたものに，でんぷん，小麦粉，上新粉などを水または卵水で溶いた衣をつけて揚げる（炸蠣燻肉捲（ヂアハオシュンロウヂュアヌ））。
- 高麗（ガオリイ）：卵白を泡だてた中に，でんぷん，小麦粉を加えた白いフワリとした衣をつけて揚げる（高麗蝦仁（ガオリイシヤレヌ））。

(2) 調理例

(1) 清炸蝦丸（チンヂアシヤワヌ）（海老（えび）揚げ団子（だんご））

材　料（5人分）

さるえび（殻つき）………400g	〔調味料〕
豚背脂身………………………40g	酒……………………大2/3
しょうが汁……………………5g	塩……………………小1/3
サラダ菜………………………3枚	しょうが汁……………5g
花椒塩	卵……………………15g
	でんぷん……………大1
	揚げ油

① えびは殻，背わたを取り，洗って水気をきり，たたき身にする。背脂はさっと湯に通してみじん切りにする。
② ①をすり鉢に入れてよくすり，調味料を加え，径2.5cmくらいのだんごに丸める。
③ 揚げ油を160℃に熱し，②のだんごを約2分くらい揚げ，サラダ菜を敷いた皿に盛りつけ，花椒塩を添える（辛子じょうゆでもよい）。

応用材料：豚ひき肉（ねぎのみじん切りや豆腐を入れるとよい）

(2) **乾炸鶏片**(ガヌヂアヂイピエヌ)（鶏薄切りから揚げ）

材　料（5人分）

ひな鶏（骨なし）………片身 衣 　小麦粉………………大1 　片栗粉………………大1 　卵……………………1/2個 　水……………………大1/2 サラダ菜………………3枚	〔調味料〕 衣の味つけ 　塩……………………小1/4 　五香粉………………小1 　ごま油………………大1/2 　こしょう……………少々 揚げ油

① 鶏は10分間水につけてから皮と肉を離し，それぞれ一口大にそぎ切りにする。
② 衣をつくり，肉にまぶして170℃でカラッと揚げる。
③ サラダ菜を敷いた皿に盛りつける。

(3) **高麗蝦仁**(ガオリイシャレヌ)（海老(えび)の白色揚げ）

材　料（5人分）

さるえび（大）………15尾 衣 　卵白…………………1個 　片栗粉………………大1 　小麦粉………………大1 　塩……………………小1/10 　B.P.…………………1/6 サラダ菜………………3枚	〔調味料〕 えびの下味 　しょうが汁…………小1 　酒……………………小1 　塩……………………少々 　でんぷん……………大1 揚げ油 花椒塩…………………適宜

① えびは，尾を残して殻を取り，背わたを取り，腹側に2～3か所切り込みを入れる。よく洗い，下味につけておく。
② 衣をつくる。泡だてた卵白に粉類，塩，B.P.を加えて混ぜ合わせる。
③ えびにでんぷんをまぶして衣をつけ，130℃くらいで揚げる。サラダ菜を敷いた皿にきれいに盛りつけ，花椒塩を添える。

　　　（注）　高麗は低温で揚げて白く仕上げるため，材料は短時間加熱の可能なものにする。
　　　　　　応用材料：白身魚，鶏ささみ，バナナ

(4) **炸蝦多士**(ヂアシヤトウシ)（海老(えび)つき揚げパン）

材　料（5人分）

さるえび（殻つき）………150g 豚ばらひき肉……………60g 食パン（12枚切り）………3枚 卵…………………………1/4個 パセリ……………………1/2本	〔調味料〕 塩……………………小1/4　花椒塩 こしょう……………少々　辛子じょうゆ ごま油………………少々 でんぷん……………大1/2

① えびは殻，背わたを取り，塩水で洗い水気をふき取る。これをたたき身にし，すり鉢に入れて摺り，ひき肉も加えてよく摺り混ぜ，卵と調味料を加える。
② 食パンは耳を切り落とし，1枚を6等分に切る。
③ ②の上に①を水でぬらしたナイフまたはゴムべらで，中央をやや厚めに塗りつける。
④ 160～165℃の揚げ油に，③をえび肉のほうを先に1～2分揚げ，返して1分くらい揚げる。
⑤ 皿にパセリを中央に飾り，④をその周囲に盛りつけ，花椒塩または辛子じょうゆを添える。

(5) **五香春捲**(ウシャンシュンヂュアヌ)(五種の具入り春巻き)

材　料　(5人分)

春捲皮(春巻きの皮)……10枚	〔調味料〕
豚もも肉薄切り………100g	しょうゆ……………大2
キャベツ………………150g	砂糖…………………小1
干ししいたけ……………2枚	酒……………………大1
たけのこ………………100g	こしょう……………少々
ピーマン…………………1個	うま味調味料………少々
のり用	スープ………………大3
┌でんぷん…………大1.5	水溶きでんぷん……大1
│小麦粉……………大1.5	仕上げ用ごま油……少々
└水………………大1.5	炒め油………………大1.5

① 豚肉はせん切りにし，下味として，塩，しょうゆ，酒，でんぷん各少々をまぶしておく。

② キャベツ，しいたけ，たけのこ，ピーマンもせん切りにする。

③ 鍋を熱して油を入れ，豚肉を炒め，次に他の野菜を炒め，調味料を加えて手早く炒め，水溶きでんぷんで濃度をつけ，最後にごま油をたらす。

④ ③をバットにひろげて冷ます。

⑤ 皮をひろげ，具をのせて巻き，のりづけする。低温(120～130℃)から段々と温度を上昇させるようにして揚げ，3等分に切って皿に盛りつける。

(6) **炸腐皮捲**(ヂアフウピイヂュアヌ)(湯葉巻き揚げ)

材　料　(5人分)

白身魚すり身……………120g	〔調味料〕
さるえび(殻つき)………120g	┌しょうが汁…………3g
豚背脂身…………………20g	│酒……………………小1
ねぎ………………………10g	│こしょう……………少々
干ししいたけ……………3g	│砂糖…………………小1/5
馬蹄(くわい)……………30g	│でんぷん……………大1
生ゆば……………………1枚	│卵汁…………………25g
サラダ菜…………………3枚	└塩……………………小1/3
	のり
	┌でんぷん……………大1
	└水……………………大1/2

① えびの殻，背わたを除き，洗って水気を取ってたたき身にし，白身魚すり身とともにすり鉢で摺り，1分間ゆでた背脂もみじん切りにして摺り混ぜる。この中に，しょうが汁，酒，こしょうを加えてよく混ぜる。

② ねぎ，干ししいたけ，馬蹄はみじん切りにし，①に加えて残りの調味料も加えてよく混ぜる。

③ 生ゆばを半分に切り，でんぷんを少々ふり，①を半分ずつのせて端から巻き，最後をでんぷんのりでとめる。油を塗った皿にのせ，5～6分蒸した後，180℃の油で揚げる。

④ 適当な大きさに切り，サラダ菜とともに盛る。辛子じょうゆを添えるとよい。

　　(注)　生ゆばはそのまま放置すると乾燥するので，ぬれぶきんに包んでおく。

(7) 油淋鶏（揚げ鶏の薬味ソースかけ）
　　　ィゥリヌチイ

　　材　　料　（5人分）

若鶏骨つき（半身）……… 500g	〔調　味　料〕	
ね　ぎ………………… 1/2本	鶏の下味	ソース
しょうが………………… 5g	塩……………… 小1	しょうゆ……………… 大3
香菜（パセリ代用）…… 少々	酒……………… 大1	酢……………………… 大2
	しょうゆ……… 大1	砂　糖………………… 大3
	こしょう……… 少々	ごま油………………… 大1
		うま味調味料………… 少々
		スープ……………… 100ml

①　鶏は肉の部厚い部分に包丁で切り目をつけ，下味をまんべんなくすり込んでおく。
②　ねぎ，しょうが，香菜はみじん切りにする。
③　ソースの材料を合わせ，これに②を加える。
④　160℃くらいの油に鶏を入れ，約10分揚げる。適当な大きさに切り分け皿に盛り，薬味ソースをかけて供す。
　　　（注）　1）油淋とは，油を絶えずかけながら揚げるという意である。
　　　　　　 2）鶏肉は塊のまま10分間くらいゆでてから揚げてもよい。

(8) 干炸子鶏（若鶏骨つきから揚げ）
　　　ガヌヂアヅヂイ

　　材　　料　（5人分）

若鶏骨つき…………… 400g	〔調　味　料〕	
パセリ………………… 1/2本	卵……………… 1/2	こしょう……………… 少々
花椒塩………………… 適量	しょうゆ……… 小1	うま味調味料………… 少々
トマトケチャップ…… 適量	塩…………… 小3/4	でんぷん……………… 大2
	酒……………… 大1	

①　若鶏を適当な大きさのぶつ切りにし，調味料で下味をつけ，でんぷんを加えて，よく手で混ぜ，5分くらいねかせておく。
②　160℃くらいの油に，鶏塊を1つずつ入れ，全体を静かにかき混ぜながら揚げ，途中で炸鏈で
　　　チアリェン
取り出し，肉と骨を離すような感じで鶏塊を軽くたたく。これを2〜3度くり返しながら，油温を次第に上げ，170℃くらいを維持する。
③　皿に盛り，パセリを飾り，花椒塩かケチャップを添える。

(9) **炸蠔燻肉捲**（牡蠣のベーコン巻き揚げ）
　　ヂアハオシュヌロウヂュアヌ　　（かき）

材　料（5人分）

かき………………大10個	ベーコン……………5枚
ベーコン……………5枚	
ねぎ…………………1/2本	
しょうが……………5g	
サラダ菜……………3枚	

〔調味料〕
衣 ┌ 卵………………1/2
　 │ でんぷん………大1.5
　 │ 塩………………少々
　 └ 水………………少々
辛子じょうゆ

① かきは塩水で洗い，1分くらいゆで，水気をきる。
② ベーコンは半分に切り，たたいて少しやわらかくし，かきをねぎ，しょうがのせん切りとともにベーコンで巻き，終わりをつまようじでとめ，衣をつけて170℃の油で揚げる。
③ サラダ菜を敷いた皿に盛りつけ，辛子じょうゆを添える。
　（注）ベーコンの塩分があるので，衣の塩は入れすぎないこと。

3. 溜菜（あんかけ料理）
　　　リウツアイ

　溜菜は炒める，揚げる，蒸す，煮込むなどした土台となる料理の最後の仕上げに，でんぷんを加えて煮汁をからめたり，別にあんをつくってかけたりする料理である。

　あんかけにすると，料理につやを与え，色もさえ，口ざわりがなめらかになり，煮汁のむだもなく，また，料理を冷めにくくする。

　溜菜の要点は，土台となる料理を完全に仕上げること。そして，いくら熱いあんをかけても土台の料理が冷めていては台なしで，あんのほうも料理のほうも同じように熱い状態にしておかなければいけない。また，でんぷん（主にじゃがいもでんぷんを使用）の特性上，加熱してとろみと光沢が出てきたら火を止め，長く加熱しないこと。でんぷんの使用量は3～6％で，熱い煮汁に加えるときは必ず水溶き（でんぷん1：水1～2）にしてから加える。

(1) 溜菜の種類（あんに入っている調味料や材料によって分けられる）

・**醬汁**（しょうゆあん）：塩，しょうゆで味つけしたあん。
　　チャンデー
・**糖醋，醋溜**（甘酢あん）：砂糖，酢，しょうゆで味つけしたあん（糖醋鯉魚，醋溜肉丸）。
　　タンツウ　ツウリウ　　　　　　　　　　　　　　　　　　　　　　　　　　　タンツウリユ　ツウリウロウワヌ
・**玻璃**（透明なあん）：塩，砂糖，酒などで味つけした透明なあん（玻璃白菜）。
　　ボオリイ　　　　　　　　　　　　　　　　　　　　　　　　　　　　　　　ボオリバイツアイ
・**奶溜**（牛乳あん）：牛乳を加えて白く仕上げたあん。
　　ナイリウ
・**蕃茄汁**（トマトあん）：トマト，トマトピューレ，トマトケチャップを用いたあん。
　　フアヌチエデー
・**杏露**（杏仁あん）：杏仁のしぼり汁または杏仁粉を加えてつくったあん。
　　シンルウ
・**鶏蓉**（鶏肉ペースト入りあん）：鶏ささ身をペースト状にして加えたあん（鶏蓉花菜）。
　　チイロン　　　　　　　　　　　　　　　　　　　　　　　　　　　　　　チイロンホワツアイ
　（注）燴は一度ゆでたり，炒めたりした材料をスープで煮て，ドロリとさせたものである。
　　　　ホエイ
　　　　煨菜の部類に入れることもあるが，ここでは溜菜に入れた（燴鮑片）。
　　　　　　　　　　　　　　　　　　　　　　　　　　　　　　　　ホエイバオピエヌ

＜でんぷんゾル＞

　でんぷんに水を加えて加熱すると粘りを出し透明になる。根茎でんぷん（じゃがいも，くず，タピオカなど）と種実でんぷん（とうもろこし，小麦，米など）では粘度や透明度が異なるので，各々の調理に適したでんぷんを用いる。くず汁やあんかけに用いるでんぷんは，高い透明度とある程度の粘りを必要とするので，じゃがいもでんぷんが適している。

　じゃがいもでんぷんは，糊化温度が低く，約60℃くらいで膨潤し，粘りが生じてくる。かくはん

しながら加熱を続けると，でんぷん粒は崩壊し，粘度が急に低下する性質がある。この現象をブレークダウン（break down）という。

でんぷんは，各種調味料とともに加熱されることが多いが，粘度におよぼすこれらの影響は，食塩，食酢，グルタミン酸ナトリウムでは低下させ，砂糖は濃度とともに次第に粘りを増加させる。

でんぷんゾルは，料理の口あたりや味をまろやかにし，温度降下を防ぐなどの効果がある。特に，中国料理では油を多く使用するため，でんぷんゾルの特性を大いに利用し，料理をこくのあるおいしいものにしている。すなわち，溜菜ではでんぷんを使用することにより，油と調味液の分離を防ぎ，油のしつっこさを緩和させ，光沢を与え，料理を冷めにくくするなどの利点が現れる。しかし，酢を使う酢豚のような料理では，粘りが最高に出てきたところで加熱かくはんを止めたほうが良い結果になる。

（2）調理例

(1) 古滷肉（クウルウロウ）（酢豚）

材　料（5人分）

		〔調味料〕	
豚もも肉	250g	豚肉の衣	かけあん
干ししいたけ	3枚	こしょう　少々	スープ（水）　150ml
たけのこ	70g	しょうゆ　大1	しょうゆ　40ml
たまねぎ	70g	卵黄　1個	塩　小1/2
にんじん	70g	（または水大1）	砂糖　大4
ピーマン	2個	ごま油　小1/2	酢　大2
パイナップル缶	50g	小麦粉　大1	ケチャップ　大2
		でんぷん　大1	でんぷん　大1
			炒め油　大2

① 豚肉は2cm角に切り，よく混ぜた衣をつけて，160℃より揚げて，180℃で仕上げる。

② 干ししいたけは水にもどし，にんじんは乱切りにしてゆでる。他の材料も乱切りか角切りにする。

③ 鍋に炒め油を入れ，中温（130℃くらい）のときにピーマンを入れ，色よく炒めておき，皿に取り出しておく。次に，干ししいたけ，たけのこ，たまねぎを炒め，にんじん，①の肉，パイナップルを入れて炒めたところへ，合わせた調味料を加えてかくはんする。とろみがついてきたら火よりおろし，皿に盛り，先のピーマンを散らす。

(2) **糖醋鯉魚**(タンツウリイユ)（鯉(こい)の丸揚げ甘酢あんかけ）

材　料　（5人分）

		〔調味料〕	
こい……………………1尾	こいの下味	スープ……………………200ml	
（500～600g）	⎧しょうが汁…………小1	しょうゆ…………………大4	
豚もも肉薄切り…………50g	｜しょうゆ……………大3	砂　糖……………………大4	
たけのこ…………………60g	⎩酒……………………大1	酢…………………………大3	
干ししいたけ……………3枚	でんぷん………………大4	酒…………………………大1	
たまねぎ………………100g		ケチャップ………………大2	
赤ピーマン………………20g		でんぷん…………………大1	
グリンピース缶…………20g		炒め油……………………大2	
ね　ぎ………………10g+10g		揚げ油	

① こいの下ごしらえをする。こいの眉間を出刃包丁の峰で強く打ち静かにさせ，うろこ，えらを取り除く。下身の腹部を胆のうを切らないように注意して浅く切り，内臓を取り出し水洗いする。両面に2～3か所切り目を入れておく。腹部にねぎのたたいたのを入れ，下味をまぶし，20分くらいつけておく。

② ①のこいの水気をふき取り，でんぷんをまぶす。大きな中華鍋に油を用意し200℃に熱して火を消し，こいを入れて動かなかったら再び点火し，165℃で20分くらい揚げる。油から出ている部分には玉杓子で油をすくってかけながら揚げる。揚げ終わりに一度油からこいを出して，油を180℃にして再びこいを入れ1～2分間揚げる。

③ 甘酢あんをつくる。材料はねぎは薄く切り，他は全部せん切りにする。鍋に油を熱し，ねぎを入れて油に香りをつけ，次に豚肉を炒め，火が通ったら他の材料を入れて炒め，合わせた調味料を加えてよくかくはんしながらとろみが出るまで加熱する。

④ 揚げたこいを皿に盛り（頭を左，腹を手前），③をかけ，グリンピースをちらす。

　　（注）　1）こいは内臓を除いてもまだ生きているので，油中に入れるとき，一度に入れないで玉杓子で油をかけながら入れると危なくない。
　　　　　2）胆のうをつぶしてしまうと身がにがくなってしまうので切らないように注意する。下身の腹部を切るときは，えらぶたより三指くらいあけること。

(3) **松鼠黄魚**(ソオンシウホワンユ)（石首魚(いしもち)の甘酢あんかけ）

材　料　（5人分）

		〔調味料〕	
いしもち　1尾………約450g	魚用塩………………小1/4	かけあん	
干ししいたけ……………6g	魚用衣	⎧水…………………………200ml	
たけのこ…………………70g	⎧卵……………………1個	｜しょうゆ………………大1.5	
さやいんげん……………20g	｜でんぷん…………大1.5	｜酢…………………………大3	
たまねぎ………………100g	｜小麦粉……………大1.5	｜砂　糖……………………大3	
にんじん…………………50g	⎩炒め油………………大2	⎩でんぷん…………………大1	
赤唐辛子………………1/4本			

① いしもちは，頭を落とし，内臓を除き，尾部3cmを残して三枚に開き，骨を除く。内側に2

cm間隔で斜め格子の切り込みを入れ，塩をまぶす。衣をつけて160℃で3～4分揚げる。
② 赤唐辛子は小口切り，他の材料は1cm角に切り，いんげん，にんじんは下ゆでしておく。
③ 鍋に油を熱し，唐辛子を炒め，たけのこ，しいたけ，たまねぎ，にんじんを炒め，調味料を加えて煮たて，いんげんを加える。熱いあんを揚げたての魚を皿に盛りつけた（頭も衣をつけて揚げ，盛りつける）上からかける。

(4) **醋溜肉丸**（ツウリウロウワヌ）（肉団子（だんご）の甘酢あんかけ）

材　料（5人分）

豚ひき肉	350g	〔調味料〕	
しょうが汁	5g	肉の下味	かけあん
ねぎ	10g	卵 …… 1/3個	酢 …… 大3
ねぎ（白色部）	5g	塩 …… 小1/5	しょうゆ …… 大1/2
		水 …… 大2	砂糖 …… 大3
		でんぷん …… 大1	塩 …… 小1/3
			こしょう …… 少々
			水 …… 大3
			でんぷん …… 小1.5

① ひき肉にしょうが汁，ねぎのみじん切りを加え，肉の粘りが出るまで手でよく混ぜる。下味をつけ，最後にでんぷんを混ぜる。
② 手に水か油をつけて，ひき肉を直径2cmくらいのだんごにしぼり出しながら165℃の油に入れて2～3分揚げ，だんごの中心まで火が通るようにする。次に，油を180℃くらいにしてだんごの周囲をカラッと仕上げる。皿に小高く盛る。
③ かけあんの材料を熱し，とろみが出てきたら，②のだんごの上にかける。
④ ねぎの白色部のせん切りを水さらしして，③の上に飾る。
　　（注）肉の下味の水は，肉を手で混ぜながら少量ずつ加えていく。

(5) **鶏片鍋粑**（チイピエヌグオバ）（干飯揚げ鶏肉入りあんかけ）

材　料（5人分）

鍋粑	70g	〔調味料〕	
鶏ささ身	120g	鶏の下味	スープ …… 600ml
生しいたけ	20g	塩 …… 小1/3	塩 …… 小1.5
ハム	30g	酒 …… 大1	酒 …… 大1
たけのこ	70g	こしょう …… 少々	こしょう …… 少々
さやえんどう	15g	卵白 …… 1個	砂糖 …… 小1
		でんぷん …… 大2	水溶きでんぷん …… 大2～3
			酢 …… 小2

① 鶏ささ身，しいたけ，ハム，たけのこは薄切り。さやえんどうは塩ゆでしておく。
② 鶏ささ身はボールに取り，下味をつけ，卵白を加えて手でよく混ぜ，次にでんぷんを加えてさ

らによく混ぜる。140℃くらいの油で油通しをする。
③ 鍋にスープを熱し，この中にたけのこ，しいたけ，ハムを入れ，調味料を加え，ささ身を入れて煮たて，水溶きでんぷんでとろみをつけ，さやえんどうを加え，最後に酢を加える。
④ 鍋粑を適当な大きさに割り，190～200℃の油で揚げ，カリッとなったら器に盛り，迅速に③の熱い汁をかけ，ジューッという音がたつのを楽しむ。

　　　＜鍋粑（グオバ）のつくり方＞
　　　ごはんに水を少し加えて練り（大量の場合はひき肉器にかける），粘りが出てきたら，アルミのボール（油を塗って熱し，余分な油はふき取っておく）の内側に，飯粒の厚さくらいに貼りつけていく。これを2～3時間湯せんにし，その後，自然乾燥させる（長くは3か月間）。
　　　簡単なつくり方は，油を薄く塗った天板に上記のように飯粒を貼りつけて，160℃の天火で約15分焼く。冷まして乾燥させ缶などに入れて密閉して保管する。鍋粑とは，鍋底に貼りついたおこげの意である。

(6) 蠔油玉樹鮑（ハオイウユイシウバオ）（鮑（あわび）の牡蠣（かき）ソース風味）

材　料　（5人分）

あわび（缶）……………中1個	〔調味料〕		
ハム……………………4枚	白菜用	酒…………………………大1	
白菜……………………3枚	炒め油……………大1	こしょう…………………少量	
青梗菜（チンゲンツァイ）……………大1株	塩…………………小1/2	うま味調味料……………少量	
	酒…………………大1	スープ……………………100ml	
	蠔油………………小1	水溶きでんぷん…………小1/2	
	砂糖………………小1	ごま油……………………少量	
	しょうゆ…………小1		

① あわびは上から斜めに包丁を入れ薄切りにする。ハムは1枚を3つに切り分ける。
② 白菜は茎の部分はせん切りに，葉の部分は大きくざく切りにし，油で炒めて味つけしておく。
③ 青梗菜は根の所から5等分し，塩と油少量を入れた熱湯でさっとゆで，さらに短時間炒め，塩，酒で軽く味をつける。
④ ②の白菜の汁気をよくきり，皿に敷き，その上にあわび，ハムを交互にならべ，3分くらい蒸す。水分が出ていたらよくきる。
⑤ 鍋に油を少量熱し，調味料，スープを入れ，水溶きでんぷんでとろみをつけ，最後にごま油をたらす。
⑥ ④の皿のまわりに③を飾り，あわび，ハムの上に⑤をかけて供す。
　　（注）1）青梗菜はゆでるのではなく，150℃くらいで油通しをしてもよい。
　　　　　2）玉樹（ユイシウ）は美しさを表した表現で，2種のものを交互にならべる。

(7) 玻璃白菜（ボリバイツァイ）（白菜の透明あんかけ）

材　料（5人分）

白　菜……………………400g	〔調味料〕
ハムまたはベーコン………20g	［スープ………………300m*l*，　塩………………小4/5
香菜（みつば）……………5g	［酒……………………小2，　　砂　糖……………小1
	でんぷん………………大1

① 白菜は3〜4cmのそぎ切りにし，150℃で油通しをする。ハムはせん切り，香菜は1cmくらいに細かく切る。
② 鍋にスープ以下の調味料を入れて加熱し，白菜を加えて3〜4分煮る。
③ ②に水溶きでんぷんを加えてとろみをつけ，ハム，香菜を加えて火を止め，深めの皿に盛りつける。
　　（注）香菜（シャンツァイ）は独特の香気をもった野菜で，料理の風味づけに用いられる。

(8) 鶏蓉花菜（チイロンホワツァイ）（カリフラワーの鶏入りあんかけ）

材　料（5人分）

カリフラワー……………200g	〔調味料〕
鶏ささ身……………………50g	［スープ………………300m*l*，　塩………………小1
卵　白…………………1個分	［酒……………………大1，　　こしょう…………少々
パセリ……………………少々	でんぷん………………小3

① カリフラワーは一口大の小房に切り，小麦粉小さじ1，塩少々入れた湯でゆでる。
② 鶏ささ身は筋を取り，たたき身にし，すり鉢に入れて摺る。
③ 鍋にスープ以下の調味料を入れて熱し，水溶きでんぷんを加えてとろみをつけ，この中に①を入れて温める。
④ 卵白を泡だてて，この中に②を加えてよくのばす。
⑤ ③の中に④の鶏入り卵白を徐々に流し入れ，静かにかくはんしながら沸騰するまで加熱する。
⑥ ⑤を深めの器に盛り，パセリのみじん切りを散らす。
　　　　応用材料：ブロッコリー（鶏蓉は白色のあんかけなので主材料は淡白な色が合うが，
　　　　　　　　　濃い緑色もおもしろい色の対照になる）

(9) **糖醋茄餅**(タンツウチエビン)（茄子のひき肉はさみ甘酢あんかけ）

材　料（5人分）

なす･････････小5個 豚ひき肉･････････100g 衣 ┌小麦粉･････････大4 │でんぷん･････････大4 └水･････････大5	〔調味料〕 ひき肉の下味 ┌塩，しょうゆ，酒 │　　　　　　各少々 │こしょう │うま味調味料 │水･････････大1 └でんぷん･････････小2	かけあん ┌ケチャップ･････････大3 │砂　糖･････････大3 │酢･････････大3 │しょうゆ･････････大1 │水またはスープ･････大1.5 │塩･････････少々 └でんぷん･････････小1.5

① なすはへたを切り落とし，縞(しま)に皮をむいて水にさらす。小口より3mm幅の深い輪切りにし，1節おきに切断する。切り口の内側にでんぷんをふる。
② ひき肉に下味をつけよく混ぜて粘りを出し，なすの間にはさみ込む。衣をつける。
③ 150〜160℃の油で②をゆっくり色づくまで揚げる。
④ 鍋にかけあん材料を熱し，この中に③を入れてよく味をからませ，最後にまわりから油大さじ1杯を加えて皿に盛る。

(10) **家常肉捲**(チヤチアンロウヂユアヌ)（家庭風の豚肉巻き揚げソースかけ）

材　料（5人分）

豚赤身薄切り肉･････････150g ハム･････････50g 生しいたけ･････････1枚 きゅうり･････････1本 ピーマン･････････1個 衣 ┌卵･････････1個 │小麦粉･････････大1.5 │でんぷん･････････大1.5 │塩･････････小1/4 └水	〔調味料〕 豆瓣醬･････････小1/2 スープ･････････大2 しょうゆ･････････大1 酒･････････大1 酢･････････小1 砂　糖･････････小1 うま味調味料･････････少々 水溶きでんぷん･････････大1 炒め油･････････大1

① きゅうりは4cm長さのせん切りにし，ハム，しいたけ，ピーマンもせん切りにする。
② 肉は4×8cmくらいに切り塩，こしょうをする。
③ 肉をひろげ，せん切りの4種の材料をのせて端からきつく巻き，でんぷんをまぶす。
④ 衣の材料で糊をつくり，肉捲にからめて160〜170℃の油で揚げ，皿に盛りつける。
⑤ 鍋に油を熱して，豆瓣醬を炒めスープを加えて調味料を入れ，煮たったら皿の肉捲の上からかける（ピーマンのせん切りは肉捲の上にふりかけてもよい）。

(11) 燴鮑片（鮑の薄切りとろみかけ）
　　材　　料　（5人分）

あわび（缶）……………1/2缶	ささ身の下味	〔調　味　料〕
鶏ささ身……………………100g	塩……………………少々	塩……………………小1/2
グリーンアスパラガス	卵　白………………1/4個	砂　糖………………大1/2
………1/2束	酒……………………小1	でんぷん……………小1
トマト（完熟）……150g	でんぷん……………小1	ごま油………………大1/2
	スープ………………100m*l*	炒め油………………大3

① あわびは一口大のそぎ切りにし，ささ身は筋を取り，厚みを半分にして一口大のそぎ切りにして下味をまぶし，卵白，でんぷんを加え，よく手で混ぜる。
② アスパラガスは塩ゆでし，3等分くらいに切る。トマトは皮と種を取り，6つ割りにする。
③ 鍋に油を熱して，ささ身を炒め，皿に取り出す。同じ鍋にあわび，トマトを入れ，全体に油がまわったらスープ，塩，砂糖を加え，ひと煮たちさせ，水溶きでんぷんでとろみをつけ，ここに，ささ身，ごま油を加える。
④ アスパラガスを皿に飾り，③を中央に盛りつける。

4．煨　菜

　煨菜は，とろ火で長時間ゆっくり煮込む料理である。中国料理の煮物は初めから煮るのではなく，余分の水分を除いて材料の持ち味を生かすため，いったん揚げたり，蒸したり，炒めたりしてから煮込むのが特徴である。

（1）煨菜の種類

・煨：埋もれ火ほどの弱火で，ほとんど動かない状態で長く煮込むもの。
　　白煨……塩，酒，砂糖を用いて白く仕上げた煮物。
　　紅煨……しょうゆ，砂糖などを用いて，味も色も濃く仕上げた煮込み（蕃茄牛腩）。
・燜：鍋の蓋をぴったりさせ，蓋をしたまま弱火で長いこと煮込むもの。煨と同様に紅燜，黄燜（白燜とはいわない）がある。
・焼：材料を一度炒めたり，揚げてから調味料や水を入れ，しばらく煮込むことをいう。紅焼は用いたしょうゆの色を表している。焼は広義では加熱を表している。
・滷：塩味やしょうゆ味の濃い味で汁気が少なく，佃煮風に煮ること（滷鮑）。
・煮：たっぷりめの湯やスープ中で煮ること。
・燉：調味料とたっぷりの水の中で材料をゆっくり弱火で煮込む。材料は大きいまま使うことが多い。
　器に材料と多めのスープを入れて長時間蒸す場合のこともいう。
・涮：卓上に専用の鍋を置き，各自が箸で材料をつまんで，沸騰している湯の中でさっと湯がき（しゃぶしゃぶの要領），好みのタレをつけて食べる（涮羊肉）。
・鍋子：涮のように卓上の鍋で煮ながら食べる料理名。専用の鍋に煙突があり，炭火を入れて煮るようになっている（火鍋子）。

（2）調理例

(1) 鶏茸魚翅（チイロンユチ）（鶏すり身入り鱶ひれ煮込み）

材料（5人分）

魚翅（もどしたもの）		ささ身の下味		〔調味料〕	
（乾物30g）……………	120g	┌スープ…………………	50ml	┌スープ…………………	100ml
鶏ささ身………………	100g	│塩………………………	小1/2	│塩………………………	小1/2
卵 白……………………	3個	│酒………………………	大1	│酒………………………	大1
ハ ム（みじん）………	20g	│うま味調味料…………	少々	│うま味調味料…………	少々
		└水溶きでんぷん………	大1	│こしょう………………	少々
				│水溶きでんぷん	
				│　　　　　…………	大1～1/2
				└炒め油…………………	大4

① 鶏茸をつくる。鶏ささ身をたたき身にしてすり鉢で摺る。この中にスープを少しずつ混ぜ、下味料を加えてよく混ぜる。卵白を泡だて、この中に上記のささ身を加え、水溶きでんぷんを加えてよく混ぜる。
② 鍋に油を熱し、①の鶏茸を入れて混ぜながら煮固める。
③ ②の2/3を皿に盛る。
④ 鍋にスープともどした魚翅を入れて煮たて調味し、②の鶏茸の1/3を加えて混ぜ、水溶きでんぷんでとろみをつけ、皿に盛ってある鶏茸の上に盛り、上にハムのみじん切りを散らす。
　　　（注）魚翅の下ごしらえ：翅餅をボールに入れ、湯を注ぎ、ときどき湯を換えて1日中置く。スープにしょうが、ねぎ、粒さんしょうなどを入れて2時間煮て料理に用いる（鉄鍋は魚翅が黒くなるので使用しない）。

(2) 蕃茄牛腩（ファンチエニウナン）（トマトと牛肉の煮込み）

材料（5人分）

牛ばら肉……………	300g	〔調味料〕	
干ししいたけ………	10g	スープ…………………	600ml
トマト………………	2個	酒………………………	大1
しょうが……………	10g	塩………………………	小2/3
にんにく……………	1粒	しょうゆ………………	大2
ね ぎ…………………	1本	こしょう………………	少々
八角茴香……………	1個	砂 糖…………………	小2
		でんぷん（必要に応じて）	
		炒め油…………………	大2＋3

① 牛肉は4cmくらいの角切り、干ししいたけは小ならそのまま、大なら2～3等分し、トマトは湯むきして、6つ割りにする。
　ねぎは4cm長さのぶつ切り、しょうが、にんにくは薄切りにする。
② トマト、ねぎと干ししいたけを各々炒めておく。
③ 鍋を熱し油を入れ、しょうが、にんにく、牛肉を炒め、肉の周囲を加熱する。この中にスープを加え、30分弱火で煮込んだ後、調味料（しょうゆは大1）を加え、炒めたしいたけ、ねぎ、八角を入れ、2時間弱火で煮る。その後、トマトを加え、残りのしょうゆ大さじ1杯を加え、20～30分煮て仕上げる。煮汁が多く残ったら、水溶きでんぷんを加えて煮汁をからませる。

(3) 東坡肉（ドンポウロウ）（豚肉の蒸し煮）

材　料　（5人分）

豚ばら肉……………………300g	〔調味料〕
しょうが……………………10g	A ｛ 滷汁*……………150mℓ, 水……………100mℓ しょうゆ……………大1.5, 砂糖……………大1 酒……………………大1, うま味調味料 ｝
ね　ぎ………………………1/2本	
ほうれんそう……1把	

① 豚ばら肉を塊のまま調味液Aの中で20分くらい煮て取り出す。これを7～8mm幅に切り，脂身のほうを下にして形をくずさぬようにボールに入れ，しょうが，ねぎのぶつ切りをのせ，先の肉の煮汁を半分くらい入れ，1～2時間くらい蒸す。

② ほうれんそうを洗い，水気をきり，鍋に油大さじ2杯を熱した中で炒め，塩小さじ1/2杯，酒大さじ1杯，うま味調味料で味をととのえ，水気をきって皿に盛る。

③ 蒸し上がった肉をほうれんそうの上にならべて盛り，蒸し汁（ねぎ，しょうがは除く）に水溶きでんぷんを加えてとろみをつけ，肉の上からかける。

＊＜滷汁（ルウヂー）のつくり方＞（仕上がり約1.5ℓ）

油……………1/3cup, 砂糖…………2/3cup	八角茴香……………15片
｛ 水……………1ℓ, 塩……………大1.5 しょうゆ……2cup, 酒……………1/2cup 砂糖…………2cup, うま味調味料……少々 ねぎ…………2本, しょうが……………5g ｝	花　椒……………30粒 桂　皮……………20g 陳　皮……………2～3片

鍋に油，砂糖を入れ，中火で煮る。糖汁が少々色づき，泡だちも小さい泡になる頃，水を加え，他の調味料と袋に入れた香辛料を入れ，ねぎ，しょうがのぶつ切りも加えて弱火で30分くらい煮る。

ねぎ，しょうがを取り除いてふきんで濾す。

(4) 麻婆豆腐（マアボオドウフウ）（豆腐とひき肉の辛み炒め煮）

材　料　（5人分）

豆腐（木綿）………………1丁	〔調味料〕
豚ひき肉……………………120g	酒……………………大1　しょうゆ……………大2
ね　ぎ………………………1本	塩……………………小1/3　うま味調味料………少々
にんにく……………………2g	豆瓣醤………………小2　水溶きでんぷん……大1
	甜面醤………………小2　炒め油………………大3
	スープ………………150mℓ　仕上げ用油…………大1

① 豆腐は約1cm角に切る。

② ねぎ，にんにくはみじん切りにする。

③ 鍋を熱して炒め油を熱し，にんにくを炒めて，次にひき肉を加えてよく炒め，酒，塩，豆瓣醤，甜面醤を加えてよく混ぜ，スープ，豆腐を入れて2～3分煮込み，しょうゆ，うま味調味料を加えて味をととのえ，ねぎを散らし水溶きでんぷんでとろみをつけ，最後に鍋のまわりから油を入れて混ぜ，つやが出てきたら火を止める。

（注）　1）ひき肉が炒まったら，豆腐を加える前にしっかり肉に味をつけておくこと。

2）スープの量は，豆腐が少し上に出るくらいの量を基本とするが，豆腐の水分が多くてやわらかめなら少なめに，水分が少なくてかための豆腐なら多めにする。

3）ねぎのみじん切りを最後のほうで加えるのは，ねぎの香りを生かすためである。

4）四川料理本来のこの料理は陳麻婆豆腐といい，器に盛りつけてから，さんしょうの粉と唐辛子の粉をふりかけて，麻と辣の味の特徴を出している。

(5) 扒三白（バアサヌパイ）（三種材料のクリーム煮）

材　料（5人分）

あわび（缶）……60g	ささ身の下味	〔調味料〕
鶏ささ身……100g	しょうが汁……5g	スープ……150mℓ
卵白……1/2個	酒……少々	牛乳……100mℓ
たけのこ……50g	塩……少々	塩……小1/3
白菜の芯（茎）……2枚	でんぷん……大1/2	酒……大1/2
マッシュルーム……5個	炒め油……大2	砂糖……小1/2
		水溶きでんぷん……大1/2

① あわび，たけのこ，白菜の芯，マッシュルームは薄切りにする。

② 鶏ささ身は筋を取り，一口大にそぎ切りし，しょうが汁，酒，塩で下味をつける。卵白を泡だてこの中に，でんぷんを入れてつくった衣をつけて140℃の油で揚げる。

③ 鍋を熱して油を入れ，①を炒め，スープを加え2～3分煮る。牛乳，塩，酒，砂糖を加え，水溶きでんぷんでとろみをつけ，終わりに②の鶏ささ身を加えて仕上げる。

　　（注）　1）牛乳を加えてからは，煮たてないようにする。

　　　　　　2）扒（バア）は煮込み料理の意。焼（シャオ）の北京風表現。また，扒は平たい元の形のままのものを使った料理のこともいう。

(6) 砂窩獅子頭（シャウオシヅトウだんご）（肉団子の土鍋煮）

材　料（5人分）

豚ひき肉……200g	ひき肉の下味	〔調味料〕
しょうが汁……5g	酒……小1	炒め油……大1
ねぎみじん……5g	塩……小1/4	しょうゆ……大1
干ししいたけ……5枚	こしょう……少々	スープ……200mℓ
白菜……200g	卵……1/2個	砂糖……大1/4
辛子じょうゆ……適宜	でんぷん……大1/2	酒……大1/2
		でんぷん……大1/4

① ひき肉を手で練り，しょうが汁，ねぎみじん切り，下味を加えてよく混ぜ，5等分して，肉だんごをつくり，150℃の油で八分目揚げる。

② 干ししいたけ，白菜は大きめの薄切りにし，150℃で油通しをする。

③ 鍋を熱して油を入れ，②を入れて炒め，しょうゆ，スープの順に加えて，砂糖，酒で調味し，①の肉だんごを入れて沸騰するまで煮込む。

④ ③を土鍋に移してさらに弱火で15分くらい煮込み，水溶きでんぷんでとろみをつけ仕上げる。

好みで辛子じょうゆをつけて食す。

(7) 蠔油豆腐（豆腐の牡蠣ソース煮）
ハオイウドウフウ　かき

材　料（5人分）

豆腐（もめん）……………1丁	〔調味料〕	
干ししいたけ……………3枚	蠔　油…………………大1	うま味調味料……………少々
たけのこ…………………70g	スープ…………………200ml	水溶きでんぷん…………大1
絹さやいんげん…………10g	しょうゆ………………大1	ごま油……………………少々
ね　ぎ……………………細1本	砂　糖…………………小1	炒め油……………………大2
しょうが…………………5g		

① 豆腐は厚さを1cmくらいに切り，4等分する。
② しいたけ，たけのこは薄切り，絹さやいんげんは塩ゆでにし，ねぎは縦半分に割って1cm幅の斜め切り，しょうがはみじん切りにする。
③ 鍋を熱して油を入れ，ねぎ，しょうがを炒めて香りを出し，しいたけ，たけのこを加えて炒め，ここに蠔油，スープ，しょうゆ，砂糖，うま味調味料を加えて味をととのえ，豆腐を入れてくずさないように中火で10分くらい煮る。
④ ③に絹さやを加え，水溶きでんぷんを加えてとろみをつけ，最後にごま油をたらして香りをつけ仕上げる。

(8) 魚香蘑鮑魚（蒟蒻と鮑の四川風味煮）
ユ シヤンムオバオユ　こんにゃく　あわび

材　料（5人分）

あわび（缶）……………1/2缶	〔調味料〕	
こんにゃく………………1枚	豆瓣醤…………………小1	
生しいたけ………………50g	スープ…………………1 cup	
たけのこ…………………50g	しょうゆ………………大3	
ロースハム………………50g	酒………………………大2	
ね　ぎ……………………1/3本	砂　糖…………………大2	
しょうが…………………5g	こしょう………………少々	
にんにく…………………1/2粒	水溶きでんぷん………大2～3	
	酢………………………小2	
	炒め油…………………大1	

① あわびとこんにゃくは味がしみこみやすいように表面に格子状に切り目を入れてから拍子木切りにする。生しいたけ，たけのこも拍子木切り，ハムは6等分に切る。
② ねぎ，しょうが，にんにくは薄切りにする。
③ ①の材料を150℃くらいで油通しする。
④ 鍋を熱して油を入れ，豆瓣醤を炒め，次にねぎ，しょうが，にんにくを炒めてからスープを加え，あわび，こんにゃくその他の材料を入れて煮込む。この中に調味料を入れ，味がしみ込んだら水溶きでんぷんでとろみをつけ，最後に酢をたらす。

(9) 醬燒茄子(ヂヤンシヤオチエヅ)（茄子の味噌煮）

材　料　（5人分）

なす……………… 5個	〔調　味　料〕	
ね　ぎ……………… 1/2本	甜麺醤……………… 大1	こしょう……………… 少々
しょうが……………… 5g	スープ……………… 150mℓ	うま味調味料……………… 少々
	しょうゆ……………… 大2	水溶きでんぷん……………… 大1
	酒……………… 大1	ごま油……………… 大1
	砂　糖……………… 小1	炒め油……………… 大1

① なすは縞に皮をむいて，縦に6～8等分し，水にさらしておく。
② ねぎは3cm長さの斜め切り，しょうがは薄切りにする。
③ なすは170℃で油通しをしておく。
④ 鍋に油を熱し，ねぎ，しょうがを炒め，なすを入れ甜面醤を加えて混ぜ，この中にスープ以下の調味料を入れ5分くらい煮込んで味をととのえ，水溶きでんぷんでとろみをつけ，最後にごま油を大さじ1杯加えて皿に盛る。
　　（注）甜麺醤のつくり方は，p.236参照。

(10) 滷鮑(ルウバオ)（鮑の煮物）

材　料　（5人分）

あわび（缶）……………… 100g	〔調　味　料〕	
ね　ぎ……………… 5g	しょうゆ……………… 大1/2	アスパラガス用
しょうが……………… 2g	砂　糖……………… 大1/2	油……………… 大1/2
グリーンアスパラガス（細）	酒……………… 大1/2	スープ……………… 100mℓ
……………… 50g	スープ……………… 大2	塩……………… 1g
	八角茴香……………… 1片	

① ボールにあわび，たたいたねぎ，しょうが，調味料，香辛料を入れ，60分蒸す。
② ①のねぎ，しょうが，八角を取り除いて，汁ごと鍋に移し，弱火で煮て汁を1/3ほど煮つめ，取り出して薄切りにする。
③ アスパラガスを5～6cmに切り，油で軽く炒めて，スープと塩を加え，食べ頃まで煮る。
④ ②のあわびの薄切りをきれいにならべ，③を周囲に飾る。

(11) 火鍋子（寄せ鍋）
　　ホウオグウオヅ

材　料（5人分）

あわび（缶詰）……………50g	〔調味料〕
干し貝柱……………………1個	蛋餃用
白　菜……………………400g	塩……………………小1/6
生しいたけ…………………40g	しょうゆ………………大1/2
たけのこ……………………50g	炒め油……………………大1.5
しゅんぎく…………………50g	スープ……………………1ℓ
はるさめ……………………20g	塩…………………………小1
芝えび………………………10尾	酒…………………………大2
鶏手羽肉……………………50g	つけ味
蛋餃	練り辛子
卵…………………………2個	しょうゆ
豚ばらひき肉……………50g	
たまねぎ…………………50g	

① あわび，白菜，生しいたけ，たけのこ，鶏手羽肉は薄切りにし，芝えびは花えびに形づくり，ゆでておく。はるさめは水につけてもどす。しゅんぎくはゆでる。

② 卵を割りほぐし，ひき肉，みじん切りたまねぎを入れてよく混ぜて調味し，中華鍋に油を熱してオムレツ形に焼き色がつくまで焼き，2cmくらいに切る。

③ 干し貝柱は熱湯でもどし，手で細くさいておく。もどし汁はスープといっしょに合わせる。
④ 火鍋子の底に白菜を敷いて，次にはるさめをのせ，その上に他の材料をきれいにならべる。
⑤ スープを熱して調味をし，材料の上から注ぎかけ，火鍋子の蓋をし，よくおこった炭火を鍋の煙突より入れ，食卓に出す。残りの材料は皿に盛って補充しながら煮る。
⑥ 辛子じょうゆで食べる。

(12) 涮羊肉（羊肉のしゃぶしゃぶ料理）
　　シオワヌヤンロウ

材　料（5人分）

羊もも肉……………400g	薬味用	〔調味料〕
しゅんぎく…………1/2把	あさつき	つけたれ
白　菜………………1/4株	ねぎ（白色部）（各々適宜）	しょうゆ
生しいたけ…………5枚		芝麻醤
はるさめ……………20g		酢　　（各々適宜）
豆腐…………………2/3丁		ごま油
中華ゆで麺…………1玉		こしょう
ね　ぎ………………20g		うま味調味料

① 羊もも肉をできるだけ薄く切り，皿に1枚ずつ盛りつける（肉を薄く切る場合は半冷凍にしておくと切りやすい）。
② 野菜は洗い，しゅんぎくはそのまま，白菜はそぎ切り，生しいたけは半分に，豆腐も適宜に切る。ねぎは斜め薄切りにする。薬味用のあさつき，ねぎはみじん切りにする。
③ 碗に好みの薬味とつけたれを用意しておく。
④ 火鍋子に水を入れ，火にかける。湯の中にねぎを入れて香りをつける。湯が沸騰したら箸で肉を持ってさっと湯をくぐらせ，③のたれをつけて食べる。順次，野菜類を湯の中に入れ，煮えたところで食す。最後のほうで，麺を入れる。
　　（注）　1）肉を厚く切ってはいけない。より薄く切るのがおいしく食べるコツ。

2）たれの調合は，酸味が好きな場合は，しょうゆ2：酢1：ごま油1，甘口の場合は，芝麻醤2：しょうゆ1。

5．蒸　菜（ヂヲン　ツアイ）

蒸菜は蒸籠（ヂヲンロオン）に入れた材料を蒸気の熱で加熱するため，食品が動かないので，形がくずれず，また長時間蒸すことにより，味をよくふくませ，十分にやわらかくすることができ，材料の持ち味を生かすことができる。

蒸すときの火加減は，かたいものをやわらかくさせたいときや，卵を用いたものは弱火で，米やまんじゅうのようなものは強火で蒸したほうがよい。

（1）蒸菜の要点

① 蒸し物には，あらゆる食品が使えるが，持ち味がそのまま出るので，材料は新鮮であること。
② 肉，魚を蒸す場合は，特有の臭みを消すためにねぎ，しょうが，にんにく，八角茴香，さんしょうなどを使うとよい。
③ 蒸す前に味をつけたり，下味をなじませてから蒸す。
④ 常に蒸気がたっているように中華鍋にはたっぷり熱湯がある状態で蒸すこと。
⑤ 材料，料理に適当な蒸し時間を知ること。

（2）蒸菜の種類

・清蒸（チンヂヲン）：材料をそのまま蒸すこと（清蒸鯛魚（チンヂヲンダイオユ），仏手白菜（ツオシオウバイツアイ））。
・粉蒸（フエヌヂヲン）：米粉などを材料にまぶして蒸すこと。
・燉（ドウエヌ）：器に水や調味料をたっぷり用意した中に，材料を入れて，ゆっくりと弱火で十分にやわらかくなるまで蒸すこと（弱火でゆっくり煮込むこともいう）（情燉白菜（チンドウエヌバイツアイ））。
・扣蒸（コウヂヤン）：碗の中に揚げたり下煮した材料を形よくならべて詰め，蒸籠で蒸し，仕上がったら皿に碗をひっくり返して取り出し，供卓する（豆鼓扣肉（トウチコウロウ））。
・汽鍋（チイグウオ）：雲南省独特の汽鍋という土鍋を用いるもので，鍋の中央に底から煙突のようなものが出ており，蓋をしてこの汽鍋がすっぽり乗るくらいの大きさの鍋にたっぷり湯をわかし汽鍋をのせる。鍋内に蒸気がよく循環し，材料はやわらかく，濃厚なスープもたまる。

(3) 調 理 例

(1) 清燉白菜（白菜のスープ蒸し）
チンドウエヌパイツァイ

材　料（5人分）

白　菜…………………	500g
ベーコン薄切り…………	5枚
（またはハム）	
赤唐辛子…………………	1本
〔調　味　料〕	
スープ…………………	800ml
塩……………………	6g
うま味調味料…………	少々
酒……………………	大1

① 白菜は根つきのところを切り取って1枚ずつはがして洗い，葉の間にベーコンをはさみ，葉を重ねてそのまま大きな器に入れ，唐辛子の小口切りを葉の間や上に散らす。
② スープに塩味をつけ，白菜がひたる程度に入れ，蒸籠で50分間蒸す。
③ 蒸し終わったら，スープを別の鍋に移し，白菜は4cm角くらいに切って深い器に盛る。スープの味をととのえ，熱いのを白菜の上にかけて供する。

(2) 清蒸鯛魚（鯛の姿蒸し）
チンヂヲンダイオユ（たい）

材　料（5人分）

たい（1尾）………	500g	〔調　味　料〕	
ね　ぎ………………	10g	塩…………………	小1
しょうが……………	5g	酒…………………	大1
干ししいたけ………	6g	スープ……………	大2
たけのこ……………	30g	かけ汁	
ハ　ム………………	20g	／酢………………	大1
さやえんどう………	15g	｜砂　糖……………	大1
		｜しょうゆ…………	小2
		｜塩…………………	1g
		＼しょうが汁………	少々

① たいはうろこ，えら，内臓を出してよく洗い，水気を取る。魚の両面に切り目を2か所入れる。
　ねぎ，しょうがのぶつ切りを魚の腹の中に詰めて皿にのせる。
② しいたけ，たけのこは薄切り，ハムは6つ切りにする。
③ 魚の上に②をのせ，塩，酒，スープをふりかけ，20〜30分蒸す。
④ ③の熱いところに，塩ゆでしたさやえんどうを飾り，上から熱いかけ汁をかけて供する。
　　　（注）かけ汁に酢を使うと魚臭が消される。

(3) 仏手白菜（ひき肉入り蒸し白菜）
フオシオウパイツァイ

材　料（5人分）

白　菜………………	5枚	〔調　味　料〕			
鶏ひき肉……………	100g	白菜用		ひき肉用	
ね　ぎ………………	10g	／塩………………	小1	塩………………	小1/3
しょうが汁…………	5g	＼でんぷん…………	小2	酒………………	大1
		辛子じょうゆ		でんぷん…………	大1/2

① 白菜を2〜3分ゆでてしなやかにする。茎の中央部に6cmくらいの長さに切り目を4本入れる。片面に塩とでんぷんをふる。葉の先，両側は切り落とす。
② ひき肉にねぎのみじん切りとしょうが汁，調味料を加えよく混ぜ5等分しておく。
③ 白菜の中央部に②をのせ，切り目を入れた所で折り曲げひき肉を包むようにする。
④ 皿に白菜の切り落としを敷き，その上に③をならべて，20分蒸す。味の不足は食すとき辛子じ

ょうゆで補う。

(4) 糯米鶏塊(ノウオミイヂイコワイ)（糯米と鶏のぶつ切り蒸し）

材　料（5人分）

若鶏梨割り（1/2羽） ……………………600g もち米……………………240g く　り……………………10粒 ね　ぎ……………………1/2本 しょうが……………………5g	〔調　味　料〕 しょうゆ……………………大3.5 スープ……………200m*l*+100m*l* 酒……………………………大1 砂　糖……………………小1.5 水溶きでんぷん……………適宜 炒め油……………………大3

① 鶏は骨つきのままぶつ切り，ねぎ，しょうがもぶつ切りにしてたたいておく。
② 鍋を熱して油を入れ，ねぎ，しょうがを入れ，鶏を少し色づくまで炒める。この中にしょうゆを入れて，かくはんしながら肉にしょうゆをからませ，スープ200m*l*と調味料を加え2～3分煮る。ねぎ，しょうがは除く。
③ くりは皮をむき，140℃の油で3分くらい揚げる。
④ 直径16～18cmのボールの内側に油を塗り，底にくりをならべ，ボールのまわりに②の鶏を皮がボールの肌につくようにならべ，中央に1晩水に浸したもち米を詰め，上から②の煮汁にさらにスープ100m*l*を加えた汁を米の上部がややひたる程度までかける。残り汁は100m*l*くらい仕上げのかけ汁として残しておく。
⑤ ④のボールごと50～60分蒸す。中央部の米の状態を見て火を止める。
⑥ ⑤のボールに盛り皿を伏せて返し，ボールを取り去り，蒸し上がった料理の上から残り汁にでんぷんを加えてとろみをつけたかけ汁をかける。
　　（注）　生ぐりのない時期は蜜煮のくりで代用する。

(5) 糯米肉丸(ノウオミイロウワヌ)（糯米まぶし豚肉蒸し団子(だんご)）

材　料（5人分）

豚ひき肉………………200g もち米…………………1 cup ね　ぎ……………………10g しょうが…………………5g	〔調　味　料〕 ひき肉の下味 卵……………1個，塩……………小1/3 こしょう……少々，うま味調味料……少々 でんぷん……………大1

① もち米は洗って5～6時間水につけておく。その後，水気をきり，付着水がないようにする。
② ねぎ，しょうがはみじん切りにする。
③ ひき肉に卵を加えてよく練り，ねぎ，しょうがのみじん切り，調味料を加え，ねばりが出るまでよく混ぜ，水（葱姜水(ツオンヂヤンシュイ)）大さじ4杯を少しずつ加えて混ぜ，最後にでんぷんを入れてさらによく混ぜる。
④ ③を手のひらで握り出して2.5cmくらいのだんごに丸め，もち米の上をころがして全体に米粒をまぶす（肉の中に米粒を入れてはいけない）。
⑤ 皿に油を塗り，肉だんごをならべ蒸籠に入れ，最初は強火で5分くらいのち，中火にして30～35分蒸す。米粒が半透明状になればよい。

(注) 1) もち米が透きとおり美しいので，別名，真珠丸子（ヂエヌヂウワヌ ヅ）または珍珠丸子（ヂェンヂウワヌ ヅ）ともいう。
　　 2) 葱姜水：水の中でねぎ，しょうがのぶつ切りを手で軽くもんだり，つけておいたりして，ねぎ，しょうがの香りがついた水。ねぎ，しょうがは屑でもよい。

(6) 鹹魚蒸蛋（シエヌ ユ ヂヲンダヌ）（鹹（から）い魚とひき肉の蒸し物）

材　料　（5人分）

塩さけ……………4切れ	〔調味料〕		
豚ひき肉……………150g	酒………………大1		
卵……………………1個	しょうゆ………少々		
ねぎ………………1/2本	塩………………少々		
グリーンアスパラガス（細）	砂糖……………少々		
……………………3本	スープ…………大2		
スープ……………100ml	うま味調味料…少々		
	でんぷん………大1		

① 塩さけは5〜6cmのそぎ切りにして，皿にならべる。
② ボールにひき肉，卵を入れ，調味料を加えてよく混ぜる。
③ ②を①のさけの上にのせ，ねぎのせん切りをのせ，強火で15分蒸す。
④ グリーンアスパラガスは根のほうのかたい部分は皮をむき，爪を除き，3〜4等分に切り，スープ100mlに塩と油少々加えた中でゆで，水気をきる。
⑤ ③の蒸し上がった皿のまわりに④を飾り，供する。

(7) 豆豉扣肉（トウ チ コウロウ）（豆豉入り豚肉蒸し）

材　料　（5人分）

豚ばら肉……………300g	〔調味料〕
豆　豉………………15g	豚肉下味
ね　ぎ……………1/2本	（しょうゆ大1，酒大1）
しょうが……………5g	水………………1 cup
食パン（10枚切）1/2斤	しょうゆ……1/2cup
	酒……………1/2cup
	砂糖……………25g
	でんぷん………適宜

① 豚ばら肉は塊のまま下味に5分くらいつけておく。
② ①を180℃の油で色づくまで揚げ，別鍋に入れ水，しょうゆ，酒，ぶつ切りねぎ，しょうがを加え，弱火で30分煮込む。
③ ②の肉を1cm厚さに切り，脂を下にしてボールに入れ，豆豉，②の煮汁と砂糖を加え，強火で30分蒸す。
④ ③の肉を皿にならべ，蒸し汁にでんぷんを加えてとろみをつけたかけ汁をかける。
⑤ 食パンは耳を取り，半分にして，厚みに切り込みを入れ，供卓直前に3分間蒸す。パンに④の肉をはさみ込んで食す。

(8) **如意魚捲**(ルゥイユヂュアヌ)(すり身魚の卵巻き)

材　料　(5人分)

		[調　味　料]	
魚のすり身……………50g	えびの下味		でんぷんのり
芝えび(殻つき)………150g	┌塩……………………1g		┌でんぷん……………大1
ほうれんそう…………20g	│酒……………………小1		└水……………………大1/2
ハム(1cm厚さ)………20g	│卵　白………………1/3個		
卵………………………1個	└でんぷん……………小1.5		

① 卵はよくほぐし，塩少々とでんぷん小1/2を加えて，薄焼き卵をつくる。ほうれんそうはゆでる。
② えびは殻，背わたを取りたたき身にし，すり鉢に入れて下味料を加えながら摺る。
③ ②に魚のすり身を加えてよく摺りながら混ぜる。
④ 薄焼き卵をぬれぶきんの上にのせ，でんぷんをふり，③をのばし，両端にほうれんそうと1cm幅のハムをのせて，両側から中心に向かって巻き，つき合わせをでんぷんのりでとめ，ふきんに包み，両端をねじり，皿にのせ，強火で15分蒸す。
⑤ 放冷後厚さ1cmに切り，皿にならべる。辛子じょうゆを添えて供する。

6．冷菜(ロンツァイ)

中国料理は熱を通す料理が多いが，冷菜は熱を通した後，冷まして供するので，調理法や材料としては，冷めても味のおちないものが適する。冷菜は主要料理にはならないが，非常に重要な料理で，前菜として使われることが多い。

(1) 冷菜に含まれる主な調理法

・拌(バヌ)
　┌生拌(シオンバヌ)：材料をそのまま，または，加熱したものを完全に冷ましてから調味料と和える(冷拌(ロンバヌ)
　│熟拌(シオウバヌ)：三糸(サヌス)，棒々鶏(バンバンデイ))。
　└熱拌(ロオバヌ)：材料を湯通しした後，冷まさずに味つけをし，味をよくしみ込ませる。
・熗(チアン)：生の材料に煮たてた調味料，熱い油などを注ぎ，浸しておく手法(辣汁黄瓜(ラアヂーホワンゴワ)，辣白菜(ラアパイツァイ))。
・凍(ドン)：ゼラチン，寒天などを利用して，材料を寄せ固めたものである。材料に肉類を使った場合は冷菜に，果物や木の実などを固めた甘いものは甜菜として使われることが多い。
・醉(ツイ)：材料を酒につけ込んでつくる(醉蟹(ツイシェ)：生きたままの湖のかにを紹興酒の中に2週間くらいつけ込んだもの)。

そのほかに，煨菜の中の滷や烤菜の中の燻，醃菜(イエヌツァイ)(漬物，浸し物)も冷菜として使われる。

（2）調理例

(1) 冷拌三糸（ロンバヌサヌス）（三種のせん切りあえ物）

材　料（5人分）

はるさめ（中華）	30g
卵	1個
きゅうり	1本
ハム	2枚
〔調味料〕	
酢	大1.5
しょうゆ	大2.5
砂糖	小1
練り辛子	適宜

① 中華はるさめは水につけてもどしてから，熱湯で1分間ゆで，水洗いし，2～3か所包丁を入れる。
② 卵は薄焼きにしてせん切りにし，きゅうりは板ずりして，5～6cm長さのせん切りにする。ハムもせん切りにする。
③ ①と②を皿に盛って，供卓直前に合わせ調味料をかける。
　（注）　調味料にごま油を加えると香りが良い。

(2) 拌海蜇（バヌハイヂヲ）（海月（くらげ）のあえ物）

材　料（5人分）

塩くらげせん切り	100g	〔調味料〕	
きゅうり	1本	酢	大1.5
パセリ	1/3本	しょうゆ	大1
サラダ菜（レタス）	3枚	砂糖	小2
		ごま油	小2

① くらげは1～2日水につけて塩抜きをする。ざるにひろげ，熱湯をかけ縮み始めたらすぐ止め，水の中に1日つけてさらす。その間ときどき手でよくもみ洗いする。きゅうりは板ずりして，5～6cm長さのせん切りにする。
② 皿にサラダ菜を敷き，①の材料と調味料を混ぜ合わせたものを盛りつけ，パセリを飾る。
　（注）　くらげは熱湯をかけすぎると身が縮みすぎて，水にさらしてもどるのに時間がかかるので注意する。特に，身の薄いくらげはかたく縮んでしまうので気をつける。

(3) 麻辣五糸（マアラアウス）（五種のせん切り材料の麻辣味あえ物）

材　料（5人分）

鶏胸肉またはもも肉	100g	〔調味料〕	
きゅうり	1本	しょうゆ	大3
塩くらげ	50g	酢	大1
ハム	2枚	花椒粉	小1/2
糸寒天	5g	辣油（ラア）	大1/2
		うま味調味料	小1/4
		ごま油	大1

① 鶏肉はゆでて，6cm長さのせん切りにする。きゅうり，ハムも鶏に準じてせん切りにする。
② くらげは湯をかけ，水さらしをし，適当な長さに切る。
③ 糸寒天は長さを4等分にし，水につけてもどす。
④ ボールに調味料を全部合わせ，この中に①，②，③を入れて混ぜ，器に盛る。
　（注）　麻：しびれる（山椒）
　　　　　辣：からい（辣油）

(4) **辣汁黄瓜**(ラアヂーホワンゴワ)（胡瓜の唐辛子入り酢の物）

材　料　（5人分）

きゅうり………………細3本	塩………小1（きゅうり用）	
しょうが………………5g	酢……………………大3	
赤唐辛子………………2本	砂糖…………………大3	
粒さんしょう…………10粒	ごま油………………小1	
	うま味調味料………少々	
	油……………………大2	

① きゅうりは小さめの乱切りにし，塩を加えてもみ，10分ねかし，ざるにとって水洗いして水気をふき取る。
② ボールに①のきゅうりとしょうが，唐辛子のせん切りを入れ，合わせ調味料をかけておく。
③ 鍋に油を入れ，粒さんしょうを加えて高温に熱し，さんしょうが焦げ，香りが油に移ったらさんしょうは取り出し，熱い油をきゅうりにかけて蓋をして1時間くらいおく。
　　（注）　これは熗(チャン)という手法で，熱い油をかけることにより，調味料が材料にしみておいしくなる。

(5) **辣汁巻菜**(ラアヂーヂュアヌツアイ)（キャベツの辛味あえ物）

材　料　（5人分）

キャベツ………………400g
〔調　味　料〕
酢……………………大1
しょうゆ……………大1
砂糖…………………小1
辣油…………………小1/4

① キャベツは芯を取り，細いせん切りにし，盆ざるに平らにならべ，熱湯をたっぷり全体にかけ，ただちに水をかけて冷やし，水気をしぼる。
② ①を皿に盛り，供卓直前に合わせ調味料をかける。

(6) **豆芽拌芹菜**(ドウヤバヌチヌツアイ)（もやしとセロリーのあえ物）

材　料　（5人分）

もやし…………………250g
セロリー………………100g
〔調　味　料〕
塩……………………3g
うま味調味料………少々
ごま油………………大1

① もやしは根を取り，1分くらいゆでて水気をきる。セロリーはすじを取り，5cm長さのせん切りにする。
② ボールに①を入れ，調味料を加えてよく混ぜ，皿に盛る。

(7) 醃蓬蒿(イエヌポンハオ)（春菊(しゅんぎく)のお浸し）

材　料　（5人分）

しゅんぎく……………250g	〔調　味　料〕	
干しえび………………20g	たけのこ，しいたけの下煮用	かけ汁
たけのこ………………30g	塩………………少々	スープ……………大1
干ししいたけ……………2枚	しょうゆ………少々	（えびのつけ汁）
ハ　ム…………………1枚	砂糖……………少々	しょうゆ…………大1
		砂　糖……………小1/4
		酢…………………大1/2
		ごま油……………小1

① しゅんぎくをゆでてしぼり，1.5cmに切り，皿に盛りつける。
② 干しえびは湯に10分くらい浸してもどしてから，みじん切りにする。
③ たけのこ，しいたけは薄味で煮ておいてから，みじん切りにする。ハムもみじん切りにする。
④ ①のしゅんぎくにかけ汁をかけて，上から②，③を色どりよくしゅんぎくをおおうように飾る。食すときはよく混ぜる。

(8) 棒々鶏(バンバンヂイ)（鶏肉の唐辛子胡麻(ごま)あえ）

材　料　（5人分）

若鶏胸肉…………………150g	〔調　味　料〕
きゅうり…………………1/2本	棒々鶏ソース
塩くらげ…………………30g	しょうゆ………………大2.5
ねぎ（白色部）……………10g	酢………………………大1/2
ねぎ（ソース用）…………10g	砂　糖…………………大1
しょうが（〃）……………5g	芝麻醬…………………大1.5
レタス……………………3枚	うま味調味料……………少々
	辣　油…………………大1/2
	ごま油…………………大1/2

① 鶏肉は塩，酒各少量加えてゆで，冷めるまでゆで汁につけておき，手で細くさく。
② きゅうりは板ずりして5～6cm長さのせん切りにし，くらげは湯をかけて水さらしをし，適宜包丁を入れる。ねぎ白色部はせん切り，ソース用のねぎとしょうがは細かいみじん切りにする。
③ 棒々鶏ソースはしょうゆ，酢，砂糖をよく混ぜ合わせ，芝麻醬以下の材料を軽く混ぜる。ねぎ，しょうがのみじん切りを加えて軽く混ぜる。
④ 皿にレタスを敷き，中央にくらげ，きゅうり，鶏肉，ねぎの順に盛りつけ，上から③のソースをかけて供卓する。

(9) **怪味鶏塊**（鶏ぶつ切り四川風薬味ソースかけ）
ゴワイウエイヂイコワイ

材　料（5人分）

若鶏梨割半身…………400g	〔調味料〕	
（または，骨つきもも肉）	薬味ソース	
しょうが……………5g	しょうゆ………大3，	酢………………小2
にんにく……………7g	砂　糖…………大1，	芝麻醤…………大3
きゅうり……………1本	辣　油…………小1，	豆瓣醤…………小1
	うま味調味料……少々，	ごま油…………大1

① 鶏は骨つきのまま20分くらいゆでて，ゆで汁につけたまま冷ます。適当なぶつ切りにして体裁よく皿に盛る。
② 調味料をボールの中で混合し，しょうが，にんにくのごく細かいみじん切りを混ぜよくかくはんする。
③ ①の鶏の上に②のソースをかける。
④ きゅうりは板ずりし，縦半分に割って，細かく斜めに切り込みを入れ，2cmくらいで切断したものに，塩，ごま油，うま味調味料で味つけし，皿の周囲に扇形に開いて飾る。

(10) **芥末扇貝**（帆立貝の洋辛子味あえ）
ヂエムオシアヌベイ　　ほたて

材　料（5人分）

生ほたて貝…………4個	〔調味料〕
レタス………………1/3個	芥末ソース
トマト（中）…………1個	洋辛子……………大1
しょうが（みじん）……2g	しょうゆ…………大2
	酢…………………大4
	うま味調味料……少々
	ごま油……………大1

① ほたて貝は，貝柱，ひも，きもに分け，貝柱は5～6枚に薄切りにし，ひもは2本に切り，きもはゆでてから2枚に切る。
② 湯の中で，ほたて貝のきも，貝柱，ひもの順にゆで，少しなま加減で取り出して水気をふく。塩，ごま油を軽くまぶす。
③ 皿のまわりにトマトを飾り，中央にレタスのざく切りを盛り，この上に②のほたて貝をのせ，上からしょうがのみじん切りを加えた芥末ソースをかける。

(11) **松花皮蛋**（家鴨の卵の石灰漬け）
ソオンホワピイダヌ　　あひる

材　料（5人分）

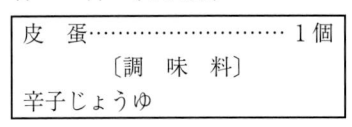

皮　蛋…………………1個
〔調味料〕
辛子じょうゆ

① 皮蛋の外側の土を取り除き，殻をむき，5～6等分にくし形に切る。
② 辛子じょうゆを添える。

⑿ **辣黄瓜**(ラアホワンゴワ)（胡瓜の唐辛子入りあえ物）

材　料　（5人分）

		〔調味料〕	
きゅうり	2本	酢	大3
セロリー	50g	しょうゆ	大2
しょうが	10g	砂糖	大3
赤唐辛子	1本	うま味調味料	少々
		ごま油	大1

① きゅうりは縦に半分に割り，これを4cm長さに切り，セロリーはすじを取り1cm幅の拍子木に切る。しょうがと赤唐辛子はせん切りにする。
② ごま油を熱し，きゅうりとセロリーをしょうが，唐辛子とともに炒める。
③ 器に調味料を合わせ，②を入れ，しばらくつけて味をしみ込ませる。

⒀ **白切油鶏**(バイチエイウヂイ)（若鶏の白蒸し）

材　料　（5人分）

		〔調味料〕	
若鶏梨割半身	400g	スープ	600ml
ねぎ	1本	酒	大3
しょうが	10g	塩	小2
パセリ	1/2本	辣油	小1

① 鶏は熱湯に1〜2分くぐらせ，水洗いする。
② ボールにたたきねぎ，しょうがとともに①を入れ，スープと酒を加えて50〜80分蒸し，塩を加えて，さらに20分蒸して取り出す。
③ ②の鶏の大骨を取り除き，2〜3cmの幅に切り，皮を上にして器に盛り，辣油を刷毛で塗り，パセリを飾る。
　　（注）供卓時，辛子じょうゆ，または花椒塩を添えてもよい。

⒁ **蒜泥白肉**(ソワヌニイバイロウ)（ゆで豚のおろしにんにく入りソースあえ）

材　料　（5人分）

		〔調味料〕	
豚ばら肉	300g	蒜泥ソース	
（しゃぶしゃぶ用でも可）		甜醬油* ……大2，しょうゆ……大2	
きゅうり	2本	うま味調味料……少々，辣油……小1	
にんにく	1/2粒	おろしにんにく（左記）	

① 豚ばら肉は塊のまま20〜25分ゆでる。串をさして血水が出なくなったら冷水につけ冷ました後，冷凍庫で冷やし，肉をしめる。
② きゅうりは形のまま縦にごく薄く切り，水に10分間さらす。
③ ①の肉を脂身のほうを上にして温めた包丁でごく薄く切る。
④ ③の薄切り肉をたっぷりの湯の中に入れ，箸でひとかき混ぜして，すぐに取り出し，ふきんで水気を取り，合わせ調味料の中に入れて混ぜる。
⑤ ②のきゅうりの水気をきって皿に敷き，上に④を盛りつける。

*＜甜醤油（テイエヌジャンイウ）（甘じょうゆ）のつくり方＞

しょうゆ	540ml	桂 皮	9g
砂 糖	360g	花 椒	6g
酒	60ml	陳 皮	4g
ね ぎ	1本	八 角	3g
しょうが	10g		

鍋に左記の調味料，香辛料およびねぎ，しょうがのぶつ切りを入れて，弱火で1/2量になるまで煮つめて濾す。

(15) 辣白菜（ラアバイツアイ）（白菜の辛味酢油漬け）

材　料（5人分）

		〔調味料〕	
白 菜	1/4株	塩	白菜の2％
しょうが	5g	酢	100ml
赤唐辛子	2本	砂 糖	100ml
しいたけ	2枚	塩	小1/4
		ごま油	大1

① 白菜は根つきのまま水洗いし，塩をふり，軽い重石をして10時間つけ，その後水洗いして水気をしぼり，ボールに入れておく。

② ごま油を熱して，せん切りのしょうが，赤唐辛子，しいたけを炒め，合わせ調味料を入れて沸騰したら，ボール中の白菜にかける。冷めたらボールの中の汁を再び鍋にあけて沸騰させ，白菜にかける。5～6時間つけ，4～5cm長さの太めのせん切りにして盛りつける。使用したしょうが，赤唐辛子，しいたけを飾る。

(16) 蝦泥冬菇（シヤニイドオングウ）（海老（えび）すり身と椎茸（しいたけ）の蒸し物）

材　料（5人分）

		〔調味料〕			
干ししいたけ	中10枚	しいたけの下煮用		えびの下味	
さるえび殻つき	150g	スープ（もどし汁）	100ml	酒	小1
（または，芝えび）		しょうゆ	少々	塩	小1/6
卵 白	1/4個	砂 糖	小1/2	砂 糖	小1/6
		酒	小1	でんぷん	小1

① しいたけはもどして，下煮用調味料で煮る。
② えびは殻，背わたを取り，たたき身にして下味をつける。
③ 卵白を泡だて，この中に②を入れて混ぜ，でんぷんを加え，ナイフで①のしいたけの裏側に塗りつけ，皿にのせて5～6分蒸す。
④ 皿に盛りつけ，味の補いは辛子じょうゆを添えるとよい。
　　（注）しいたけ下煮用スープは，干ししいたけのもどし汁を使用する。

(17) 氷凍蝦仁(ビンドオンシヤレヌ)（海老入り寄せ物）

材料（5人分）

寒天	1/2本	〔調味料〕	
芝えび	30g	スープ	200ml
グリンピース	5g	寒天用	
きくらげ	2g	酒	小1
卵	1/2個	塩	小1/4
しょうが	3g	かけ汁	
サラダ菜	3枚	酢	大1
		しょうゆ	大1
		砂糖	小1/2
		練り辛子	小1/4

① 寒天を水に浸し膨潤させ，細かくちぎってスープの中に入れ，煮溶かして濾す。
② えびは殻，背わたを取り，1cm角に切り，酒，塩，でんぷんを少量ふって，1〜2分ゆでる。
③ きくらげはもどし，薄味で煮て，せん切りにする。
④ ①の寒天液に酒，塩を加えて煮たったら，②，③，グリンピース，しょうがのみじん切りを加え，1〜2分煮たところへ，卵を流し入れて静かにかくはんし，火よりおろして荒熱を取り，流し缶に流して冷やし固める。
⑤ 皿にサラダ菜を敷き，④を角に切って盛りつけ，かけ汁をかけて供する。

7. 湯菜(タンツアイ)

湯菜は汁物のことで，湯(タン)はスープストックのこともさす。湯(タン)は汁物料理だけでなく，煮物，蒸物，あんかけなどにも使用され，おいしいだしは料理の味の決め手になる重要な役割を持っている。

(1) 原湯(ユアヌタン)（もとのスープ）の種類と主な材料

材料による分類
- 葷湯(ホウエヌタン)（動物性食品からとったスープ）：鶏肉，豚肉，鶏骨，豚骨，ハム，干し貝柱，干しえび，するめなど
- 素湯(スウタン)（野菜類，植物性の乾物類からとる精進スープ）：しいたけ，豆もやし，昆布，たけのこ，にんじんなど

清澄による分類
- 清湯(チンタン)（澄んだスープ）：材料は葷湯と同様
- 奶湯(ナイタン)（白く濁ったスープ）：鶏骨つき肉，豚骨

一番だし，二番だしによる分類
- 上湯(シヤンタン)（一番スープ）
- 下湯(シヤタン)（上湯のスープをとった後のだしガラに最初の半量の水で煮だしたもので，湯菜以外の菜のだし汁に用いる）

1) 葷(ホウェヌタン)湯のとり方 （仕上がり500ml）

A ｛ 水　　　　　　　　1,000ml
　　鶏赤身肉　　　　100～150g
　　豚赤身肉　　　　100～150g
　　ね　ぎ　　　　　　　50g
　　しょうが　　　　　　　5g ｝

B ｛ 水　　　　　　　　1,000ml
　　老鶏骨つき
　　ぶつ切り　　　　150～300g
　　ね　ぎ　　　　　　　50g
　　しょうが　　　　　　　5g ｝

A，B：鶏肉，豚肉は脂肪を取り去り，骨つき肉は骨ごとぶつ切りにする。赤身肉もぶつ切りにする。ねぎはぶつ切りにし，たたいておく。しょうがもたたきつぶす。
　深鍋に肉と水を入れて，強火（武火(ウフォ)）にかけ，沸騰後弱火（文火(ウェヌフォ)）にしてあくを取り去り，ねぎ，しょうがを加え，さらに90～120分間煮る。その間浮くあくを除き，蓋はしない。ふきんを二重にして濾す。

C ｛ 水　　　　　　　　　500ml
　　干し貝柱　　　　　　　15g ｝

C：水を沸騰させて火を止め，洗った干し貝柱を入れ，16～20時間そのまま放置する。

D ｛ 水　　　　　　　　1,200ml
　　鶏骨（1羽分）
　　　　　　　　　　150～200g
　　ね　ぎ　　　　　　　50g
　　しょうが　　　　　　　5g ｝

D：鶏骨を湯でよく洗い，特に肋骨の間にあるドリ（鳥類の肺臓）は取り除く。これを5～6cmのぶつ切りにし，深鍋に水とともに入れて強火にかける。沸騰したら火を弱め，あくをすくい取り，たたいたねぎとしょうがを加えて60～90分煮る。ふきんで濾す。

E (奶湯) ｛ 水　　　　　　　1,500ml
　　老鶏（1/4羽）　　　　300g
　　豚　骨　　　　　　　1本
　　ね　ぎ　　　　　　　50g
　　しょうが　　　　　　　5g ｝

E：鶏と豚骨は水でよく洗い，鍋に水とともに入れて火にかけ，はじめは強火，沸騰したら中火にし，たたいたねぎ，しょうがを加え，材料がおどる程度に中火から弱火で，蓋をして煮つめる。約90～120分加熱し，量が1/3くらいになったらふきんで濾す。

2) 素(スウタン)湯のとり方

A ｛ 水　　　　　　　　1,000ml
　　干ししいたけ　　　　　30g
　　ね　ぎ　　　　　　　1/2本
　　しょうが　　　　　　　3g ｝

A：干ししいたけは洗って汚れを取り，水につけてもどし，水とたたいたねぎ，しょうがとともに火にかけ，30分間弱火で煮だす。しいたけのもどし汁も使う。

B ｛ 水　　　　　　　　1,000ml
　　豆もやし　　　　　　200g
　　ね　ぎ　　　　　　　1/2本
　　しょうが　　　　　　　3g ｝

B：分量の水を沸騰させて，この中にたたいたねぎ，しょうがを入れて湯に香りをつけたら，豆もやしを入れ，1～2分間煮て濾す。豆もやしは長く煮るとにおいが悪くなる。

（2）湯菜の種類
・清(チン)　湯(タン)：でんぷんの入らない澄んだとろみのないスープ（清湯魚丸(チンタンユワヌ)）。
・川(チオワヌ)　湯(タン)：原湯を強火でたぎらせておいてその中へなまの材料を入れ，材料が煮えたら取り出して碗に入れ，原湯のあくを除いて汁を碗に注ぐ（川丸子湯(チオワヌヅタン)）。
・燴(ホエイ)　湯(タン)：少しのでんぷんが入った，薄いくず汁（酸辣湯(ソワヌラアタン)）。
・羹(ゴン)　湯(タン)：燴よりでんぷん濃度がやや高く，どろりとした汁（西湖魚羹(シイホウユゴン)）。

・奶湯(ナイタン)：濁ったスープや白いスープのことをいうが，濃いスープを使ったり，エバミルクを使ったスープ料理のこともいう。

（3）調理例

(1) 清湯魚丸(チンタンユワヌ)（魚団子(だんご)入り澄ましスープ）

材　料　（5人分）

白身魚（切り身）……130g	〔調味料〕
たけのこ……30g	魚丸用
生しいたけ……30g	塩……小1/8
みつば……20g	水……大2
干し貝柱……大1個	でんぷん……大1/2
水……550mℓ	酒……大1
	塩……小1

① 干し貝柱は洗って，550mℓの熱湯に入れ，そのまま16時間つけてもどし，細かくさいてつけ汁に再びもどす。
② 白身魚を包丁でこそげてすり鉢に入れ，塩水を少しずつ入れながらよく摺り，でんぷんをつなぎに入れて，直径1.5cmくらいの大きさに丸めて魚丸をつくり，ゆでる。
③ ①を火にかけ，あくを取りながら10分くらい煮て，せん切りしたたけのこ，しいたけを加え，やや煮てから魚丸を入れて調味し，終わりに3cmに切ったみつばを加えて火を止める。温めておいた器に入れる。

　　　　応用材料：白身魚の薄切り（清湯魚片），香菜

(2) 榨菜豆腐肉片湯(チアツアイドウフウロウピエヌタン)（ザー菜と豚肉薄切り入り豆腐スープ）

材　料　（5人分）

ザー菜……30g	〔調味料〕
豚肉薄切り……50g	豚肉の下味
豆腐（もめん）……1/2丁	塩，酒，こしょう，
ほうれんそう……20g	でんぷん……各少々
はるさめ……5g	塩……小2/3
	酒……大1
	こしょう……少々
	うま味調味料……少々
	スープ……500mℓ

① ザー菜は適当な大きさにごく薄く切る。
② 豚肉も薄切りにし，下味をつける。豆腐は食べやすい大きさの薄切り，はるさめはもどし，2～3か所包丁を入れる。
③ 鍋にスープを沸かし，豚肉を1つずつ入れて火を通し，あくを取る。次に，榨菜，豆腐，はるさめを入れてスープに調味し，最後に3cm長さに切ったほうれんそうを入れ，火を止める。

(3) 香菇鮑魚湯（椎茸と鮑のスープ）
シャングウバオユタン　しいたけ　あわび

材　料（5人分）

あわび（缶）……………50g	〔調味料〕
干ししいたけ…………10g	スープ……………600ml
たけのこ………………50g	酒……………………大1
さやえんどう…………30g	塩……………………5g
	しょうゆ……………小1

① あわび、もどした干ししいたけ、たけのこは薄切りにする。
② さやえんどうはゆでておく。
③ スープを火にかけ、しいたけ、たけのこを入れて5分くらい煮て、あわびを加えて調味し、終わりにさやえんどうを散らす。

(4) 瑤柱豆腐羹（貝柱と豆腐入りとろみスープ）
ヤオヂウドウフウゴン

材　料（5人分）

干し貝柱…………………2個	〔調味料〕
豆腐（もめん）………1/2丁	スープ……………600ml
干ししいたけ……………6g	塩……小1、こしょう少々
たけのこ………………20g	しょうゆ…………大1/2
にら……………………10g	蠔油…………………大1
	水溶きでんぷん……大1

① 干し貝柱は洗ってボールに入れ、酒と水を少し加えて2時間くらい蒸し、ほぐしておく。
② 豆腐は厚さを3等分にし、1.5cm角に切り、塩湯（水3cup＋塩小さじ1杯）でさっとゆでる。
③ しいたけとたけのこはせん切りにし、にらは4～5cm長さに切る。
④ 鍋に油大さじ1/2杯を熱し、しいたけ、たけのこ、干し貝柱を炒め、スープを入れ、①の蒸し汁も加えて調味し、水溶きでんぷんでとろみをつけてから豆腐を入れ、最後ににらを入れる。

(5) 西湖魚羹（白身魚と卵白のスープ）
シイホウユゴン

材　料（5人分）

たいの切り身……………80g	〔調味料〕
ねぎ（白色部）…………20g	スープ……………600ml
にんじん…………………10g	塩……………………小1
卵白………………………1個	酒……………………大1
みつば……………………10g	水溶きでんぷん……大1

① たいは薄くそぎ切りにし、でんぷんをまぶしてゆでておく。
② ねぎはせん切り、みつばは3cm長さに切る。にんじんはごく細いせん切りにする。
③ スープを沸かし、調味料を入れ、水溶きでんぷんでとろみをつけ、①と②を入れ、別に泡だてた卵白を流し込み、卵白が固まったら火より下ろす。

　　　応用材料：ひらめ、きんめだいなど淡白な白身魚
　　　　　　　　青味に香菜（中国パセリ）を用いてもよい。

(6) **蜀米鶏粥**(シュミイチヂオウ)（玉蜀黍(とうもろこし)と鶏肉の濃厚スープ）

材　料（5人分）

		〔調味料〕	
スイートコーン(缶)‥300g		ささ身の下味	スープ………300ml
（クリームスタイル）		水………大2	酒………大1/2
鶏ささ身………40g		しょうが汁…5g	塩………小1
卵　白………1個		酒………小1	でんぷん……大2/3
ハ　ム………20g			
パセリ………1g			

① 鶏ささ身は，細かく切ってから，水を入れながら，すり鉢でよくすって，下味をつける。
② 卵白をかたく泡だて，①を加える。
③ 鍋に，スープ，とうもろこしを入れて調味し，水溶きでんぷんを加えてとろみをつけ，煮たったら②を加えて火を止める。
④ 温めた器に入れ，上からハム，パセリのみじん切りをふりかける。

(7) **清燉牛肉湯**(チンドウエヌニウロウタン)（牛肉の煮込みスープ）

材　料（5人分）

	〔調　味　料〕	
牛ばら肉………200g	水………5 cup	
だいこん………100g	塩………小2/3	
にんじん………50g	酒………大1	
ね　ぎ………1/2本	こしょう………少々	
しょうが………5g	うま味調味料………少々	
粒さんしょう………少々		
さやえんどう………10g		

① 牛肉は一口大のぶつ切りにし，熱湯を通し，水洗いする。
② だいこん，にんじんは皮をむき，乱切りにし，ねぎはぶつ切り，しょうがはたたいておく。
③ 粒さんしょうはガーゼに包む。
④ 鍋に水を入れて沸かし，牛肉を入れ，ねぎ，しょうが，さんしょうを加えて煮たて，出てくるあくを取り，だいこん，にんじんを加え，弱火で3時間煮込む。ねぎ，しょうがは取り出す。調味料を加えて味をととのえ，器に盛り，塩ゆでしたさやえんどうのせん切りを散らす。

　　（注）**清燉**：スープが濁らないように長時間弱火でじっくり煮込むこと。蒸し器に入れて蒸すと濁らない。

(8) **清湯魚翅**(チンタンユチ)（鱶(ふか)のひれのスープ）

	〔調味料〕	
魚翅………50g	鶏ささ身用	
スープ………500ml	塩………0.8g	
しょうが………5g	酒………小1	
鶏ささ身………80g	スープ………750ml	
たけのこ………50g	塩………6g	
干ししいたけ………5g	しょうゆ………小1強	
ハ　ム………30g	酒………大1	
みつば………5g	でんぷん………小2	

材　料（5人分）
① 魚翅は下ごしらえをして，スープとしょうがの薄切りを加えて中火で30分煮る。
② 鶏ささ身は塩と酒をふりかけて蒸し，細くさいておく。
③ しいたけはもどし，たけのこ，ハムとともにせん切りにする。

④ スープを熱し，①と③を加え，調味をし，②を加え，海碗に注ぎ，みつばを細かく切って散らす。

　　　　　応用材料：鶏ささ身の代わりにかに肉を使った場合はハムは不要。
　　　　　　　　　　でんぷんを加えてとろみをつけてもよい。

(9) 酸辣湯（スワヌラアタン）（酸味と辛味のスープ）

材　　料　（5人分）

豚もも肉薄切り………25g	〔調　味　料〕	
たけのこ…………20g	豚肉の下味	しょうゆ………大1
生しいたけ………5個	塩……………少量	酒………………大1
はるさめ…………10g	こしょう………少量	うま味調味料……少量
豆腐（木綿）……1/3丁	酒………………少量	こしょう………小1
卵…………………1/2個		水溶きでんぷん・大2/3
	スープ………600ml	酢………………大1
	塩……………小1/2	

① 豚肉はせん切りにして，下味をつけておく。
② たけのこ，生しいたけもせん切りにする。はるさめは温湯でもどして適当な長さに切っておく。
③ 豆腐は3mm角棒状に切る。
④ 鍋にスープを熱し，②，③の材料を入れ，酢とでんぷん以外の調味料を加え，ひと沸きしたら，①を加える。出てくるあくを除き，水溶きでんぷんを加えてとろみをつけて火を止めて，ほぐした卵を流し入れ，最後に酢を加える。

8．烤菜（カオツアイ）

　烤菜は直火焼きの調理法であるが，中国では特殊な大きな炉（掛炉（グワル））の中に材料を吊るして焼く。この場合，魚の直火焼きはほとんどなく，あひる，鶏，子豚などを丸のまま焼く。皮と身の間の脂肪が溶けて離れやすくなり，香ばしくなった皮を甜麺醤，ねぎとともに麺皮にはさんで食べる。北京烤鴨（ペイデンカオヤ）は代表的なものである。叉焼肉（チャシヤオロウ）は炉を使わず，家庭的に天火を利用して焼く烤菜である。

　烤以外の焼き物として，次のようなものがある。
・燻（シュヌ）：塩漬けにした肉や魚，あるいは油で揚げたり，天火で焼いたりした材料を，密閉した器の中で，弱火で木屑またはざらめ，茶の葉，香辛料などをいぶして，くん煙で香りと色をつける方法である。
・焗（デュイ）：蒸し焼き，密閉した中で焼く。
・煎（チエヌ）：少量の油を熱し，材料を色づく程度にゆすりながら両面焼きつけること。

(1) 調理例

(1) 叉焼肉（焼き豚）
チャシャオロウ

材　料（5人分）

豚もも肉または肩肉	〔調味料〕
（棒状）……………300g	つけ汁
	しょうゆ………90m*l*, 砂　糖………大2
	酒………………大2, 五香粉………小1
	八角茴香…………1個, ね　ぎ………1本
	しょうが…………10g
	たこ糸………………… 1m

① ボールにつけ汁を合わせ，ねぎ，しょうがのぶつ切りをたたいて加えておく。この中に肉を5時間つけておく。

② 肉を取り出し，たこ糸で巻き，形を整え，汁気をきる。つけ汁は濾して，鍋に入れて煮つめ，濃いたれをつくる。

③ ②の肉を網にのせ，180℃くらいの天火で約40〜45分焼く。

④ 冷めたらたこ糸を取り，薄切りにして皿に盛り，たれを塗る。

　　（注） 肉を天火で焼くとき，天火内の下段に水を入れた天板を置くと肉の表面が乾燥しすぎない。

(2) 掛炉烤鴨（北京ダック）
グワルカオヤー

材　料（5人分）

あひる……………1羽（2kg）	〔調味料〕
あひるの下ゆで用	あひるの下ゆで用
ね　ぎ…………………1本	八角茴香……………1/2個
しょうが………………50g	さんしょう……………5g
包餅*………………20枚	桂　皮…………………少々
ね　ぎ…………………2本	塩………………………5g
きゅうり………………2本	水あめ…………………大1
甜麺醤………………適量	酢………………………100m*l*
	揚げ油

① あひるは内臓を取り出し，鉄釣を通しておく。

② 熱湯に下ゆで用のねぎ，しょうが，香辛料，塩を入れ，①のあひるを入れる。皮が張ってきたら取り出して吊り下げて水気をきっておく。

③ 調合した水あめを②のあひるに，まんべんなく塗りつけて，風をあてながら1晩乾かす。

④ 200℃の天火に③のあひるを入れ，焦げ色がついたら火を弱め，途中出てきた油をかけながら20分くらい焼く。

⑤ 揚げ油を180℃に熱し，④のあひるを皮がパリッとなるまで揚げる。

⑥ 皿にあひるを盛り，食卓に出し，皮だけを20枚に切り分ける。

⑦ 包餅は8〜10分蒸しておく。
バオビン

⑧ 包餅に甜麺醤を塗り，せん切りにしたねぎ，きゅうり，⑥のあひるの皮を包んで食べる。

　　（注）　1）鉄釣のないときは，ひもで首を巻いて吊り下げる。

　　　　　 2）本来は特別の炉で焼く。天火を使うときは，鉄炉焼鴨という。
テイニルシヤオヤー

＊＜包餅のつくり方（20枚）＞

薄力粉 350g	7
強力粉 150g	3
熱　湯	

小麦粉に熱湯を加え混ぜて耳たぶくらいになったら加えるのをやめ，こねて棒状にして20等分に切り，切り口を上に向けて，上から手のひらで押して丸くのばし，ごま油を塗り，もう1つを重ねて麺棒でのばす。鍋の空焼きの中で焼いて取り出し，2枚をはがして蒸す。

(3) 五香燻魚（ウシャンシュヌユ）（くんせい風揚げ魚）

材　料（5人分）

さば（三枚おろし）		〔調味料〕	
	正身200g	しょうゆ	大5
ね　ぎ	15g	酒	大3
しょうが汁	10g	砂　糖	大2
パセリ	1/2本	五香粉	小1/2
レモン	1/2個	揚げ油	

① 三枚におろしたさばは縦半分に切り斜めに2cm幅に切る。調味料にねぎのみじん切り，しょうが汁を加え2等分にし，片方にさばを20分浸す。
② 油を165℃に熱し，①のさばを入れて2～3分揚げて取り出し，再び油を180～190℃に熱し，先のさばを1分ほど揚げる。
③ ①の調味液の残り片方に，熱いさばを通して皿に盛り，パセリとレモンを飾る。
　　（注）　本来は煙でいぶして色と香りをつけるが，ここでは簡便的にしょうゆ味につけ，高温の油で揚げて色と香りをつけている。
　　　　応用材料：鶏肉，くせのある魚類（こい，うなぎなど）

9. 点心（デイエヌシヌ）

　点心，とは，一口にいえば，間食，軽食のことである。そして，点心を食べることは中国人の食生活に定着した習慣となっており，中国人の食生活になくてはならないくらい重要なものとなっている。

　中国人の一日の食生活は，吃飯（チフアヌ）と吃点心（チデイエヌシヌ）とからなり，一般に二度の食事と三度の点心を食べる。食事とは昼と夜の食事であり，飯（主食）と菜（おかず）を食べる。三度の点心とは朝食に相当する点心（早点（ヅァオデイエヌ）），午後3時頃のおやつに相当する点心（午点（ウデイエヌ）），夜10時頃の夜食に相当する点心（晩点（ワンデイエヌ））であり，時間帯によって呼び名が異なる。また，外出先や旅先で携帯した食べものを軽くつまむことも吃点心の一種である。

　点心の種類は非常に多く，まさに中国食文化の高さを象徴するものであり，日本では料理と考えるような麺類，飯類，そして包子類，菓子類，木の実類と幅広く豊富である。また，広東では吃点心を飲茶（ヤムチャ）と呼ぶように，点心を食べながら必ず茶を飲み，お茶と点心とは切り離せないものである。

（1）点心の分類

　a．鹹点心（シェヌ）（甘くない点心）：塩味の点心のことであるが，塩味というより甘味以外の味の点心といえる。つまり，一般の中国料理と同様の味つけがされている。内容としては，粉を練ってのばした皮で肉，野菜などのあんを包んで調理したものが多い。餃子（チャオヅ）（ぎょうざ），焼売（シャオマイ）（しゅうまい），肉包子（ロウバオヅ）（肉入り中華まんじゅう），春捲（シュンデュアヌ）（春巻き）などがある。

b．甜点心（甘い点心）：甘味の点心である。豆沙包子（あずき餡入り中華まんじゅう），月餅（月ぺい），杏仁酥（アーモンドクッキー），杏仁豆腐（アーモンド風味寄せ物）などの中国菓子やデザート向きのものなどがある。

　c．小食：食事に供される料理類が適宜小皿に盛られて，食事の時間外に軽く少量食べられるものが小食である。内容としては，一度に多めにつくっても適当に日持ちがして，保存食，常備菜となるようなものがこれにあたる。烤菜類や燻味類などである。また，身近な材料で簡単につくれる料理も含まれ，油條（小麦粉を練って揚げたもの），饅頭（餡の入らない中華まんじゅう），糕類（粉を練って蒸したもの），餅類（小麦粉を練って焼いたり蒸したもの）などがある。

　d．果子：そのまま食べられる季節の果物や木の実，あるいはこれらの糖蜜漬けにしたものなどがある。

　筵席（宴席）の中でも点心が出されるが，その元は昔，豪華な宴会では料理の数も多いので，途中で席を変えてもてなしたが，その中休みのときに，別室で軽い食事や甘い菓子を饗応した。これが点心で，この習慣が現在の宴会でも形として残り，主要料理の後に出すようになった。鹹点心，甜点心が主に出され，特に甜点心は献立コースの途中で，菜と菜のつなぎ，口直し的役割として出されることがある。この場合は甜菜と呼ばれる。一般には，主要料理の後に献立の軽重によって甘味のみ，あるいは甘味と鹹味を組み合わせて点心が出される。

　　（参考）飲茶：中国のお茶を飲みながら点心類を食べることを飲茶という。また，このような店も飲茶という。小形の餃子，焼売をはじめ，麺類や揚げたり蒸したりした菓子などを豊富にとりそろえてあり，ワゴンに各種の点心をのせて，各テーブルをまわってくる。客は好きなものを取り，自由にお茶を飲みながら点心を楽しむ。内容は違うが，日本の喫茶店のような感じである。広東や香港で盛んである。北京では茶楼といっている。

（2）調理例

1）点心1（鹹点心）

(1) 蝦仁焼売（海老しゅうまい）

材料（5人分）

皮15〜20枚分	〔調味料〕
薄力小麦粉………50g	皮用塩………小1/10
微温湯………30ml	中身調味料
打ち粉（片栗粉）	酒………小2
中身	塩………小1/2
豚ばらひき肉………120g	こしょう………少々
さるえび………120g	でんぷん………大2.5
たまねぎ………150g	添え調味料
グリンピース………10g	練り辛子
サラダ菜………3枚	しょうゆ

① 皮をつくる。微温湯に塩を加えて小麦粉と混ぜ，よく手でこね，なめらかな生地になったらぬれぶきんに包み，30分間放置する。片栗粉をガーゼに包み，打ち粉として使いながら生地を長方形にのばす。二つ折りにして斜めに麺棒を押しあてて移動させながらのばし，再びひろげて，さらに左右にのばすことを3回くり返して，薄くのばす。7〜8cm幅の屏風だたみにし，7〜8cm幅に切り，さらに四角になるように切る。

② 中身をつくる。殻，背わたを除いて洗ったえびをたたき，ひき肉とともにボールに入れ，酒，こしょうを加えてよくこねる。たまねぎをみじん切りにし水気をしぼり，肉に加え，塩，でんぷんを加えて混ぜる。
③ 皮に中身をナイフでのせ，左手の指を皮で中身を包むようにまわしながら右手のナイフで上部をおさえて形をつくる。中央にグリンピースをのせる。
④ 蒸籠に油を塗り，③をならべて強火で10〜13分蒸す。
⑤ 皿にサラダ菜を敷き，焼売を盛り，辛子じょうゆを添えて供する。

(2) **鍋貼餃子**（焼きぎょうざ）
（グウオテイエヂヤオヅ）

材　料　（5人分）

皮25枚分	〔調　味　料〕
強力小麦粉………………200g	塩………………小1/4
熱湯（80℃）……………160ml	しょうゆ………大1.5
中　身	酒………………大1
豚ばらひき肉……………200g	ごま油…………小1/2
ね　ぎ……………………100g	焼き油…………大4
白　菜……………………100g	たれ
にんにく……………………5g	酢，しょうゆ，辣油＊
しょうが……………………3g	
干ししいたけ………………5g	

① 皮をつくる。強力粉に熱湯を少しずつ加えて手早く混ぜてドウをつくり，さらによくこね，ぬれぶきんをかけて30分間ねかせておく。これを棒状にして25個に切り分けて，1個ずつ麺棒で直径7〜8cmに丸くのばす。
② 中身をつくる。野菜はすべてみじん切りにし，白菜はふきんに包み，水気をしぼる。ボールに材料を合わせ調味料を加えてよく混ぜる。
③ 皮に中身を入れ，ひだをつけて包む。
④ フライパンに油をひいて餃子をならべて火にかけ，下にこげ色がついたら火を弱め，少量の水を加えて蓋をし，蒸し焼きにして皮に透明感が出てきたら皿に取り，熱いうちにたれを添えて供する。

　　　応用材料：にら，豚肉せん切り，キャベツ，えび，漬菜など

＊＜辣油（唐辛子入り油）のつくり方（100ml）＞

唐辛子粉…………大1.5
（または，赤唐辛子6本）
ごま油……………100ml

鍋に唐辛子粉とごま油を入れ，ごく弱い火にかけ，一面に細かい泡が出てきたら火からおろし，ふきんで濾す。赤唐辛子を用いる場合は細かく切って同様にする。

＜餃子の皮について＞

　　小麦粉を水でこねてドウにすると，たんぱく質のグリアジンとグルテニンにより網目構造がつくられる。これがグルテンである。グルテンが形成されると生地には粘弾性が生じ，さらによくこねたり，「ねかし」をすることにより弾性が減少し，伸展性が生じてくる。このグルテンの形成の程度は調理の目的により異なる。餃子の皮は，グルテンの粘弾性，伸展性を利用するので，一般に，グルテンの多い，強力粉が用いられる。そして厚皮にして皮のおいしさを賞味する。そこで，皮をつくるとき調理過程中に水が加わらない焼き餃子の場合は，でんぷんが糊化するのに十分な水分を与え，やわらかい皮にするため，水で

はなく熱湯（70～80℃）を粉の80％くらい加えてよくこねる。こねる過程ででんぷん粒はグルテン膜に包み込まれるのでドウは手にべとつかなくなる。よくこねたドウを30分間ほど「ねかし」を行うと弾性が減少し，ドウはのびやすくて扱いやすくなる。水餃子の場合は，ゆでる過程で皮が吸水し，でんぷんは十分に糊化されるので，皮の水量は50～60％加わればよく，したがって水で練ってもよい。

(3) 鶏肉包（ヂイロウパオ）（鶏肉中華まんじゅう）

材　料（5人分）

発麺（5個分）	
薄力粉 ⎱1⎰	90g
強力粉 ⎰1⎱	90g
砂　糖	13g
ドライイースト	小1
湯（40℃）	100ml強
中　身	
鶏　肉	100g
たけのこ	25g
干ししいたけ	2枚
洋まつたけ	15g
ね　ぎ	5g
しょうが	5g

〔調味料〕	
発麺用	
⎡塩	小1/4
⎣ラード	大1/2
鶏肉の下味	
⎡塩	小1/4
⎥酒	少々
⎥片栗粉	大1/4
⎥酒	小1
⎥塩	小1/4
⎥しょうゆ	小1/2
⎥砂糖	小1/2
⎥うま味調味料	少々
⎥こしょう	少々
⎥ごま油	少々
⎥でんぷん	大1/4
⎥スープ	50ml
⎣炒め油	大2

① 小さな器に湯の一部と砂糖小1/2を入れ，ドライイーストをふり込み10分くらいおく。

② ボールに小麦粉を入れ，残りの湯と砂糖，イースト，塩，ラードを加えて混ぜる。なめらかになるまでよくこねて5等分にし，各々をまるめて乾いた布をかけ，10分くらいおく。

③ 中身はねぎ，しょうがはみじん切りにし，他は5mm角に切る。鶏肉に下味をつけておく。鍋に油を熱し，ねぎ，しょうがを香ばしく炒め，鶏肉，他の材料を加えて炒め，調味料，スープを加え，最後にでんぷんでつなぐ。皿にあけ，冷ます。

④ 皮を手のひらで押さえて丸くのばし，中身をのせ，まんじゅう形にし，下にパラフィン紙をあて，蒸籠にふきんを敷いた上にのせ。はじめ50℃の湯にのせ，約10分間発酵させる。次に，中火で13分ほど蒸す。蒸し上がったら火を止め，3分くらいそのまま蒸らしてから蓋を取って急激に冷ます。

応用材料：豚肉，焼き豚，漬物

(4) 炸醤麺(ヂアヂヤンミエヌ)(肉味噌入りそば)

材　料（5人分）

	〔調味料〕	
中華生麺…………2玉 豚ひき肉…………80g ねぎ……………1/2本 にんにく…………7g 干ししいたけ………1枚 たけのこ…………50g	ひき肉用 ⎡甜麺醤…………大1 ⎢しょうゆ………大1 ⎢うま味調味料……少々 ⎢こしょう，油・各少々 ⎣炒め油…………大2	碗に入れるもの ⎡しょうゆ………大2 ⎢酢………………小2 ⎢甜醤油*…………大2 ⎢芝麻醤…………大2 ⎢ごま油 ⎢花椒粉 ⎢うま味調味料⎬各少々 ⎣こしょう

① 碗（丼）にしょうゆ以下の調味料を合わせておく。
② 麺以外の材料はみじん切りにし，鍋に油を熱し，ねぎ，にんにく，ひき肉を炒め，干ししいたけ，たけのこを入れて調味し，最後に油少量を加える。
③ 生麺をゆで（2分くらい），水で洗って再び湯に入れて温める。
④ ①の碗に③の麺を盛り，上に②の肉みそをのせて供する。
　　＊甜醤油（甘じょうゆ）のつくり方はp.267参照。

(5) 棒々鶏麺(バンバンヂイミエヌ)（鶏肉入り辛味冷やしそば）

材　料（5人分）

	〔調味料〕
若鶏もも肉骨つき……1本 きゅうり…………1/2本 くらげ……………50g 中華生麺…………2玉 ねぎ………………20g しょうが…………10g	棒々鶏ソース ⎡しょうゆ……大5，酢……………大1.5 ⎢砂糖…………大2.5，うま味調味料……少々 ⎢芝麻醤………大3，辣油……………大1 ⎣ごま油

① 骨つき鶏もも肉を水から鍋に入れ，沸騰まで強火で，その後弱火にして10～15分間ゆで，そのままゆで湯に入れて冷ます。冷めたら骨は除き，肉はせん切りにする。
② きゅうりは長めのせん切り，くらげは湯をかけてもどし，2時間くらい水さらしをし，水気をきる。ねぎの1/2量をせん切りにする。
③ 棒々鶏ソースの調味料を合わせ，この中に残りのねぎのみじん切りとしょうがのみじん切りを加えてよく混ぜる。
④ 鍋にたっぷり湯をわかし生麺を七分通りかためにゆで，水きりし，ざるにひろげ冷ます。ごま油大さじ3杯くらいをたらしておくと香りもよく，麺がくっつかない。
⑤ 皿に冷やした麺を盛り，上にくらげ，鶏肉，きゅうり，ねぎを飾り，上から③の棒々鶏ソースをかけ，食べるときよく混ぜ合わせる。

(6) 担々麺（ダヌダヌミエヌ）（四川風屋台そば）

材　料　（5人分）

中華生麺…………2玉	〔調味料〕		
榨　菜…………40g	しょうゆ……大3,	酢…………小1	
ね　ぎ…………1/2本	芝麻醤………大3,	辣　油………小1	
ほうれんそう……50g	ごま油………小1,	うま味調味料……少々	
	スープ………2 cup		

① 榨菜，ねぎはみじん切りにし，大碗に調味料とともに入れておく。
② スープは熱く熱しておいて，①に加える。
③ ②の中へ生麺のゆでたものを水気をきってそのまま入れる。ほうれんそうをゆでて3～4 cm に切ったものをのせる。
　　　（注）好みにより焼き豚，ハムなどを使用してもよい。

(7) 肉糸炒麺（ロウスチャオミエヌ）（豚肉せん切り入りあんかけ炒めそば）

材　料　（5人分）

中華生麺………2玉	〔調味料〕	
豚もも肉………100g	麺　用	かけあん
生しいたけ……3枚	酒…………大2	酒…………大2
たまねぎ………50g	ラード………大2	塩…………小1
たけのこ………50g	豚肉の下味	砂糖………大1
にんじん………40g	しょうが汁……10g	しょうゆ……大2
もやし…………50g	酒…………小1	スープ……300ml
さやえんどう…30g	水溶きでんぷん…小1	でんぷん……大1～2

① たっぷりの湯の中で麺を再沸騰して1分間ゆでてざるにあげ，酒をまぶしておく。
② 鍋にラードを熱し，麺を鍋に平たくなるように入れ，かきまわさずそのままおき，少し焼き色がついたらひっくり返して同じように焼く。
③ 豚肉はせん切りにし，下味をつける。他の材料はせん切りにし，油大さじ3杯で炒め，あん調味液を加え，とろみがついたら塩ゆでのせん切りさやえんどうを加える。
④ ②の麺を皿に盛り，③のあんをかける。
　　　（注）これは一般には，やわらかい焼きそばといわれるもので，麺を油で揚げてあんをかけたかたい焼きそばの場合には，生中華麺を一度蒸してから油で揚げる。市販の「焼きそば」用の麺を用いてもよい。

　　＜中華麺の特徴＞
　　　麺類は小麦粉に水を加えてドウをつくり，形成されたグルテンの粘弾性，伸展性を利用したものである。
　　　中華麺は，こね水に碱水（ジェンシュイ）（梘水とも書く）という炭酸カリウム（K_2CO_3），炭酸ナトリウム（Na_2CO_3）を濃厚に含むアルカリ液を加えている。これは，小麦たんぱく質のグルテニンがアルカリ可溶性であるので，グルテンの腰を弱くしてのびやすい生地にするためである。この碱水のまざり方が不均一（こねてねかした後も加えたりする）であるので，

ゆでることにより独特の縮みを生ずる。また，アルカリにより小麦粉のフラボン色素が黄色に変色する。

＜中華麺の種類と山西の特殊麺＞

- 伊府麺（イーフウミエヌ）：伊は姓，府は他家に対する尊称で「伊氏の家の麺」ということ。この麺は，小麦粉を卵でこねた麺で，油で揚げてスープで食す。
- 拉麺（ラーミエヌ）：拉はひっぱるという意。ドウを両手で持ち，引っぱってひも状にのばし，1本を2本に，2本を4本にとくり返し引っぱって細くのばした麺である。
- 切麺（チエミエヌ）：日本のうどんのように粉をこねて薄くのばし，端から細く切った麺。
- 刀削麺（ダオシヤオミエヌ）：山西地方独特の削り麺。小麦粉をかためにこねてねかし，直径20cm，長さ30cmくらいの太い棒状の塊にする。これを左腕にのせて，右手に持った三日月形の包丁（月牙刀（ユエヤーダオ）または瓦形刀（ワーシンダオ）という）で沸騰した湯の中へ次々と削り落とす。ゆであげた麺は，湯麺（スープそば）や炸醤麺（肉みそ麺）などにして食べる。
- 撥魚児（ブオユル）：山西地方独特の麺。小麦や高粱の粉をやわらかく溶いて，深皿や丼などに入れ，約30分ねかせ，器を傾けて縁から垂らしたところを箸で細く切り下の熱湯に落とし，ゆでる。両端が細く約9cmくらいの細長い形が魚に似ているのでこの名がある。これも炸醤麺や湯麺にして食べる。
- 猫耳朶（マオアルドウオ）：猫の耳のような形をしている麺で，これも山西独特のものである。小麦粉をこね，麺台に取って細長くのばしたものを，さいころ大（1cm角）にちぎって丸め，1つずつ親指の腹でまないたに押しつけるようにこすりのばしたもの。この麺はスープで食べるより炒麺や炸醤麺にすることが多い。イタリアのパスタに似ている。
- 莜麺（ヨウミエヌ）：山西地方の最も一般的な麺である。原料はこの地方で多産する莜麦（ヨウマイ）（オートムギの一種）である。主食として食べられており，もりそばのようにたれにつけて食べる。

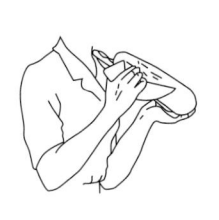

刀削麺（ダオシヤオミエヌ）　撥魚児（ブオユル）　猫耳朶（マオアルドウオ）

図4-6　山西の特殊麺

(8) 什錦炒飯（五目炒め飯）
シジヌチヤオフアヌ

材　　料　（5人分）

米‥‥‥‥‥‥‥‥‥‥500g	〔調　味　料〕
かに缶詰‥‥‥‥‥‥‥100g	飯炒め用
干ししいたけ‥‥‥‥‥3枚	ラード‥‥‥‥‥‥‥‥75g
卵‥‥‥‥‥‥‥‥‥‥2個	塩‥‥‥‥‥‥‥‥‥小1.5
たけのこ‥‥‥‥‥‥‥50g	酒‥‥‥‥‥‥‥‥‥‥小2
焼き豚‥‥‥‥‥‥‥‥30g	しょうゆ‥‥‥‥‥‥‥大1
ね　ぎ‥‥‥‥‥‥‥‥50g	具炒め用
さやいんげん（細）‥‥‥20g	油‥‥‥‥‥‥‥‥‥‥大3

① 米はややかためために炊き冷ましておく。
② かに肉の軟骨を取り、ほぐしておく。しいたけ、たけのこ、焼き豚、ねぎは5mm角に切る。
③ さやいんげんは塩ゆでして5mm幅に切る。
④ 鍋に油大さじ1杯を熱して、ほぐした卵を一度に入れ、大きくやわらかく炒め、皿に取っておく。次に、油大さじ2杯を補い、②の材料を炒め、皿に取る。
⑤ 鍋にラードを熱し、①の飯を炒める。飯が熱くパラパラとほぐれるようになったら酒、塩で調味し、④の卵を入れてほぐしながら炒め、次に他の具も入れて混ぜながら炒め、しょうゆを鍋肌から入れるように加え、味と香りをつけ、さやいんげんを加え混ぜて火を止める。皿に軽くふんわりと盛る（おしつけない）。

＜炒飯の要領＞

　　炒飯は、飯に水っぽさや粘りがなくパラパラとほぐれ、油っぽくなく軽い感じに炒められていて、しかも混ぜられた具のうま味が飯に付加されているのが好まれる。そこで、おいしい炒飯の要領として、次のことがあげられる。

　　飯は、水分が多くてやわらかい場合や飯の温度が高い（60℃以上）場合は炒めにくく、炒めている過程で飯粒がくずれたり、粘りが出てくっつき、パラパラに仕上がらない。そこで、飯は米の重量の1.4倍の水量でかために炊き、冷えた飯が適している。

　　炒め油は、新鮮なラードが香りもあっておいしいが、好みによりサラダ油でもよい。油量は、飯の8～10%を用いるが、温かい飯を炒める場合は、さらに多くすると炒めやすく、粘りも出ない。

　　混ぜる具は、味の中心となる肉類、卵、えび、かになどを用い、配色も考慮して野菜を各種組み合わせる。本来は具として卵とねぎの2種を用いる。

　　炒め方は、まず混ぜる具を炒めて、水分をとばしておく。次に、熱した油で飯をほぐすように炒め焼きし、しっかり調味する。そして、先の具を混ぜる。調味液は、鍋肌を伝えて加えるようにすると、酒はアルコール分がとび、しょうゆは焦げの風味が生じておいしさを増す。火加減は強火で行い、鍋の大きさに対し飯量が多いとじょうずに炒められないので、十分にかくはんできる量にする。炒めるというよりも焼くという意識で行ったほうが、パラパラと仕上がる。

(9) **魚生粥**（刺身入りお粥）

材　料（2人分）

米…………150g	ねぎ…………20g	〔調味料〕
水…………1,000ml	しょうが…………15g	塩…………小1
ひらめ刺身……100g	白いりごま……20g	

① 粥を弱火で2～3時間かけて煮る。
② 中華茶碗の底にひらめの刺身をならべておき，上に塩とねぎ，しょうがのみじん切りとごまをふり，上から熱い粥を注ぎ入れる。

2）点心2（甜点心）

(1) **杏仁豆腐**（杏仁の寄せ物）

材　料（5人分）

でき上がり………400g		〔調味料〕
角寒天………3g	杏仁（アーモンド）‥25g	シロップ
水…………300ml	水…………150ml	水……100ml ┐150gに
砂糖………40g	牛乳………50ml	砂糖‥70g ┘煮つめる
黄桃（缶）……………………1/2個		

① 杏仁は1晩水につけ，渋皮をむく。これを水150mlとともにミキサーにかけ，粒がないようにし，布で濾し，杏仁液をつくる。
② 寒天は水に1時間くらい浸して膨潤させ，水気をしぼって手でちぎり，水300mlを加えて煮溶かし，完全に溶けたら砂糖を加えて約180gに煮つめて火を止め，牛乳を加える。
③ ②を布で濾し，60～70℃になったら①と合わせ，供する器をぬらしてこの中に流し入れ，泡を取り，冷やし固める。
④ シロップをつくる。水と砂糖を合わせて火にかけ，150gに煮つめて冷やす。
⑤ ③に包丁を60度にねかせて1.5cm幅の斜め格子の切り込みを入れ，器の縁より④を静かに流し込み，器を軽くたたく。杏仁豆腐がシロップとの比重の差で浮き上がってくる。この上に黄桃（缶）の細かく切ったものを適宜飾る。

　　（注）　1）杏仁豆腐を簡単につくる場合は，煮溶かした寒天液に牛乳を加え，アーモンドエッセンスを2～3滴加えて杏仁の風味を出すようにする。
　　　　　2）市販の杏仁霜（杏仁の粉末）40gを水150mlで溶いたものを使用してもよい。
　　　　　3）この寄せ物料理は，杏仁豆腐の比重とシロップの比重の差を利用してシロップに浮いた杏仁豆腐の切り込みが美しく現れる料理である。したがって，切り込みの仕方を変えると，また異なった趣きになる。

杏仁豆腐（砂糖10%）の比重：1.093
シロップ（砂糖50%）の比重：1.294

（山崎清子・島田キミエ：調理と理論参照）

(2) **抜糸地瓜**(バアスデイゴア)(薩摩芋の飴がらみ)

材　料（5人分）

| さつまいも……………200g |
| 揚げ油………………適量 |
| 〔調味料〕 |
| 砂　糖………………60g |
| ラード………………大1/2 |
| （または　酢　大1/2 |
| 　　　　　　水　大1） |

① さつまいもは皮をむき5cmの長さの乱切りにして，150℃くらいの油に入れ，6〜8分間揚げ，170℃くらいで取り出す。

② 鍋にラード（または酢，水）と砂糖を入れて火にかけ，砂糖が溶けて160〜170℃（または140〜150℃）になったら，熱い揚げいもを入れてあめをからませ，油をひいた皿に盛り，小鉢に入れた水を通して食べる。

(注) 1) 材料をかえると，抜糸栗子（くり），抜糸苹果（りんご），抜糸山薬（やまいも），抜糸香蕉（バナナ）などがある。

2) あめを砂糖と水でつくった場合は，油で揚げた材料の冷えたものをあめの中に入れると，あめの温度が下がり砂糖の結晶ができてしまい，糸をひかなくなるので，揚げたての熱いものを入れる。

＜砂糖の加熱による変化＞

砂糖液を加熱していくと，砂糖濃度はだんだんと高くなる。濃度によって沸騰点は一定の値を示す。したがって，種々の沸騰点を利用して形態の異なった調理ができる。

シロップは，砂糖液を103℃に加熱する。砂糖濃度は60％であり，冷蔵をしても結晶は生じない。

フォンダンは，砂糖液を106〜107℃に加熱し，冷却して過飽和溶液にし，刺激を与えて微細な再結晶を生じさせたもので，ケーキ，ドーナツなどにかけたりする。豆やかりん糖の砂糖衣は，115〜120℃に加熱し，刺激を与えて，荒い結晶を生じさせたものである。

抜糸(バアス)は，沸騰点を140〜150℃にする。この温度では糸をひかないが，100℃内外まで冷めると糸をひくようになる。この場合，結晶が生じては困るので食酢，レモン汁などを加えて，ショ糖を分解して転化糖の状態にしたり，揚げた材料は必ず熱いうちに砂糖液とからませる。非常に熱いので，別器に用意した水をくぐらせて供する。砂糖に油を加えて加熱し，砂糖の融点を利用する方法もあり，160〜190℃に加熱する。この場合，色がつくので金糸(チンス)といい，140〜150℃の場合は色がつかないので銀糸(インス)という。

カラメルは，砂糖溶液を焦がしたもので，160℃以上に加熱すると分解が起こり，茶褐色になり香ばしい香りが生じてくる。カラメルソースにする場合は170〜190℃に加熱し，この中に水を加えて，加熱しながら溶かし，1.3〜1.35倍に仕上げる。

表4-2　砂糖調理と沸騰点

種　類	温　度（℃）
シロップ	103℃くらい
フォンダン	106〜107
砂糖衣	115〜120
抜　糸	140〜150
カラメル	170〜190

表 4-3 砂糖の加熱による状態の変化

温度 (℃)	加熱中の状態	水中に落とした状態	結晶ができるまでのかくはん時間 (秒)	結晶の状態	適する調理
100	下から細かい泡がたつ	すぐ水に溶ける			シロップ
103		同 上			
106	下から大小の泡がたつ (1mm〜15mm)	同 上	87	つやがあり, なめらかで真っ白	フォンダン
110	泡が多くなる	同 上	45	106℃より少しきめがあらいが, なめらかでクリーム状	
115	泡が鍋一面にできる	水あめ状になって底に沈み, しばらくして溶ける	34	表面が少しざらつく	砂糖衣
120	粘りが出てくる	水あめ状になって底に沈み, 指で押すとつぶれる	17		
125		入れた瞬間に丸く固まるが指で押すとつぶれる	16	細かく, かたい結晶	
130		入れると同時にかたく固まる	12		
135	粘りが強まる	固まる	11		
140		糸をひく	10	かたいコークス状の白い結晶	銀糸
145	かすかに色づく感じがする	糸を長くひく	11		
150			11		抜糸
155	やや色づく		14	やや黄色のあらい結晶	
160	色が薄くつく	非常に長い糸をひく	19		金糸
165	薄い黄色		24	薄い黄色のあらい結晶	
170	黄色が濃くなる		30	一部結晶する	
175	黄色から黄褐色	丸く固まる			カラメル
180	薄い褐色	丸くならず円盤状に沈む		結晶しない	
185	180℃よりやや濃い褐色	水にひろがって溶ける			
190	褐色				

お茶の水女子大学：家政学講座 (8), 光生館より

(3) 月餅(ユエビン)（げっぺい）

材　料　（10個分）

皮	餡
小麦粉…………150g B.P.…………小1/2 糖　水…………60ml 水あめ…………15g バター…………15g 油……………大1/2 卵……………1/2個 卵　黄…………1/2個	蜜　棗(ミイツァオ)………150g　　くるみ………25g 水…………150ml　　いりごま……25g 酒（または杏露酒）　　松の実………15g 　　　　　　　大2　　アーモンド…15g 小麦粉………大1/2　　レーズン……50g 白玉粉………大1/2 砂　糖………25g

① 蜜棗（なつめの砂糖漬け）と水をボールに入れ，十分にやわらかくなるまで約30分蒸す。
② ①の種を取り去り，包丁でつぶし，酒〜砂糖までを加えて，弱火で練りながらかために煮つめる。
③ 木の実類を粒に切り，②に混ぜて，30gずつ10個に丸めておく。
④ 皮の粉以外をボールに合わせてよく混ぜる。この中にB.P.を加えた小麦粉を加えて，だまがないように混ぜ，10個に分ける。
⑤ ④の1個分を手のひらで押して丸くのばし，餡をのせて包む。
⑥ 木型に油を塗り，⑤を入れてギュッと押し，型にしっかりなじませてから型から抜く。側面を竹串で3〜5か所刺しておく。
⑦ 天板にならべ，卵黄を塗り，180℃の天火で約15分焼く。

(4) 糯米麻球(ノウオミイマアチュウ)（胡麻(ごま)揚げ団子(だんご)）

材　料　（10個分）

皮	餡
白玉粉……………120g 砂　糖……………20g 水…………………110ml 白ごま……………30g 揚げ油	生餡………100g,　砂　糖………60g 水…………50ml,　ごま油………小2

① 皮の材料をよく混ぜて，麺台に油を塗って生地をのせ，つやが出るまでよくこねて10個に分ける。
② 生餡に砂糖，水を加えて火にかけて練り，鍋の片方に寄せてごま油を入れて熱し，混ぜ合わせて10個に分ける。
③ ①の皮を円形にのばし，餡を包み，だんごにし，白ごまをまぶし，130℃くらいで6〜7分かけて揚げる。

(5) **開口笑**（カイコウシャオ）（笑った形の揚げ菓子）

材　料（15個分）

小麦粉……100g	砂　糖……40g	白ごま……30g
B.P.……小1/2	卵……1/2個	打ち粉……適宜
ラード……25g	水……小2	揚げ油……適宜

① 小麦粉とB.P.を合わせて、篩（ふるい）を通しておく。
② ボールにラードと砂糖を入れ、よく混ぜ合わせてから卵と水を加え、この中に①を加えて軽くこね、麺台に取って、棒状にのばして15等分にし、各々を手で丸めて白ごまをまわりにつける。
③ 鍋に揚げ油を熱し、120℃になったら②を入れてゆっくり揚げる。よくふくらんで中心まで火が通ったら、油の温度を180℃くらいまで上げ、カラリと黄金色になり、口があいたら取り出す。

(6) **鶏蛋糕**（ヂィダヌガオ）（蒸しカステラ）

材　料（ケーキ型（直径15cm）1個分）

卵……3個	ラード……少々	赤，青の色粉……少々
砂　糖……110g	レーズン……10g	
上新粉……90g	じゃがいも……20g	

① 卵白をかたく泡だて、砂糖の半量を加えてよく混ぜ、残りの砂糖を加える。卵黄を加えて混ぜ、上新粉を混ぜ合わせる。
② ケーキ型にラードを薄く塗り、①を入れ、干しぶどう、色をつけたせん切りじゃがいもをのせて、強火で25〜30分蒸す。

(7) **杏仁酥**（シンレヌスー）（アーモンドクッキー）

材　料（10個分）

小麦粉……100g	砂　糖……50g	スライスアーモンド……15g
B.P.……小1/2	卵……1/2個	粒アーモンド……10粒
ラード……50g	重　曹……小1/4	

① 小麦粉にB.P.を加えてふるっておく。
② ボールにラードを入れて泡だて器でかくはんし、クリーム状になったら砂糖を加えてよく混ぜる。
③ 卵をほぐし、②の中に少しずつ加えていく（卵は小さじ1杯くらい残しておく）。なめらかになったら水小さじ1杯で溶いた重曹を加え混ぜ、この中に①とスライスアーモンドを加え、軽く混ぜ、生地をまとめる。
④ ③の生地を10等分し、各々を手でまるめて、薄く油を塗った天板にならべて、手のひらで少し押さえ、中心を指で押して少しへこませ、③で残した卵をつけて、粒アーモンドをのせる。
⑤ 150℃の天火で18〜20分くらい焼き、全体にふくらんで細かくひび割れが生じ、ほのかな焼き色がついたらでき上がりである。

(8) 八宝飯（バアパオファヌ）（糯米の飾り蒸し菓子）

材　料（中華丼１個分）

もち米……………300g	干しあんず……………60g
水………………360ml	レーズン………………20g
砂　糖……………大２	パイナップル（缶）……２枚
赤生餡……………100g	チェリー………………２個
砂　糖……………40g	アンゼリカ……………50g
ラード…………大1/2	かけあん
水…………………大１	┌パイン缶汁┐
黒ごま……………２g	│水　　　　│……100ml
飾り材料	│砂　糖…………大４
蜜棗（ミイヅアオ）（なつめの砂糖漬け）……50g	└でんぷん………小1.5

① もち米を湯炊きにし，蒸らしてから砂糖を混ぜ合わせる。
② 鍋に赤生餡，砂糖，ラード，水を入れ，火にかけて練り，きざんだごまを加えて餡をつくる。
③ 器（中華丼）の内側にラードを塗り，飾り材料を色どりよくならべ，①の飯をはりつける。中央に②の餡を入れ，上から飯をつめて蓋のようにする。ふきんをかけ，15分くらい蒸す。
④ 皿に③の器を伏せて抜き出す。上から，とろみのついたかけあんをかける。

　　（注）　八宝飯は炊いたもち米のまわりに糖果（果物の砂糖漬け）を飾って蒸し，熱いシロップをかけた，色どりの美しい甘い菓子である。糖果としては本来次のようなものが使われる。

　　青梅（チンメイ）（青梅の砂糖漬け）　　　冬瓜糖（ドォンゴワタン）（冬瓜を拍子木形に切り，砂糖
　　蜜棗（ミイヅアオ）（なつめの砂糖漬け）　　　　　　　　　　で煮て干したもの）
　　桜桃（インタオ）（さくらんぼの砂糖漬け）　糖蓮子（タンリエヌヅ）（蓮の実の砂糖漬け）
　　鳳梨（フォンリイ）（パイナップルの砂糖漬け）

Ⅴ．献立のたて方

　中国料理では，献立のことを菜単（ツアイダヌ）といい，献立をたてることを開菜単（カイツアイダヌ）という。正式な饗応献立と気楽な家庭でのもてなし献立とでは，おのずと料理の内容や数が違うが，いずれも基本的な形，順序で供することが，お互いの料理の味を引き立て，調和を保つことになる。

　＜献立構成＞

　　┌１．冷葷（ロンホウエヌ）（冷たい前菜料理）　┌熱菜（ロオツアイ）（熱い料理）
　　│２．大件・大菜（ダアヂェヌ・ダアツアイ）（主要料理）　│甜菜（テイエヌツアイ）（甘い料理）
　　└３．点心（デイエヌシヌ）（デザート，軽食）　└湯菜（タンツアイ）（スープ料理）

１．冷葷（ロンホウエヌ）について

　最初に出される冷たい料理で，いわゆる前菜にあたる。本来前菜には冷葷（冷たい前菜）と熱盆（ロオペヌ）（温かい前菜）とがあるが，熱盆（ロオペヌ）は省略されることが多い。冷葷の材料は何を選んでもよいが，最初に出される料理だけに吟味する必要がある。多種類の材料を使い，調理法を各種組み合わせ，味つけに変化をつけ，お互いの味が引き立つようにする。魚・肉の加工品，缶詰などを利用するのも

よい。品数は，中国では偶数を好むので必ず複数（一般には4～8種類）用意する。一種一皿盛りを単盤(タンパヌ)，二種一皿盛りを雙盤(シュアンパヌ)といい，現在では，一つの大皿にきれいに盛り合わせた拼盤(ピンパヌ)がよく出される。

　冷葷向きの料理には，冷めても味の変わらない燻菜，蒸菜，烤菜などが適するが，主体をなすものは冷菜が多く，飾り野菜とともに彩りよく盛りつける。

2．大件，大菜について

　冷葷のあとに熱い料理が何品か続いて出るが，その一番最初に出される料理は，献立中で最も上等な料理とされている。この料理の材料の種類によって，その宴席の等級が決まってしまうくらい重要で，その宴席料理中の代表料理にあたる。代表的なものは，燕高(イエヌウオ)（この料理が出た宴席を燕席(イエヌシイ)と呼び，第一級），魚翅(ユチシイ)（同じく魚翅席と呼び，第二級），海参(ハイシエヌ)（同じく海参席(ハイシエヌシイ)と呼び，第三級）の3つで，これらの主要料理に見合った料理，品数があとに続く。

　豪華な宴席では，大菜の品数も多いため，半ば頃で甘い料理が少量出る。これを甜菜といい，口なおし，箸休めの役目をし，後に続く料理に対して舌の感覚を新たにして賞味するというわけである。

　主要料理の最後に湯菜が出る。スープが出れば料理コースは終わりということになる。そこで，ご飯かお粥，あるいは饅頭(マヌトウ)，花捲(ホワデュア)児(ヌル)が飯菜，漬物などと出る。

　大菜の献立をたてる上での注意する点は，次のようになる。

① 宴席の規模，目的などによりまず，最初に代表となる料理を決める。そして，その代表料理に見合ったほかの料理の材料や品数を決める。
② 供する順序に注意する。同じ材料や調理法が続いて出ないように配慮する。
③ 味つけに変化をつける。淡白な味つけから始まって，順々に濃厚な味つけに移っていくのが理想的である。品数が多いような場合は，途中で胃を刺激するような，特に甘いもの，酸味のあるもの，辛いものを入れると変化があってよい。
④ 調理法に変化をつける。材料が異なっても調理法が同じではあきてしまうので，その材料の持ち味を生かし，調理法が重ならないようにする。
⑤ 供卓するタイミングに留意すること。熱い料理が次々に出てきては，手をつけないうちに冷めてしまうし，また間隔があきすぎても手もちぶさたになるので，調理時間を考慮して，ちょうどよい時間配分で供卓できるようにする。
⑥ 切り方，色彩，盛りつけに変化をつける。料理は目でも食べるもので，同じ材料でも切り方，盛りつけ方が異なれば料理に変化がつけられるし，色どりを考えてつけ合わせにも配慮する。

3．点心について

　詳しくは，p.275の点心を参照のこと。

　献立の最後に出る点心は，普通は一品または二品を供す。一品の場合は甘味のものを，二品の場合は甘味と鹹味のものを組み合わせる。

4. 献立例

1) 宴席献立例

六冷葷（リウロンホウエヌ）：
　冷拌海蜇（ロンパヌハイヂヲ），松花皮蛋（ソンホワピイダヌ）
　白切油鶏（パイチエイウデイ），如意魚捲（ルウイユデュアヌ）
　蝦泥冬菇（シヤニイドオングウ），辣汁黄瓜（ラヂーホワンゴア）
紅焼魚翅（ホオンシヤオユチ）
五香春捲（ウシヤンチユンヂユアヌ）
乾焼明蝦（ガヌシヤオミンシヤ）
清蒸鯛魚（チンヂヨンダイオユ）
蕃茄牛腩（フアンチエニウナン）
掛炉烤鴨（グワルカオヤ）
糖醋鯉魚（タンツウリイユ）
酸辣湯（スワヌラアタン）
二点心（アルデイエヌシヌ）：
　蝦仁焼売（シヤレヌシヤオマイ），杏仁豆腐（シンレヌドウフウ）

2) 家庭での接客向き献立

冷菜（ロンツアイ）：
　棒々鶏（バンバンヂイ），芥末扇貝（ヂエムオシアヌペイ）
鶏茸魚翅（ヂロオンユチ）
炸蠔燻肉捲（ヂアハオシユヌロウヂユアヌ）
干煸茄子（ガヌピエンチェヅ）
東坡肉（ドンポオロウ）
松鼠黄魚（ソオンシウホワンユ）
榨菜豆腐肉片湯（ヂアツアイドウフウロウピエヌタン）
点心（デイエヌシヌ）：
　糯米麻球（ノウオミイマアチユウ）

5. 満漢席（マヌハヌシイ）について

　満漢席とは，満州族と漢族の料理を一堂に集めて食する宴席をいい，清朝の宮廷から始まったもので，中国名菜の大集成といえるような豪華絢爛たる贅を極めた料理がならび，宴は2〜3日間続いた。

　清朝260余年間は，漢族が満州族に統治された時代であったが，満州族は漢族との融和を図り，その政策は，満漢両民族の平和的協力が基盤となって行われていた。したがって，宮廷の大典や重要な行事を行うときの宮廷料理においては，満人には満州族の料理を，漢人には漢族の料理が供されるというように，盛大な満席，漢席の宴席が設けられていた。

　清朝時代中では特に康熙，雍正，乾隆帝に至る133年間は，清朝の最隆盛期であり，食文化においても，最も栄えた時期であり，その中心をなしたのが宮廷料理である。

　現在の満漢席は，清朝宮廷料理のゆかりの地である北京の北海公園の仿膳飯荘（フアンサンフアヌヅワン）で，宮廷伝来の

保存資料をもとに再現されたものである。

Ⅵ. 食卓準備および食卓作法

　古来より中国は「礼」を重んずる国であって，食事に関することにも厳格なきまりがあった。しかし，現在では西洋的な影響も受け，あまり形式ばらずに，なごやかに，気持ちよく食事ができるような形になってきているが，宴席では，客も主人側も基本的な礼を失しない程度のきまりは知っておかなければならない。

1．食卓準備
1）招待状
　客を招待する場合は，あらかじめ書状で招待状を出す。招待状には，日時，場所，目的を明記し，招待日の1～2週間前に返信用のはがきを同封して発送する。

2）食卓の整え方
　食卓は本来，方卓（四角のテーブル）が使われていたが，現在では，人数の増減に適応しやすい円卓が一般的になっている。

　1人分の食器としては，平皿，深皿，小皿，ちりれんげ，箸，盃を用意し（図4-7），あらかじめ人数分をならべておく。

　菜単もテーブルに1枚，または各人に用意し，添えておく。

　調味料としては，「しょうゆ」「酢」「辛子」「辣油」などをあらかじめ卓上に用意しておく。

図4-7　1人分の食器のならべ方

3）座席順
　席順の決め方は，現在では昔ほど厳格ではないが，一応の席順の決め方を知っておく必要はある。

　一卓を8人で囲むことが基準とされているが，6～10人着席することもある。まず，入口に対して一番奥まった席が主客の席となり，入口を背にして主客と相対する席が主人の席となる。そして，中国の習慣では，北と左方を上位とするが，部屋の入口の位置により必ずしもこの通りにはならない場合もあるので，とにかく主客席は入口の一番奥に設け，主人席から向かって右側が上席となり，その左が次席になり，次は右，左と順に決めていく（図4-8）。

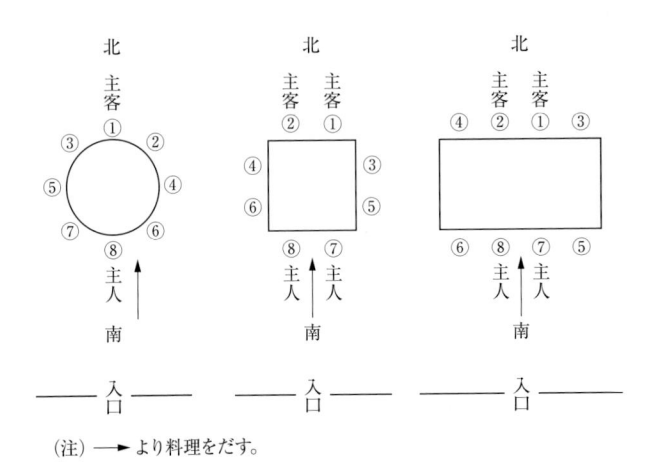

（注）→より料理をだす。

図4-8　座席順

2．食卓作法
1）客の案内
　招待客がみえたら主人が出迎え，客がそろうまで控え室に案内し，おしぼり，お茶，京果（ディングウオ）（すいかやかぼちゃの種，松の実など）などをすすめる。全員がそろった頃，主人は宴席に案内する。主客から着席し，順次適切な位置に着席する。

2）宴席のすすめ方
　客が着席したら，主人は主客から順に酒をすすめ，一同が乾杯をして宴が始まる。料理が順を追って運ばれてくるが，その度ごとに主人は一同に酒をすすめ，口中を新しくして次の料理をすすめる。

　料理は主人がまず少し取り，「請々（チンチン）（どうぞ，どうぞ）」と言って客にすすめる。これは，客が遠慮しないで気楽に箸が出せるようにとの心づかいと，この料理には毒は盛られていませんという毒味を兼ねて主人が先に箸をとるのである。主客が皿に取った後は，各自自由に箸を出し，自分の皿に取り分ける。

　料理を出すときは，主人の前とか横から出し，客と客の間から出したりしない。そして，主客を中心に考え，丸のままの鶏や魚の料理は，主客の前に横たわる形に置く。大きな形のままの料理は，客に見せた後，いったん下げて取りやすいように切り分けてから食卓に出す。

　主人は，つねに客の皿に注意し，皿が汚れたときは，すぐ別の皿を用意し，気持ちよくおいしく賞味できるよう気を配る。

3）客側の作法
　中国料理は，一皿盛りの料理を皆でいただく形式なので，自分の皿に料理を取るときは，料理に添えてある箸やスプーンを使って軽めに取り，ひと通りまわって残っていたら適宜取りまわす。また，料理をあちこちつっつかないで，端から順に取り，気持ちよい形で隣の人にまわすようにする。

　熱い料理は，冷めないうちにおいしい状態で賞味することや，献立の最後まで残さず食べるようにするのが，主人側の心づかいに対する礼儀である。

　出された料理に，香辛料や薬味類以外のしょうゆ，塩などをかけることは，不美味の感じを与えるので避けたほうがよい。

　楽しい雰囲気で食事ができるように，客同士共通の話題で気持ちよく会話ができるよう心がける。

　中途退席するときは，初めからわかっているときは，主人にあらかじめ断っておき，宴席の席を乱さないよう静かに隣人に挨拶し，退席する。

　食事が終わったときは，主客が感謝の意を述べ，主客が立ってから，他の客も席を離れる。

　宴会に招かれた客は，即日，主人の都合を確かめて，お返しの宴会を開くのが慣例である。古来より「礼は往来を尊ぶ」という礼の根本精神が，その形式を変えながらも今も生きている。

4）茶，酒のいただき方
　a．茶：蓋つきの中国の湯呑茶碗に茶の葉を入れ，湯を注ぎ，蓋をして3～4分おいて葉が開く頃，茶碗を左手に持ち，右手で蓋の糸底を持って向こう側にずらして手前に少しすき間をつくり，蓋で茶の葉をおさえるようにして飲む。小茶碗が添えて出されるときは，小茶碗に茶を注いで飲む。

　b．酒：老酒の場合は，細かく砕いた氷砂糖が添えられるが，好みにより杯に入れ，燗をした温かい老酒を注ぎ，かきまわさず酒の温かみで砂糖が溶けるのを待つ。これは，酒が年を経てい

ないまだすっぱい味のあるものをじょうずに飲ませる方法であって，良質の老酒はそのまま飲むほうが，酒のうまさがわかる本来の飲み方である。もてなしを受けているときは，砂糖を入れるのは，酒の品質がよくないというようなもので，主人に対して失礼にあたる。

　食事の最初に乾杯するが，それ以後は各人自由に杯を干す。日本のように献酬はしない。また，特別の料理が出てきたときに一同そろって乾杯をする。

参考文献

・村上ハルヨ・細井愛子：西洋料理・中国料理，垣内出版（1981）
・深沢侑史：西洋料理，女子栄養大学出版部（1963）
・山崎清子・島田キミエ：調理と理論，同文書院（1995）
・小林文子：調理（西洋），日本女子大学通信教育部（1985）
・文部省（伊東清枝他）：調理（上）高等学校用，実教出版（1985）
・飯田深雪他：だれにでもつくれるお菓子200選，女子栄養大学出版部（1973）
・書籍文物流通会中国料理部：中国料理の手引，書籍文物流通会（1975）
・陳　建民・黄　昌泉・原田　治：中国料理技術入門，柴田書店（1979）
・楊　均尭・中山時子：点心，柴田書店（1979）
・田中静一：中国食品事典，書籍文物流通会（1970）
・石毛直道・辻　静雄・中尾佐助：週刊朝日百科世界の食べもの（No.63, 71）．朝日新聞社（1982）

さくいん

〔あ 行〕

- IH ……………… 20
- あえ物 ……………… 15, 117
- 青煮 ……………… 58, 60, 83
- 青寄せ ……………… 123
- あく抜き ……………… 10
- あくの多い野菜 ……………… 54
- 揚げ温度 ……………… 103
- 揚げ煮 ……………… 58
- 揚げ物 ……………… 101
- 味 ……………… 1
- あしらい ……………… 112
- あずき飯 ……………… 78
- 新しい食生活指針 ……………… 26
- あたりごま ……………… 130
- 油通し ……………… 231
- 甘酢 ……………… 120, 126
- 甘煮 ……………… 58, 65
- アミロース ……………… 80
- アミロペクチン ……………… 80
- 洗い ……………… 111, 115
- 洗う ……………… 9
- 泡だて ……………… 132
- 泡だてる ……………… 16
- 餡 ……………… 130
- アングレーズソース ……………… 200
- アンチョビー ……………… 145
- アントシアン ……………… 59
- イエヌウオ（燕窩） ……………… 223, 289
- イエヌシィ（筵席） ……………… 276
- イエヌツァイ（醃菜）・ 261
- いかり防風 ……………… 38, 115
- 生けづくり ……………… 112
- 炒め粉 ……………… 149
- 炒め煮 ……………… 58
- 炒め物 ……………… 100
- 一汁三菜 ……………… 26
- 一番だし ……………… 45
- 一枚開き ……………… 182
- いちょう切り ……………… 36
- 糸づくり ……………… 111, 113
- イヌアル（銀耳） ……………… 224
- イフウミェヌ（伊府麺） ……………… 281
- いも類のゆで方 ……………… 55
- 煎り煮 ……………… 58
- 煎り物 ……………… 99
- 色 ……………… 53
- 祝い肴 ……………… 33
- 祝膳 ……………… 33
- インス（銀糸） ……………… 284
- ウインナコーヒー ……………… 213
- ウェイ（煨） ……………… 250
- うしお汁 ……………… 51

- ウシャンフェヌ（五香粉） ……………… 226
- 薄葛汁 ……………… 47
- 薄づくり ……………… 111
- うど ……………… 114
- うねり串 ……………… 89
- うの花酢 ……………… 120
- うま煮 ……………… 58, 66
- うま味料 ……………… 7
- 梅形 ……………… 50
- 裏ごし ……………… 16, 74, 121, 133, 136, 137
- ウロォンチァ（烏龍茶） ……………… 229
- エストラゴン ……………… 144
- えだまめ飯 ……………… 78
- エマルジョン ……………… 204
- えんどう飯 ……………… 78
- 豌豆飯 ……………… 81
- 扇串 ……………… 91
- オードゥーヴル ……………… 156
- オーブン ……………… 92
- 折敷 ……………… 31
- おでん ……………… 68, 70
- お通し ……………… 32
- 落とし蓋 ……………… 61, 63, 65
- おどり串 ……………… 89
- 親子どんぶり ……………… 79, 86
- オリーブ油 ……………… 142
- オレガノ ……………… 143
- 折れ松葉 ……………… 37
- オレンジキュラソー ……………… 146

〔か 行〕

- 会席料理 ……………… 31
- 懐石料理 ……………… 30
- 解凍 ……………… 18
- ガオリィ（高麗） ……………… 239
- 鏡ゆず ……………… 50
- 牡蛎飯 ……………… 78
- 牡蠣飯 ……………… 82
- かくし包丁 ……………… 39, 61
- 角づくり ……………… 111, 113
- 重ねづくり ……………… 111, 113
- 菓子 ……………… 199
- 粕汁 ……………… 47
- 固ゆで卵 ……………… 168
- 褐色ソース ……………… 152
- 桂むき ……………… 36, 114, 125
- ガヌシャオ（乾焼） ……………… 219
- ガヌヂァ（乾炸） ……………… 239
- ガヌチャオ（乾炒） ……………… 231
- ガヌフオ（乾貨） ……………… 217
- ガヌペイ（干貝） ……………… 224
- 加熱による変化 ……………… 177
- 鹿子切り ……………… 126

- カフェオーレ ……………… 212
- 紙塩 ……………… 112, 118
- かゆ ……………… 80
- から揚げ ……………… 102, 107
- 辛子 ……………… 142
- 辛子酢 ……………… 120
- 辛子酢みそ ……………… 123
- から味 ……………… 112
- カラメルソース ……………… 200
- カロテノイド色素 ……………… 60
- 皮霜づくり ……………… 111, 114
- 皮づくり ……………… 111
- 皮を引く ……………… 42
- 皮をむく ……………… 42
- 緩衝作用 ……………… 52
- 寒天 ……………… 127
- 甘露煮 ……………… 58
- 菊花蕪 ……………… 126
- 菊花切り ……………… 38, 126
- 亀甲形 ……………… 50
- 杵しょうが ……………… 38, 94
- 黄身酢 ……………… 120
- キャビア ……………… 144
- 凝固温度 ……………… 128, 129
- 行事食 ……………… 33
- 魚介類の性質と調理 ……………… 63
- 切りかけづくり ……………… 111
- 切り重ね ……………… 111
- 切りちがい ……………… 37
- グウォヅ（鍋子）・ 227, 250
- グオヅ（果子） ……………… 276
- グォパ（鍋粑） ……………… 247
- くし形 ……………… 52
- くし形切り ……………… 36
- 葛打ち ……………… 49
- 葛煮 ……………… 58
- 口取り ……………… 32
- グラッセ ……………… 187
- くり ……………… 82
- クリーミング性 ……………… 201
- クリームチーズ ……………… 199
- くり飯 ……………… 78
- 栗飯 ……………… 82
- クルート ……………… 162, 200
- クルジェット ……………… 189
- グルテン ……………… 16, 106
- くるみ酢 ……………… 120
- クレープ ……………… 200
- クロロフィル ……………… 53
- 化粧塩 ……………… 93, 94
- 月桂樹の葉 ……………… 143
- ケッパー ……………… 145
- ゲル ……………… 151
- けんちん汁 ……………… 47
- コアントロー ……………… 146
- 鯉こく ……………… 47, 52

- 香辛料 ……………… 7, 142
- 紅茶 ……………… 211
- コウヂョン（扣蒸） ……………… 257
- 香の物 ……………… 30, 31, 32, 33
- ゴェイピイ（桂皮） ……………… 226
- コーヒー ……………… 211
- 小口切り ……………… 35, 52, 124
- こしょう ……………… 142
- 呉汁 ……………… 47
- こす ……………… 17
- 小丼 ……………… 32
- こねる ……………… 16
- 五の膳 ……………… 30
- 小鉢 ……………… 32
- ご飯物 ……………… 75
- ごぼう ……………… 61
- 五枚おろし ……………… 41, 182
- ごま酢 ……………… 120
- 小麦粉 ……………… 17, 102, 277
- コラーゲン ……………… 129, 161
- ゴワイウエイ（怪味）・ 219
- 強飯 ……………… 80, 87
- コンソメ ……………… 160
- ゴンタン（羹湯） ……………… 269
- 昆布じめ ……………… 112, 116

〔さ 行〕

- サーロイン ……………… 175
- さいの目切り ……………… 35, 117
- さいの目づくり ……………… 111
- サイフォン式 ……………… 212
- 魚の下ごしらえ ……………… 38
- 魚料理 ……………… 170
- 酒蒸し ……………… 75
- さくどり ……………… 42
- さくら飯 ……………… 78
- ささがき ……………… 36, 52, 83
- 刺身 ……………… 110
- さつまいも飯 ……………… 78
- 砂糖 ……………… 6
- 砂糖の加熱による変化・284
- サラダ ……………… 190
- サンドウィッチ ……………… 197
- 三の汁 ……………… 30
- 三の膳 ……………… 30
- 三杯酢 ……………… 120, 124, 125
- 三枚おろし ……………… 41, 108
- 強肴 ……………… 31
- シェヌディエヌシヌ（鹹点心） ……………… 275
- シェリー酒 ……………… 145
- 塩抜き ……………… 11
- 塩焼き ……………… 89, 94
- シオワヌ（涮） ……………… 250
- 色紙切り ……………… 36
- シナモン ……………… 143

信田煮 … 62	西洋わさび … 143	チヅ（匙子）… 228	照り焼き … 89, 95
しぼる … 17	ゼノアーズ … 203	ヂマァヂャン（芝麻醤）… 225	電磁調理器 … 20
霜ふり … 115, 118	背開き … 41, 74, 99		電子レンジ … 20, 22
シャイウ（蝦油）… 225	ゼラチン … 129, 208	ヂャオズ（餃子）の皮について … 277	てんつゆ … 105, 107
シャオ（焼）… 250	ゼリー強度 … 128		てんぷら … 102, 105
シャオシ（小食）… 276	せん切り … 36, 49, 74	チヤオファヌ（炒飯）の要領 … 282	てんぷらの衣 … 106
シャタン（下湯）… 268	前菜 … 32, 156		でんぷん … 50, 129
蛇腹切り … 38	千六本 … 36	茶せん形 … 59, 65	でんぷんゾル … 243
シャミィ（蝦米）… 224	相殺効果 … 2	茶せんなす … 37	天盛り … 123
シャルウ（蝦滷）… 225	相乗効果 … 2	ヂャチアン（家常）… 219	ドウエヌ（燉）… 250, 257
シャンタン（上湯）… 268	雑煮 … 33, 50	チャツネ … 145	凍結 … 18
シャンツァイ（香菜）… 224	ソース … 148	茶碗 … 32	ドウチ（豆鼓）… 225
シュアンパヌ（雙盤）… 289	そぎ切り … 37, 48, 50	ヂャンヂー（醤汁）… 243	ドウバヌヂャン（豆瓣醤）… 225
ジュー … 184	そぎづくり … 113, 115, 116	ヂュアヌチャ（磚茶）… 229	
シュヌ（燻）… 273	〔た　行〕	ヂュイ（焗）… 273	ドウフウガヌ（豆腐干）… 236
しょうが … 142	ダアヂェヌ（大件）… 288	中華麺の種類と山西の特殊麺 … 281	豆腐をゆでる … 71
正月料理 … 33	ダアツァイ（大菜）… 288	中華麺の特徴 … 280	ドオン（凍）… 261
上新粉 … 135	だいこん … 61	丁字 … 143	土佐じょうゆ … 114
精進料理 … 35	だいこんおろし … 15	調味 … 2	屠蘇 … 33
しょうゆ … 4	台引 … 30	調味酢 … 120	土手鍋 … 68
ショートニング性 … 201	対比効果 … 2	調味料 … 3	トマトソース … 152
食塩 … 3	大名おろし … 41	調理の能率 … 26	ドミグラスソース … 153
食事計画 … 23	タイム … 143	猪口 … 30	止椀 … 32
食事バランスガイド … 24	ダオシャオミェヌ（刀削麺）… 281	ちり鍋 … 68	ドリップ式 … 212
食酢 … 5		チョン（蛊）… 78	鶏飯 … 78
白髪切り … 36	炊き込みご飯 … 77	ヂョンロオン（蒸籠）… 227	トリュフ … 145
白髪だいこん … 114	たけのこ飯 … 78	チンジョン（清蒸）… 257	とろろ汁 … 47
白玉粉 … 135	筍飯 … 81	チンス（金糸）… 284	どんぶり物 … 79
汁 … 30, 31	たたきづくり … 112	チンタン（清湯）… 268, 269	〔な　行〕
汁物 … 46	手綱蒟蒻 … 67	チンヂア（清炸）… 239	ナイタン（奶湯）… 268, 270
白ソース … 150	たて塩 … 118	チンチャオ（清炒）… 231	ナイフ，フォークの使い方 … 215
白煮 … 58	たで酢 … 94, 120	ヂンチャオ（京炒）… 231	
ションチャオ（生炒）… 231	タピオカ … 163	ツァイダオ（菜刀）… 227	ナイリウ（奶溜）… 243
しんじょ … 15	卵の希釈割合 … 72	ツァイドウエヌヅ（菜墩子）… 227	中皿 … 32
シンルウ（杏露）… 243	卵料理 … 168		なす … 59
シンレヌ（杏仁）… 226	タラゴン … 144	ヅァオリー（笊籠）… 227	ナツメッグ … 143
酢洗い … 118, 123	タルタルソース … 154	ツィ（醉）… 261	七草がゆ … 80
吸口 … 46, 48, 51	短冊切り … 36, 51, 121	ツウリウ（醋溜）… 243	斜め切り … 35
炊飯 … 75	タンツウ（糖醋）… 243	つき出し … 32	ナフキン … 215
吸物 … 32, 47, 49	タンパヌ（単盤）… 289	佃煮 … 58	鍋物 … 67
スウイウ（素油）… 226	ヂァツァイ（榨菜）… 223	つけじょうゆ … 112	生クリーム … 208
スウタン（素湯）… 268	チャホウ（茶壺）… 228	筒切り … 52	生こし餡 … 130
スープ … 159	ヂャリェン（炸鏟）… 227	坪 … 30	鱠 … 30
末広切り … 37	チャワン（茶碗）… 228	つぼ抜き … 40	なま物 … 109
末広の形 … 95	チアン（熗）… 261	つぼ焼き … 98	菜飯 … 78
すき焼き … 68	チアンユアヌパヌ（長円盤）… 228	つま … 112	肉料理 … 174
すし … 79		つま折り … 91	煮込み … 58
酢じめ … 118	チィグウオ（汽鍋）… 257	ティエチァヌ（鉄鏟）… 227	煮しめ … 58, 67
酢じょうゆ … 120	チーズ … 199	ディエヅ（碟子）… 228	煮だし汁 … 44, 148
素汁 … 161	ヂイロオン（鶏蓉）… 243	ディエヌシヌ（点心）… 288	日常食の献立 … 213
ズッキーニ … 189	ヂウ（煮）… 250	ティエヌジャンイウ（甜醤油）のつくり方 … 267	煮つけ … 58
砂出し … 12	チェーダーチーズ … 199		肉桂 … 143
酢煮 … 58, 83	ヂェヂャンディエ（芥醤喋）… 228	ティエヌディエヌシヌ（甜点心）… 276	二の汁 … 30
スフレ … 200			二の膳 … 30
すまし汁 … 47, 48	ヂェヌ（煎）… 273	ティエヌミェヌヂャン（甜麺醤）… 225, 236	二杯酢 … 120, 126
すり流し汁 … 15, 47	チェヌピイ（陳皮）… 226		二番だし … 45
スワヌラァ（酸辣）… 219	チェミェヌ（切麺）… 281	ディンシャン（丁香）… 226	煮浸し … 58
成形する … 17	チョワヌタン（川湯）… 269	テーブルセッティング … 214	日本料理 … 29
正餐の献立 … 213	地紙切り … 36	照り煮 … 58, 60, 83	
西洋よもぎ … 144			

二枚おろし……………41	フィタージュ…………206	〔ま 行〕	雪輪れんこん…………37
煮物………………32, 56	ヴィネグレットソース・154	マアラア（麻辣）……219	ユシャン（魚香）……219
ねじり梅……………37, 67	ブイヨン………………160	前盛り………………92, 93, 95	ユチ（魚翅）…………223
のす………………………17	フィンガーボール……216	マオアルドゥオ（猫耳朶）	ユチシィ（魚翅席）…289
登り串……………………94	ブーケガルニ…………149	……………………281	ゆで方……………………53
飲み物…………………211	ブール・マニエ………150	混ぜる……………………16	ゆで卵……………………55
のり酢…………………120	フウルウ（腐乳）……225	松かさ切り……………122	湯桶………………………31
	フェヌス（粉糸）……224	マッシュポテト……16, 187	ユドウ（魚肚）………223
〔は 行〕	フェヌヂョン（粉蒸）・257	まつたけ飯………………78	湯豆腐………………68, 71
パーコレータ式………212	フェヌティヤオ（粉条）	松葉切り…………………37	湯引き…………………111
バァヂャオホエイシャン	……………………224	マヌハヌシィ（満漢席）	湯ぶり…………………118
（八角茴香）………225	フェヌピイ（粉皮）…224	……………………290	ヨウミェヌ（莜麺）…281
バイウェイ（白煨）…250	フェンネル……………144	マヨネーズシャインティ	吉野酢…………………120
パイ皮……………181, 206	フォア・グラ…………144	ーイソース…………154	寄せ鍋………………68, 69
ハイシェヌ（海参）…223	ブォユル（撥魚児）…281	マヨネーズソース……153	寄せ物…………………127
ハイシェヌシィ（海参席）	ブォリィ（玻璃）……243	マラスキーノ…………146	与の膳……………………30
……………………289	ふき………………………60	ミェヌヂァン（麺丈）・227	よもぎ…………………135
バイヂョウ（白酒）…229	含め煮………58, 59, 60, 66	ミオゲン…………………63	よりうど……………37, 48
ハイヂョピイ（海蜇皮）	節どり……………………42	ミオシン…………63, 93, 96	
……………………223	プディング……………200	みじん切り………………36	〔ら・わ 行〕
ハイワヌ（海碗）……228	筆しょうが………………38	水炊き……………………68	ラァイウ（辣油）・225, 277
バオ（爆）……………231	ブドウ酒………………145	みそ………………………4	ラァヂャオ（辣椒）…225
ハオイウ（蠔油）……225	ブランチング……………55	みそ汁……………………47	ラーミェヌ（拉麺）…281
バオビン（包餅）・274, 275	ブランデー……………145	味噌汁……………………51	落花生酢………………120
計る………………………7	ふり塩…………………118	味噌漬け…………………95	ラム酒…………………145
箸………………………139	ブルテースープ………160	みそ煮……………………58	乱切り……………………37
箸洗い……………………31	ブルテーソース………151	みそ焼き…………………89	卵白の起泡性…………203
バターライス……………78	プロシェット…………179	みりん……………………6	リーピロー……………196
鉢肴…………………30, 32	ベシャメル……………150	ミルポア………………189	リエゾン………………150
八寸………………………31	ベニエ……………171, 200	迎え塩……………………11	リキュール……………146
八方汁……………………56	ペパーミント…………146	向付………………31, 32, 33	離漿……………………129
花形切り…………………37	変色…………………54, 59	蒸し物……………………71	リュイチャ（緑茶）…228
花れんこん………………37	ベンヅ（盆子）………228	蒸し焼き料理…………183	緑色野菜…………………53
バヌ（拌）……………261	ホウエヌイウ（葷油）・226	結び魚……………………48	ルウ（滷）……………250
パプリカ………………143	ホウエヌタン（葷湯）・268	結びみつば………………48	ルー……………………149
腹開き……………………41	ホウオグウオヅ（火鍋子）	ムニエルバター………170	ルウヂー（滷汁）……252
針切り……………………36	……………………227	メン（燜）……………250	レア……………………177
半月切り…………………35	ほうれんそう…………124	面取り………………37, 59	冷凍食品…………………18
ピイダヌ（皮蛋）……223	ホエイ（燴）…………243	麺類のゆで方……………55	レフォール……………143
ピエヌ（煸）…………231	ホエイタン（燴湯）…269	もち米の調理……………80	レモンバター…………177
引きづくり…………111, 113	ポートフー……………160	もどす……………………9	ロウシァオ（漏勺）…227
浸す………………………9	ホームフリージング……19	もみじおろし…15, 69, 109	ロワイヤル……………162
びっくり水……………131	ホオンウェイ（紅煨）・250		ロワヌヂァ（軟炸）…239
冷やす……………………18	ホォンチャ（紅茶）…228	〔や 行〕	ロンホウエヌ（冷葷）・288
拍子木切り………………35	ホワチャ（花茶）……229	ヤオヂョウ（薬酒）…230	脇膳………………………30
平…………………………30	ホワヂャオ（花椒）…225	焼き霜づくり……111, 116	輪切り……………………35
平串………………………91	ホワヂャオイエヌ（花椒	焼き物………………30, 31, 87	わさび………………15, 114
平づくり・111, 113, 114, 116	塩）…………………225	焼き物膳…………………30	わさび酢………………120
ビラフ……………………78	ホワンヂョウ（黄酒）…229	薬味…………………69, 71	和食………………………26
ヒレ……………………175	ホワンヂャン（黄醬）…225	矢羽根れんこん…………37	わらび…………………122
ピンパヌ（拼盤）……289	本汁………………………30	ヤムチャ（飲茶）……276	わん種……………………46
ファツァイ（髪菜）…224	ポン酢しょうゆ………120	ユァヌタン（原湯）…268	椀盛り……………………31
ファヌチェヂー（蕃茄汁）	本膳料理…………………29	湯洗い…………………111	
……………………243			

さくいん　297

執 筆 者

千田　真規子（せんだまきこ）　元東京家政大学教授

松本　睦子（まつもとむつこ）　元東京家政大学教授

土屋　京子（つちやきょうこ）　東京家政大学教授

新版 調　　理 ―実習と基礎理論―

1988年（昭和63年）4月25日　初版発行～第12刷
2010年（平成22年）4月30日　新版発行
2022年（令和4年）8月25日　新版第6刷発行

著　者　千田真規子
　　　　松本睦子
　　　　土屋京子

発行者　筑紫和男

発行所　株式会社 建帛社 KENPAKUSHA

112-0011 東京都文京区千石4丁目2番15号
TEL（03）3944-2611
FAX（03）3946-4377
https://www.kenpakusha.co.jp/

ISBN978-4-7679-0422-1 C3077　　　　　　　　　亜細亜印刷／ブロケード
Ⓒ千田，松本，土屋，2010.　　　　　　　　　　　Printed in Japan
（定価はカバーに表示してあります）

本書の複製権・翻訳権・上映権・公衆送信権等は株式会社建帛社が保有します。

JCOPY〈出版者著作権管理機構　委託出版物〉

本書の無断複製は著作権法上での例外を除き禁じられています。複製される場合は，そのつど事前に，出版者著作権管理機構（TEL03-5244-5088，FAX03-5244-5089，e-mail：info@jcopy.or.jp）の許諾を得て下さい。